Die Zerstörung Jugoslawiens

Slobodan Milošević antwortet seinen Anklägern

Mit einem Vorwort von Klaus Hartmann

3., erweiterte und aktualisierte Auflage

Zambon

3., erweiterte und aktualisierte Auflage, 3.Tausend

Layout: Ronald Koch, Frankfurt
Lektorat: Victoria Knopp, Frankfurt
Umschlag: Anna Bellini, Mailand

ISBN 3-88975-135-0

Das US-/NATO-Gericht, vor dem Slobodan Milošević angeklagt ist, war schon immer völlig illegal. Es konnte nie ernsthaft als Institution der Rechtsprechung bezeichnet werden. Miloševićs Verteidigung ist kraftvoll, überzeugend, beweiskräftig und unmöglich zu ignorieren.

Harold Pinter
Literaturnobelpreisträger 2005

Der von der NATO angekündigte „Prozess der Prozesse" gegen den ehemaligen Präsidenten Jugoslawiens, ihres Aggressionsopfers, ist von einem Schau- zu einem Geheimprozess geworden. Die Ursachen werden schlagartig deutlich, wenn man die von der Mehrzahl der Medien unterschlagene Eröffnungserklärung Slobodan Miloševićs zum Auftakt seiner Verteidigung liest, die unwiderlegbare Beweise und sensationelle Fakten zur Rolle der USA, Deutschlands und anderer NATO-Staaten bei der Zerschlagung des jugoslawischen Vielvölkerstaates enthalten. Die Wahrheit kann man entstellen oder verschweigen, zu besiegen ist sie nicht.

Ralph Hartmann
ehem. Botschafter der DDR in Jugoslawien

Am 21. November 1945 erklärte der Chefankläger der USA in den Nürnberger Prozessen: „Denn wir dürfen niemals vergessen, dass nach dem gleichen Maß, mit dem wir die Angeklagten heute messen, auch wir morgen von der Geschichte gemessen werden. Diesen Angeklagten einen vergifteten Becher zu reichen, bedeutet, ihn an unsere eigenen Lippen zu bringen. Wir müssen an unsere Aufgabe mit soviel innerer Überlegenheit und geistiger Unbestechlichkeit herantreten, dass dieser Prozess einmal der Nachwelt als die Erfüllung menschlichen Sehnens nach Gerechtigkeit erscheinen möge." Weder „Überlegenheit" noch „Unbestechlichkeit" zieren die US-amerikanische Politik derzeit. Stattdessen Entführungen, Folter, Verfassungsbruch und krimineller Umgang mit allen, die man zu seinen Feinden auserkoren hat. Der Rechtsstaat auf seinem niedrigsten Niveau. Was man zu fürchten hat, ein internationales unabhängiges Gericht, umgeht man mit offe-

ner Verweigerung. Man missbraucht das Gericht, ohne sich um den Vorwurf der Siegerjustiz zu kümmern und nimmt die Vergiftung der Justiz selbst in Kauf. Wer nicht bereit ist, den Krieg der NATO gegen Ex-Jugoslawien einer Prüfung durch das Gericht zu unterziehen, hat keine Legitimation, den Gegner in Gestalt seines Präsidenten Milošević vor Gericht zu stellen, da es seine Unabhängigkeit nicht nachweisen kann.

Prof. Dr. Norman Paech
Völkerrechtler, MdB, Außenpolitischer Sprecher der Linkspartei im Deutschen Bundestag

Indem die Bush-Regierung das Recht auf Präventivkriege beansprucht, hebt sie das Angriffsverbot der UNO-Charta aus den Angeln. Was sie an die Stelle der UNO-Ordnung setzt, ist eine Ordnung nach ihrem imperialen Gusto und Interessenverständnis. Danach wird gemacht, was nützlich erscheint, wie zum Beispiel Welthandelsorganisation, Weltbank oder das Jugoslawientribunal. Alles andere ignoriert oder sabotiert man, wie zum Beispiel das Kyoto-Protokoll, den Weltstrafgerichtshof, den ABM-Vertrag und mittlerweile auch die UNO-Charta.

Frank Bsirske
Vorsitzender der Gewerkschaft ver.di

Ich stand dem Tribunal immer skeptisch gegenüber und bin mir sicher, dass es dazu benutzt wird, die fatalen Fehler der Vereinigten Staaten und der Europäischen Union in der Balkan-Tragödie zu verdecken. Die Aufgabe des Tribunals ist es, Milošević und das serbische Volk für das Blutbad und die gesamte Gewalt verantwortlich zu machen, die diese unglückliche Region in den 90er Jahren überschwemmt haben.

James Bissett
ehem. kanadischer Botschafter in Jugoslawien

Der Angriff auf Jugoslawien stellt die dreisteste Aggression gegen einen anderen Staat dar, seitdem die Nazis Polen angriffen, um „polnische Gräueltaten“ an Deutschen zu verhindern.

Walter J. Rockler †
ehem. Ankläger am Nürnberger
Militärtribunal, am 10. Mai 1999

Anfangs hätte man glauben können, dass uns das Fernsehen und die Zeitungen regelmäßig die Episoden des Schauprozesses gegen den von ihnen so genannten „Schlächter des Balkan“ servieren würden. Aber die Stichhaltigkeit und Solidität der von Milošević in eigener Sache geführten Verteidigung hat die Medien bald schweigen lassen. Heute findet er praktisch hinter verschlossenen Türen statt. Und das hat seine Gründe.

Diana Johnstone
US-amerikanische Autorin

Hinweise zur Zusammenstellung des Buches

Als Grundlage für die Übersetzungen der Eröffnungserklärung von Slobodan Milošević sowie der in den Anhängen enthaltenen Auszüge aus der Verhandlung dienten die vom Internationalen Tribunal zur Verfolgung von Kriegsverbrechen im ehemaligen Jugoslawien (ICTY) veröffentlichten englischen Sitzungsprotokolle.

Die Eröffnungserklärung wurde zusätzlich an einigen unklaren Stellen mit dem serbokroatischen Originalwortlaut verglichen, was ggf. zu einer vom englischen Text abweichenden Übersetzung geführt hat.

Einige der in den Texten angeführten Zitate wurden durch die Übersetzer in Fußnoten mit den entsprechenden Quellen belegt. Informationen, die zum Verständnis notwendig oder hilfreich sind, wurden ebenfalls in Fußnoten eingefügt. Außerdem wurde die Eröffnungserklärung durch Zwischenüberschriften gegliedert.

Auslassungen wurden überall so gewählt, dass der Sinn des Textes erhalten bleibt. Die Auszüge aus der Sitzung der Berufungskammer in Anhang B. enthalten die vollständigen Ausführungen Miloševićs während dieser Anhörung. Die Eröffnungserklärung von Milošević wurde vollständig übersetzt, mit Ausnahme von Einschüben rein technischen Charakters sowie Worten anderer Sprecher im Verhandlungssaal, um so Miloševićs Rede als zusammenhängenden Text zu präsentieren. Die entstandenen Auslassungen wurden gekennzeichnet.

In allen zitierten Texten und Auszügen wurden ggf. die Rechtschreibung sowie die Schreibweise serbokroatischer Personen- und Ortsnamen an die von den Übersetzern verwendete Schreibweise angepasst.

Die Übersetzung der Verhandlungsprotokolle wurde von Sebastian Bahlo und Peter Betscher besorgt. Die Übersetzer bedanken sich für seine wertvolle Hilfe bei Ralph Hartmann sowie für ihre Unterstützung bei Olga Jurić Darić und Klaus von Raussendorff. Ein Dank gilt auch Claudia Hinz für ihre Recherchearbeiten.

Ohne die Mitarbeit von Cathrin Schütz, die auch die Chronologie und die Literaturempfehlungen verfasst hat, hätte das Buch in der vorliegenden Fassung nicht erscheinen können.

Abkürzungsverzeichnis

BRJ	Bundesrepublik Jugoslawien
HDZ	*Hrvatska Demokratka Zajednica*, Kroatische Demokratische Union
ICTR	*International Criminal Tribunal for Rwanda,* Internationaler Strafgerichtshof für Ruanda
ICTY	*International Criminal Tribunal for the Former Yugoslavia,* Internationaler Strafgerichtshof für das ehemalige Jugoslawien
IStGH	Internationaler Strafgerichtshof (engl. Abk.: ICC)
JNA	*Jugoslovenska Narodna Armija,* Jugoslawische Volksarmee
Kosmet	Kosovo und Metochien
OSZE	Organisation für Sicherheit und Zusammenarbeit in Europa
SBRJ	Sozialistische Bundesrepublik Jugoslawien
SDA	*Stranka Demokratski Akcije*, Partei des Demokratischen Handelns
VJ	*Vojska Jugoslavije,* Streitkräfte Jugoslawiens
UÇK	*Ushtria Çlirimtare e Kosovës*, Befreiungsarmee des Kosovo

Inhalt

Damit nicht die Aggressoren die Geschichte schreiben

Dieses Buch geben wir heraus, um die Verteidigungsrede von Slobodan Milošević am 31.8. und 1.9.2004 beim so genannten „Internationalen Tribunal für Kriegsverbrechen im früheren Jugoslawien“ in Den Haag überhaupt zugänglich zu machen. Nicht, dass sie gänzlich unter Verschluss gewesen wäre, im serbokroatischen Original wie in der englischen Übersetzung des „Tribunals“ ist sie prinzipiell verfügbar. Es besteht nur seitens der meinungsbildenden Medien kein Interesse, den Inhalt zur Kenntnis zu nehmen oder gar bekannt zu machen.

So kommt es, dass eine deutsche Übersetzung des Textes bis dato nicht vorlag, keine Zeitschrift und keine Bildungsinstitution befand es der Mühe wert, eine andere Sicht als die NATO-amtliche auch nur zur Kenntnis zu bringen. Folglich mussten die Herausgeber der vorliegenden Dokumentation diese Übersetzung ins Deutsche mit eigenen, ehrenamtlichen Kräften selbst besorgen. Angesichts einer im Vorhinein als „Jahrhundertprozess“ apostrophierten Veranstaltung ein bemerkenswerter Sachverhalt.

Mit der Publikation verfolgen wir die Absicht, das Geschehen in Den Haag publik zu machen und das „Gesetz des Schweigens“ zu durchbrechen, dem sich die meisten Medien seit Jahren, kurz nach Verhandlungsbeginn und von wenigen Ausnahmen abgesehen, bis heute unterworfen haben. Damit soll zumindest im Prinzip die Monopolstellung in Frage gestellt werden, die sich die NATO mit ihrer Sicht der Dinge, ihrer Version der Geschichtsschreibung anmaßt.

Die Nichtöffentlichkeit, die von den Mainstream-Medien hergestellt wird, ohne von einer Obrigkeit erzwungen zu sein, hat nicht nur mit den Mechanismen eines Mediengeschäfts zu tun, das auf Events und Idole, Seichtigkeit und Sinnfreiheit sowie die Verfütterung inhaltsleerer Infohäppchen ausgerichtet ist. An einigen zentralen Punkten erfüllen die meinungsbildenden Medien eben auch die Funktion, den Konsens der Öffentlichkeit mit bestimmten politischen Überzeugungen und Bedürfnissen der Herrschaft herzustellen oder zu bewahren.

Zu den zentralen Glaubensartikeln der Herrschaft in Deutschland gehört, dass „deutsche Außenpolitik Friedenspolitik" sei, was im Falle divergierender Interessen mit den USA durch, zumindest offizielle, Nichtbeteiligung an einem Krieg wie im Irak etwas leichter zu beweisen ist, als im Falle übereinstimmender Interessen wie bei der NATO-Aggression gegen Jugoslawien 1999. Auch wenn ein Bundeskanzler Schröder am Abend des ersten Kriegstages im Fernsehen beteuerte „wir führen keinen Krieg."

Damit das Mantra von der „deutschen Friedenspolitik" weiter seine Dienste tut, bedarf es der merkwürdigen Mischung aus Vergessen dieses speziellen Sündenfalls, aber, falls die Erinnerung doch mal hochkommt, zumindest der Gewissheit, für eine „gute Sache" marschiert zu sein. Sozusagen eine Mischung aus Formierung und Chloroformierung von Verstand und Bewusstsein. Der „ethische" oder „Menschenrechts-Imperialismus" wurde Anfang des 20. Jahrhunderts zu diesem Zweck erfunden.

Während bei kontroversen imperialistischen Interessen die nichtvorhandenen „Massenvernichtungswaffen von Saddam Hussein" alsbald von Regierungssprechern wie Medienleuten als Kriegsvorwand enttarnt sind, ist dies beim „Massaker von Račak" - für den damaligen Außenminister Joseph Fischer der „Wendepunkt" - bis heute nicht ins Bewusstsein gedrungen. Obwohl es, rein faktisch, ebenso als Kriegs-Zwecklüge enttarnt ist, als gemeinsame Erfindung deutscher und US-amerikanischer Kriegstreiber.

Die Lüge vom „gerechten Krieg" wird gerne geglaubt, zumindest solange sich die Zahl der „eigenen" Opfer in Grenzen hält. Der im Falle der Irak-Aggression nachgeschobene Ersatz-Kriegsgrund vom segensreichen „Regime Change" verliert in dem

Maße an Plausibilität, wie der irakische Widerstand die Opferzahl unter den Aggressoren in die Höhe treibt. Beim Bombardement Jugoslawiens blieben die Aggressoren weitgehend unverwundbar in ihren hochfliegenden Kampfmaschinen, sodass ein wichtiger Grund für Proteste an der „Heimatfront" entfiel.

Hinter den behaupteten Menschenrechten als Interventionsgrund ging es auch in Jugoslawien um Unterwerfung unter die „Neue Weltordnung", nachdem sich Serbien und Jugoslawien unter Slobodan Milošević renitent gegenüber den Diktaten von Weltbank und Weltwährungsfond zeigten. „Regime Change" und „Nation-Building" in militärisch niedergeworfenen Ländern bedeutet die Errichtung eines politischen Systems, das mit dem Westen kooperiert. In Jugoslawien ist zu besichtigen, wie das Land in Folge unter der Vorherrschaft von USA und Deutschland wirtschaftlich, sozial und kulturell verwüstet wurde.

Das „gemeinschaftliche kriminelle Unternehmen", dessen Slobodan Milošević in Den Haag bezichtigt wird, besteht aus seiner Sicht in der Zerschlagung des souveränen Jugoslawiens, eines Gründungsstaates der Vereinten Nationen, wozu sich die Westmächte nach ihrem „Sieg im Kalten Krieg" verschworen haben, um selbst bescheidenste Ansätze zu einer alternativen Wirtschafts- und Gesellschaftsordnung gegenüber ihrem geheiligten Kapitalismus im Keim zu ersticken. Es handelte sich um einen Krieg zur Zerstörung Jugoslawiens, wobei die Tragik darin besteht, dass der Imperialismus durch Entfesslung von ethnischem und religiösem Hass willige heimische Stellvertreter-Krieger fand.

Die „humanitären" Beweggründe der Aggressoren wurden nach Ende der Bombardierungen deutlich, als die USA als eine der Kolonialmächte im Kosovo einrückte und südlich von Priština den größten US-Militärstützpunkt im Ausland seit dem Vietnamkrieg errichtete. Dieses Camp Bondsteel liegt exakt an der Pipeline-Route auf der das Kaspische Öl vom Schwarzen Meer zu den albanischen Mittelmeerhäfen transportiert werden soll. Praktischerweise konnte auf dem Gelände gleich noch ein Außenlager des KZ Guantánamo installiert werden.

Mit dem neuen strategischen NATO-Konzept von 1999 wurde die Aggression gegen Jugoslawien zum „Türöffnerkrieg", zum entscheidenden Präzedenzfall für die Missachtung des absoluten Gewaltverbots des Völkerrechts. Auf dem Balkan wurde die neue Strategie der selektiven Aufhebung der Staatensouveränität und des Selbstbestimmungsrechts der Völker vorexerziert, seitdem häufen sich die völkerrechtswidrigen Aggressionen.

Wir sprechen bei der Haager Veranstaltung von einem so genannten „Tribunal" und schreiben es in Anführungszeichen, weil wir - wie Slobodan Milošević - seine Legitimität und Legalität bestreiten. Das „Tribunal" wurde vom Weltsicherheitsrat unter Bruch seiner eigenen UN-Charta installiert. Anders als reguläre UN-Organe wird es nicht ausschließlich aus dem UN-Haushalt bezahlt, sondern überwiegend von den Aggressorstaaten sowie einigen ihrer Rüstungs- und Medienkonzerne.

Die Anklage gegen Slobodan Milošević in Den Haag wurde auf dem Höhepunkt des mörderischen Bombardements erhoben, kurz nachdem ein Mordanschlag der NATO auf den jugoslawischen Präsidenten durch Bombardierung seines Hauses gescheitert war. Die Anklageerhebung erfolgte nach Abstimmung der damaligen „Chefanklägerin" Louise Arbour in einer „Klausurtagung" mit der kriegführenden Außenministerin Madeleine Albright, aus Tribunalskreisen als „Mutter des Tribunals" verehrt. Überdeutliches Motiv war, der offenkundig völkerrechtswidrigen Aggression der NATO eine Legitimation zu verleihen, zugleich die wachsende öffentliche Kritik an diesem Krieg zum Schweigen zu bringen.

Slobodan Milošević soll als Symbol des Widerstandes gegen die neue Weltkriegsordnung exemplarisch in einem Schauprozess abgeurteilt werden - zur nachträglichen Heiligung der Kriegsverbrechen der NATO, und als warnendes Beispiel zur Abschreckung aller „Unwilligen", Dissidenten und Abweichler, die nicht Vasallen der neuen Weltordner sein wollen. Er ist zum ersten politischen Gefangenen der so genannten „Globalisierung" der kapitalistischen Ausbeutung geworden.

Das Problem der öffentlichen Legitimation des Aggressionskrieges 1999 hat sich für die Kriegsherren durch Schaffung neuer Kriegsschauplätze schon weitgehend erledigt. Darüber hinaus war und ist es das Auftreten und die Argumentation des Hauptangeklagten Slobodan Milošević, welche die ursprünglich geplante Verwendung des Tribunals zur Befestigung der NATO-Kriegspropaganda-Thesen unmöglich gemacht hat. Die Zeugen der „Anklage" konnten entweder als präparierte Lügner überführt werden, waren Agenten westlicher Geheimdienste oder von der NATO und ihren Mitgliedsstaaten entsandte Kriegspropagandisten, ein Zeuge war zur „Vorbereitung" auf eine anklagegefällige Aussage gar gefoltert worden. Dass neben vielen anderen der frühere russische Premier Ryschkow, der englische Bosnien-Vermittler Lord Owen oder die finnische Forensikerin Helena Ranta zugunsten von Milošević aussagten, dringt gar nicht erst an die Öffentlichkeit.

Die Situation ist für die Haager Veranstalter so ungemütlich geworden, dass sie offensichtlich nach Exit-Strategien suchen, wobei auch Varianten des „kurzen Prozesses" eine Rolle zu spielen scheinen. Die jahrelange offenkundige Missachtung ärztlicher Gutachten und Empfehlungen für den an Herz- und Kreislauferkrankung leidenden Milošević, das Vorenthalten adäquater medizinischer Behandlung und Überwachung sowie die Erzeugung von permanentem Zeitdruck und Stress sprechen eine deutliche Sprache.

Für seine „Verteidigung" wird ihm nur die Hälfte der Zeit zugestanden, die der Anklage zur Verfügung stand. Während diese über einen riesigen Apparat mit Geheimdienstzuarbeitern in den NATO-Staaten verfügt, erhält Slobodan Milošević nicht einen Euro zur Finanzierung der Verteidigung, nicht einmal einen Computer oder Internetzugang. Stattdessen schicken NATO-Regierungen ihre Finanzbehörden aus, um Unterlagen, Computer und Gelder zu konfiszieren, die von ehrenamtlichen Kräften für die Unterstützung der Verteidigung eingesetzt werden. Dass die „Waffengleichheit vor Gericht" ein elementarer, für die Rechtsstaatlichkeit konstitutiver Grundsatz ist, schert beim Haager Sondergericht keinen.

Für die Friedensbewegung stellt sich in dieser Situation die Aufgabe, Aufklärung dahingehend zu leisten, dass das „Tribunal" nicht mit einer Institution des Rechts verwechselt wird, seine Völkerrechtswidrigkeit zu thematisieren, und seinen politischen Charakter als Instrument der Fortsetzung der NATO-Aggression ins öffentliche Bewusstsein zu bringen. Dieses völkerrechtswidrige Sondergericht ist keine Institution des Rechts, sondern eine Kolonialbehörde zur permanenten Erpressung des in Stücke geschlagenen ehemaligen Jugoslawiens. Wie Eckart Spoo so trefflich formulierte: „Recht im alten und wiederbelebten imperialistischen Sinne ist einzig dazu da, Widerstand zu brechen."

Nicht von ungefähr plant die „Internationale Gemeinschaft", wie sich die neuen Weltordner in aller Unbescheidenheit nennen, dass die „Regelung des Kosovo-Status" in die Endphase der Haager Schauprozesse fallen soll. Wie die „Regelung" aussehen soll, verkündet das bewährte Kriegstreiber-Organ *Frankfurter Allgemeine Zeitung* am 15. Dezember 2005: „Im Kosovo stößt sich die Realität mit dem Völkerrecht". Während ein Kabarettist den Überschriftenredakteur beneiden mag, wird hier kaltblütig der nächste Völkerrechtsbruch vorbereitet, indem die von UN-Charta wie KSZE-Schlussakte garantierte Souveränität und territoriale Integrität Jugoslawiens zerstört wird.

In derselben Dezember-Woche wurde ein neuer oberster Kolonialbeamter für das Protektorat Bosnien ernannt: Als Nachfolger des britischen Geheimdienstmannes Paddy Ashdown in Sarajevo tritt Christian Schwarz-Schilling an. Diesem in der Wolle gefärbten antiserbischen Rassisten, der in den 1990er Jahren „Bomben auf Serbien!" immer schon einige Jahre früher forderte, als sie dann fielen, wurde in der Bundestagsdebatte der Auftrag auf den Weg gegeben, „Dayton zu überwinden". Es handelt sich zwar bloß um das Friedensabkommen, das für Bosnien-Herzegowina geschlossen wurde, aber wo etwas der unumschränkten Herrschaft im Wege steht, wurden schon ganz andere Verträge gebrochen.

Für künftige Kämpfe gegen die imperialistischen Kriege ist es unerlässlich, den Widerstand gegen diese kolonialistischen Kräfte beharrlich und konsequent fortzusetzen. Gegen kriegerische Aggression und ihre Fortsetzung in Form von Besatzung und Unterwerfung der betroffenen Länder sowie des Ausverkaufs ihres Volksvermögens und ihrer Ressourcen an transnationale Konzerne muss Protest und Widerstand organisiert werden: Auf dem Balkan, in Afghanistan, im Irak und in Palästina. Die Besatzer haben kein Recht, irgendwelche „Strafverfahren" gegen führende Politiker der von ihnen unterworfenen Länder und kolonisierten Territorien durchzuführen.

Deshalb bleiben wir dabei: die Forderung nach Abschaffung des Haager „Tribunals" der Kriegsverbrecher und nach Freiheit für Slobodan Milošević sowie alle politischen Gefangenen der NATO ist unverzichtbares Element des Kampfes für Frieden und eine andere Weltordnung.

Im Januar 2006

Klaus Hartmann

Vizepräsident und Vorsitzender des Vorstandes des Internationalen Komitees für die Verteidigung von Slobodan Milošević

Bundesvorsitzender des Deutschen Freidenker-Verbandes

Vizepräsident der Weltunion der Freidenker

Vorwort der italienischen Ausgabe

Von den verschiedenen Schandtaten und Verleumdungen, darunter Absurditäten, die von denselben, die den Krieg gegen Jugoslawien geführt hatten, in Umlauf gesetzt wurden, ist eine besonders auffällig: der Prozess in Den Haag gegen Milošević sei als Fortsetzung der Nürnberger Prozesse zu betrachten, die das Ende des Zweiten Weltkrieges besiegelt haben.

Tatsache ist hingegen, dass die Verantwortlichen des Dritten Reiches und Japans hauptsächlich wegen ihrer Verantwortung bei der Entfesselung eines Aggressionskrieges verurteilt wurden.

Die Anklageschrift in Nürnberg basiert auf der Verletzung des Friedens und des international anerkannten Prinzips der friedlichen Konfliktbeherrschung. Am 24. November 1948 erklärte der US-General MacArthur, indem er die sieben Todesurteile des Tokioter Gerichts bestätigte: „Möge diese schwere Sühne der göttlichen Vorsehung als Symbol und Mahnung für alle Menschen guten Willens dienen, um sie von der Sinnlosigkeit des Krieges zu überzeugen, der furchtbarsten Geißel und Sünde der Menschheit, damit endlich alle Völker dem Krieg abschwören."

Es ist vielleicht überflüssig zu betonen, dass - sollte man heute dieser und anderen vorhergegangenen Mahnungen Rechnung tragen - Clinton samt seiner Verbündeten und Mittäter auf die Anklagebank gesetzt werden sollten.

Der Prozess gegen Milošević hat hingegen eine ganz andere, sogar gegensätzliche Vorgeschichte. Es ist die Tradition der Kolonialkriege. Alle, die es wagen, den großen Mächten zu widerstehen, die beanspruchen als Wächter der Zivilisation zu gelten, sind automatisch als „Rebellen" oder „Banditen" vor Gericht zu stellen oder sogar zu liquidieren. Die schlecht als „Justiz" getarnte erbitterte Rache der Kolonialmächte trifft sie erbarmungslos sogar nach dem Tod. 1898 eroberte England - nach der Schlacht von Omdurman - den Sudan zurück. Vorher war es den Sudanesen gelungen die Engländer zu schlagen und sich zu befreien. Jetzt halten es die weißen Herrenmenschen für notwendig, sich von der erlittenen Erniedrigung zu befreien. Es genügt ihnen nicht, die mit Dum-dum-Geschossen grausam verwundeten Gegner durch einen Gnadenschuss zu erledigen. Sie zerstörten das Grabmal von Mahdi, dem Führer und Inspirator des antikolonialen Widerstandes: nach einer Art Prozess wurde die Leiche enthauptet; sein Körper wurde in den Nil geworfen, während sein Kopf wie eine Trophäe herumgetragen wurde. Die Regeln, die für die zivilisierten Völker gelten, gelten nicht im Umgang mit den „Barbaren", die per se kein Staat, sondern nur ein „barbarisches Rudel" sind, und deswegen weder Staats- noch Regierungschefs haben.

Obwohl die Prozesse von Nürnberg und Tokio starke politische Einschränkungen und offensichtliche juristische Verzerrungen aufweisen, trugen sie das Verdienst mit dieser schändlichen, kolonialistischen Tradition zu brechen. In Nürnberg wurden Verantwortliche des Nationalsozialismus angeklagt, die so genannte „Doktrin des Herrenvolkes" bzw. der „Herrenrasse", erfunden und praktiziert zu haben, mit der sie sich anmaßten, die als minderwertig betrachteten Völker zu beherrschen. Jedem müsste es jetzt klar sein, wer sich heute tatsächlich in einer Linie mit den Verantwortlichen des Dritten Reiches befindet. In seiner Antrittsrede als Präsident sagte Clinton: Amerika „muss weiter die Welt führen"; „unsere Mission hat keine zeitliche Grenze". George W. Bush hat seinerseits ein wahrhaftes Dogma verkündet, als er im Jahre 2000 an die Macht kam: „Unsere Nation wurde von Gott ausgewählt und hat eine historische Mission, als Modell für die ganze Welt zu gelten." Der Prozess gegen Milošević wurde von zwei Herren inszeniert, die mit einer kaum gemäßigten Sprachregelung schamlos die „Doktrin des Herrenvolkes", bzw. der „Herrenrasse" wieder ausgegraben haben, mit der sie sich nicht nur über andere Völker, sondern auch über die Statuten und Resolutionen der UNO erheben.

Während die Prozesse von Nürnberg und Tokio den Bruch mit der kolonialen Tradition darstellten, stellt der aktuelle Prozess in

Den Haag den Bruch mit Nürnberg und die Rückkehr zur kolonialen Tradition dar.

Als neues Element registrieren wir nur eine kleine linguistische Modernisierung. Diejenigen die es gewagt haben, dem „Herrenvolk“ Widerstand zu leisten, werden nicht mehr als „Banditen“ oder „Rebellen“, sondern als „Kriegsverbrecher“ verurteilt. Das Land, das diese Anklage vor allen anderen erhebt, ist ein Land, das nach dem Zweiten Weltkrieg in seinem misslungenen Versuch die Völker Indochinas zu unterjochen keine schändliche Tat ausgelassen hat. Noch heute tragen zahlreiche Frauen und Kinder auf ihren gebrandmarkten Körpern die Spuren des wahllosen Einsatzes chemischer Waffen, auf den die Anwärter der Weltherrschaft zurückgriffen. Andererseits, Ironie der Geschichte, findet die juristische Farce gegen Milošević genau in dem Moment statt, wo trotz Zensur die grausigen Einzelheiten über Guantánamo und Abu Ghraib publik werden.

Zwischen 1800 und 1900 gingen Prozesse und Hinrichtungen gegen „Banditen“ und „Rebellen“ Hand in Hand mit den Prozessen und Hinrichtungen gegen diejenigen, die in den Metropolen die Vorherrschaft der Weißen und des Westens herausforderten. Die Afroamerikaner, die es wagten, ihre eigene Würde einzufordern oder zu verteidigen, traf die erbitterte, schauderhafte und sadistische Rachejustiz des Ku-Klux-Klans. Hier will ich einen besonderen Aspekt behandeln.

Die Lynchmorde an den Schwarzen wurden im Voraus in der Lokalpresse angekündigt. Tausende von Personen, samt Frauen und Kindern, waren dabei und amüsierten sich; zusätzliche Waggons wurden an die Züge gehängt, weil Zuschauer auch aus fernen Gegenden kamen; die Schüler bekamen schulfrei. Also, die Erniedrigung, die Demütigung und der langsame Todeskampf der Rebellen stellten ein Massenspektakel dar: das „Herrenvolk“ konnte seine eigene Herrschaft auskosten, während den Schwarzen eingebläut wurde zu resignieren.

Ähnliche pädagogische Ziele waren mit dem Milošević-Prozess verbunden, aber bereits bei den ersten Sitzungen konnten sich alle Fernsehzuschauer von der politischen und moralischen Überlegenheit des Angeklagten gegenüber den Anklägern und ihren Drahtziehern überzeugen. Spätestens da erwies sich der gigantische multimediale Apparat, der ins Leben gerufen worden war, um dem militärischen Sieg einen propagandistischen folgen zu lassen, als kontraproduktiv. Jetzt ist man bereit, um das Ritual der unumgänglichen internationalen Ku-Klux-Klan-Justiz aus Washington zu ende zu bringen, seinen pädagogischen Charakter eines Massenspektakels drastisch zurückzunehmen oder sogar ganz darauf zu verzichten.

Wichtig ist, dass „der Rebell“, der „Bandit“, der „Kriegsverbrecher“, der die Befehle des amerikanischen und westlichen „Herrenvolkes“ missachtet hat, exemplarisch bestraft wird.

Im September 2005

Domenico Losurdo

Professor für Philosophie an der Universität Urbino, Italien

Präsident der internationalen Hegel-Marx-Gesellschaft für dialektisches Denken

Übersetzung aus dem Italienischen: Victoria Knopp

Eröffnungserklärung der Verteidigung von Slobodan Milošević

Den Haag, 31. August und 1. September 2004

Seit langem wird in der internationalen Öffentlichkeit mit einer klaren politischen Zielsetzung ein wahrheitsfremdes Zerrbild davon entworfen, was auf dem Gebiet des ehemaligen Jugoslawien passierte. Die gegen mich erhobenen Anschuldigungen sind gewissenlose Lügen und vor allem eine bodenlose Geschichtsverdrehung. Alles wurde einseitig dargestellt, um die wahrhaft Verantwortlichen der Verantwortung zu entziehen und um falsche Schlussfolgerungen über die Ereignisse und den Hintergrund des Krieges gegen Jugoslawien ziehen zu können.

Es gibt eine grundlegende historische Tatsache, von der man ausgehen sollte, wenn man die Ereignisse verstehen will, und die alles nach sich zog, was von 1991 bis heute auf dem Gebiet Jugoslawiens geschah, und dabei handelt es sich um die Zerstörung eines europäischen Staates – Jugoslawiens, der sich auf die Eigenstaatlichkeit Serbiens gründete, des einzigen Verbündeten, den die Demokratie in den letzten zwei Jahrhunderten in diesem Teil der Erde hatte. Ohne Zweifel wird diese grundlegende historische Tatsache der zukünftigen europäischen Geschichte ihren Stempel aufdrücken.

Es wurde ein multiethnischer, multikultureller, multikonfessioneller Staat zerstört, ein Staat, der historische und völkerrechtliche Legitimität besaß. Nationalstaaten, Miniatur-Nationalstaaten wurden gemäß dem Diktat Deutschlands und des Vatikans, mit der Unterstützung der Vereinigten Staaten und der Europäischen Gemeinschaft auf seinem Gebiet errichtet. Der Staat, der da zerstört wurde, war Mitglied aller internationalen Organisationen, angefangen mit dem Allgemeinen Postverein von 1874[1], über den Völkerbund, die Internationale Arbeits-Organisation, die Vereinten Nationen, die Weltbank, den Weltwährungsfond und alle anderen Sondereinrichtungen der Vereinten Nationen, bis hin zur Organisation für Sicherheit und Zusammenarbeit in Europa.

Wer trägt das Verdienst daran, dass dieser souveräne Staat zerstört wurde?

Gemäß den Nürnberger Prinzipien stellt dies das schwerste völkerrechtliche Verbrechen dar – ein Verbrechen gegen den Frieden. Wer trägt das Verdienst daran, dass ein Krieg stattfand, in dem zehntausende Zivilisten getötet, hunderttausende Menschen verwundet und verstümmelt wurden? Tausende Menschen verloren ihr Zuhause und flohen aus ihrer Heimat, zumeist Serben, und es entstanden Millionenschäden an persönlichem Eigentum, von der mit dem Krieg verbundenen ökologischen Katastrophe ganz zu schweigen.

Die Internationale Gemeinschaft wird all diesen Tatsachen ins Auge sehen müssen. Nicht nur, dass ein Staat zerstört wurde. Das System der Vereinten Nationen wurde zerstört. Und es wurden die Grundsätze zerstört, auf denen das weltweite Zusammenleben der Völker beruhte.

Außerdem ist noch nie in der Geschichte ein Staat durch reinen Zufall verschwunden. Es waren ja große Wortgefechte mit der Zerstörung Jugoslawiens verbunden. Alles, was seit dem ersten Ausbruch der Krise bis zum heutigen Tag erzählt worden ist, einschließlich dessen, was die so genannte Anklage hier gesagt hat, ist falsch. Jugoslawien hat sich nicht einfach in Luft aufgelöst, wie Robert Badinter darzulegen versuchte und sich damit in einer Art juristischer Metaphysik bewegte. Dieses Land wurde gewaltsam durch einen Plan zerstört und durch einen Krieg, der noch immer geführt wird, und in diesem Krieg sind eine Menge Kriegsverbrechen begangen worden.

---

[1] Am 9. Oktober 1874 gehörte Serbien zu den 22 Gründungsmitgliedern des Allgemeinen Postvereins. Milošević bezieht sich hier also nicht nur auf die Anerkennung Jugoslawiens, sondern auch schon Serbiens, was aus der weiteren Rede verständlich wird.

Ein bekannter amerikanischer Wissenschaftler, Stephen John Stedman, bemerkte 1993 zu Recht in der Monatszeitschrift *Foreign Affairs*, „dass es zu Beginn des Krieges kein Slowenien und Serbien gab, sondern einen Staat, der Jugoslawien hieß."[2] Man sollte dies also logischerweise als Ausgangspunkt für jedwede rechtliche Analyse nehmen. Jugoslawien. Dieser Staat wurde zu diesem entscheidenden Zeitpunkt von einem aus der Teilrepublik Kroatien entsandten Mitglied des jugoslawischen Staatspräsidiums, Stjepan Mesić, geführt. Der damalige Premierminister des Landes, Ante Marković, kam auch aus Kroatien, und auch der Außenminister Budimir Lonćar war Kroate. Was die höchsten militärischen Ränge betrifft, so haben wir es hier schon [von Zeugen der Anklage, d.Ü.] gehört: unter den höchsten 16 Generalen waren nur zwei Serben. Die Mehrheit bestand aus Kroaten, Slowenen und Leuten anderer ethnischer Herkunft.

Dieser Staat verfügte über starke Streitkräfte, die in der Lage gewesen wären, den Konflikt unter Kontrolle zu behalten, ja, ihn überhaupt zu verhindern. Aber diese Regierung ließ paramilitärischen Verbänden und Waffenschmugglern freie Bahn, selbst der Drogenmafia, wie wir am Ende dieser Entwicklung im Kosovo sehen können. Diese Regierung handelte im Einklang mit der Europäischen Gemeinschaft, ganz besonders mit Deutschland und dem Vatikan.

Schon Ende Juni 1991 verlangte die Europäische Gemeinschaft, dass die rechtmäßige Armee in den Kasernen bleiben und von jeder Handlung Abstand nehmen, sich also freiwillig in Gefangenschaft in ihrem eigenen Land begeben sollte, und es ist doch logisch, dass dies zur Sezession und zur Bildung paramilitärischer Verbände führte. Der bewaffnete Konflikt begann 1991 mit der Sezession Sloweniens.

[2] Übersetzt nach Stephen John Stedman: „The New Interventionists", in: *Foreign Affairs*, Nr. 73, 1993.

Ein Jahrzehnt des Krieges gegen Jugoslawien

Im Juni 1991 töteten slowenische Militärverbände grundlos und kaltblütig Soldaten der Jugoslawischen Volksarmee, die die Grenzen zu Österreich und Italien sicherten, und besetzten die Grenzposten. Vom Standpunkt der Charta der Vereinten Nationen, vom Standpunkt der allgemeinen Rechtsgrundsätze aus betrachtet, die von zivilisierten Nationen anerkannt werden, war dies ein klassisches Beispiel eines bewaffneten Aufstandes gegen einen Staat. Der Staat ist dann also verpflichtet, alle erforderlichen Maßnahmen zu ergreifen, um Recht und Ordnung wiederherzustellen.

Es ist bekannt, dass der Kommandant der Fünften Armee, der Slowene General Konrad Kolšek, auf Anweisungen des Bundespremierministers Ante Marković die slowenische Regierung darüber informierte, dass die Jugoslawische Volksarmee die Aufgabe habe, die Kontrolle über die Grenze zurückzuerlangen, und sie unbedingt ausführen werde. Anstatt eine friedliche Umsetzung dieser Entscheidungen der Bundesregierung zu ermöglichen, sagte die slowenische Regierung, dass sie die Herausforderung annähme und auf Gewalt zurückgreifen würde, um gegen die Entscheidung anzugehen, und das tat sie. Slowenien benutzte seine paramilitärischen Verbände, denen damals 36.000 illegal bewaffnete Personen angehörten, um zu einem bewaffneten Angriff überzugehen. Alle wussten, dass die Jugoslawische Armee, die im Geist der Einheit und Brüderlichkeit erzogen worden war, nicht auf Slowenen schießen würde, die sie als ihre eigenen Mitbürger betrachtete. Deshalb war die Tötung von JNA-Soldaten einfach ein vorsätzliches Verbrechen, keine Kriegshandlung.

Es wurden schwere Kriegsverbrechen verübt, nicht einmal militärische Sanitätseinrichtungen wurden verschont. Die Ministertroika der Europäischen Gemeinschaft reiste durch das Gebiet und beschrieb die dramatische Situation. Die Liste der Verbrechen ist lang, und die Verbrechen der slowenischen paramilitärischen Verbände werden auch durch Filmmaterial dokumentiert, das von einer österreichischen Fernsehanstalt aufgenommen wurde. Wegen der zeitlichen Beschränkungen, die Sie mir auferlegt haben, ist es mir nicht möglich, diese Bänder jetzt abzuspielen, aber ich werde sie zeigen, wenn ich bestimmte Zeugen lade.

Am 10. Juli 1991 verabschiedete das Europäische Parlament eine Resolution, in der nicht die Rebellen, nicht die Separatisten verurteilt wurden, sondern die ordentlichen Streitkräfte, die Jugoslawische Volksarmee. Es wurden also die Rollen von Täter und Opfer verkehrt, und so haben die Europäische Gemeinschaft und die Vereinigten Staaten den Krieg angeheizt. Ich weise darauf hin, weil dies die Formel ist, auf die man immer wieder zurückgriff, wenn man sagen wollte, was im ehemaligen Jugoslawien geschah.

In Kroatien begannen die Verbrechen an den Serben sogar noch früher, noch bevor die Abspaltung erklärt wurde. Die gleichen Methoden in den gleichen Gebieten, in denen 1941 der Völkermord am serbischen Volk durch die Ustaša-Verbände im so genannten Unabhängigen Staat Kroatien[3] begann.

Internationale Experten, die vergleichende Völkermordstudien betrieben haben, wie beispielsweise Leo Cooper, Pieter Drost, Ted Gurr, Irving Louis Horowitz, George Kren und andere, sind zu dem Schluss gelangt, dass ein Völkermord nur einmal an einem Volk stattfinden kann. Jeder neue Versuch würde in einen Bürgerkrieg umschlagen. Und diese These bestätigte sich in Kroatien.

Der Völkermord an den Serben begann 1941 in Kroatien, indem Listen von Einzelpersonen erstellt wurden, die angeblich zu „Befragungen“ vorgeladen werden sollten. Aber man stellte ihnen keine Fragen, sondern die Serben wurden getötet oder in Konzentrationslager geschickt.

Jetzt, als ähnliche Dinge getan wurden, leisteten die Serben Widerstand; sie fühlten sich von den Politikern böswillig getäuscht, die vorher die Ideale der Einheit und Brüderlichkeit verteidigt hatten und jetzt auf eine ganz andere Art zum Volk sprachen: Sie griffen auf alte Ustaša-Parolen und –Symbole zurück, erließen im Eiltempo neue Gesetze, und die Serben verloren ihren Status eines staatstragenden Volkes, sie waren des Schutzes durch Belgrad und der Jugoslawischen Armee beraubt, die in den Kaser-

[3] 1941 wurde von einer von Nazi-Deutschland eingesetzten Marionettenregierung unter Führung der faschistischen Ustaša, der „Unabhängige Staat Kroatien“ (serbokroatisch NDH) proklamiert.

nen eingeschlossen war. So waren die Serben bereit zu sterben, aber sie wollten sich keinem neuen Völkermord aussetzen.

Schon lange vor der Sezession Kroatiens 1991 operierten dort bewaffnete Gruppen. Die so genannten freiwilligen Volksschutztruppen: „Zebra“, die „Schwarze Legion“, die „Wölfe von Vukovar“, etc. Am 28. Mai wurde in Zagreb eine Militärparade organisiert, wo man Waffen vorführte, insbesondere Waffen aus Deutschland. Das waren psychologische Vorbereitungen für das, was später geschehen sollte. Paramilitärische Verbände wurden damals von Kroatien nach Bosnien versetzt, denn Präsident Tuđman hatte angekündigt, dass es eine Grenzrevision geben würde und dass die Grenzen Kroatiens an die Drina verschoben würden.

Am 18. Juli 1991 gingen die paramilitärischen bewaffneten Verbände in Kroatien zum Frontalangriff über. Vom 20. Juli bis zum 9. August wurden 75 Anschläge auf die Jugoslawische Volksarmee verübt.

[...]

Serbische Häuser wurden in Brand gesteckt und vereinzelte Verbrechen gegen Serben gingen in Massenexekutionen über. In einem Kornfeld nahe dem Dorf Jankovci wurden 65 Serben massakriert, sie sind alle identifiziert worden; im Dorf Svinjarevo wurden 25 getötet, und so weiter und so fort. Im Gebiet von Papuk und Slunj wurden ganze Dörfer dem Erdboden gleichgemacht. Die am weitesten verbreitete Terrormaßnahme gegen die serbische Bevölkerung waren gewaltsame Vertreibungen, und darin zeigte sich am deutlichsten der Zusammenhang zwischen den Jahren 1941 und 1991.

Diese Aktionen begannen unmittelbar nach dem Wahlsieg der HDZ in West-Slawonien. Es wurde eine Hysterie erzeugt, um die Menschen zum Verlassen des Landes zu bewegen. Dazu wurden verschiedene Methoden angewandt. Serbische Kinder wurden in der Schule gemobbt. Man brachte die Leute auf Polizeireviere. Serben wurden in großer Zahl von ihren Arbeitsplätzen entfernt, ihre Häuser in die Luft gesprengt. Am 29. Oktober 1991 erließ der Krisenstab in Slavonska Pozega eine Direktive, dass die Serben innerhalb von 48 Stunden aus 24 Dörfern vertrieben werden sollten: aus Oblakova, Orijaca, Slatina und so weiter. Diese Anweisung wurde im Rundfunk und in der Presse veröffentlicht. Alle, die sich weigerten, ihr Folge zu leisten, wurden in Lager gebracht. So fand ein gewaltiger Exodus der Serben in den Gebieten von Podravska Slatina und Daruvar statt. Von Juli 1991 bis August 1992 wurden 193 serbische Dörfer ethnisch gesäubert. Der Europäischen Gemeinschaft sind Dokumentationen von alledem vorgelegt worden.

Dann erreichten die Kriegshandlungen das Gebiet von Bosnien-Herzegowina. 1970 wurden die ideologischen Grundlagen dafür mit Alija Izetbegovićs „Islamischer Deklaration" gelegt, die damals noch im Untergrund verbreitet wurde. 1984 veröffentlichte derselbe Autor dann ein Buch „Der Islam zwischen Ost und West", und 1990 wurde die „Islamische Deklaration" noch einmal offiziell herausgebracht. Bekanntlich wird dort behauptet, dass es zwischen dem islamischen Glauben und den nicht-islamischen Religionen keine friedliche Koexistenz geben kann; das wird in diesen Publikationen mehrmals wiederholt.

Am 21. Dezember 1991 sagte Izetbegović im Parlament von Bosnien-Herzegowina, dass er bereit sei, für die Souveränität Bosnien-Herzegowinas den Frieden zu opfern. Man betrieb eine massenhafte Mobilmachung, und mit großzügiger finanzieller Unterstützung aus Saudi-Arabien, dem Iran und anderen islamischen Ländern begann der Bürgerkrieg. Bald darauf traf eine Vielzahl von Mudschaheddin ein.

Auf dem 6. Gipfel der Islamischen Konferenz vom 9. bis 12. Dezember 1991, noch bevor der Krieg vollständig ausbrach und Bosnien-Herzegowina diplomatisch anerkannt wurde, sagte man den Glaubensbrüdern Unterstützung für die Schaffung des ersten islamischen Staates in Europa zu. Dabei hat Bosnien-Herzegowina selbst heute noch keine mehrheitlich muslimische Bevölkerung. Dies schloss nicht nur bedeutende finanzielle Hilfe ein, sondern Alija Izetbegović wurde auf der Islamischen Konferenz, die am 1. und 2. Dezember 1991 in Dschiddah stattfand, gefeiert und geehrt. Man weitete das Interesse auch auf zwei Gebiete innerhalb Serbiens aus: Kosovo und Raška, oder wie die Muslime es nennen, Sandžak.

Die ersten heiligen Krieger oder Mudschaheddin reisten aus Afghanistan, dem Libanon, Marokko und Pakistan an, mit Waffen ausgerüstet, die von der CIA an die Rebellen in Afghanistan geliefert worden waren. 400 Mitglieder der Hisbollah trafen als militärische Ausbilder in Sarajevo ein. Den Bündnissen treu bleibend, die im Zweiten Weltkrieg unter der Schirmherrschaft Nazideutschlands gegen die demokratische Allianz geschmiedet wurden, unterzeichneten Tuđman und Izetbegović, die beiden Führer der Rebellen, eine Vereinbarung darüber, dass die Streitkräfte des Kroatischen Verteidigungsrates Teil der vereinigten Streitkräfte von Bosnien-Herzegowina wurden. Darauf folgte die Vertreibung der Serben aus den Gebieten, die von den muslimischen Kräften kontrolliert wurden. Zehntausende wurden aus Mostar vertrieben, 2500 aus Goražde, und so weiter.

Wie es schon in Kroatien geschehen war, wurden auch nach Bosnien-Herzegowina angeblich ausgediente amerikanische Offiziere geschickt, um die muslimische Armee auszubilden. Die Kampfhandlungen breiteten sich von Nord nach Süd aus, drangen schließlich in das Gebiet Serbiens ein, nämlich in Kosovo. Das Muster, nach dem Jugoslawien planmäßig zerstört wurde, mit Kosovo als letzter Station, ist einfach: man stützte sich auf paramilitärische Rebellengruppen, Kriminelle, und im Kosovo auf die Drogenmafia und auf Terrorgruppen. Aber die Schuld wurde den rechtmäßigen Streitkräften gegeben, der JNA während der Ereignisse in Kroatien und Slowenien und später der VJ.

Im Krieg gegen den übrig gebliebenen Teil Jugoslawiens, also Serbien und Montenegro, wurden zehntausende Bomben abgeworfen, viele davon mit Sprengköpfen, die abgereichertes Uran enthielten, und der Boden wurde nach den Erkenntnissen internationaler Experten fünf- bis sechsmal stärker verseucht als in Hiroschima, alles während des Angriffskrieges des NATO-Paktes gegen Jugoslawien.

Die Verstrickung des Westens, besonders Deutschlands und des Vatikans, war von Anfang an augenfällig. Der bekannte amerikanische Wissenschaftler Donald Horowitz hat in seiner Studie über ethnische und Nationalitätenkonflikte Argumente dafür präsentiert, dass diese ihre schlimmste Form, nämlich Krieg, annehmen, wenn sie durch internationale Unterstützung genährt werden. Und genau das geschah auf dem Gebiet Jugoslawiens. Der Krieg, der dort stattfand, stellte eine synchronisierte Aktion von Separatisten und ausländischen Kräften dar, welche, um das Blutvergießen vorzubereiten und anzuheizen, Ustaša-Extremisten und Nazis, islamische Fundamentalisten und albanische Terroristen in Jugoslawien einsetzten; deren Rolle war es, das Pulverfass des Konflikts zur Explosion zu bringen. In der Anfangsphase des Konflikts agierten die ausländischen Mächte hinter den Kulissen, indem sie die Separatisten mit Geld und Waffen versorgten und Söldner ins Land einschleusten. Die endgültige Zerschlagung Jugoslawiens wurde unter Täuschung der Öffentlichkeit durch offizielle Stellen durchgeführt.

Die westliche Anerkennungspolitik

In der Schlussakte von Helsinki versicherten die europäischen Staaten und die USA, dass sie die territoriale Integrität aller Staaten respektieren, und dass sie sich aller Handlungen gegen die territoriale Integrität und Unabhängigkeit eines der unterzeichnenden Staaten enthalten würden. Dies wurde 1990 in Paris bestätigt. Nur ein Jahr später trat die „Internationale Gemeinschaft" in der Weltpolitik offen als Hauptmotor der Zerstörung Jugoslawiens auf.

Am 7. Juli 1991 wurde in Brioni eine Erklärung für eine friedliche Lösung des Konfliktes in der SBRJ unterzeichnet. In Anerkennung der Dokumente, die ich genannt habe, versprach die Europäische Gemeinschaft, eine friedliche Lösung anzustreben und die territoriale Integrität Jugoslawiens, das der einzige rechtlich gefestigte Staat war und von dem sie schließlich das Mandat des Vermittlers in dem Konflikt erhielt, zu respektieren. Während der ganzen Entwicklung wurden verschiedene Vorschläge für eine friedliche Lösung, verlässliche Zugeständnisse gemacht. Trotz alledem stellte Lord Carrington auf einer Tagung am 18. Oktober 1991 ein Ultimatum, und es gab keine Alternative mehr zum Verschwinden Jugoslawiens[4]. Nach diesem Modell hatte Hitler 1941 gehandelt. Die Wertvorstellungen der Nazis hatten gesiegt; dem Recht auf Sezession und damit zur Zerstörung eines Staates wurde Vorrang gegenüber dem Recht eines UN-Mitgliedsstaates auf seine Erhaltung gegeben. Das Paradoxe ist nur, dass das Recht, das man den Separatisten in Jugoslawien gewährt hat, zum Beispiel den Iren von den Briten, den Basken von der Spaniern, den Korsen von den Franzosen und so weiter nicht gewährt wird. Wir sollten daran denken, dass serbische Kämpfer einmal auf der Seite der Alliierten im Zweiten Weltkrieg gekämpft haben, und dass damals die Truppen des so genannten Unabhängigen Staates Kroatien und einige Streitkräfte aus Bosnien, allerdings ebenfalls im Unabhängigen Staat Kroatien, auf der Seite der Naziheere kämpften. Die berüchtigte SS-Division Handžar wurde zur Ausbildung ins besetzte Frankreich geschickt, um dann beispiellose Verbrechen zu begehen.

Kehren wir zu Carringtons Papier zurück, das der Souveränität Jugoslawiens den ersten Stoß versetzte. Hierbei handelte es sich offenkundig um ein Täuschungsmanöver, durch das alle weiteren Verhandlungen zur Farce wurden. Daraufhin wurden die separatistischen Republiken unter starkem Druck Deutschlands und des Vatikans entgegen den grundlegenden Prinzipien des Völkerrechts, entgegen der Politik der Vereinten Nationen und der Politik der Großmacht USA anerkannt.

Ausgehend von der Stimson-Erklärung vom 7. Januar 1932 lehnten die Vereinigten Staaten jede Anerkennung von Staaten ab, die aus gewaltsamen Umstürzen hervorgingen. Dieses Prinzip hatte zunächst lokale Gültigkeit für die USA und ging dann ins allgemeine Völkerrecht ein. Jetzt traten die USA ihr eigenes Gesetz mit Füßen.

Im Juli 1991, bevor der Krieg begann, trat der deutsche Außenminister Genscher für die sofortige Anerkennung Kroatiens und Sloweniens ein. Der Vatikan handelte parallel dazu. Thomas Patrick Milady, der amerikanische Botschafter beim Heiligen Stuhl, übernahm in einer noch nie dagewesenen Aktion die Füh-

---

[4] Der Entwurf einer Friedenslösung, den Carrington präsentierte, setzte an die Stelle der SBRJ eine lose Föderation unabhängiger Staaten.

rung über die Kräfte, die die Anerkennung Kroatiens und Sloweniens befürworteten. Im August 1991 entsandte Papst Johannes Paul II. Erzbischof Tauran nach Jugoslawien. Bei seiner Rückkehr übergab dieser einen Bericht, in dem er behauptete, dass Serbien unbestreitbar der Aggressor sei. Auch das war eine unverschämte Lüge. Heuchelei eines geistlichen Führers. Eine Aggression gegen sein eigenes Land kann doch nur eine böswillige Unterstellung sein. Doch die Presse übernahm es so, und Deutschland und der Vatikan stimmten sich perfekt miteinander ab. Im Dezember 1991 besuchte Genscher den Vatikan. Bei seiner Rückkehr am 19. Dezember kündigte er an, dass Deutschland Kroatien und Slowenien ohne Rücksicht auf die Haltung anderer Länder anerkennen würde. Dies wurde am 23. Dezember in die Tat umgesetzt. Der Vatikan tat es am 13. Januar 1992.

Deutschland und der Vatikan ließen sich von ihren historischen geopolitischen Interessen leiten. Seit Jahren hatten sie an der Zerstörung Jugoslawiens gearbeitet. Helmut Kohl erklärte das in der Ausgabe 66 des Magazins *Politique Internationale*. Er sagte, dass die entscheidende Phase begann, als Kinkel Chef des deutschen Geheimdienstes wurde; er stellte enge Verbindungen zu den Ustaša-Emigranten her. Diese Kräfte arbeiteten an der Auflösung Jugoslawiens, wie der bekannte deutsche Geheimdienstexperte Erich Schmidt-Eenboom geschrieben hat. Es handelte sich um Josip Manolić, Josip Boljkovac, Franjo Tuđman und Stjepan Mesić, den jetzigen Präsidenten Kroatiens. Mesić bestätigte diese Rolle, als er im slowenischen Fernsehen erklärte, dass er die Idee der Auflösung Jugoslawiens denjenigen antragen wolle, die den größten Einfluss auf dessen Schicksal hätten – Genscher und dem Papst: „Ich habe Genscher dreimal getroffen. Er ermöglichte es mir, mit dem Vatikan in Kontakt zu treten. Der Papst und Genscher waren mit der völligen Auflösung Jugoslawiens einverstanden.“[5]

Danach folgte im Januar 1992 auch die Anerkennung durch andere Mitgliedsstaaten der Europäischen Gemeinschaft. Im Fall Bosnien-Herzegowinas geschah es am 6. April desselben Jahres,

---

[5] Vgl. *Politique Internationale* No. 66, Paris 1994.

also genau am Jahrestag von Hitlers Angriff auf Jugoslawien am 6. April 1941.

Die Teilrepubliken wurden innerhalb ihrer „international anerkannten Grenzen“, wie man behauptete, als selbständige Staaten anerkannt. Aber diese rein administrativen Grenzen sind niemals in irgendeinem internationalen Dokument anerkannt worden. Es gab nicht einmal ein internes Gesetz über diese Grenzen. Doch besonders wichtig hierbei ist, dass diplomatische Anerkennung ein unilateraler politischer Akt ist, während die Herausbildung neuer Grenzen ein Prozess innerhalb der Bevölkerung ist. Die neu anerkannten Gebilde erfüllten nicht die grundlegenden Vorbedingungen, um als Staaten anerkannt zu werden. Zur staatlichen Anerkennung sind ein Autorität genießender Staatsapparat und stabile politische Strukturen erforderlich, auf dem fraglichen Territorium muss ein Gewaltmonopol bestehen, die volle Kontrolle über die Gewaltausübung muss sichergestellt sein, und, was am wichtigsten ist, ein Staat muss seine Stärke und Zuverlässigkeit auf internationaler und nationaler Ebene unter Beweis stellen. Nichts davon wurde berücksichtigt. Und so kam es zu einem blutigen Bürgerkrieg, der als einzigartig in die moderne Geschichte eingehen wird, allerdings in einem sehr negativen Sinne.

In juristischen Kreisen auf der ganzen Welt rief die diplomatische Anerkennung der separatistischen Kräfte Erstaunen hervor. Cedric Thornberry, der Chef der UNPROFOR, erklärte: „Als uns der Botschafter Cutilheiro von der bevorstehenden Anerkennung in Kenntnis setzte, waren General Morillon und ich erstaunt.“ Die französische Zeitung *Le Figaro* nannte es völkerrechtliche Heuchelei. General MacKenzie schreibt in seinen Memoiren: „Obwohl wir keine Diplomaten waren, hatten wir Uniformierten alle keinen Zweifel, dass rings um uns herum Kämpfe ausbrechen würden, sobald die Anerkennung proklamiert würde.“

Der Sondergesandte der Vereinten Nationen Cyrus Vance erklärte, dass die Anerkennung Sloweniens, Kroatiens und Bosnien-Herzegowinas „zu dem Krieg führte, der auf dem Gebiet Jugoslawiens geführt wird.“ Das sagte er im September 1992. Die Anerkennung künstlicher Staaten stellte eine indirekte Form der

Aggression gegen die Sozialistische Föderative Republik Jugoslawien dar.

Parallel zu einer gewaltigen Medienkampagne und unter Täuschungen der internationalen Öffentlichkeit sowie unter Verletzung des Völkerrechts wurden die separatistischen Staaten als Mitgliedsstaaten der Vereinten Nationen anerkannt. Dem Rest, dem Kernstück Jugoslawiens, wurden im Mai 1992 Sanktionen auferlegt, das Land wurde isoliert und im Juli des selben Jahres aus den Vereinten Nationen ausgeschlossen, nur weil wir nicht akzeptiert haben, dass der bestehende Staat, in dem wir lebten, durch einen Federstrich ausgelöscht werden sollte.

Dieses rechtliche Chaos und der moralische Verfall der führenden Mächte und des Vatikans, der nach dem Kalten Krieg eingesetzt hatte, öffnete der Tollheit und Gesetzlosigkeit Tür und Tor vom Norden Jugoslawiens bis ins Kosovo im Süden.

Der politische Charakter des Tribunals

Auch dieses *Ad-hoc*-Tribunal hier wurde nur zu dem einen Zweck gebildet, die angehäuften Fehler der westlichen Politik zu kaschieren und die Verbrechen zu rechtfertigen, die die Zerstörung eines Staates und die High-Tech-Barbarei darstellten, die die NATO-Staaten in ihrem dreimonatigen Bombardement Jugoslawiens verübten, gegen dessen Bevölkerung massenhafte Verbrechen begangen wurden; im Kosovo wurden mittelalterliche Kulturschätze des serbischen Volkes zerstört, und so weiter und so fort.

Die extrem hohe Komplexität der Ereignisse auf dem Gebiet Jugoslawiens zu instrumentalisieren und Jugoslawien sowie mich persönlich für die Aggression verantwortlich zu machen, war eine sehr durchsichtige Taktik, um ein in sich geschlossenes Bild zu erzeugen, das logisches Denken auf empirischer Grundlage von vornherein verhindern sollte. Man kann historische Tatsachen und die historische Verantwortung für die Zerstörung eines Staates nicht mit unsinnigen Vulgärtheorien über „Bad Guys“ und „Rogue States“ erklären. Ein „gemeinschaftliches kriminelles Unterfangen"[6] existierte in der Tat, aber es ging nicht von Belgrad aus, dort existierte es überhaupt nicht. Es bestand unter den vereinigten Kräften der Separatisten, Deutschlands und des Vatikans und der übrigen Länder der Europäischen Gemeinschaft sowie der Vereinigten Staaten.

Als ich hier zum ersten Mal erschien, wie auch bei verschiedenen späteren Gelegenheiten, stellte ich die Rechtmäßigkeit dieses so genannten Tribunals in Frage. Während des Prozesses haben Sie mir eine Menge Argumente geliefert, die meine Position unterstützen. Ich will mich jetzt nicht dabei aufhalten, dass der Einrichtung dieses Tribunals die rechtliche Grundlage fehlt. Lassen Sie mich nur daran erinnern, dass judikative Gewalt nur aus internationalen Verträgen hervorgehen kann, nicht aber aus Resolutionen, wie der Generalsekretär der Vereinten Nationen in einer Erklärung an den Sicherheitsrat am 3. Mai 1993 selbst darlegte. Aber Sie müssen der internationalen Gemeinschaft Rechenschaft darüber ablegen, woher der Sicherheitsrat das Recht nimmt, internationale Verträge aufzuheben. Es gibt die Genfer Konventionen sowie Zusatzprotokolle über die Bestrafung von Kriegsverbrechern, in denen die Zuständigkeit für Prozesse dieser Art nationalen Gerichten zugesprochen wird. Ein internationaler Gerichtshof kann nur Autorität besitzen, wenn er auf ordentliche Weise geschaffen wurde und wenn seine Zuständigkeit allgemein ist. Diesem Tribunal fehlen beide Elemente. Das Gründungsdokument dieses Tribunals verleiht ihm individuelle Zuständigkeit, es ist ein politisches Dokument. Der wichtigste Rechtsgrundsatz ist Gleichheit. Es stellt sich also die Frage, warum nicht für alle Kriege, die wenigstens im letzten Jahrzehnt des 20. Jahrhunderts auf der Welt geführt wurden, Gerichtshöfe geschaffen worden sind. Gewiss würde doch grundsätzlich nichts dagegen sprechen, das zu tun und es für alle verbindlich zu machen, wenn es auf rechtmäßige Weise geschieht. Mit anderen Worten: Dieses Tribunal stellt die deut-

[6] Die Unterstellung eines „Joint Criminal Enterprise", an dem Milošević und seine Mitangeklagten beteiligt gewesen seien, wird in der Haager Anklageschrift als Grundlage ihrer persönlichen Verantwortlichkeit für die Geschehnisse während des Balkan-Krieges eingeführt.

lichste Form der Diskriminierung eines Landes dar und verletzt damit das Verbot jeder Form von Diskriminierung.

Bereits ganz zu Beginn verlangte ich, dass diese Institution gemäß Artikel 96 der Charta der Vereinten Nationen von ihrer Möglichkeit Gebrauch macht, sich von der Vollversammlung legitimieren zu lassen und den Internationalen Gerichtshof, die höchste judikative Instanz im System der Vereinten Nationen, die die Autorität zur Interpretation der Charta besitzt, darum zu ersuchen, seine juristische Einschätzung darüber abzugeben, ob die Sicherheitsrats-Resolutionen, durch die dieses Tribunal gegründet wurde, mit der Charta übereinstimmen oder nicht. Die Tatsache, dass dieses Tribunal sich selbst ermächtigt hat, darüber zu entscheiden, ob es in rechtsgültiger Weise eingerichtet wurde, und dann erwartungsgemäß zu dem Schluss kam, dass es rechtmäßig war, besagt noch keineswegs, dass dieser Schluss richtig ist, oder dass es auch nur das Recht hatte, einen solchen Schluss zu ziehen. Denn dieses so genannte Tribunal hat genauso wenig wie jeder andere Gerichtshof das Recht, Urteile über seine eigene Rechtmäßigkeit zu fällen. Deshalb war diese Entscheidung nicht rechtskräftig. Gerichtshöfe sind befugt, darüber zu entscheiden, ob die Rechtsprechung in einer bestimmten Sache innerhalb ihrer Kompetenz liegt, oder nicht. Aber die Frage nach der Zuständigkeit eines Gerichts und die Frage nach seiner Rechtmäßigkeit sind zwei verschiedene Dinge. Die Frage nach der Rechtmäßigkeit muss Vorrang gegenüber der Frage nach der Zuständigkeit haben. Denn wenn ein Gericht nicht rechtmäßig ist, dann hat eine Diskussion über seine Zuständigkeit keinen Sinn. Anders als über seine Zuständigkeit kann ein Gericht nicht über seine Rechtmäßigkeit entscheiden, weil es traditionell nicht zulässig ist, in seiner eigenen Sache zu richten.

Dieses illegale Tribunal hat auch nicht das Recht, den Personen, die vor ihm stehen, eine Auskunft darüber vorzuenthalten, ob sie sich vor einem legalen oder einem illegalen Organ befinden. Vor allem, wenn es einen gangbaren Rechtsweg gibt, um diese Frage zu klären. Denn sonst verwehrt man der betreffenden Person Gerechtigkeit. Aber ich fürchte, dass diejenigen, die in dieser Institution hier das Sagen haben, sehr wohl wissen, dass der Internationale Gerichtshof entsprechend den Ansichten seines ehemaligen Präsidenten Mohammed Bedjaoui entscheiden würde, die in seinem Buch „The New World Order and the Security Council" niedergeschrieben sind, wo unter den von ihm als völkerrechtswidrig erwähnten Dokumenten beide Resolutionen angeführt sind, die sich auf das Tribunal beziehen. Dieses Tribunal ist kein internationaler Gerichtshof, und es ist keine unabhängige Instanz, wie Sie es darzustellen versuchen. Der Öffentlichkeit wurde eine ideologische Fiktion vorgesetzt. Die „Internationale Gemeinschaft", die angeblich hinter dem Tribunal steht, ist eine Chimäre. Die Idee zur Einrichtung des Tribunals kam von Kinkel, nachdem er Genscher, den Hauptverbrecher bei der Zerstörung Jugoslawiens, im Amt abgelöst hatte. Madeleine Albright übernahm die Idee, und die Kosten für die vorbereitenden sowie die späteren Arbeiten wurden von der Soros-Stiftung getragen, die auch die „Coalition for International Justice" gründete, die dem Tribunal als regierungsunabhängige Organisation (engl. NGO) „Unterstützung" leisten sollte. Ich bitte diejenigen, die das Protokoll schreiben, darum, „Unterstützung" in Anführungszeichen zu setzen. Die Mitglieder dieser und anderer NGO's, von denen einige heute am Tribunal arbeiten, wurden 1992 in Bosnien-Herzegowina beauftragt, Indizien für Verbrechen zu sammeln, die angeblich von Serben begangen worden seien. Albright präsentierte sie dem US-Kongress und beauftragte verschiedene Vereine und Medienorgane, die Öffentlichkeit durch die Vermittlung eines bestimmten Bildes zu beeinflussen. Sie wurde mitunter als „Mutter des Tribunals" bezeichnet.

Was die Echtheit der von den NGO's gesammelten Beweismittel betrifft, so brauchen wir nur an einen öffentlichen Skandal um falsches Material zu denken, das diese Organisationen vorgelegt hatten, und das mich mit angeblichen Verbrechen im Kosovo belasten sollte. Ein Journalist der *New York Times*, der auf der Grundlage dieser falschen Informationen einen Artikel schrieb, musste wegen Verletzung der journalistischen Berufsethik seine Stelle räumen. Ich habe die betreffende Ausgabe der *New York Times* hier, aber die Zeit reicht nicht, um es vorzulesen.

Michael Scharf, der das Statut des Tribunals mit entworfen hat, gab am 3. Oktober 1999 in einem Interview für die *Washington*

Post eine sehr präzise Einschätzung des Tribunals: „Das Tribunal ist ein nützliches politisches Instrument", um „Führer von Schurkenstaaten diplomatisch zu isolieren [...] und die politische Bereitwilligkeit zur Verhängung von Sanktionen und Gewaltanwendung in der Welt zu stärken."[7]

Mit anderen Worten, das Tribunal ist ein Instrument des Krieges und nicht des Rechts. Marcus Gee bestätigte dies in der kanadischen Zeitschrift *The Globe and Mail*, indem er betonte, dass das Tribunal „Teil der Kriegsstrategie der NATO ist". Wir haben es also mit Selbstjustiz auf Seiten der Kriegskoalition zu tun, die beabsichtigt, das Rechtssystem ins Mittelalter zurückzuversetzen. Auf der ganzen Welt nennt man das Tribunal ein Propaganda-Instrument der NATO, es kann also von Unabhängigkeit keine Rede sein. Ich muss auch noch hinzufügen, dass seit 1996 eine ständige Absprache zwischen dem Generalsekretär der NATO und Ihrer Chef-Anklägerin besteht. Am 9. Mai 1996 unterzeichneten der NATO-Oberbefehlshaber in Europa und die Chefanklägerin ein Memorandum über die Art und Weise der Zusammenarbeit. Also hat die NATO von den USA die Rolle des Wächters über das Tribunal übernommen, und aus diesem Grund kann man das Tribunal überhaupt nicht als internationales Organ, sondern nur als Einrichtung der NATO bezeichnen.

Was meine Behauptung auch noch unterstützt, ist, dass Ihr eigenes Statut in Artikel 32 verlangt, dass die Kosten des Tribunals aus dem regulären Budget der Vereinten Nationen gedeckt werden sollten, dass aber das Geld praktisch aus sehr dunklen Quellen kommt, wie der Soros-Stiftung und anderen Stiftungen sowie aus islamischen Ländern. Das meiste Geld kommt direkt von der NATO; laut dem Pressesprecher der NATO, Shea, gehören „die NATO-Länder [...] zu den größten Geldgebern des Tribunals."[8] Dies erklärte er am 17. Mai 1999 in Brüssel. Ich muß auch daran erinnern, dass Soros auch die UÇK und ihr wichtigstes Propaganda-Organ „Koha Ditore" finanziert.

[7] Übersetzt nach *Washington Post*, 3. Oktober 1999.

[8] Übersetzt nach *M2 Presswire*, 1999.

Die Rolle Deutschlands

Anlässlich der Unterzeichnung des Zwei-plus-Vier-Vertrages am 12. September 1990 in Moskau erklärte Genscher im Beisein der Außenminister der Deutschen Demokratischen Republik, Frankreichs, Großbritanniens, der Sowjetunion und der Vereinigten Staaten: „Die staatliche Einheit Deutschlands bedeutet für uns größere Verantwortung, aber nicht Streben nach mehr Macht.“[9] Am 3. Oktober 1990, dem Tag der deutschen Wiedervereinigung, sandte Bundeskanzler Kohl eine Botschaft an alle Regierungen der Welt, darunter die jugoslawische, worin er unter anderem sagte: „Von deutschem Boden wird in Zukunft nur Frieden ausgehen. Wir sind uns bewusst, dass die Unverletzlichkeit der Grenzen und die Achtung der territorialen Integrität und der Souveränität aller Staaten in Europa eine grundlegende Bedingung für den Frieden ist.“[10]

Das waren große Worte und große Versprechen, die der Weltgemeinschaft und vor allem Europa gegeben wurden, als Deutschland letztendlich von der Last seiner Teilung befreit wurde, die ihm ja gerade als Ergebnis des dunkelsten Abschnitts in seiner Geschichte auferlegt worden war. Ja, es war wirklich ein großes Versprechen, aber zugleich ein leeres Versprechen. Denn wie achtete man in der deutschen Führung die moralischen und rechtlichen Verpflichtungen, die sich aus der deutschen Geschichte ergaben, auf die man sich ja bezog, und welchen Standpunkt nahm man gegenüber der Unverletzlichkeit der Grenzen und der territorialen Integrität und Souveränität aller europäischen Staaten ein, die man doch selbst noch eine grundlegende Bedingung für den Frieden genannt hatte? Das konnte man damals in Jugoslawien ganz praktisch sehen – in dem Gebiet, in dem die deutsche Geschichte des 20. Jahrhunderts drei Millionen Menschenleben gefordert hat, 1.247.000 im Ersten, 1.700.000 im Zweiten Weltkrieg.

---

[9] Zitiert nach Hans-Dietrich Genscher: „Unterwegs zur Einheit“, Berlin 1991, S. 270 ff.

[10] Zitiert nach Karl Kaiser: „Deutschlands Vereinigung“, Bonn 1991, S. 313 ff.

Genau im selben Monat, in dem die deutsche Wiedervereinigung stattfand, konnte der militärische Geheimdienst Jugoslawiens durch geheime Abhörmaßnahmen Aktivitäten aufdecken, die dem illegalen Waffenimport nach Kroatien dienten, um die gewaltsame Sezession zu ermöglichen, was soviel bedeutete wie die territoriale Integrität Jugoslawiens zu zerstören. Dieser Waffenimport fand über Ungarn, aber auch über einige deutsche Bundesländer statt, was Helmut Kohls Ankündigung, dass von deutschem Boden nur noch Frieden ausgehen würde, zur Ironie werden ließ. Die Bewaffnung der Separatisten war nicht die erste Begebenheit, bei der Deutschland in die Zerschlagung Jugoslawiens und die Entstehung der jugoslawischen Krise verwickelt war. Alle Bestrebungen Sloweniens und Kroatiens, die Unabhängigkeit gewaltsam zu erringen, sind nicht nur von Deutschland unterstützt, sondern auch in erheblichem Maße von den höchsten politischen Rängen genährt worden.

Im Rahmen der Bemühungen, den Konflikt auf dem Gebiet Kroatiens und die Angriffe auf die Jugoslawische Volksarmee abzuwenden, kamen am 20. und 21. August 1991 das jugoslawische Staatspräsidium und die Führungen der Teilrepubliken in Belgrad zusammen und fassten einige Beschlüsse, die darauf gerichtet waren, die Situation zu stabilisieren. Man verabschiedete ein kleineres Programm zur politischen und wirtschaftlichen Zusammenarbeit. Es wurde eine Kommission gebildet, um Vereinbarungen über die zukünftige Form der multiethnischen Staaten herauszuarbeiten, und es gab auch eine Vereinbarung zwischen der kroatischen Staatsführung und der Führung der Jugoslawischen Volksarmee. Am 20. August erklärten die Außenminister der Europäischen Gemeinschaft auf einer außerordentlichen Ministerratssitzung, dass sie die Bereitschaft aller Parteien begrüßten, sich auf Verhandlungen über die Zukunft Jugoslawiens einzulassen und riefen alle Seiten dazu auf, diese Verhandlungen in Goodwill zu führen. Am selben Tag hielt Genscher eine Beratung mit den Außenministern Sloweniens und Kroatiens ab. Am 24. August bestellte er Boris Frlec, den jugoslawischen Botschafter in Bonn ein, zufällig ein Slowene, so dass die Botschaft, die an die jugoslawische Staatsführung gerichtet war, garantiert auch nach Ljubljana und Zagreb gelangte, und er sagte ihm, dass Deutschland, falls das

Blutvergießen weitergehe und die mit Hilfe der Jugoslawischen Volksarmee betriebene gewalttätige Politik nicht sofort beendet werde, ernsthaft über die Anerkennung Sloweniens und Kroatiens innerhalb der bestehenden Grenzen nachdenken müsse und diese Frage auch erneut innerhalb der Europäischen Gemeinschaft aufwerfen werde. Da fragt man sich doch: War ein stärkerer Anstoß nötig, um diejenigen, die sowieso schon die Unabhängigkeit erklärt und zu bewaffneten Mitteln gegriffen hatten, dazu zu bewegen, es jetzt zu Ende zu führen? War ein stärkerer Anstoß nötig, sie zur Verletzung der Waffenruhe zu bewegen? War dazu ein stärkerer Anstoß nötig als diese Botschaft, dass eine Fortsetzung der Gewalt zur Anerkennung führen würde? Genauso ist es leider gekommen.

Die Botschaft erreichte den gewünschten Effekt. Kroatische paramilitärische Verbände brachen die Waffenruhe, auf die man sich bereits geeinigt hatte, und der Konflikt eskalierte. Auch Lord Owen spricht darüber, wie Deutschland selbst ernste Konflikte mit seinen Partnern in der Europäischen Gemeinschaft und den USA in Kauf nahm, um Slowenien und Kroatien bei ihrer illegalen Sezession zu unterstützen. Sie haben sein Buch als Beweismittel aufgenommen: „Genscher schrieb auf deutsch einen Brief an Perez de Cuellar, in dem er sich auf öffentliche Äußerungen, die die Spannungen in Jugoslawien zu vergrößern drohten, sowie auf die Pariser Charta berief. Aber Perez de Cuellar erinnerte in seiner Antwort daran, dass Genscher die Erklärung der EG vom 8. November 1991 nicht berücksichtigte, in der es hieß, dass die Aussichten auf Anerkennung der nach Unabhängigkeit strebenden Republiken nur mit Rücksicht auf die Nachbarn erörtert werden können.“ [...]

Denn, wie ich gesagt habe, sprach sich die EG am 26. März 1991 für die Einheit Jugoslawiens aus, und am 8. November 1991 rief sie in einer weiteren Erklärung zu einer einvernehmlichen Lösung auf.

Schließlich gewann die deutsche Haltung die Oberhand, und als die Büchse der Pandora einmal geöffnet war, als man die illegale Sezession selbst auf Kosten von Menschenleben einmal akzeptiert hatte, war es schwer, die blutige Entwicklung aufzuhalten. Es sollte aber ungeachtet der blutigen Folgen nicht bei Slowenien und Kroatien bleiben. Man ging noch einen Schritt weiter.

Lord Owen sagt am Ende seines Buches: „Man hätte den Fehler, den die EG mit der Anerkennung Kroatiens gemacht hatte, noch in seinen Auswirkungen begrenzen können, wäre die Situation nicht noch komplizierter geworden, indem man Bosnien-Herzegowina ohne Rücksicht auf die Folgen diplomatisch anerkannt hatte. Die Vereinigten Staaten von Amerika, die die Anerkennung Kroatiens abgelehnt hatten, wurden 1992 eifrige Befürworter der Unabhängigkeit Bosnien-Herzegowinas. Aber es war nicht logisch und nicht unvermeidbar, Bosnien-Herzegowina anzuerkennen, eine jugoslawische Republik, die aus drei großen staatstragenden Völkern bestand, die sehr verschiedene Positionen zur Unabhängigkeit haben."

So folgte ein Fehler dem anderen. Eine Anmaßung folgte der anderen, und der Preis wurde in Menschenleben gezahlt, und wenn Menschenleben der Preis sind, dann handelt es sich um ein Verbrechen, ein Verbrechen gegen den Frieden. Und wahrscheinlich ist es kein Zufall, dass diese illegale Einrichtung hier nicht zur Rechtsprechung über Verbrechen gegen den Frieden befugt ist. Der US-Verteidigungsminister Warren Christopher sagte in einem Interview für *USA Today*, das auch in *Die Welt* abgedruckt wurde, am 18. Juni 1993: „Durch die gesamte Unabhängigkeitsentwicklung hindurch und besonders bei der vorzeitigen Anerkennung der Unabhängigkeit sind schwere Fehler gemacht worden, und eine besondere Verantwortung hierfür tragen die Deutschen. Viele Experten glauben, dass die Probleme, denen wir heute gegenüberstehen, auf die Anerkennung Kroatiens und Bosniens zurückgehen."

Christophers französischer Kollege Roland Dumas sagte am 21. Juni 1993 in einem Interview für die *Süddeutsche Zeitung*, in dem er die Europäische Gemeinschaft wegen der, wie er sagte, voreiligen und überhasteten Anerkennung Sloweniens und Kroatiens, kritisierte, die den Zerfall Jugoslawiens beschleunigt habe: „Die Verantwortung Deutschlands und des Vatikans für die Eskalation der Krise ist offensichtlich enorm."

Ein anderer Beteiligter an diesen Ereignissen, der damalige niederländische Außenminister Ruud Lubbers, sagte 1997, dass der deutsche Kanzler Kohl Druck auf die Europäische Gemeinschaft ausübte, um ihre Position zu ändern, die darin bestand, dass die Unabhängigkeit Kroatiens nicht anerkannt werden sollte, um keinen Bürgerkrieg zu entfachen: „Van den Broek und ich konnten uns auf den Kopf stellen, die übrigen Europäer konnten sich nur erstaunt umschauen, die Deutschen taten, was sie getan haben, und das war eine Katastrophe." (Das stand am 21.12.1997 in Au Courant)

Wenn man diese ganze Unterstützung für die slowenischen und kroatischen Separatisten bei der Durchführung ihres Plans in Betracht zieht, dann kann die genannte Bemerkung Stjepan Mesićs über die Rolle Genschers und des Papstes Johannes Paul II. nicht überraschen. Deutschlands starke Unterstützung für den Zusammenbruch Jugoslawiens und die Anerkennung der Unabhängigkeit der abtrünnigen Republiken ist inzwischen allgemein bekannt. Doch für viele Leute bleibt die Frage bestehen, was die Motive für dieses Handeln und für diese Beharrlichkeit und Verbissenheit der Führung des gerade wiedervereinigten deutschen Staates waren. Diese Frage wird von General Pierre-Marie Gallois beantwortet, einem der weltweit führenden geopolitischen Experten, der einst eng mit Charles de Gaulle zusammengearbeitet hatte. Er sagt in einem Interview am 23. Juni 1993: „Der Zusammenbruch dieses Landes sowie die Verbindungen der Kroaten und Slowenen zur deutschen Industrie führten zur Emanzipation derjenigen Völker, die mit den Mittelmächten und später mit dem Dritten Reich verbunden zu sein pflegten. Andererseits bedeutete dies eine Abstrafung der Serben, die in beiden Weltkriegen auf der Seite der Alliierten standen. Drittens verschwanden damit die letzten Implikationen der Verträge, in denen Deutschland zweimal für seine Niederlagen bestraft worden war."

Zwar mögen viele diese Ansicht des alten französischen Antifaschisten nicht unterstützen wollen, da sie glauben, dass diese Bestrebungen Deutschlands der Vergangenheit angehören und dass die Katharsis, der sich der deutsche Staat unterzogen hat, eine ausreichende Garantie dafür sei, den Versicherungen glauben zu dürfen, die von deutschen Politikern im Zuge der Wiedervereinigung gegeben wurden; doch es genügt, sich Klaus Kinkels Artikel „Deutsche Außenpolitik in einer sich neu ordnenden Welt" anzusehen, der am 19. März 1993 in der *Frankfurter Allgemeinen Zei-*

tung veröffentlicht wurde. In diesem Artikel wird die Aufgabe der deutschen Außenpolitik folgendermaßen charakterisiert: „Nach außen gilt es etwas zu vollbringen, woran wir zweimal gescheitert sind.“[11]

Es ist wohl klar, was das bedeutet. Ich denke, es gibt niemanden auf der Welt, der nicht versteht, worin Deutschland zweimal am Rest der Welt gescheitert ist. Nach den eigenen Worten des deutschen Außenministers sollte die deutsche Außenpolitik also ihre Möglichkeiten nutzen, um zu erreichen, was sie in zwei Weltkriegen nicht erreicht hat, und es stellt sich nur noch die Frage, ob das mit neuen oder alten Mitteln geschehen sollte.

Am Tag, als die Sezession Kroatiens akzeptiert wurde, sagte Kohl selbst im Fernsehen: „Es gibt eine besonders intensive Verbindung zwischen Kroaten und Deutschen, was viel mit der Geschichte zu tun hat.“ Diese historische Kontinuität der deutschen Außenpolitik, auf die Kohl, genau wie Kinkel hinwies, und die ja schließlich auch ihre kroatischen Verbündeten durch ihre politischen Handlungen bekräftigten, wird in den Reden deutlich, die in beiden Weltkriegen und im dritten Krieg gegen Jugoslawien geführt wurden. In allen drei Kriegen gab es eine konstante antijugoslawische Stoßrichtung. Zuerst wurde Blut vergossen, um die Gründung Jugoslawiens zu verhindern, und später wurde alles versucht, um es von der Landkarte zu tilgen.

Das Schreckgespenst „Groß-Serbien“

Der rote Faden in der Rhetorik des deutschen Blocks, also Österreich-Ungarns und Deutschlands, in Bezug auf den Balkan war die vermeintliche Gefahr, dass eine Art Groß-Serbien gegründet werden könnte. Diese Gefahr, dieser Schlüsselbegriff nahm einen zentralen Platz in der falschen Anklage gegen mich ein: Groß-Serbien. Dieser Begriff, dieser Mythos, wurde bereits in der zweiten Hälfte des 19. Jahrhunderts von der österreichisch-ungarischen Propaganda erfunden. Er war ein unentbehrlicher Bestandteil der

---

[11] Zitiert aus: Klaus Kinkel, Deutsche Außenpolitik in einer sich neu ordnenden Welt, in: *Frankfurter Allgemeine Zeitung*, 19. März 1999.

Anstrengungen, die das zerfallende Reich unternahm, um seine besetzten südslawischen Gebiete zu halten.

Es gab, als die südslawischen Völker noch von Österreich-Ungarn besetzt waren, eine große Emanzipationswelle unter den europäischen Nationen sowie den Wunsch, Nationalstaaten zu bilden, wie es auch in Deutschland selbst geschah; man fürchtete, dass dies auch im Hinblick auf die südslawischen Gebiete durchgesetzt werden könnte, obwohl es dafür eine natürliche historische Berechtigung gab.

Wie tief diese Furcht sitzt, und wie weit sie in die Vergangenheit zurückreicht, wird dadurch illustriert, was ein weiterer Deutscher, Botschafter Ralph Hartmann, in seinem Buch „Die ehrlichen Makler“ sagt: „Schon 1876, als der serbische Fürst Miloš den Aufstand der christlichen Bevölkerung in der Herzegowina und in Bosnien gegen die türkische Fremdherrschaft unterstützte und Konstantinopel den Krieg erklärte, wurde zwischen dem russischen Staatskanzler Fürst Gortschakow, dem deutschen Reichskanzler Fürst von Bismarck und dem österreichisch-ungarischen Ministerpräsidenten Graf Andrássy auf habsburgischen Druck im so genannten Berliner Memorandum der drei Mächte vereinbart, dass für den Fall eines Sieges der Serben ‚die Mächte die Entstehung eines großen slawischen Staates nicht fördern werden.’ Was für alle, für Deutsche und Russen, Engländer und Franzosen, Spanier und Italiener, im 19. Jahrhundert ein selbstverständliches Naturrecht war - das Leben in einem einheitlichen Staat - sollte den Südslawen bzw. Serben ein für alle mal verwehrt bleiben. Ihr Streben nach staatlicher Vereinigung wurde verketzert und zu einem bedrohlichen Gespenst gemacht. Sein Name war ‚Groß-Serbien’, und unter diesem ging es - obwohl das serbische Königreich bei allem eigenen Streben nach mehr Macht und Einfluss im Vergleich zu den großen europäischen Mächten schwach und klein war, auch die Zahl der Serben war nie größer als 10 Millionen - viele Jahrzehnte um in Wien, in Berlin und anderswo, und auch bis heute ist es nicht zur Ruhe gekommen.“[12]

[12] Zitiert aus: Ralph Hartmann: „Die ehrlichen Makler“, Berlin 1999, S. 23.

Diese Anklage ist der beste Beweis für die Richtigkeit all dessen, denn es handelt sich hier in der Tat um Gespenster.

Besonders auffällig ist, dass schon in der österreichisch-ungarischen Propaganda die Befreiung vom österreichisch-ungarischen Joch und die Vereinigung der südslawischen Völker, nicht nur der Serben, als Expansion des serbischen Staates oder Groß-Serbien bezeichnet wurde. Diese Formulierung besagt, dass unter den Serben expansionistische Bestrebungen, Eroberungspläne bestanden, was bedeuten würde, dass ein Teil der südslawischen Völker unter fremde Herrschaft kommen sollte. Aber das ist nicht wahr. Es war das kroatische Volk, in dem die Idee eines einzigen Staates für alle Südslawen geboren wurde. Dennoch wurde sie, als die Serben sie aufgriffen, um ihren Brüdern, die von Österreich-Ungarn unterdrückt wurden, zu helfen, als die Idee eines Groß-Serbien aufgefasst. Es gab zwei Konzepte, die immer für identisch gehalten wurden, obwohl sie absolut nicht identisch sind, nämlich einerseits Jugoslawien als gemeinsamer Staat der südslawischen Völker und andererseits irgendein Groß-Serbien, das eigentlich eine Erfindung antiserbischer und antijugoslawischer Propaganda ist. Damals wie heute mussten also die Herrschaftsinteressen anderer über die Gebiete, in denen die Südslawen lebten, mit dem durch ein Propagandageflecht erzeugten Vorwand verbrämt werden, dass es in erster Linie die Serben waren, die beabsichtigten, sich in fremde Gebiete auszubreiten. Und das ist schlichtweg gelogen.

Noch ein Zitat. Es stammt aus deutschen Archiven. Der deutsche Botschafter übermittelte seiner Regierung den Inhalt seiner Gespräche mit dem Grafen Berchtold, dem Außenminister Österreich-Ungarns: „Der Minister sagte, er halte es für seine Pflicht, die deutsche Regierung mit der Haltung der k. u. k. Monarchie zur südslawischen Frage vertraut zu machen, nämlich dass der k. u. k. Monarchie sehr daran gelegen sei, die von den Südslawen bewohnten Provinzen ohne Einschränkungen zu behalten und dass eine serbische Vorherrschaft auf dem Balkan nicht zugelassen werden dürfe. Falls Serbien über Bulgarien siegt und seine Grenzen über das alte Serbien hinaus ausdehnt, müsse man intervenieren. Auf meine Frage, wie das geschehen sollte, sagte der Minister, dass man einen günstigen psychologischen Zeitpunkt finden werde.“

Bekanntlich ergab sich mit dem Attentat von Sarajevo bald ein Vorwand, als Gavrilo Princip, ein Mitglied der Organisation „Junges Bosnien“, den österreichisch-ungarischen Thronfolger Erzherzog Franz Ferdinand erschoss. Niemand sprach davon, dass in Wahrheit etwa 20 junge Männer in diese Verschwörung verwickelt waren, sowohl Serben als auch Kroaten. Obwohl niemals bewiesen wurde, dass die serbische Regierung in irgendeiner Weise in dieses Attentat verwickelt war, beschuldigte man sofort Serbien, das serbische Volk und die serbische Regierung, und so kam der Krieg zum Ausbruch.

In seinem genannten Buch sagt Botschafter Hartmann: „In Österreich-Ungarn und in Deutschland setzte schlagartig eine antiserbische Kampagne ein, die alles Bisherige in den Schatten stellte und den deutschen Botschafter in London, Fürst Karl Max Lichnowsky veranlasste, den deutschen Staatssekretär im Auswärtigen Amt, Gottlieb von Jagow, vor der Illusion zu warnen, ‚die gesamte serbische Nation als ein Volk von Bösewichtern und Mördern zu brandmarken und ihm dadurch … die Sympathien des gesitteten Europas zu entziehen’“[13] Und hierdurch wird die Wahrhaftigkeit dieser Vorwürfe sicher in Frage gestellt. Mit der Bedeutung dieser Wurzel allen Übels, Groß-Serbien, wollte sich niemand näher befassen. Man hat diesen Begriff hier sehr oberflächlich und arrogant verwendet. Niemand hat seine Entstehung untersucht. Hätte man das getan, wäre dieses ganze Propagandawerk wie eine Seifenblase zerplatzt.

Bekanntlich wurde der serbischen Regierung am 23. Juli 1914 von Österreich-Ungarn ein Ultimatum gestellt, nachdem man Serbien fälschlich beschuldigt hatte, in das Attentat verwickelt gewesen zu sein, und es wurde eine Reihe von Forderungen an Serbien gestellt, die kein souveräner Staat auf der Welt hätte akzeptieren können. Man rechnete damit, dass dieses Ultimatum nicht erfüllt würde, und sein einziger Sinn bestand darin, als Vorwand für den Krieg zu dienen, genau wie es in Rambouillet geschah. Der briti-

[13] Ebd. S. 22.

sche Außenminister Sir Edward Grey beschrieb diesen Text als „das ungeheuerlichste Dokument, das jemals ein Staat einem anderen Staat vorgelegt hat, der unabhängig ist."[14]

Grey hätte sich wahrscheinlich nicht träumen lassen, dass das serbische Volk noch im selben Jahrhundert einer Reihe ähnlicher und sogar in noch höherem Maße erstaunlicher und arroganter Ultimaten ausgesetzt sein würde, und dass neben Deutschland, Österreich und anderen westlichen Ländern, ja sogar damaligen Verbündeten der Serben wie Frankreich und etwas später den USA, auch sein eigenes Land, Groß-Britannien an der Hervorbringung solcher neuen Ultimaten beteiligt sein würde, wie es an der Planung und Durchführung mörderischer Angriffe auf das serbische Volk am Ende des 20. Jahrhunderts beteiligt sein würde, die unter Verbreitung gewissenloser Lügen ausgeführt wurden, was der Öffentlichkeit hier noch sehr klar vor Augen geführt werden wird. Es gab unbarmherzige Wirtschaftssanktionen und bestialische Angriffe gegen Menschen, deren Verbrechen darin bestand, ihr Land und ihr Volk zu beschützen und die Errungenschaften zu bewahren, die sie unter großen Schwierigkeiten mit Hilfe der Alliierten in zwei Weltkriegen gemacht hatten. Man kann sich kaum vorstellen, wie beschämt Sir Edward Grey gewesen wäre, hätte er gewusst, welche Rolle sein Land am Ende des 20. Jahrhunderts dabei spielen würde, dieses Verbrechen gegen das serbische Volk zu Ende zu führen, denn das ist es, was hier vor dieser Einrichtung unter eklatanter Verletzung des Völkerrechts geschieht, denn die Resolution, mit der dieses Tribunal gegründet wurde, gehört auch in dieselbe Reihe wie das Dokument, das Sir Edward Grey das ungeheuerlichste in der Geschichte der Diplomatie nannte.

Es ist allgemein bekannt, wie das Königreich der Serben, Kroaten und Slowenen, später in Jugoslawien umbenannt, als der gemeinsame Staat der südslawischen Völker errichtet wurde. Der deutsche Block wollte das verhindern und diesen Staat vom Erdboden verschwinden sehen. Aber der alte Mythos Groß-Serbien blieb als Vorwand bestehen, hinter dem man seine eigenen

---

[14] Übersetzt nach dem Telegramm Sir Edward Greys an Sir M. de Bunsen, London, 24. 07. 1914 in: British Documents on the Origins of War, herausgegeben von G. P. Gooch und H. Temperly, Band XI, London 1926.

Verbrechen und üblen Machenschaften verbarg. Hier hat die Lüge von Groß-Serbien ihren natürlichen Ursprung und wuchs zu einer ungeheuren Konstruktion von bisher ungekanntem Ausmaß an. So wurde die Ironie und Absurdität noch gesteigert, die Lügen gegen das serbische Volk und die Ungerechtigkeit, die ihm gegenüber seinen Nachbarn zuteil wurde, noch schlimmer gemacht.

Das serbische Volk ist das einzige, das, obwohl es eine einmalige Gelegenheit dazu hatte, nicht versuchte, seinen eigenen Staat auszudehnen. Es ist bekannt, dass Serbiens Verbündete Serbien 1915 im so genannten Londoner Vertrag anboten, sein Gebiet nach dem Gewinn des Krieges auf Bosnien-Herzegowina, Teile Dalmatiens, Slawoniens und so weiter auszudehnen. Das wird durch Dokumente belegt. Doch Serbien ging nicht darauf ein. Stattdessen vereinte Serbien die Serben, Kroaten und Slowenen aus den ehemaligen Gebieten Österreich-Ungarns, und so kam das Königreich der Serben, Kroaten und Slowenen zustande, das später Jugoslawien genannt wurde.

Indem sich der serbische Staat für diese Option entschied, die Gründung des gemeinsamen Staates Jugoslawien dem eigenen vorzuziehen, wurde unseren kroatischen und slowenischen Brüdern Schutz gewährt. Wir bewahrten sie vor territorialer Zersplitterung, und außerdem gehörten sie so, nachdem sie Teil eines besiegten Staates gewesen waren, dem Lager der Sieger an. Doch als das österreichisch-ungarische Reich in den letzten Zügen lag, wurde Serbien mit dieser Lüge Groß-Serbien gebrandmarkt, die bis heute aufrechterhalten wird.

„Mitteleuropa“

Um die Sache vollständig zu begreifen, müssen wir auf die andere Seite der Weltkriegsfront blicken. 1915 veröffentlichte der deutsche Theoretiker Friedrich Naumann sein Buch „Mitteleuropa“, in dem er ein Projekt zur Neuordnung Europas schilderte. Man ging damals natürlich davon aus, dass Deutschland den Krieg gewinnen würde. Diese Neuordnung Europas sollte die Bildung eines Groß-Deutschland einschließen, das ganz Zentraleuropa umfassen und von kleinen machtlosen Staaten gesäumt werden sollte, die Naumann in seinem Buch Satellitenstaaten nannte. […] Von Serbien ist bei Naumann keine Rede, nicht einmal als Satellitenstaat, denn in seinen Worten „muss Serbien als eine Festung, die in dieser Region im Weg steht, von der Karte gestrichen werden."

Lassen Sie mich erwähnen, dass dieser Urheber des großdeutschen Projekts, das in Übereinstimmung mit der damaligen anti-serbischen Propaganda und dem Schlachtruf „Serbien muss sterbien" die Streichung Serbiens von der europäischen Landkarte einschloss, als Vordenker der Freien Demokratischen Partei gilt, die sich seit langem in der deutschen politischen Szene hält und zu Genschers und Kinkels Zeiten den deutschen Außenminister stellte. Ich meine den gleichen Kinkel, der es 1993 für nötig hielt, die Idee einer deutschen Geschichtsrevision öffentlich zu machen, und sagte, dass „etwas zu vollbringen" sei, „woran wir zweimal gescheitert sind." Welche Bedeutung die deutschen Liberalen, also insbesondere die beiden genannten führenden deutschen Diplomaten, den Gedanken Naumanns beimessen, sieht man am besten daran, dass die Stiftung der FDP „Friedrich-Naumann-Stiftung"[15] heißt und auch die Bundeszentrale dieser Partei seinen Namen trägt, während man seine Nachfahren am besten im Licht der wahnhaften Anstrengungen der beiden Genannten gegen Jugoslawien betrachtet, die Osteuropa zersplittern wollten, und so geschah es auch tatsächlich. Sie haben das Beispiel der Tschechoslowakei, von der UdSSR, einer der führenden Siegermächte im Zweiten Weltkrieg, ganz zu schweigen.

Hitlers Feldzug gegen Jugoslawien

Nachdem Serbien, das zuvor um der wahnhaften großdeutschen Pläne willen zum Tode verurteilt worden war, seine Eigenstaatlichkeit zugunsten des neuen Staates der Südslawen aufgegeben hatte, – womit es zweifellos die Propagandaphrase von seinen

[15] In der Satzung der Friedrich-Naumann-Stiftung heißt es: „Aufgabe der Stiftung ist es, […] Wissen im Sinne der liberalen, sozialen und nationalen Ziele Friedrich Naumanns zu vermitteln".

groß-serbischen Absichten widerlegte, - wurde das Todesurteil natürlich auf den neuen Staat Jugoslawien übertragen. Es ist bekannt, dass es in Serbien Massenproteste gegen den Pakt mit Hitler und seinen Bündnispartnern gab und dass 1941 das Regime gestürzt wurde. Winston Churchill sagte damals, dass Jugoslawien seine Seele wieder gefunden habe. Das wurde auf Seiten der Alliierten erklärt.

Am Tag des Angriffs auf Jugoslawien sagte Hitler hingegen, dieser militärische Schlag sei gegen die „gleichen Kreaturen" gerichtet gewesen, „die schon im Jahre 1914 durch das Attentat von Sarajevo die Welt in ein namenloses Unglück gestürzt hatten."[16] Das erinnert uns daran, was ein neuer Ideologe am Vorabend der wiederholten Bombardierung Jugoslawiens sagte. In der Nacht zum 24. März 1999 sagte der damalige US-Präsident Clinton, als er der amerikanischen Öffentlichkeit im Fernsehen den Beginn des Luftfeldzuges, wie er ihn nannte, erklärte, dass die Serben nicht nur den Ersten Weltkrieg ausgelöst hätten, sondern dass es ohne sie auch keinen „Holocaust" gegeben hätte.[17] Soviel zu den Geschichtskenntnissen dieser beiden Verbrecher.

Das weitere geht aus deutschen Archiven hervor. Hitler, der Führer war entschlossen, „Jugoslawien militärisch und als Staatsgebilde zu zerschlagen".[18] Und die Absicht zur Zerstörung Jugoslawiens als Staat lässt sich leicht mit der Botschaft verknüpfen, die Stjepan Mesić als Präsident des jugoslawischen Staatspräsidiums in seiner berüchtigten Erklärung vor dem kroatischen Parlament am 5. Dezember 1991 verkündete: „Danke, dass Sie mich damit betraut haben, auf meinem Gebiet für die Interessen Kroatiens zu kämpfen. Ich glaube, meine Aufgabe erfüllt zu haben. Jugoslawien gibt es nicht mehr."

Wenn man von dem verbrecherischen Unternehmen spricht, das gegen Jugoslawien und andere Länder verübt wurde, muss erwähnt werden, dass in Deutschland schon längst vorsorglich die

[16] Adolf Hitler: „Aufruf an das Deutsche Volk", 6. April 1941, zit. nach: Domarus, Max (Hg.): „Hitler: Reden und Proklamationen 1932-1945". München, 1965.

[17] Vgl. William Clinton, Adress to the Nation, Washington 24. März 1999

[18] Zitiert nach Hartmann, a. a. O.

„Propagandarichtlinien“ ausgegeben worden waren. Botschafter Ralph Hartmann zitiert die folgenden bekannten traditionellen Richtlinien der deutschen Balkanpropaganda „a.) Gegner Deutschlands ist ausschließlich die serbische Regierung …, die … den Kampf gegen Deutschland entfesselt hat. b.) Da die Serben gegenüber den nichtserbischen Volksgruppen Jugoslawiens, vor allem gegenüber den Kroaten und Mazedoniern, stets eine rücksichtslose Diktatur ausübten“, - was absurd ist! - „ist ihnen gegenüber zum Ausdruck zu bringen, dass die deutsche Wehrmacht zu den Kroaten, Bosniern und Mazedoniern nicht als Feind ins Land kommt. Sie will sie vielmehr davor bewahren, von den serbischen Chauvinisten … hingeschlachtet zu werden …“[19] Im deutschen Marionettenstaat, dem Unabhängigen Staat von Kroatien, führte dies zum Völkermord an den Serben, Juden und Roma. Eine Million Serben wurden auf dem Gebiet dieses riesigen Staates ausgelöscht, mehr als eine halbe Million verjagt und unter schrecklichen Leiden in den Tod getrieben. Zu diesen Untaten trug sicher die Anweisung Joseph Goebbels’ an die Kroaten bei, gegen die Serben vorzugehen[20], die bis heute in der deutschen politischen Praxis fortwirkt, was aus den Beziehungen hervorgeht, die Deutschland am Ende des 20. Jahrhunderts im Balkan unterhielt. Am besten kann dies folgendermaßen veranschaulicht werden: Noch ein Zitat des kroatischen Staatschefs Ante Pavelić: „Ich weiß, dass die Freiheit Kroatiens ausschließlich der Kraft des Führers, des Reiches und Europas zu verdanken ist.“[21] Und hier können wir eine Parallele mit dem Lied „Danke Deutschland“ herstellen, das 1991 und 1992 in Kroatien gesungen wurde, sowie mit den Äußerungen Stjepan Mesićs über die Rolle Genschers und des Papstes Johannes Paul II. beim Zusammenbruch Jugoslawiens.

[19] „Richtlinien für die Behandlung der Fragen der Propaganda gegen Jugoslawien“ vom 28. März 1941, zitiert nach Hartmann, a.a.O.

[20] Vgl.: Elke Fröhlich (Hg.) Die Tagebücher von Joseph Goebbels, München 1998; Band 9.

[21] Zitiert nach Hartmann, a.a.O.

Die Rolle des Vatikans

Was den zweiten Hauptbeteiligten im Sinne von Mesićs Aussage betrifft, den Heiligen Stuhl, so ist auch für ihn eine historische Kontinuität seiner anti-jugoslawischen Aktivitäten charakteristisch sowie seine ununterbrochene Verbundenheit mit den Kräften, die die Gründung Jugoslawiens vor und während des Ersten Weltkrieges bekämpft hatten und es während der ganzen Zeit seines Bestehens, vor allem im Zweiten Weltkrieg, bekämpften. Die tiefen Wurzeln dieser Politik und der kriegstreiberischen antiserbischen Propaganda des Vatikans werden durch ein Zitat aus einem Bericht bezeugt, den der Österreichische Botschafter im Vatikan am 27. Juli 1914 nach Wien sandte, worin es um seine Unterredung mit dem Außenminister des Vatikans, Kardinal Merry del Val, geht: „Im Laufe der letzten Jahre drückte seine Heiligkeit mehrmals ihr Bedauern darüber aus, dass Österreich-Ungarn es versäumt hat, seinen gefährlichen Donaunachbarn zu bestrafen ... Der Papst und die Kurie sehen in Serbien eine nagende Krankheit, die das Mark der Monarchie langsam zerstört und mit der Zeit ihre Auflösung verursachen wird. Die Vernichtung dieses Bollwerks würde für die Kirche den Verlust des festesten Stützpunkts in ihrem Kampf gegen die Orthodoxie und ... den Verlust ihres stärksten Vorkämpfers bedeuten. Der Kardinalstaatssekretär brachte ... die Hoffnung zum Ausdruck, dass die Monarchie bis zum äußersten geht.“[22]

Das heißt, gemäß der offiziellen Position des Vatikans sollte Serbien zerstört werden, um die österreichisch-ungarische Monarchie als Festung des Katholizismus in dieser Region zu stärken und seine Expansion nach Osten zu ermöglichen. Es ist natürlich mehr als offenkundig, dass dies nichts mit den Lehren Christi zu tun hat, aber es ist ebenfalls mehr als offenkundig, wie viel es mit den Lehren zu tun hat, die zwei Jahrzehnte später von Adolf Hitler propagiert wurden, nämlich seiner Wahnidee, dass er mit dem „Drang nach Osten“ eine göttliche Mission zu erfüllen hätte. Und diese Position wurde später von den Achsenmächten unter Hitlers

[22] Zitiert nach Hartmann, a.a.O.

Führung vereinnahmt. In Kroatien wurde sie durch die engen Verbindungen der katholischen Kirche zu Pavelićs Unabhängigem Staat Kroatien verwirklicht, dessen Erziehungsminister Mile Budak in Gospić sagte: „Wir werden einen Teil der Serben vernichten, einen Teil vertreiben und die übrigen zum Katholizismus bekehren und zu Kroaten machen. Auf diese Weise werden wir ihre Spuren auslöschen, und es wird nur noch eine schlechte Erinnerung an sie zurückbleiben.“[23]

Prof. Edmund Paris sagt in seinem Buch „Genocide in Satellite Croatia 1941-1945“: „Gemessen an der Zahl der Gesamtbevölkerung fand der größte Völkermord während des Zweiten Weltkrieges nicht in Nazi-Deutschland statt, sondern in dem von den Nazis geschaffenen kroatischen Marionettenstaat.“[24] Auch Professor Helen Fein sagt in ihrem Buch „Accounting for Genocide“: „Der kroatische Staat plante und führte Massaker an der serbisch-orthodoxen Minderheit aus … und … der katholische Klerus billigte … diese Massaker.“[25] Laut Macmillans „Enzyklopädie des Holocaust“, Seiten 323-328, wurden im NDH, dem Unabhängigen Staat Kroatien, über eine halbe Million Serben getötet, eine Viertel-Million vertrieben und ein weiterer Teil zwangskatholisiert. Der Völkermord an den Serben im Unabhängigen Staat Kroatien ist eines der bestgehüteten Geheimnisse des 20. Jahrhunderts, genauso wie die USA und ihre Verbündeten den Schutz der Ustaša-Verbrecher geheim hielten. Die USA, Großbritannien und einige ihrer Verbündeten spielten eine extrem undurchsichtige Rolle bei der Fluchthilfe einer großen Zahl auch hochrangiger Ustaši, vor allem nach Südamerika, darunter deren Führer Ante Pavelić‘. Der Schutz der Ustaši und anderer Nazis, die über geheime Verbindungswege des Vatikans geschleust wurden, lag im Interesse des Vatikans, der in seinem Kampf gegen die UdSSR und die kommunistische Bedrohung vor keinen Mitteln zurückschreckte. Das Ziel war der Schutz solcher Verbrecher, die prakti-

---

[23] Zitiert nach Vladimir Dedijer: „Jasenovac – Das jugoslawische Auschwitz und der Vatikan“, Freiburg 1989
[24] Übers. nach Edmond Paris: „Genocide in Satellite Croatia 1941-1945“, englische Ausgabe Chicago 1961
[25] Übers. nach Helen Fein: „Accounting for Genocide“, New York 1979

zierende Katholiken waren, und deren Verbrechen man somit billigte. Diese Vertuschung von Verbrechen und die Fluchthilfe für Verbrecher wurde auch durchgeführt, weil es in einigen katholisch geprägten Ländern Europas negative Auswirkungen gehabt hätte, wenn die Rolle des Vatikans und des Papstes Pius XII. als Freundes der Weltkriegsverbrecher öffentlich bekannt geworden wäre, man dachte vor allem an Frankreich und Italien. Später wurden diese Verbrecher eingesetzt, um die kommunistischen Länder Europas durch terroristische Untergrundarbeit zu schwächen.

Die Bemühungen des Vatikans um enge Beziehungen zu den Siegern des Zweiten Weltkrieges, besonders den Vereinigten Staaten, führten zu Beginn der 80er Jahre zum Erfolg, als von einem Treffen zwischen dem Papst und Reagan durchsickerte, dass man über die Prinzipien diskutiert habe, die 1945 auf der Konferenz von Jalta beschlossen worden waren. Es gab auch noch weitere Treffen mit politischen Verbündeten, bei denen feste Verbindungen hergestellt wurden, von denen der Sicherheitsberater des Weißen Hauses, Richard Allen sagte, dass sie zu den größten Geheimbünden aller Zeiten zählten.

[...]

Professor Smilja Avramov schreibt in ihrem Buch über die Bedeutung dieser Allianz: „Auch wenn drei eingefleischte Katholiken, Brzezinski, Casey und Walters den Weg für sie ebneten, und auch wenn Reagan in die wichtigsten Posten seiner Regierung Katholiken berief, wie zum Beispiel Alexander Haig, den Bruder eines Bischoffs, wäre es dennoch falsch zu behaupten, dass der katholische Glaube in dieser Zeit ein entscheidender Faktor der Politik der Vereinigten Staaten war. Für die Regierung der Vereinigten Staaten brachte diese Allianz keine religiöse Überzeugung zum Ausdruck, sondern sie setzte die Macht der Institution Kirche im Rahmen der Realpolitik ein. Washington benutzte den Vatikan oder die katholische Kirche auf die gleiche Weise, wie man es später mit dem Islam versuchte.“

„Durch diese Allianz wurde die geopolitische Weltkarte umgestaltet, und es fand ein Wechsel in der [amerikanischen] Außenpolitik statt. Der neue aggressive Block aus Politikern und Klerus bestimmte von nun die US-Außenpolitik, was für Jugoslawien fatale Konsequenzen haben sollte.“ Was bekannte Intellektuelle über die Rolle des Heiligen Stuhls sagten, wurde von Michail Gorbatschow 1992 in *La Stampa* bestätigt: „Alles, was in den letzten paar Jahren in Osteuropa geschah, wäre nicht ohne die Beteiligung des Papstes Johannes Paul II. möglich gewesen.“[26] Und was in diesen letzten paar Jahren in Osteuropa geschah, war auch die blutige Zerstörung Jugoslawiens, eines Staates, dessen Gründung der Vatikan im Ersten Weltkrieg verhindern wollte, und an dessen Zerstörung und dem mit ihr einhergehenden ungeheuren Blutvergießen er im Zweiten Weltkrieg schon einmal durch seine Unterstützung Hitlers, des Ustaša-Staates und der Ustaša-Verbrechen beteiligt war.

Wie aus dem zitierten Brief offensichtlich wird, bildete sich die Serbien-Politik des Vatikans bereits 1914, vor der Gründung Jugoslawiens heraus. Nachdem das Königreich der Serben, Kroaten und Slowenen gegründet worden war, sah man in diesem multikulturellen Staat das wichtigste Hindernis für die Ausbreitung des Katholizismus nach Osten. Aus diesem Grund stellte die Politik von Papst Johannes Paul II. und der katholischen Kirche, als dieser Schlag gegen Jugoslawien geführt wurde, also nur die letzte Phase der Handlungen dar, die die katholische Kirche beim Zusammenbruch Jugoslawiens unternahm.

Ich werde jetzt einige weitere Beispiele auslassen, die das bestätigen; Treffen, die 1991 und 1992 abgehalten wurden, weil die Zeit nicht ausreicht, um alle Zitate, die ich vorbereitet habe, vorzulesen. Aber ich werde sie in die schriftliche Ausarbeitung einfügen, die ich Ihnen vorlege.

Nach der Anerkennung Sloweniens und Kroatiens und darauf Bosnien-Herzegowinas übernahm der Vatikan plötzlich die Rolle eines Friedensvermittlers. 1994 schlug man einen Besuch des Papstes in Zagreb und Sarajevo vor. Die Diplomaten des Vatikans sahen, wie die Serben im Zuge der Operationen „Blitz“ und „Sturm“ aus den Gebieten, in denen sie über Jahrhunderte gelebt hatte, vertrieben wurden, und ich erinnere daran, dass Lord Owen die Operation „Sturm“ die größte ethnische Säuberung im Zu-

[26] Vgl. *La Stampa*, 3. März 1992.

sammenbruch Jugoslawiens genannt hat.[27] Der Vatikan begrüßte diese Maßnahmen als eine Zurückgewinnung von Gebieten, obwohl Serben dort seit Jahrhunderten lebten. Am 19. Oktober 1995 sagte der Papst, dass Gewaltanwendung in gewissen Situationen nicht untersagt sei, wenn sie zur Verteidigung der legitimen Rechte eines Volkes notwendig ist. In einer solchen Situation habe man es mit einer humanitären Intervention zum Schutz von Menschenleben zu tun. Es waren dort damals keine Menschenleben gefährdet, noch fanden in der Krajina aus den UN-Schutzzonen heraus Angriffe auf die umliegenden Gebiete statt, anders als in der Schutzzone von Srebrenica, aus der heraus das ganze Jahr hindurch Angriffe auf hunderte von Dörfern verübt und viele serbische Einwohner hingemordet wurden.

Ein ausgedienter Kaplan [...] erklärte im Januar 1999 in Pittsburgh, dass der Vatikan an allem Unglück schuld sei, das auf jugoslawischem Gebiet geschah, und dass er persönlich Bankinformationen gesehen habe, die bestätigten, dass die katholische Kirche gemeinsam mit der deutschen Regierung Jugoslawien destabilisiert und ein Jahrzehnt blutiger Ereignisse eröffnet habe. Er behauptet, dass der Vatikan die Separatisten in Jugoslawien mit Millionen versorgt habe, und dass die katholische Kirche in den Ereignissen in Kroatien und Slowenien sehr aktiv beteiligt gewesen sei. Es ist bekannt, dass der Vatikan und die Presse 1989 die Demonstrationen von Kosovo-Albanern unterstützen, und dasselbe taten die Erzbischöfe von Ljubljana und Zagreb. Der Papst unterstützte 1994 die Forderungen der albanischen Separatisten in Kosovo und Metochien. Er war der erste, der 1998 zu einem energischen Vorgehen gegen Serbien aufrief, und dann wurde er ein Friedensadvokat, als er am 30. März 1999 die Botschafter der NATO-Mitgliedsstaaten einberief und eine Initiative zur Beendigung des Krieges gegen Jugoslawien ergriff, und er bat auch Clinton in einem Brief, die Bombardements über die Osterfeiertage auszusetzen. Angesichts all dieser Betätigungen des Vatikans im Zusammenhang mit der Zerschlagung Jugoslawiens hört sich die Erklärung vom 12. März 2000 heuchlerisch an, in der der Papst

[27] Vgl. David Owen, „Balkan Odyssee“, New York 1995, S. 387.

sagte: „Wir können und wollen den Verrat der kirchlichen Lehren und der Stimme des Gewissens, den unsere Mitglieder begangen haben, nicht akzeptieren und bitten um Vergebung der Sünden der katholischen Kirche."

In ihrem Buch „Opus Dei" erinnert Professor Smilja Avramov an die kritischen Reaktionen auf diese Äußerung und unterstreicht die folgenden Worte des holländischen Theologen Leo Lyndeker: „Der Papst brachte sein Bedauern darüber zum Ausdruck, was in der Vergangenheit getan wurde, aber nichts weist darauf hin, dass er gedenkt, sein gegenwärtiges Verhalten zu ändern."

Die Rolle der USA

Was die Vereinigten Staaten betrifft, so haben sie in Osteuropa und im ehemaligen Jugoslawien ihre eigenen Interessen. Die Gegensätze und Konflikte zwischen den kleinen Ländern, die im ehemaligen Jugoslawien geschaffen worden sind, und ihre Unfähigkeit, auf politischem, ökonomischen oder irgendeinem anderen Gebiet unabhängig zu agieren, bilden für die Vereinigten Staaten eine vorzügliche Grundlage, um ihre ökonomische, politische und besonders ihre militärische Präsenz in Europa auszubauen. Das letztere ist ganz wichtig, denn nach dem Ende des Warschauer Vertrages hat die Anwesenheit des US-Militärs in Westeuropa jeden Vorwand oder jede Berechtigung verloren. So überrascht es nicht, dass sich die Vereinigten Staaten daran beteiligen, die bedauerliche Situation zu schaffen, die gegenwärtig in der Mehrzahl der Balkanländer herrscht. Nach dem Zusammenbruch des „Ostblocks" ist der Kalte Krieg auf eine gewisse Art weitergeführt worden, um das Überleben einer jedweden Gesellschaft zu verhindern, die als Beispiel einer erfolgreichen Alternative zu der primitiven Durchsetzung des kapitalistischen Modells dienen könnte, die jetzt vor sich geht. Jedenfalls durfte Jugoslawien den Warschauer Vertrag nicht überleben, denn sonst hätten die osteuropäischen Länder ein unliebsames Beispiel für eine unabhängige Entwicklung und eine Alternative zur kritiklosen Annahme der westlichen Werte gehabt, was ein Hindernis für die Durchsetzung der

Neuen Weltordnung durch die einzige verbliebene Supermacht USA dargestellt hätte, nämlich die Verwandlung der Welt in eine Aktiengesellschaft unter der von räuberischen Absichten geleiteten Führung der Weltbank und der Vereinigten Staaten.

Es ist hinreichend bekannt, dass der US-Kongress im März 1990 ein Gesetz verabschiedete, mit dem jede Unterstützung für Jugoslawien ausgesetzt wurde, abgesehen von der Unterstützung für demokratische Parteien, zu denen man dann Neo-Nazis und Fundamentalisten zählte, später auch albanische Separatisten und Terroristen.

Es ist eine bekannte Tatsache, dass die private Firma MPRI[28] in der Schlussphase des kroatischen Angriffs auf die Krajina mit der kroatischen Armee zusammenarbeitete. Auch das bestätigt, dass das amerikanische Handeln in der jugoslawischen Krise die Aufrechterhaltung der US-Präsenz in Europa einschließlich Kosmet und Mazedoniens sowie des Einflusses der USA und der NATO in ganz Europa zum Ziel hatte. Ich denke, dies ist nicht die Zeit und der Ort, um darüber zu sprechen, dass ökonomische Interessen über allen anderen Interessen stehen.

Solche Herrschaftsbestrebungen über dieses Gebiet sind die einzige Erklärung für einige auf den ersten Blick irrationale Handlungen der Vereinigten Staaten. Zum Beispiel, dass sie auf Alija Izetbegović einwirkten, seine Unterschrift unter dem Cutilheiro-Plan zurückzuziehen, oder, was weniger bekannt ist, dass sie eine Zeit lang versuchten, die Vance-Owen- und Owen-Stoltenberg-Pläne zu vereiteln. Offensichtlich war ein Friede auf dem Balkan nicht im Interesse der USA, solange die Militär-Präsenz der USA und der NATO nicht sichergestellt war, und solange nicht die Bedingungen für eine Lösung geschaffen waren, bei der die USA die Schirmherrschaft innehaben würden. In Rambouillet bestanden die USA auf der Stationierung von NATO-Truppen in ganz Jugoslawien, und auch die darauf folgende Aggression hatte die Besetzung des Kosovo und ganz Jugoslawiens und die dauerhafte Stationierung von NATO-Truppen in der ganzen Region zum Ziel. Die

---

[28] Military Professional Resources Inc., eine von ehemaligen hohen Generalen der US-Armee gegründete Firma.

Regierung William Clintons ging eine gefährliche Verbindung mit islamischen Fundamentalisten ein, darunter Hisbollah, Al-Qaida, UÇK und so weiter. Das heißt, genau mit den Personen und Organisationen, die seit dem 11. September als die größte Bedrohung für die Vereinigten Staaten und die ganze Welt betrachtet werden. Der Preis dieser Politik der Clinton-Regierung ist enorm und wird leider von unschuldigen Menschen auf der ganzen Welt bezahlt, von Amerikanern, aber auch von anderen, z. B. Spaniern.

Die Politik der „Internationalen Gemeinschaft"

Die Absichten und Ziele Deutschlands, des Vatikans und der USA sind also mehr oder weniger offensichtlich. Schockierend jedoch ist das Verhalten der anderen Mitglieder der Europäischen Gemeinschaft und später der Europäischen Union, vor allem unter deutschem Einfluss, was der Erklärung der Europäischen Gemeinschaft widersprach, dass „ein vereintes und demokratisches Jugoslawien die besten Aussichten hat, ein integraler Bestandteil Europas zu werden."[29] Nachdem Kroatien und Slowenien anerkannt worden waren und der militärische Konflikt ausgebrochen war, verabschiedete das Europäische Parlament in Strassburg 1991 eine Resolution, die die unilaterale Sezession dieser beiden jugoslawischen Republiken nicht unterstützte. Auch andere Institutionen der Europäischen Gemeinschaft unterstützten die territoriale Integrität Jugoslawiens. Am 19. Juni 1991 verabschiedete eine europäisch-amerikanische Gruppe bei einem Treffen des OSZE-Ministerrates in Berlin eine Erklärung, in der die territoriale Integrität und Einheit Jugoslawiens im Einklang mit der Schlussakte von Helsinki unterstützt wurde. Die Aufrechterhaltung der territorialen Integrität des Landes wurde besonders hervorgehoben. Dass man einen ähnlichen Standpunkt auch auf der anderen Seite des Atlantik vertrat, wurde aus Bakers Erklärung offenbar, dass Amerika ein demokratisches und einheitliches Jugoslawien unterstütze, und dass seine Zukunft gesichert werden solle, und er hob besonders her-

[29] Zitiert nach Arnold Sherman: „Die Zerschlagung Jugoslawiens", Freiburg 1994.

vor, dass die USA keine einseitigen separatistischen Handlungen anerkennen würden. Trotzdem entschied sich die Europäische Gemeinschaft, ein System, das infolge progressiver Entwicklung in Europa und der Welt zustande gekommen war, 1991 dazu, die rückwärtige Entwicklung zu unterstützen, also die Sezession Kroatiens und Sloweniens und anderer Republiken. Am 17. Dezember 1991 verabschiedete sie eine Erklärung über die Anerkennungskriterien der neu gebildeten Staaten auf dem Gebiet der Sowjetunion und in Osteuropa, sowie eine Erklärung, die alle jugoslawischen Teilrepubliken dazu aufrief, bis zum 23. Dezember Gründe dafür vorzubringen, dass sie diese Unabhängigkeitskriterien erfüllten. So trat die EG also nicht nur mit Füßen, was sie selbst am 26. März 1991 gesagt hatte, sondern auch ihre Erklärung in Rom vom 8. November 1991, dass die Aussichten auf Anerkennung der nach Unabhängigkeit strebenden Republiken nur im Zusammenhang mit der gesamten Umgebung betrachtet werden können. Es ist klar, welche Rolle Deutschland dabei spielte, die Position der Zwölf zu ändern. Dennoch ist es überraschend und widersinnig, dass zwölf Staaten sich nur unter dem Druck eines einzigen unter ihnen dazu bewegen ließen, etwas zu tun, womit sie prinzipiell nicht einverstanden waren. Im Zusammenhang mit der Macht dieses Staates muss ich noch einmal auf Friedrich Naumann zurückkommen, der zu Beginn des 20. Jahrhunderts von der Schaffung kleiner höriger Staaten sprach, die er Satelliten nannte. Natürlich dachte er dabei nicht an westliche Länder. Doch dieses Diktat, das den Mitgliedern der EG auferlegt wurde, und die Tatsache, dass sie die Sezession akzeptierten, obwohl es ihren eigenen Interessen widersprach, da es auch in einigen dieser Länder selbst separatistische Tendenzen gibt, zeigt, dass viele Länder, darunter ehemalige Großmächte, Satelliten Deutschlands geworden sind. Sie ließen sich durch den Opportunismus ihrer Führer, der schließlich zur NATO-Aggression gegen Jugoslawien führte, so erniedrigen, dass sie dann allesamt Satelliten der Vereinigten Staaten von Amerika wurden.

Man kann also das Überlebensrecht Jugoslawiens in keiner Weise in Frage stellen, noch kann man in Frage stellen, dass der illegale Charakter seiner Zerschlagung der Ausgangspunkt des

Konflikts war. Es ist gelinde gesagt zynisch, dass diejenigen, die die Völker des ehemaligen Jugoslawien in gegenseitige Kriege und in einen Teufelskreis von Hass und Gewalt trieben, sich jetzt, die Unwissenden spielend, selbst die Befugnis geben, Gerechtigkeit, wie sie es nennen, durchzusetzen. Unsere Völker sollten nie vergessen, welche Seite die größte Schuld an der Tragödie auf dem Gebiet des ehemaligen Jugoslawien trägt, und das wird noch ganz klar gezeigt und bewiesen werden.

In Nürnberg war das erste und wichtigste Verbrechen das Verbrechen gegen den Frieden, was in Ihrem illegalen Tribunal nicht der Fall ist, ganz einfach deshalb, weil dann diejenigen, die diese unrechtmäßige Institution geschaffen haben, sich zuerst selbst den Prozess machen müssten.

Wenn man die historische Entwicklung betrachtet, über die es Schriften und Dokumente gibt, die der Gegenseite alle vorliegen, so wurde der Krieg in Jugoslawien weder von Serben ausgelöst, noch ging er von Serbien aus. Er wurde von den ultra-rechten separatistischen Bewegungen in Kroatien, Kosovo und Metochien und Bosnien-Herzegowina ausgelöst, von den Ustaši und – kurz gesagt – von Neo-Nazis, von islamischen Fundamentalisten und albanischen Terroristen. Es ist nicht schwer zu beweisen, und Sie werden es hier erleben, dass der Brudermord, den der Krieg auf dem Gebiet des ehemaligen Jugoslawien darstellte, genau von denjenigen angestiftet und unterstützt wurde, die Ihren Gerichtshof hier gegründet haben: Deutschland, dem Vatikan und den Vereinigten Staaten. Ungeachtet des internationalen und nationalen Rechts betrieben sie die Zerstörung und Zerschlagung eines souveränen Staates. Es ist ebenfalls nicht schwer zu beweisen, dass sie bei der Zerschlagung Jugoslawiens auf höchst undemokratische Methoden zurückgriffen, obwohl sie sich immer als so human darstellten. Sie nannten sich Internationale Gemeinschaft, doch in Kroatien, Bosnien und Kosovo unterstützten sie totalitäre, chauvinistische und elitäre Terroristen, islamische Fundamentalisten und Neo-Nazis, deren Ziel ethnisch reine Staaten waren, nämlich Staaten ohne Serben. Die Methoden, mit denen die kroatischen Ultranationalisten Anfang 1991 durch ihre paramilitärischen Einheiten die Säuberung von den Serben betrieben, waren ganz identisch damit, was dem gleichen Volk 50 Jahre zuvor geschehen war. Anfang der 90er Jahre waren es die Serben, die in Kroatien getötet und vertrieben wurden, noch bevor Tuđman an die Macht kam. Serben waren es, die in Kosovo und Metochien getötet und vertrieben wurden. Diese von den USA geführte Internationale Gemeinschaft befürwortete in Bosnien-Herzegowina und im Kosovo den islamischen Fundamentalismus, und islamische Fundamentalisten begingen in diesen Gebieten viele Verbrechen. Damit nicht genug, werden heute in Kosovo mit der vollen Unterstützung der von der NATO geführten Koalition Verbrechen an den Serben begangen; die Sicherheitsratsresolution 1244 wird mit Füßen getreten, in der die Bedingung des Waffenstillstands festgelegt wur den, die man Jugoslawien angeboten hatte. Als der Krieg beendet werden musste, weil sich Jugoslawien nicht erobern ließ, schlug man die Bedingung vor, dass die Schutztruppen der Vereinten Nationen unter Garantie der Souveränität und Integrität Jugoslawiens ins Kosovo kommen sollten, um die gesamte Bevölkerung zu schützen, das sollte ihre Pflicht sein, und zu einem gewissen Teil sollten die Armee und die Polizei Jugoslawiens und Serbiens ins Kosovo zurückkehren. Tatsächlich ist alles andere als das umgesetzt worden. Es kamen NATO-Soldaten und vertrieben gemeinsam mit den Terroristen eine große Anzahl von Menschen und setzten viele Kirchen in Brand, doch dazu werde ich später noch kommen. Was ich sagen will, ist, dass es eine enorme Ansammlung von Dokumenten über die Verbrechen am serbischen Volk über die letzten zehn Jahre hinweg gibt, und die dieser Institution und vielen anderen Institutionen auf der ganzen Welt vorgelegt worden sind. Die Gegenseite hat diese Dokumente keines Blickes gewürdigt. Der Grund dafür ist, dass die Internationale Gemeinschaft, die den Konflikt in unserem Gebiet schürte, von vornherein entschieden hatte, dass den Serben für alles die Schuld gegeben werden sollte, weswegen alle anderen nur als Opfer dargestellt werden durften.

Illegale Sezession

Was die Frage betrifft, wie der Krieg auf dem Gebiet Jugoslawiens begann, so haben die Verfasser der so genannten Anklageschrift gegen mich in den Paragraphen 89 und 90 eine ihrer wenigen wahren Feststellungen in diesem sonst völlig falschen und schändlichen Schriftstück gemacht: „Slowenien erklärte seine Unabhängigkeit von der SFRJ, was zum Ausbruch des Krieges führte". So heißt es dort. „Kroatien erklärte am 25. Juni 1991 seine Unabhängigkeit, was zu Kämpfen zwischen kroatischen Streitkräften auf der einen Seite und der Jugoslawischen Volksarmee (JNA), paramilitärischen Einheiten und der,Armee der Republik der Srpska Krajina' auf der anderen." „Bosnien-Herzegowina erklärte seine Unabhängigkeit, was zu einem Krieg von erheblichem Ausmaß führte."[30]

Also haben sogar die Verfasser dieser falschen Anklageschrift, als sie wahrscheinlich noch nicht voraussahen, dass sie später eine Anklage in Bezug auf Kroatien und Bosnien gegen mich erheben würden, selbst gesagt, wer den Krieg auslöste. Dies war in der Tat ein kriminelles Unterfangen, dessen Protagonisten sich sowohl in der Heimat wie außerhalb befanden, und die in Verletzung des jugoslawischen und internationalen Rechts handelten. Sie traten damit das Recht mit Füßen. Und mit der gewaltsamen Sezession Kroatiens und Sloweniens begingen sie das schwerste Verbrechen, das in Nürnberg und Tokio verhandelt wurde: das Verbrechen gegen den Frieden. Im Gegensatz zu den Verantwortlichen in Kroatien und Slowenien sowie der muslimischen Führung in Bosnien-Herzegowina, die eine gewaltsame Sezession betrieben, und im Gegensatz zu ihren Anstiftern, Helfern und Helfershelfern in Deutschland, Österreich, dem Vatikan, der Europäischen Gemeinschaft und später den USA und der NATO unternahmen die Serben und die serbische Führung so wie ich persönlich jede Anstrengung zur Erhaltung der jugoslawischen Gemeinschaft. So standen wir auf dem Boden des Rechts, während die Zerstörer Ju-

[30] Übersetzt nach „The Prosecutor v. Slobodan Milošević, Milan Milutinović, Nikola Šainović, Dragoljub Ojdanić, Vlajko Stojiljković", First Amended Indictment, Den Haag, 29. Juni 2001, wörtlich genauso in Second Amended Indictment, 16. Oktober 2001.

goslawiens nationales und internationales Recht grob verletzten. Sie beriefen sich auf das Selbstbestimmungsrecht der Nationen, aber das war nur ein Vorwand, hinter dem sie ihre auf die unrechtmäßige Sezession gerichteten Bemühungen zu verstecken suchten, denn gemäß der jugoslawischen Verfassung und den Verfassungen jener Republiken hatten die jugoslawischen Völker und Republiken kein Recht auf einseitige Sezession, und insbesondere hatten sie kein Recht, Menschenleben zu opfern und den Staat auseinander zu brechen, um dieses Ziel zu erreichen.

Im Artikel 5 der damals gültigen jugoslawischen Verfassung, die 1974 beschlossen wurde, heißt es: „Das Gebiet der Sozialistischen Bundesrepublik Jugoslawien ist ein einheitliches Gebiet, das sich aus den Gebieten der Sozialistischen Republiken zusammensetzt. Die Grenzen der SFRJ können nicht ohne die Zustimmung aller Republiken und autonomen Gebiete geändert werden." Daraus geht unmissverständlich hervor, dass keine einzelne Republik oder Nation innerhalb der SBRJ das Recht auf einseitige Loslösung von der SFRJ hatte, wie in der Verfassung ausdrücklich festgestellt wird. Die konnte nur auf der Grundlage des Einverständnisses aller Seiten geschehen. Eingedenk dieser Tatsache und der Tatsache, dass Slowenien und Kroatien und später Bosnien-Herzegowina und Mazedonien den Wunsch äußerten, die jugoslawische Föderation zu verlassen, versuchte die serbische Seite, wie der Zeuge Borislav Jović, der Präsident und später einfaches Mitglied des jugoslawischen Staatspräsidiums war, bestätigte, um jeden Konflikt zu vermeiden, schon im August 1991 die Vertreter der anderen Republiken in den Bundesinstanzen davon zu überzeugen, ein Gesetz zu beschließen, das dies ordentlich regeln würde. Doch, wie Jović in seinem Buch, das hier zitiert worden ist, gesagt hat, war man entschlossen, den eingeschlagenen Kurs selbst auf Kosten von Zwischenfällen und Konflikten fortzusetzen.

Lassen Sie mich an Tuđmans Rede erinnern, die hier zitiert worden ist, in der er sagte, dass es keinen Krieg gegeben hätte, wenn Kroatien ihn nicht gewollt hätte. Ohne diesen Krieg wäre man nicht dazu in der Lage gewesen, eine halbe Million Serben aus den Gebieten zu vertreiben, in denen sie seit Jahrhunderten gelebt hatten, und die zur Zeit der kroatischen Sezession nicht etwa einen eigenen Staat verlangten, sondern nur Autonomie, und die bis dahin gemäß der kroatischen Verfassung ein staatstragendes Volk in Kroatien gewesen waren, denn dort war Kroatien als ein Staat des kroatischen Volkes, des serbischen Volkes und anderer Völker definiert worden, was man später strich.

Wenn man sich also die zitierten Bestimmungen aus der Verfassung vor Augen führt, und dass Kroatien, Bosnien-Herzegowina und Slowenien ihre Unabhängigkeit und Lostrennung unter Verletzung des internationalen Rechts erklärten, sowie die Tatsache, dass die Sezession mit Waffengewalt durchgeführt wurde, so haben wir es mit illegaler, gewaltsamer und bewaffneter Sezession zu tun, und illegale, gewaltsame und bewaffnete Sezession ist ein Verbrechen im Sinne des internationalen Rechts, genau wie ihre direkte und indirekte Unterstützung ein Verbrechen ist, dessen sich Dritte schuldig gemacht haben. Es waren die gleichen, die hinter diesem illegalen Gerichtshof stehen und versuchen, selbst ihrer Strafe zu entgehen und die Schuld den eigentlichen Opfern aufzuladen. Die Sezession der ehemaligen jugoslawischen Teilrepubliken und die Art und Weise, wie sie durchgeführt wurde, war nicht zulässig. Dass es sich mit der Sezession der jugoslawischen Teilrepubliken so verhielt, wird ausdrücklich von Antonio Cassese, dem ehemaligen Präsidenten dieser Institution in einer Monographie zum Thema „Das Selbstbestimmungsrecht der Völker", *Cambridge University Press,* 1995, bestätigt. Auf den Seiten 269 und 270 weist er darauf hin, dass die jugoslawischen Republiken weder im Sinne des internationalen noch des nationalen Rechts ein Recht auf eine extreme Selbstbestimmung hatten. So wie die 12 sowjetischen hatten auch die sechs jugoslawischen Republiken kein Recht auf äußere Selbstbestimmung.

Nebenbei gesagt, ein solches Recht war auch nicht in der jugoslawischen Verfassung proklamiert. Im Unterschied zur sowjetischen hat die jugoslawische Verfassung keine Bestimmungen enthalten, die den Republiken das Recht auf Abtrennung gewährt hätten. Der ehemalige Präsident dieses Gerichtshofs gelangt auf Seite 273 desselben Buches, nachdem er die Unrechtmäßigkeit der Sezession festgestellt hat, zu der gleichen Schlussfolgerung darüber, wer den Krieg im ehemaligen Jugoslawien ausgelöst hat, die der illegalen Anklage in einem Augenblick der Unachtsamkeit in den Paragraphen 89 und 90 der so genannten Kosovo-Anklage herausgerutscht ist. Er sagt: „Es ist gut bekannt, dass in Kroatien und in Bosnien-Herzegowina wie auch in einigen ehemaligen sowjetischen Republiken die Sezession alten Hass belebte und zu einem schrecklichen Blutvergießen führte.“ Das ist in der Tat allgemein bekannt. Wer über ein Mindestmaß an Aufrichtigkeit verfügt, muss das als die Wahrheit anerkennen. Nur, wer nicht über ein Mindestmaß an Aufrichtigkeit verfügt, kann sich erlauben, allgemein bekannte Tatsachen zu verzerren und in ihr Gegenteil zu verwandeln. Aber es bleibt nicht aus, dass auch ihnen selbst hin und wieder die Wahrheit herausrutscht. Man darf nicht vergessen, dass, mit der Wahrheit im Bunde zu sein, eine Garantie dafür ist, früher oder später zu siegen. Die Wahrheit als Gegner zu haben führt auf sicherem Wege in eine schmachvolle Niederlage. Alles, was ich sage über den Zusammenbruch Jugoslawiens, eines international anerkannten Staates, der sowohl nach dem Gesetz als auch in moralischer Hinsicht und aufgrund historischer Tatsachen das Recht hatte zu überleben und mit ihm, was am wichtigsten ist, die wahren Interessen und das Wohlergehen seiner Bürger, ist wahr.

Die Vertreibung der Serben aus dem Kosovo

Die Zeit erlaubt mir nicht, einige unverzichtbare Tatsachen darzulegen. Ich hoffe, Sie haben nichts dagegen, im Kosovo-Fall mit den sieben jugoslawischen Weißbüchern[31] Vorlieb zu nehmen, die als Beweismittel aufgenommen worden sind, sowie mit den ganzen Dokumenten bezüglich der Aggression gegen Jugoslawien, die dem ordentlichen und rechtmäßigen Internationalen Gerichtshof in Den Haag vorgelegt worden sind. Ich werde später noch weitere Dokumente, die mit Kosovo zu tun haben, vorlegen; jetzt möchte ich nur ein paar Dinge sagen, die im Rückblick zeigen,

[31] Vom jugoslawischen Außenministerium im Jahr 2000 herausgegebene Weißbücher über die Kriegsverbrechen der NATO und den Terrorismus der UÇK.

wie richtig die jugoslawische Strategie war. Denn heute kann jeder die Folgen der Ereignisse sehen.

Im ersten Jahr der ausländischen Besatzung in Kosovo und Metochien wurden von dem Zeitpunkt im Juni 1999 an, als die jugoslawische Armee und die serbische Polizei sich aus dieser serbischen Provinz zurückzogen, 5000 Terrorakte in Kosovo und Metochien verübt, in nur einem Jahr! Mehrere tausend Menschen wurden getötet oder entführt. 150 Kirchen wurden zerstört. Wenn irgendwo auf der Welt 150 Moscheen, katholische Kirchen oder Synagogen niedergerissen worden wären, befände sich die ganze Welt in Aufregung.

All diese Verbrechen wurden unter der Schirmherrschaft und dem Schutz der Vereinten Nationen begangen; die UN-Resolution wurde mit Füßen getreten, und die Sicherheitskräfte der Vereinten Nationen wurden in Besatzungstruppen und Kollaborateure albanischer Terroristen umgewandelt. Über 300.000 Einwohner wurden im Zeichen der Vereinten Nationen und unter ihrer Mithilfe vertrieben.

Die Verfolgung aller Nicht-Albaner hält mit unverminderter Energie bis zum heutigen Tage an. Das Ergebnis dieser hysterischen Gewalt ist, dass fast alles Serbische und Nicht-Albanische bereits aus dem Kosovo gesäubert ist, und das ist eben der Grund dafür, dass das Ausmaß der Gewalt abnimmt, denn es gibt immer weniger, wogegen sie sich richten kann. Selbst der kleine Rest, der übrig geblieben ist, ist diesen Terroristen zu viel, und so erreichte die anti-serbische Gewalt in Kosovo und Metochien dank der jüngsten Bemühungen Halid Baranis, der hier als Zeuge [der Anklage] ausgesagt hat, am 17. März dieses Jahres den Höhepunkt. Er ist natürlich nicht der einzige Verbrecher, der hier ausgesagt hat. Hier haben zahlreiche Kriminelle ausgesagt, was schon bewiesen worden ist. Halid Barani gab mit seiner erfundenen Geschichte eines serbischen Verbrechens an drei albanischen Jungen, die im Fluss ertränkt worden seien, das Startsignal für einen hysterischen Generalangriff auf alles Serbische, weswegen ihn die KFOR auch festnahm. Und ein anderer Zeuge, Shukri Buja, war auch ein Verbrecher und Terrorist, der hier bestätigte, dass er der Kommandeur einer UÇK-Einheit in Račak war, und dass er und seine Kameraden zuerst das Maschinenpistolenfeuer auf einen Polizisten eröffnet hatten.

Dieses Pogrom gegen das serbische Volk ist das Resultat eines gemeinschaftlichen kriminellen Unterfangens dieser Institution hier und ihrer Zeugen, deren Interessen hier verteidigt werden und mit denen die Hintermänner der rückschrittlichsten Entwicklung, die je in der europäischen Geschichte auftrat, kollaborieren. Und wenn man sich vor Augen hält, was in Kroatien und Bosnien-Herzegowina geschah, insbesondere die offensichtliche Kontinuität zwischen den separatistischen und nationalistischen Tendenzen und Bewegungen und ihren extremistischen Nazi-Vorläufern im Zweiten Weltkrieg, sowie den irrationalen Feuereifer, mit dem diese so genannten Ankläger hier versuchen, die Taten derer zu rechtfertigen, die sich nach wie vor bemühen, die Ergebnisse zweier Weltkriege rückgängig zu machen und zu erreichen, was sie in diesen Weltkriegen nicht erreichen konnten, weil sie besiegt worden sind, dann ergibt sich die beunruhigende Schlussfolgerung, dass dieses gemeinschaftliche kriminelle Unterfangen noch weitaus größer sein muss - hinsichtlich der Zahl der Beteiligten, der Planung, sowie seiner zeitlichen und räumlichen Ausdehnung.

Im Westen versuchen heute viele, die von den Terroristen im Kosovo verübte Gewalt zu rechtfertigen, indem sie sagen, es sei Rache für die lange währende Unterdrückung und den Terror gegen die albanische Bevölkerung in Kosovo und Metochien. Das ist eine Lüge. Wo sind denn diese ganzen Menschen, die jahrelang verfolgt und eingesperrt wurden? Dieses Argument beruht nicht nur auf falschen Tatsachen, sondern ist auch in historischer Hinsicht unhaltbar, nämlich hinsichtlich der kontinuierlichen Verfolgung der serbischen und christlichen Bevölkerung Kosovo und Metochiens durch die Geschichte hindurch, von der türkischen Besatzung bis heute, mit kurzen Unterbrechungen, die allerdings nicht der Rede wert sind. Die ethnische Säuberung der Serben aus Kosovo und Metochien hat eine lange Geschichte und intensivierte sich besonders, nachdem die so genannte Albanische Liga 1878 in Prizren gegründet worden war, die die Idee eines Großalbanien aufbrachte. Der angesehene Historiker Konstantin Jiriček sagt, dass in Altserbien, damit ist Kosovo gemeint, von 1878 bis 1912

150.000 Serben, was ein Viertel der serbischen Bevölkerung ausmachte, vertrieben wurden. Abgesehen von vielen russischen, französischen und anderen Quellen, wird dieser Vorgang auch von britischen diplomatischen Quellen behandelt, zum Beispiel in einem Schreiben Sir George Banhams an die Gräfin von Lansdowne von 1901, worin er über die Vertreibung der Serben und einer großen Zahl serbischer Familien spricht, aber ich habe keine Zeit, das jetzt zu zitieren.

Die Entwicklung in Kosovo und Metochien hat gezeigt, dass sich in den Methoden der Entserbisierung des Gebiets nichts änderte. Im Gegenteil, die Politik der albanischen Drucks und Terrors gegen Serben und Montenegriner wurde sogar noch schlimmer, was besonders während des Ersten Weltkrieges offensichtlich wurde, als sich die serbischen Truppen 1915 durch Albanien zurückzogen, und davon gibt es viele Dokumente. Als Italien zu Beginn des Zweiten Weltkrieges den Marionettenstaat Groß-Albanien schuf, der den größten Teil Kosovos und Metochiens einschloss, bot sich eine Gelegenheit für neuerlichen Terror gegen die nicht-albanische, vor allem serbische Bevölkerung, wie durch die Aussage Mustafa Krojas, der im Juni 1941 Premierminister des albanischen Marionettenstaates war, belegt wird: „Es müssen größtmögliche Anstrengungen unternommen werden, um alle Serben aus dem Kosovo zu vertreiben und sie in albanische Konzentrationslager zu bringen. Die serbischen Flüchtlinge müssen getötet werden." Ich mache Sie darauf aufmerksam, weil der bekannte Historiker Slavenko Terzić, er bezieht sich auf amerikanische Militärdokumente, sagt, dass seit Kriegsbeginn im April 1941 bis zum August 1942 10.000 Serben getötet und Hunderttausende vertrieben wurden. Eine vergleichbare Zahl von Albanern zog aus Albanien ins Kosovo.

Hermann Neubacher, der Sondergesandte des Dritten Reiches in Südosteuropa, schrieb im Herbst 1943: „Die Albaner haben sich beeilt, so viele Serben wie möglich aus dem Land zu vertreiben. Als sich General Nedić sehr bei mir beklagte, ersuchte ich die albanische Regierung sofort, die Verfolgung zu beenden. Als ich sah, dass meine Intervention keine Resultate zeitigte, bat ich, von meiner Mission in Albanien entbunden zu werden." Das wurde also von einem Gesandten des Dritten Reiches, einem Nazi, geschrieben, und der war darüber erschrocken.

Am 3. April 1968 schrieb der Prior Makarije an den Patriarchen German, weil die jugoslawische Führung nach dem Zweiten Weltkrieg die Verfolgung der Serben vor der Öffentlichkeit, vor allem außerhalb Kosovos, verbarg: „Wieder zeigen die Albaner ihren historischen Serbenhass. Wir befinden uns in einer schwierigen Situation, schwieriger als zu österreichischen und türkischen Zeiten. Gewalt ist an der Tagesordnung, Diebstähle am helllichten Tage, Angriffe. Sie hören wahrscheinlich auch von anderen, was mit den Serben im Kosmet geschieht."

1966 stellt die Provinzbehörde für innere Angelegenheiten fest: „An weiterführenden Schulen, Gymnasien und in der Lehrerausbildung wird der Jugend legal Nationalismus beigebracht. Es gibt einen Zuwachs in der Feindaktivität, und es gibt immer mehr Umtriebe wie diese. Es werden auch körperliche Angriffe gegen Serben und Montenegriner verübt, um sie zu vertreiben, und es werden in aller Öffentlichkeit feindselige Reden gehalten."

Die russische Balkan-Expertin Professor Elena Guskowa sagt in ihrem Buch „Die Geschichte der jugoslawischen Krise von 1990 bis 2000" auf Seite 44: „Auf Demonstrationen in der Provinz folgen Ablenkungs- und Sabotage-Manöver in den Fabriken, es werden Flugblätter verbreitet, die zur Umwandlung der Provinz in ein ethnisch reines Gebiet aufrufen. Die Nationalisten benutzten alle möglichen Methoden, einschließlich der Drohung, Serben und Montenegriner physisch zu vernichten. Sie haben Kulturdenkmäler und orthodoxe Friedhöfe geschändet, Häuser niedergebrannt, Menschen ermordet, Land gewaltsam enteignet und die Bewegungsfreiheit eingeschränkt. Die Konsequenz ist, dass serbische Familien das Gebiet massenweise verlassen. 1981 gab es von den 1.451 Dörfern bereits 685, in denen keine Serben lebten, und nur noch 216 rein serbische. In den darauf folgenden zehn Jahren war der albanische Terrorismus kaum zu zügeln, so dass weniger als zehn Prozent der Serben in diesem Gebiet geblieben sind."

Der Ausdruck „ethnisch rein" tauchte also zum ersten Mal in Bezug auf diese Ereignisse auf. Ihr Zeuge, der slowenische Professor für Verfassungsrecht, Ivan Kristan, sagt in einem Artikel von 1981 mit der Überschrift „Die verfassungsrechtliche Stellung der autonomen Provinzen in der SBRJ“: „Das nationalistische Konzept der Albaner eines ethnisch reinen Staates im Kosovo und der Vereinigung aller Albaner auf einem Gebiet verletzt alle Ziele, die nach dem Zweiten Weltkrieg gesetzt wurden. Anstelle der Gleichberechtigung der Völker und Ethnien bringen sie diese dazu, ständig ihre Bevölkerungszahl im Auge zu behalten und leisten dem Chauvinismus Vorschub.“ […] „Es wird Druck gegen andere Völker und Nationalitäten ausgeübt, und es gibt nationalistische Ausschreitungen, die so weit gehen, die Mitglieder einer bestimmten ethnischen Gruppe zum Verlassen des Landes zu bringen. Dies dauert im Kosovo schon eine Weile an, wo eine beträchtliche Zahl von Serben und Montenegrinern weggezogen sind, so dass es gemäß der Volkszählung von 1981 viel weniger Angehörige dieser beiden Ethnien gibt als bei der Volkszählung von 1970“.

[…]

Der albanische Separatismus

Ich wiederhole, dass dies ein Artikel eines Ihrer Zeugen von 1981 ist, der auf eine wichtige Verbindung zwischen der faschistischen groß-albanischen Bewegung des Zweiten Weltkrieges, den so genannten Ballisten, und der albanischen Separatistenbewegung in den 80er Jahren, der gleichen Bewegung, die besonders seit 1988 bis zum Ende des 20. Jahrhunderts zu einer terroristischen und separatistischen Bewegung wurde und die schließlich unter Mitwirkung der Angriffstruppen aus 19 NATO-Ländern die Geburtsstätte der serbischen Kultur von Serben und anderen Nationalitäten säuberte, hinweist. Über diese kontinuierlichen Verbindung zwischen den groß-albanischen Faschisten des Zweiten Weltkrieges sagt Kristan im genannten Artikel: „Die irredentistischen Bestrebungen der albanischen Nationalisten im Kosovo sind nicht neu. Sie stellen tatsächlich die Fortführung der Pläne verschiedener Marionetten-Organisationen und faschistischer Gruppierungen dar. Die groß-albanischen Pläne und die Besitzansprüche Albaniens sind nicht für immer verschwunden, und sie reichen bis in den Zweiten Weltkrieg zurück, im Bündnis mit den deutschen und italienischen Nazis und Faschisten. Der Generalsekretär der Albanischen Kommunistischen Partei, Enver Hoxha, schrieb 1949 in einem Brief an das Zentralkomitee der Kommunistischen Partei der Sowjetunion, Bezug nehmend auf den damaligen Konflikt zwischen Jugoslawien und Stalin: „Der Berliner Kongress und der Versailler Vertrag haben die Interessen der albanischen Minderheit im Kosovo zu Unrecht verletzt. Diese ist mit dieser Lösung nicht einverstanden und will nicht in den Grenzen Jugoslawiens leben, unabhängig von dessen politischer Ordnung. Für sie ist die einzige Lösung, sich politisch mit Albanien zu vereinigen."

Die bereits erwähnte russische Historikerin Elena Guskowa sagte in ihrem recht umfangreichen Werk: „Die separatistischen Umtriebe der radikal gesinnten Fraktion der Albaner in Kosovo und Metochien setzten unmittelbar nach dem Zweiten Weltkrieg ein und wurden nie für eine Sekunde unterbrochen. Schon 1956 deckte der Sicherheitsdienst einige Gruppen in der Provinz auf, die einige Jahre zuvor von Albanien nach Kosmet eingeschleust worden waren, um illegale nationalistische Organisationen zu gründen. Ende der 50er und Anfang der 60er Jahre war die „Revolutionäre Bewegung für die vereinigten Albaner" im Kosmet aktiv und sie wurde von Adem Demaci angeführt."

Nachdem sie darauf hingewiesen hat, dass sich die albanische Terroraktivität in den 60er Jahren erhöhte, was bedeutet, dass die albanischen Terroristen in dieser Zeit „Provokationen, Sabotage und Angriffe auf religiöse Einrichtungen" verübten, erklärt die selbe Autorin, dass sich die Situation selbst in der 70ern nicht beruhigte, obwohl Kosmet 1974 praktisch aus dem politischen System Serbiens herausgerissen worden war. Sie führt ein Interview mit dem jugoslawischen Innenminister, dem obersten Dienstherrn der Polizei, Franjo Herljević, übrigens ein Kroate, an, in dem er darauf verwies, „dass die Sicherheitsorgane von 1974 bis 1981 1.000 Personen ausfindig gemacht haben, die darin verwickelt waren, das System vom Standpunkt des albanischen Nationalismus aus zu untergraben. Ihm zufolge sind viele von ihnen mit einer der aktivsten Organisationen, der so genannten Roten Volksfront, verbunden. Diese pro-albanische Organisation, die den Weisungen der Partei der Arbeit Albaniens untersteht, ist auf dem Gebiet der westlichen Länder tätig. Infolge der von albanischen Separatisten angestifteten Unruhen von 1981 befürwortete die separatistische Bewegung offen die Idee einer Republik Kosovo oder der Abspaltung Kosovos erst von Serbien, dann von Jugoslawien und schließlich der Vereinigung der Gebiets mit Albanien."

Wenn man die demographische Struktur Kosovos und Metochiens am Ende des 19. Jahrhunderts im Vergleich zu derjenigen am Ende des 20. Jahrhunderts betrachtet, sieht man, dass sie sich drastisch zum Schaden der Serben verändert hat. Die größte Veränderung ging vor allem mit den Verbrechen einher, die während des Zweiten Weltkrieges von 1941 bis 1945 verübt wurden.

Nachdem die Verfassung von 1974 verabschiedet worden war, befand sich jegliche politische, judikative und exekutive Gewalt in den Händen der albanischen Minderheit. Besonders seit 1966 und natürlich nach der Verabschiedung der Verfassung von 1974 benutzten die Albaner in diesem Teil Serbiens diese Macht, um die serbische Mehrheit einzuschüchtern und die Intoleranz zwischen den Ethnien zu schüren, wodurch an die Stelle des Geistes der Toleranz, des Verständnisses und der Pflege zivilisierter Beziehungen zwischen den Völkern gewaltsame Vertreibungen der Serben gesetzt wurden.

Das Paradoxe an dieser Situation ist, dass die Albaner im Kosovo und Metochien, deren Führung behauptete, dass sie seit Jahrhunderten diskriminiert wurden, tatsächlich einen solchen wirtschaftlichen Wohlstand erreicht hatten, dass man schon in den 1980ern einen drastischen Unterschied zwischen der Situation in Kosovo und der Situation in Albanien bemerken konnte, natürlich zugunsten ihrer Stellung in Kosovo und Metochien.

Die albanische Minderheit in Serbien, namentlich in Kosovo und Metochien, durchlief eine Renaissance im wissenschaftlichen, kulturellen und bildungspolitischen Sinne, vor allem dank der serbischen Bildungspolitik, die zur gleichen Zeit durchgeführt wurde, als sich die serbische Bevölkerung in der Provinz drastisch verringerte. Natürlich verließen auch serbische Intellektuelle Kosovo unter Druck. Allein im Verlauf des Jahres 1981 verließen jede Menge Ärzte das medizinische Zentrum in Priština. Jede Menge Professoren verließen die Fakultäten der Universität in Priština.

Auf der anderen Seite erreichte die Propaganda des großalbanischen Chauvinismus zwischen 1975 und 1980 ihren Höhepunkt, seitdem der Provinz mit der Verabschiedung der Verfassung von 1974 der Charakter eines Staates zukam.

Zwischen Jugoslawien, Serbien bzw. zwischen Kosovo und Metochien und dem benachbarten Albanien gab es in der goldenen Ära, als Enver Hoxha in Tirana regierte, praktisch keine Grenze. Im gleichen Maße, wie den Albanern in der Titozeit immer größere Autonomierechte gegeben wurden, wuchsen ihre Gelüste auf noch größere Unabhängigkeit, ein erster Schritt auf dem Weg zur Sezession.

1968 fand die erste gewaltsame Massendemonstration statt. In der Zeit nach 1980 wurde dann offensichtlich, dass man sich nicht mehr mit einer weit reichenden Autonomie und den in der Verfassung von 1980 verbürgten Menschen- und Bürgerrechten zufrieden gab, was im Frühjahr 1981 im Massenaufstand albanischer Separatisten unter dem Motto der Gründung einer „Republike Kosova“ zum Ausdruck gebracht wurde. Auch das erwähnt Ihr Zeuge Ivan Kristan.

Welchen Einfluss ausländische Kräfte auf die Zerschlagung Jugoslawiens hatten, ist erwiesen. Und gerade diese einflussreichen Kräfte kamen mit der böswilligen Anschuldigung an, dass die Krise in Kosovo und Metochien eigentlich 1989 auftrat, als die Ergänzungen zur serbischen Verfassung verabschiedet wurden, indem sie erklärten, dass dadurch die Autonomie des Kosovo aufgehoben und die Menschenrechte der Albaner eingeschränkt worden seien. Für diese Behauptung gibt es keine Grundlagen. Die Ergänzungen der serbischen Verfassung von 1989 stellten die verfassungsmäßige Einheit der Republik Serbien her, die bis dahin von ihren beiden autonomen Provinzen bevormundet worden war, weil Kosovo und Vojvodina bis zur Verabschiedung dieser Ergänzungen an der Verwaltung der Republik Serbien beteiligt gewesen waren, aber die Republik keinen Einfluss darauf hatte, was in den Provinzen geschah. Daher konnte die Republik ihre verfassungsmäßige Gewalt auf Teilen ihres eigenen Gebietes nicht ausüben, vor allem auch nicht hinsichtlich der Sorge um das Wohlergehen ihres Volkes.

Mit den Ergänzungen der serbischen Verfassung von 1990 wurde diese Anomalie in Bezug auf die Stellung der Republik Serbien gegenüber ihren autonomen Provinzen korrigiert, und diese Ergänzungen von 1989 und die Verfassung von 1990 beeinträchtigten die Menschenrechte der Albaner in keiner Weise, noch schafften sie sie ab. Sie genossen weiterhin ungehinderten Zugang zu Bildung, Presse, Rundfunk, Fernsehen usw. in ihrer Sprache. Gerichtsverhandlungen fanden auf Albanisch statt. Und sie waren besser geschützt als jede andere nationale Minderheit in jedem anderen Land.

Der Terror der UÇK

Mit der Sezession Sloweniens und Kroatiens ging die Kosovo-Krise in ein neues Stadium über. Von der Bildung der terroristischen UÇK an begannen die albanischen Separatisten mit offenen terroristischen Angriffen.

Es wird hier anhand von Dokumenten gezeigt werden, dass diese Organisation ihre Mitglieder mit der Unterstützung anderer Länder, vor allem Deutschlands, der USA und der Schweiz, sowie einiger islamischer Länder, ausrüstete und trainierte. Danach wurden in Deutschland und der Schweiz Bankverbindungen veröffentlicht, über die Spenden an die UÇK entrichtet wurden. Ich werde das aus Zeitmangel nicht vertiefen.

Nach Berichten des *European* und von *Konkret* vom März 1999 wurden zuletzt Waffen im Wert von mehreren Millionen DM über Albanien in das Kosovo geliefert. Laut OSZE-Mitgliedern, die sich an einem Kontrollpunkt an der Grenze zwischen Jugoslawien und Albanien befanden, bemerkten Beobachter dort überrascht, dass die UÇK-Mitglieder tatsächlich deutsche Uniformen trugen. Jedenfalls gab der deutsche Geheimdienst zu, dass er die Ausbildung albanischer Terroristen in Berlin und anderswo sowie ihren Transport organisiert hat. Es gab auch Unterstützung aus der Türkei und von der albanischen Drogenmafia. Das ist bekannt, und es gibt zuverlässige Quellen für diese Dinge. Die Hauptaufgabe bei der Bewaffnung dieser Kräfte fiel dem US-Geheimdienst mit Unterstützung des britischen Geheimdienstes zu. Der *Scotsman* berichtet, dass der US-Geheimdienst zwecks Ausbildung der UÇK mit dem MI5 Kontakt aufnahm, und der MI5 und MI6 übertrug diese Aufgabe gewissen britischen Sicherheitsfirmen, die sie dann ausführten. Man veröffentlichte dann auch Waffenlisten, aber ich habe heute keine Zeit, darüber zu sprechen.

Die häufigsten Ziele der UÇK waren Polizeistationen und militärische Einrichtungen sowie von Beginn an die Zivilbevölkerung. Oft waren Angehörige ihres eigenen Volkes die Opfer, nur weil sie loyale Bürger Serbiens waren. Die terroristischen Umtriebe nahmen von Jahr zu Jahr zu.

Es wurde eine riesige Zahl von Angriffen verübt, ich werde nur einige erwähnen. Gemäß einem Bericht von 1998 wurde vom 1. Januar bis zum 31. Dezember 1.129 terroristische Anschläge verübt, bei denen 216 Mitglieder des Innenministeriums getötet, 115 schwer und 187 leicht verletzt wurden, einige wurden auch als Geiseln genommen. Es wurden auch 755 Terroranschläge und Provokationen gegen Zivilisten verübt. 173 Zivilisten wurden getötet. Davon 46 Serben und Montenegriner, 77 Albaner, drei Roma, zwei Muslime und 42 nicht identifizierte Personen. Wie Sie sehen, tötete die UÇK 1998 mehr Albaner als Serben. Im gleichen Jahr entführten Terroristen 292 Zivilisten, davon 173 Serben und Montenegriner, 100 Albaner, 14 Roma, einen Bulgaren, einen Griechen und einen Mazedonier. 31 von ihnen töteten sie, 142 werden noch vermisst, neun konnten entkommen.

Dann wird ausführlich beschrieben, welche Waffen benutzt wurden: Mörser, Panzerfäuste, Sprengsätze, Panzerminen usw. All das geschah in der Zeit, als Ibrahim Rugova behauptete, die UÇK sei nur ein Phantasiegebilde der serbischen Propaganda und existiere gar nicht wirklich. Diese Informationen sprechen eine deutliche Sprache, und ich frage mich, ob irgendeine Regierung der Welt gegenüber solchen terroristischen Umtrieben untätig bleiben würde. Es ist doch nur begreiflich, dass die Polizei nicht auf Terroranschläge reagieren musste, sondern dass es für sie auch unverzichtbar war, die Terrorgruppen zu bekämpfen und unschädlich zu machen, um die Kontrolle zurück zu gewinnen.

Sie und die gesamte Öffentlichkeit wissen genau von den Angriffen gegen die Armee. Es gab in dem gesamten Meinungsspektrum, das in den internationalen politischen Strukturen vertreten war, insbesondere auf dem Feld der öffentlichen Meinung, vor allem seit 1998 die falsche Auffassung, dass die UÇK eine Art Befreiungsbewegung dargestellt, was völlig unbegründet ist. Denn zum Beispiel veröffentlichte die FAS, die als politische Beratungsorganisation gilt, einen Bericht, in dem es heißt, dass die UÇK zu den bestbekannten Terrororganisationen der Welt gehört. Laut FAS ist das US-Außenministerium die einzige Institution in den USA, die sich ernsthaft mit Terrororganisationen befasst. John Pike, der Ressortleiter für Sicherheitspolitik in der FAS, erklärte, dass seine Organisation eine detaillierte analytische Studie der kompletten UÇK-Struktur betrieben habe, anders als das Außenministerium, das seine Einschätzung eher auf Meinungen stützte als auf eine sorgfältige Untersuchung. Die Kampftaktik der UÇK besteht in Überfällen, die UÇK-Mitglieder sind in Zellen von drei bis fünf Personen organisiert, was für Terrororganisationen charakteristisch ist. Die Gruppenmitglieder sind erkennbar von der Idee der Abspaltung von Jugoslawien und der Angliederung an Albanien besessen und führen Befehle ohne Widerrede aus. Es gibt in der UÇK Tausende Söldner aus Saudi-Arabien, Albanien, Bosnien und Kroatien, einigen westlichen Ländern. Es gibt auch eine Liste der Trainingslager in Albanien.

Der FAS-Bericht sagt auch aus, dass das Fernziel der UÇK offenbar die Vereinigung der albanischen Bevölkerung des Kosovo, Albaniens und Mazedoniens in einem Groß-Albanien ist. Die UÇK stellte eine typische Terrororganisation mit den dazugehörigen Eigenschaften dar, und das war die Auffassung aller polizeilichen Stellen der westlichen Länder, weil ihnen die Verbindung dieser Organisation zu Drogen- und Menschenhändlern bekannt war.

Gelbard erklärte bei einer Pressekonferenz in Belgrad am 23. Februar 1998: „Wir sind stark irritiert und verurteilen die inakzeptablen Betätigungen von Terrorgruppen im Kosovo, besonders der UÇK. Es besteht kein Zweifel, dass dies eine terroristische Vereinigung ist. Ich akzeptiere keinerlei Rechtfertigungsversuche. Da ich mich lange Jahre mit dem Thema Terroraktivität beschäftigt habe, weiß ich sehr gut, wie man eine Terrororganisation definieren muss, und ich stütze mich auf Tatsachen, nicht auf irgendwelche Floskeln. Ihre Handlungen sprechen für sich."

Er rief die albanische Führung dazu auf, die Terroristen zu verurteilen und deutlich zu machen, auf welcher Seite sie ständen. Woraus, wie wir wissen, nichts geworden ist.

Bei den US-Politikern außerhalb der Clinton-Regierung herrschte noch in der zweiten Jahreshälfte 1998 die einmütige Auffassung, dass die UÇK eine typische Terrororganisation sei. Dies wird auch durch ein sorgfältig zusammengestelltes Dokument bestätigt, das der Senatsausschuss der Republikanischen Partei 1999 vorlegte: „Als die NATO-Bombardements begannen, bestand zwischen der Clinton-Regierung und der UÇK eine unverbrüchliche Partnerschaft. Eine solche überschwängliche Akzeptanz führender Mitglieder der Clinton-Regierung für eine Organisation, die nur ein Jahr zuvor von ihrem eigenen Regierungsvertreter als terroristische Organisation gebrandmarkt worden war, ist, gelinde gesagt, erschreckend. Noch wichtiger ist, dass durch diese neue Partnerschaft zwischen Clinton und der UÇK einige besorgniserregenden Vorwürfe gegen die UÇK verschleiert werden könnten, über die die Clinton-Regierung bisher hinweggegangen ist."[32] Das ist ein offizielles Dokument des Senats der Vereinigten Staaten von Amerika.

Und hier ein Protokoll des US-Kongresses, in dem der terroristische Charakter der UÇK für das Jahr 2000 hinreichend belegt wird. Frank Cilluffo vom „Globalized Organized Crime Program" enthüllt in seiner Aussage vor dem Justizausschuss des Kongresses: „Was dem Blick der Öffentlichkeit weitgehend verborgen bleibt, ist, dass die UÇK sich teilweise durch Drogenhandel finanziert. Albanien und das Kosovo liegen mitten auf der Balkanroute, die den ‚Goldenen Halbmond' Afghanistan und Pakistan mit den Drogenmärkten Westeuropas verbindet. Es wird geschätzt, dass über diese Route Drogen im Wert von 400 Millionen US-Dollar jährlich und 80% des in Europa verkauften Heroins transportiert

[32] Übersetzt nach Senate Republican Party Committee Report, Washington, 31. März 1999.

werden."[33] Das ganze wird in einer Anhörung des US-Kongresses gesagt.

[...][34]

Die Sicherheitsratsresolutionen, die vor der NATO-Aggression im Kosovo verabschiedet wurden, zeigen, dass der Sicherheitsrat der Meinung war, dass im Kosovo terroristische Anschläge verübt wurden, und die UÇK wurde in diesen Resolutionen eindeutig als Terrororganisation bezeichnet.

In der Resolution 1160 ist von der Verurteilung „aller Terrorakte der UÇK oder aller anderen Gruppen oder Individuen und jeglicher auswärtigen Unterstützung terroristischer Umtriebe im Kosovo einschließlich ihrer Finanzierung, Bewaffnung und Ausbildung" die Rede. Und wir sehen, wer in die Ausbildung usw. verwickelt ist. Im Paragraphen 2 wird die kosovo-albanische Führung dazu aufgerufen, „alle terroristischen Handlungen zu verurteilen" und es wird „betont, dass alle Mitglieder der albanischen Bevölkerungsgemeinschaft im Kosovo ihre Ziele mit friedlichen Mitteln anstreben sollten." Paragraph 8 nimmt auf ähnliche Dinge Bezug.[35] Das blieb ein unerfülltes Versprechen. Die Terrorhandlungen wurden ausgeweitet, es wurden mehr und mehr Waffen eingeschleust, und die Terroristen agierten unter noch intensiverer Verstrickung des Westens.

Die Resolution 1199 verurteilt „den Terrorismus als Mittel zum Erreichen der politischen Ziele aller Gruppen oder Individuen und jede auswärtige Unterstützung solcher Umtriebe im Kosovo, einschließlich der Bereitstellung von Waffen und Ausbildung für Terroraktivitäten im Kosovo".[36]

Niemand kann die grundlegende Tatsache leugnen, dass die Politik der Clinton-Regierung zu den Geschehnissen des 11. Sep-

---

[33] Übersetzt nach House Judiciary Committee, Washington, 13. Dezember 2000.

[34] An dieser Stelle erwähnt Milošević die Aussage eines so genannten „geschützten" Zeugen der Anklage, dessen Identität vom Tribunal geheim gehalten worden war. Obwohl Milošević lediglich auf das veröffentlichte Protokoll dieser Aussage Bezug nimmt und weder Namen noch andere Identitätsmerkmale erwähnt, kommen die Richter dem Antrag des Anklagevertreters Geoffrey Nice nach, diese Passage aus Miloševićs Rede nicht zu veröffentlichen.

[35] Übersetzt nach UN Security Council Resolution 1160, 31. März 1998.

[36] Übersetzt nach UN Security Council Resolution 1199, 23. September 1998.

tember führte. Wir können aufgrund des gesammelten Materials mit Gewissheit sagen, wie viele der festgenommenen Verdächtigen praktisch als Al-Qaida-Mitglieder an UÇK-Aktionen im Kosovo teilgenommen hatten.

Der Sicherheitsrat bringt seine Besorgnis über Berichte von fortwährenden Verletzungen des in der Resolution 1160 erklärten Verbots, Waffen an Terroristen zu liefern, zum Ausdruck und besteht im Paragraphen 6 noch einmal darauf, dass alle terroristischen Handlungen verurteilt werden und alle Mitglieder der albanischen Bevölkerungsgemeinschaft ihre Ziele nur mit friedlichen Mitteln zu erreichen versuchen sollten. Im Paragraphen 11 wird verlangt, dass in keinem Land finanzielle Mittel für den Terrorismus gesammelt werden sollten.[37]

Die Resolution 1203 verurteilt „jeglichen Terrorismus, der von einer Gruppe oder einem Individuum zum Erreichen politischer Ziele ausgeübt wird, und jegliche auswärtige Unterstützung solcher Umtriebe in Kosovo, einschließlich Waffenlieferungen und Ausbildung für Terroraktivitäten im Kosovo“ und bringt die „Besorgnis über Berichte von anhaltenden Verletzungen der in der Resolution 1160 ausgesprochenen Verbote“ zum Ausdruck. Im Paragraphen 10 „besteht“ der Sicherheitsrat „darauf, dass die kosovo-albanische Führung alle terroristischen Handlungen verurteilt“.[38]

Die kosovo-albanische Führung hat den Terrorismus der UÇK jedoch niemals verurteilt. Angesichts dieser offensichtlichen Tatsachen, die auf den terroristischen Charakter der UÇK hinwiesen, sowie der Sicherheitsratsresolutionen hatte also jedes Land das Recht und die Pflicht, alle notwendigen Maßnahmen zu ergreifen, um solche Handlungen zu unterbinden. Die Clinton-Regierung stellte sich unter dem Einfluss einer starken albanischen Lobby und deren Drogen-Geld seit 1999 direkt auf die Seite dieser Terrororganisation und wurde ihr Schutzherr. Es ist deshalb nicht überraschend, dass sie nach dieser Phase die Zersplitterung der UÇK verhinderte und ihr in dem ganzen Geschehen den Status

---

[37] Vgl. Resolution 1199.

[38] Zitiert nach UN Security Council Resolution 1203, 24. Oktober 1998.

eines Verhandlungspartners gab, in welcher Eigenschaft sie sie sogar nach Rambouillet brachte.

Um das Ansehen der UÇK in der öffentlichen Meinung wiederherzustellen, hielt Holbrooke gemeinsam mit Gelbard, dem anderen US-Vertreter, ein Treffen mit einer Gruppe von UÇK-Terroristen ab und führte vor Fernsehkameras ein Gespräch mit ihnen. Bald darauf offenbarte er, dass Gelbard schon zuvor Kontakt mit ihnen aufgenommen hatte.

Im August und September 1998 haben die Polizeikräfte die UÇK-Terroristen und ihre Hochburgen praktisch zerschlagen und unschädlich gemacht. Dann tauchten wieder Vertreter der Clinton-Regierung auf, und die OSZE-Beobachter trafen ein. Später wurde gezeigt, dass ihr einziges Ziel war, die UÇK zu neuem Leben zu erwecken und zu schützen.

[...]

Die Amerikaner übernehmen das Ruder

Die Ernennung William Walkers zum Chef der Beobachter-Mission geschah nicht zufällig, sondern weil die CIA, deren Mitarbeiter er war, darauf bestanden hatte. Man erinnere sich daran, dass er als US-Botschafter in Nicaragua und El Salvador war, wo er als Assistent des bekannten Colonels[39] diente und für Spezialaufgaben verantwortlich war, wie Waffenlieferungen, Rekrutierung von Söldnern und die Bildung von Todesschwadronen.

Die Entwicklung am Ende des 20. Jahrhunderts zeigt, dass die Clinton-Regierung die nationalistische, separatistische Albaner-Bewegung und ähnliche Bewegungen auf der ganzen Welt als Marionetten benutzte, um ihre Interessen durchzusetzen. Deswegen unterstützte sie diese Bewegungen uneingeschränkt, meistens durch Finanzierung des Terrors. Das zeigte sich in Kosovo und Metochien, und es wird auch durch die Schlussfolgerung des außenpolitischen Ausschusses des US-Kongresses von 1992 bestä-

[39] Lt. Col. Oliver North.

tigt, die empfahl, Unruhen im Kosovo zu provozieren, wann immer es nötig wäre, um Zugeständnisse von Belgrad zu erlangen.

In einer Analyse des Republikanischen Ausschusses im US-Senat heißt es, dass die NATO-Intervention von langer Hand geplant war, aber es fehlte ein Medienereignis, das der Intervention vor den Augen der Öffentlichkeit als Vorwand dienen könnte. Man erfand Lügen über Lügen und wartete auf einen Anlass, um die Ereignisse ins Rollen zu bringen.

Um den Boden für die Intervention zu bereiten, wurden die NATO-Strukturen schon lange vorher in Bewegung gesetzt und nahmen unter Clarks Leitung Mitte 1998 die ersten Kontakte zur UÇK auf. Das geht aus inoffiziellen Aufzeichnungen des US-Außenministeriums vom 15. Juli 1998 hervor. Mitte 1998 billigte die NATO diese vorläufigen Kontakte offiziell. Wie aus unzähligen Quellen hervorgeht, wurde die UÇK von der Mitte der 90er Jahre an heimlich von der CIA und dem BND unterstützt und ausgebildet.

Diese Geheimoperationen waren der NATO bekannt und wurden von ihr unterstützt, wie man im Buch „Kosovo – ‚Freedomfighters'"[40] lesen kann. All das bestätigt, dass die UÇK, die man ursprünglich als eine terroristische Organisation behandelt hatte, seit Mitte 1998 gemäß einer Entscheidung der Clinton-Regierung enge Verbindungen mit der NATO einging. In dieser Partnerschaft wurden parallel zu den Scheinverhandlungen in Rambouillet gemeinsame Vorbereitungen für die NATO-Aggression getroffen.

Der Wendepunkt kam mit dem genannten Medienereignis, das aufgrund der Ereignisse in Račak konstruiert wurde, entsprechend dem in Bosnien im Fall Markale erprobten Szenario.

Angeblich habe es in Račak ein Massaker gegeben, und der Chef der OSZE-Mission Walker, ein Experte auf diesem Gebiet, nannte es ein beispielloses Verbrechen der serbischen Sicherheitskräfte. Dies war der Höhepunkt der Vorbereitungen, die die OSZE-Mission und vor allem ihr Chef trafen, um einen Vorwand für die NATO-Aggression zu schaffen, gemäß dem Plan, den die

[40] Von Michael Chossudovsky, Ottawa 1999.

Clinton-Regierung zuvor entwickelt hatte. Auch hier wurde versucht, dieses Ereignis in dieser Weise darzustellen. Ich habe Ihnen, als Walkers Stellvertreter[41] hier aussagte, ein Video gezeigt, das die orangefarbenen Jeeps der Beobachter-Mission genau auf dem Hügel zeigt, von dem man Račak überblicken kann. Der Film zeigt glaubhaft, was dort geschehen ist, und Sie können es genauso der Aussage des Kommandeurs entnehmen.[42]

Ich habe keine Zeit, das jetzt zu vertiefen, aber ich möchte zitieren, was der Armeekorrespondent Milovan Drecun in seinem Buch „Die Zweite Schlacht auf dem Amselfeld“ über den Fall Račak sagt: „Der Fall Račak wird einerseits als brillant ausgeführte und lupenreine Anti-Terroroperation von Polizeikräften in die Lehrbücher eingehen, andererseits als eines der monströsesten Täuschungsmanöver der Medien, das die Welt je gesehen hat. Wir sind Zeugen davon, wie die Ereignisse in Račak Tag für Tag manipuliert werden, vor allem in Den Haag, wo fortwährend schwere Fälschungen begangen werden. Bekanntlich wollen die Auftraggeber dieser Machenschaften nicht, dass es öffentlich wird, dass es in Račak kein Massaker gab, sondern man versucht, die serbische Seite mit dieser Geschichte zu belasten“.

Die Tatsachen zeigen, dass nach der Vereinbarung über die Anwesenheit der Beobachter-Mission im Oktober 1998 bis Ende Januar 1999 über 500 UÇK-Anschläge verübt wurden. Im gleichen Zeitraum wurden unter den Augen der Beobachter-Mission 35 Dörfer, die von Serben und Montenegrinern bewohnt waren, ethnisch gesäubert. Allein in den ersten elf Tagen des Jahres 1999 verübte die UÇK 80 Terroranschläge auf die Polizei, das Militär und auf Zivilisten.

Als Belohnung für diese und andere Verbrechen, die sie hauptsächlich gegen Serben, aber auch gegen andere Nicht-Albaner und sogar gegen Albaner verübten, sowie für ihre Kollaboration während der NATO-Aggression wurde die UÇK in „Kosovo-Schutzkorps“ umbenannt und erhielt durch die UN Rechtmäßigkeit, wodurch es ihr ermöglicht wurde, über bilaterale Verbindun-

[41] Gen. („DZ“) John Drewienkiewicz.

[42] Vgl. Verhandlungsprotokoll vom 13. Mai 2002.

gen auf Gelder in westlichen Ländern zurückzugreifen, einschließlich direkter militärischer Unterstützung. Und dabei hätte sie sofort entwaffnet werden sollen. Das ist nur einer von unzähligen Verstößen gegen die Sicherheitsrats-Resolution 1244, die genau in dem Moment begangen wurden, als ihre Umsetzung erwartet wurde. Und der berüchtigte Terrorist Agim Čeku wurde an die Spitze des Schutzkorps gesetzt. Unter seinem Befehl wurden viele Verbrechen gegen Serben in Kosovo und Metochien verübt. Serben und Albaner wurden wegen ihrer Loyalität zu Serbien, dem Staat, in dem sie lebten, getötet. Eben dieser Mann hatte als Offizier der kroatischen Armee gegen die Serben in Kroatien gekämpft und war besonders bekannt wegen der Verbrechen, die er in den Operationen „Blitz" und „Sturm" an den Serben verübt hatte, sowie im Medak-Kessel, wo Frauen, nachdem sie vergewaltigt worden waren, mit Benzin übergossen und angezündet wurden. Das ist mit Sicherheit aktenkundig, aber er steht unter Schutz. Er ist ein Verbündeter, obwohl er ein berüchtigter Mörder und Terrorist ist.

Sie können zum Beispiel Fotos sehen, die im November 2003 in Belgrader Zeitungen erschienen sind. Ich habe keine Zeit, diese Fotos jetzt zu verwenden, weil meine Zeit dafür zu kurz ist, doch sie können darauf uniformierte UÇK-Mitglieder sehen, die in beiden Händen Köpfe von Serben halten und Sie können einen Korb mit Köpfen von enthaupteten Serben sehen.[43] Jeder kann sehen, dass die Person, die auf dem Foto Serbenköpfe in ihren Händen hält, Sadik Quflaj aus dem Gebiet um Dečani ist, sein Sohn Valon Quflaj steht neben ihm. Beide verübten unter dem Kommando von Ramush und Daut Haradinaj Verbrechen zwischen Dečani und Peć.[44] Das hier ist nur ein Ausschnitt davon. Es wurden Namen und Daten und andere Informationen veröffentlicht, aber es wurde ignoriert. Und jetzt ist derselbe Quflaj mit tausenden anderen ehemaligen UÇK-Terroristen Mitglied des Kosovo-Schutzkorps

---

[43] Vgl. *Novosti*, 3. November 2003.

[44] Ramush Haradinaj, Ministerpräsident des Kosovo, wurde vom ICTY zwar angeklagt, erhielt aber die Erlaubnis, in Freiheit auf den Beginn seines Prozesses zu warten. Die englische Simultanübersetzung lässt seinen Namen an dieser Stelle unerwähnt.

und besitzt darin den Rang eines Korporals. Und diese Leute sind von der internationalen Gemeinschaft beauftragt worden, die Ordnung im Kosovo aufrecht zu erhalten, wo die Serben in ständiger Angst vor ihrer Vernichtung leben.

Kosovo und Metochien ist ein Beispiel, mit dem die USA und der Westen bewiesen haben, dass sie mit zweierlei Maß messen, wenn es um Terroristen geht. Ich weiß, dass ich keine Zeit habe, aber sehen Sie sich das bitte an. Am 26. August 2004 schreibt die *Washington Post* über einen Australier, der wegen Kriegsverbrechen vor Gericht steht. Er wurde in Afghanistan festgenommen, und in dem Artikel der *Washington Post* heißt es: „Es ist unklar, wie Hicks von einem Känguru-Häuter zu einem mutmaßlichen Al-Qaida-Kämpfer wurde, aber die Ankläger sagen, dass er zum Islam konvertierte, Mitglied der Kosovo-Befreiungsarmee wurde, in einem Al-Qaida-Camp ausgebildet wurde und mit der Terrororganisation die Waffen gegen die US-Streitkräfte in Afghanistan erhob."[45] Es ergibt sich die Frage, um diese ungleichen Maßstäbe zu illustrieren, ob er nur ein Taliban- und Al-Qaida-Verbrecher war, als er gegen die Amerikaner in Afghanistan kämpfte, oder ob er auch ein Verbrecher war, als er als UÇK-Mitglied gegen die Serben kämpfte. Jeden Tag kommt eine Information dieser Art ans Licht; diese hier ist erst ein paar Tage alt.

Zur gleichen Zeit, als amerikanische Flugzeuge Al-Qaida-Terroristen in Ketten nach Guantánamo transportierten, wurde vom damaligen Marionettenregime in Belgrad verlangt, alle albanischen Terroristen bedingungslos aus den Gefängnissen zu entlassen, weil es angeblich politische Häftlinge gewesen seien. Tatsächlich waren es Mörder, die da freigelassen wurden.

Ich glaube, die Konsequenzen der Handlungen der Clinton-Regierung zur Unterstützung des Terrorismus liegen auf der Hand, sowohl in den USA als auch anderswo. Und jetzt sind sie zur größten Bedrohung der heutigen Menschheit geworden. Während seiner ganzen Amtszeit wandte die Clinton-Regierung zweierlei Maßstäbe in ihrer Politik an, die sich jetzt ganz brutal gegen Ame-

[45] Übersetzt nach „Australian Pleads Not Guilty to War Crimes", in: *Washington Post*, 26. August 2004.

rikaner selbst wenden, wie man an den Ereignissen des 11. September sehen kann.

Die Vorbereitung des Angriffskrieges gegen Jugoslawien

Seit der Aggression des NATO-Paktes gegen Jugoslawien sind fünf Jahre vergangen. Das ist in der Geschichte kein langer Zeitraum, aber lang genug, um eine Bilanz über die Konsequenzen dieser abscheulichen Tat für das Leben und die Gesundheit, die materielle Existenz und das kulturelle Eigentum der Bevölkerung des angegriffenen Landes zu ziehen.

Es ist eine bekannte Tatsache, und sie wird hier durch Dokumente und zuverlässige Zeugen bewiesen werden, dass die Aggression von langer Hand geplant war. Sie wurde von denjenigen angezettelt und organisiert, die ihre wahren Motive mit Hilfe des Propagandatricks von einer angeblichen humanitären Katastrophe verbargen. Die herrschenden Kräfte im NATO-Pakt erklärten die UÇK-Terroristen zu friedlichen Zivilisten und sie beschuldigten die militärischen und polizeilichen Kräfte der Bundesrepublik Jugoslawien angeblicher Kriegsverbrechen gegen die Zivilbevölkerung, obwohl sie in Wahrheit einen legitimen Kampf gegen Terroristen führte. Man muss sich die Frage stellen, warum, wenn das der Fall war, tausend Soldaten und Polizisten gestorben sind. Wurden sie von diesen friedlichen, unbewaffneten Zivilisten getötet? Warum sind so viele Bürger umgekommen? Soll das auch durch friedliche, unbewaffnete Zivilisten geschehen sein?

Clark, der damalige Oberbefehlshaber in Europa, den ich hier weder über den Krieg, noch über das Buch, in dem er selbst diesen Vorwürfen ziemlich offensichtlich widerspricht, ins Kreuzverhör nehmen durfte, sagt in diesem Buch, dass die NATO Truppen nach Mazedonien verlegte, angeblich „für den Rückzug der Beobachter-Mission“, obwohl jeder wusste, dass die Beobachter nicht in Gefahr waren und die jugoslawischen Behörden um die Sicherheit jedes einzelnen bemüht waren und sie an die Grenze eskortierten, wenn sie das Land verlassen wollten. Wie General Naumann hier ausgesagt hat, zogen sie ab, als der Krieg und die Aggression gegen Jugoslawien kurz bevor stand. Die Mitglieder der Mission wurden zum Abzug aufgerufen, um die Bombardierung zu ermöglichen.

Auf Seite 168 seines Buches sagt er, dass die jugoslawische Armee trotz der Drohung des Bombardements ihre Truppen an der Grenze verstärkte, als sie die Truppen der Allianz an der Grenze sah. Daraufhin rief Clark General Ojdanić an und fragte ihn: „Warum schicken Sie neue Truppen ins Kosovo?“ Und Ojdanić antwortete, dass dies eine Reaktion auf die neuen NATO-Truppen in Mazedonien sei. Und dann sagt Clark: „Aus serbischer Sicht ergab die Aufstellung seiner Truppen Sinn. Doch es diente auch als ein Vorwand, um Truppen gegen die Albaner zusammenzuziehen.“ Das heißt, wenn eine direkte Bedrohung zur Verstärkung unserer Truppe führt, macht Clark aus dieser Konsequenz eine Ursache für eine neue Eskalation.

Er berichtete Madeleine Albright – das findet sich auf Seite 172 seines Buches - von fortwährenden Truppenverstärkungen auf serbischer Seite. Doch vorher hat er gesagt, dass es aus serbischer Sicht sinnvoll sei, und dann macht er aus einer Konsequenz eine Ursache. Er sagt das in seinem Bericht vom 6. März 1999, 18 Tage vor der Bombardierung. Bevor es einen einzigen Flüchtling gab, beschreibt er das Szenario, zu dem die Luftangriffe führen würden. Das steht auf Seite 173:

„Albright: Werden die Serben die Bevölkerung angreifen, wenn wir mit den Luftschlägen beginnen?

Clark: Sie werden die Bevölkerung mit ziemlicher Sicherheit angreifen. Das drohen sie ja an. Wenn wir mit den Luftschlägen beginnen, greifen sie an.“

Und er spricht über diesen Angriff nicht in der Vergangenheit, sondern als von etwas, womit als Konsequenz der Luftschläge gerechnet werden muss. Werden die Serben angreifen, wenn die Luftschläge beginnen? Und Clark sagt: mit ziemlicher Sicherheit.

„Albright: Was sollen wir machen? Wie können wir ihren Angriff auf die Bevölkerung verhindern?

Clark: Wir können ihn nicht verhindern, trotz unserer besten Bemühungen werden die Serben die Zivilbevölkerung angreifen. Es wird ein Wettrennen zwischen unseren Luftschlägen und dem Schaden, den wir ihnen zufügen können, einerseits, und dem, was sie auf dem Boden ausrichten können, andererseits werden. Kurzfristig können sie das Rennen gewinnen.

Albright: Was sollen wir also tun?

Clark: Wir müssen unsere Kräfte verstärken, letztendlich können wir mehr gegen sie aufbieten. Wir können ihnen in jeder Hinsicht überlegen sein, aber es wird nicht angenehm werden.“[46]

So heißt es in dem Buch. Die UÇK erwähnt er natürlich nicht. Wie man deutlich sieht, nennt er den Kampf gegen die UÇK einen Kampf gegen die Zivilbevölkerung, aber zweifellos musste die im voraus geplante schwere lang anhaltende Bombardierung ganz Jugoslawiens auf irgendeine Weise provoziert werden. Das heißt, der damalige Oberkommandierende der NATO in Europa widerlegt selbst die Hauptanschuldigung, dass die Serben für die Verfolgung der Kosovo-Albaner verantwortlich seien, denn er sagt, es werde zu Übergriffen kommen, „wenn wir mit dem Angriff beginnen“.

Er beweist auch, dass in Rambouillet keineswegs erfolglose Verhandlungen stattfanden, sondern dass es ein planmäßiger Vorgang mit dem Ziel war, ein Ultimatum hervorzubringen, das es ermöglichte, vom Frieden in den Kriegszustand einzutreten. Das weist darauf hin, dass die skrupellose Bombardierung von Städten, Dörfern, der Infrastruktur und die enormen menschlichen Verluste kein Versehen sind, sondern ein berechnetes Spiel: aus sicherer Distanz Öl ins Feuer zu gießen und alles so schnell wie möglich niederzubrennen, was sich niederbrennen lässt, um dann den Feuerwehrmann verantwortlich zu machen, der bei jedem Brand die Pflicht hat, Menschenleben zu schützen und Plünderungen zu verhindern.

Clark bekennt, dass er die Luftoperationen gegen Jugoslawien geplant hat, und für eine solche Entwicklung der Kosovo-Krise eintrat, durch die sich die NATO ins Spiel bringen ließ. Ich hoffe, dass Sie Clark vorladen werden, um hier auszusagen, und dann werden wir sehen, ob Sie überhaupt daran denken werden, Wesley Clark wegen der Verbrechen anzuklagen, die er im ehemaligen Jugoslawien begangen hat, worüber Sie ja behaupten Recht spre-

[46] Übersetzt nach Wesley Clark: „Waging Modern War“, New York 2001.

chen zu können. Oder ob Sie auch das nicht tun werden. Dann werden wir zuverlässiges Material dafür sehen, dass der NATO-Pakt – d. h., ich will nicht NATO-Pakt, sondern Clinton-Regierung sagen, weil Clark einer von Clintons engsten Vertrauten war – dass die Clinton-Regierung falsche Gründe für Ihre Aggression gegen die Bundesrepublik Jugoslawien genannt hat.

Der kanadische General Lewis MacKenzie, einer der ehemaligen UNPROFOR-Kommandeure in Bosnien, sagt in seinem Artikel vom 6. April 2004 in der kanadischen Tageszeitung *National Post*: „Die NATO traf die Entscheidung zu der Aktion, obwohl sich kein Mitglied des Bündnisses in Gefahr befand. Es wurde entschieden, nicht nur Kosovo, sondern auch die Infrastruktur und die Zivilbevölkerung Serbiens zu bombardieren, und das ohne eine UN-Resolution. ... Wir, die davor warnten, dass der Westen sich auf die Seite der Extremisten, der militanten kosovo-albanischen Separatistenbewegung hat ziehen lassen, wurden als Appeaser abgetan. Es wurde geflissentlich übersehen, dass die führende Organisation an der Spitze des Kampfes für die Unabhängigkeit Kosovos, die Kosovo-Befreiungs-Armee, allgemein zur Terrororganisation erklärt worden ist, die bekannter weise Unterstützung von Osama bin Ladens Al-Qaida erhielt.“ Darüber werden wir Dokumente vorlegen. Und im Gegensatz dazu, woran die illegitimen Ankläger in ihrer haltlosen Anklageschrift festhalten, fährt MacKenzie fort: „Alle Informationen, die als Deckmantel dienten, um die Bombardierung Serbiens zu rechtfertigen, erwiesen sich als schwere Fälschungen.“

General Lewis MacKenzie ist kein pro-serbischer Kanadier, sondern einfach ein gewissenhafter Soldat. In Bezug auf das Vorhaben, alle Nicht-Albaner aus dem Kosovo zu vertreiben und das Kosovo mit dem albanischen Mutterland zu verbinden, um das Ziel Groß-Albanien zu verwirklichen, sagt MacKenzie: „Diese Kampagne begann mit einem Angriff auf die serbischen Sicherheitskräfte Anfang der 90er Jahre. Die Albaner konnten Milošević́s scharfe Reaktion auf diese Angriffe dazu benutzen, weltweite Sympathie für ihre Ziele zu erlangen. Im Gegensatz zu westlichen Behauptungen gab es keinen Völkermord. Von den angeblichen Hunderttausend in Massengräbern Begrabenen wurden 2000 gefunden. Und dabei handelte es sich um Angehörige aller ethnischen Gruppen, einschließlich derjenigen Opfer, die offensichtlich in Gefechtshandlungen getötet worden waren.“ Lassen Sie uns gar nicht erst davon sprechen, wie viele dieser Opfer von der UÇK getötet wurden. Sie haben diesen Limaj in Ihrem Gefängnis, dem der Mord an neun Serben und 13 Albanern zur Last gelegt wird, d. h. an mehr Albanern als Serben. Er hatte eben nur neun Serben in seinem Gefängnis und viel mehr Albaner. So tötete er alle neun Serben und suchte sich unter den Albanern diese 13 aus, um sie zu töten. Wir haben Zeugen, die Ihnen und der internationalen Öffentlichkeit hier erzählen werden, wie viele Albaner auf welche Weise von der UÇK getötet wurden, was man alles den Serben zugeschrieben hat.

Und zuletzt sind diese Zahlenspiele, die Ihre angeblichen Experten mit statistischen Berechnungen über die möglichen Opferzahlen anstellen, in einem Verfahren, das sich als Strafprozess ausgibt, sinnlos.

MacKenzie fährt fort: „Die Kosovo-Albaner spielten mit uns wie ein Virtuose auf einer Geige. Wir halfen ihnen und unterstützten sie indirekt in ihrem gewaltsamen Feldzug für ein ethnisch reines und unabhängiges Kosovo. Wir haben sie nie für ihre Gewalt in den 90er Jahren verantwortlich gemacht. Wir stellen sie immer noch als die Opfer dar, obwohl die Tatsachen das Gegenteil besagen. Man bedenke, welch ermutigende Botschaft es für andere nach Unabhängigkeit strebende Terrorbewegungen wäre, wenn die Albaner mit Hilfe unserer Steuergelder und den Geldern von bin Ladens Al-Qaida die Unabhängigkeit des Kosovo erreichen.“ Viele andere Gelder, die sie erhalten, erwähnt er nicht, aber wir werden noch die Gelegenheit haben, auch über diese zu sprechen.

Die Terrorherrschaft im Kosovo

Er fährt fort: „Infolge der NATO-Intervention von 1999 wurde das Kosovo das größte europäische Kriminalitätszentrum. Der Menschenhandel floriert. Die Provinz ist eine unverzichtbare Durchgangsstation für Drogen auf dem Weg nach Europa und Nordamerika geworden. Ironischerweise kommen die meisten

Drogen aus einem anderen, vom Westen befreiten Land: Afghanistan. Mitglieder der demobilisierten, aber nicht aufgelösten UÇK sind eng in die organisierte Kriminalität und in die Regierung verwickelt."[47]

Admiral Gregory Johnson, der Oberste NATO-Befehlshaber im Kosovo, d. h. der Oberste NATO-Befehlshaber in Südeuropa, erklärte anlässlich der Verbrechenswelle im März 2004, dass die darauf folgenden Konflikte eine im voraus von den Albanern organisierte Maßnahme zur ethnischen Säuberung waren.

Damjan de Krnjević-Mišković, ein Redakteur des US-Magazins *National Interest* und Mitarbeiter des Center for South-Eastern Studies hebt in einem Artikel, der im *Wall Street Journal* unter dem Titel „Kristallnacht im Kosovo" veröffentlicht wurde, hervor, dass die Serben jahrelang vor der wahren Natur der albanischen Separatisten-Bewegung gewarnt hätten, und dass der Westen behauptete, sie würden sich das ausdenken und übertreiben. Krnjević charakterisiert diese antiserbischen Umtriebe und die Lage der serbischen Bevölkerung in Kosovo und Metochien folgendermaßen: „Es folgte ein Mord auf den anderen, eine Entführung auf die andere, eine Brandstiftung auf die andere, und schließlich kam es zum Pogrom, das den Serben vor Augen führte, dass sie der Gnade von Barbaren ausgeliefert sind." Und dies im Zeichen der Vereinten Nationen. [...] In diesem Artikel „Kristallnacht im Kosovo" macht er auf die Tatsache aufmerksam, dass seit Juni 1999 3.000 Menschen entführt oder getötet wurden – das habe ich Ihnen schon gesagt – und dass „die UN-Mission die ganze Welt in den vergangen fünf Jahren fortwährend mit ihren angeblichen Erfolgen täuschte und tatsächlich die dort stattfindende Militarisierung ermöglichte."

Genau wie General MacKenzie stellt Derek Chapell, der Sprecher der NATO-Polizei, den Krnjević zitiert, fest: „Es war im voraus geplant." Und davon ausgehend kommt er zu dem Schluss: „Das einzige, was fehlte war ein Vorwand. Jetzt ist klar, dass bestimmte Kosovo-Politiker glaubten, sie könnten die internationale Gemeinschaft mit der Vertreibung der Serben, (die sie seit der

---

[47] Übersetzt nach Lewis MacKenzie: „We bombed the wrong side?" in: *National Post* vom 6. April 2004.

,Befreiung' 1999 schon mit zwei Dritteln der Serben erreicht haben), ... vor vollendete Tatsachen stellen. Aber ethnische Reinheit kann nicht als Grundlage für ... staatliche Unabhängigkeit akzeptiert werden."[48]

Kurz vor der Eskalation des albanischen Terrors im Kosovo im März des Jahres 2004 brachte die Tageszeitung *Florida Times – Union* die Forderung zum Ausdruck, dass Kosovo an Serbien zurückgegeben wird, denn „es ist höchste Zeit, dass das Kosovo seinen wahren Besitzern zurückgegeben wird."

Reporter der russischen Nachrichtenagentur Novosti informierten ihre Leser in einem Artikel mit der Überschrift „Die Vandalen des 21. Jahrhunderts" darüber, welches Ausmaß die Umtriebe der albanischen Extremisten annehmen. Novosti berichtet, dass die aggressive Fraktion der albanischen Bevölkerung christliche Heiligtümer zerstört, „weil diese christlichen Heiligtümer unmittelbare Zeugnisse davon sind, dass es im Kosovo von alters her serbisches Leben gab, und die Geschichte authentisch wiedergeben, die nicht geleugnet oder aus dem kollektiven Gedächtnis gelöscht werden kann." Das Verhalten der Protektoratsmacht zum Wüten der Führung Kosovos und Metochiens charakterisieren sie folgendermaßen: „Jedes mal, wenn neue Verbrechen gegen Serben begangen werden, bringen die Führer des Protektorats ihr Beileid zum Ausdruck – das Beileid von Komplizen." Das sind also diejenigen, die dort an der Macht und in der „Vorgesetztenverantwortlichkeit"[49] sind, und diese Eigenschaften mit dem größtmöglichen Effekt ausnutzen. Und dabei haben sie eine viermal größere Zahl von Polizisten als wir in der Zeit, als es noch möglich war, die öffentliche Ordnung und den Frieden aufrecht zu erhalten und die Bewohner des ganzen Kosovo zu schützen.

Die russische Historikerin Natalja Narotschnizkaja, die auch Vize-Präsidentin des Ausschusses für Internationale Beziehungen

---

[48] Übersetzt nach Damjan de Krnjević-Mišković: „Kristallnacht in Kosovo" in: *National Review* vom 19. März 2004.

[49] Engl. *Command Responsibility* - Juristische Zurechnungstheorie, die einem Befehlshaber Verantwortung für die Handlungen seiner Untergebenen zuweist. Am ICTY allerdings missbraucht, um (v. a. serbischen) Führungspersonen eine Mitschuld an jedem im Krieg geschehenen Verbrechen zu geben.

der Russischen Duma ist, schreibt in einem Artikel mit der Überschrift „Kosovo, das riesige Furunkel am Körper Europas“, der in der serbischen Zeitung *Ogledalo* am 14. Juli 2004 veröffentlicht wurde: „Dies sind die bitteren Früchte der westlichen Serbophobie.“ Sie sagt, dass keine Rede davon ist, „dass praktisch kein einziges Verbrechen, das der serbischen Polizei und Armee zugeschrieben wurde, bewiesen worden ist“ und dass das Haager Tribunal „das eingerichtet wurde, um die Aggression gegen die souveräne Bundesrepublik Jugoslawien zu rechtfertigen, ein totales Fiasko geworden sei.“

Die angesehene *Financial Times* antwortet auf die ausweglos scheinende Frage, ob das Kosovo jemals sicher sein wird, dass dies zuerst davon abhänge, „ob der Westen seine Kosovo-Politik von Grund auf überdenkt und revidiert. Die Nachrichten aus Kosovo und Metochien weisen darauf hin, dass die KFOR-Mitglieder die Ausschreitungen der albanischen Terroristen nicht nur zulassen, sondern auch mit Wohlwollen betrachten.“ Sie berichtet, dass ein KFOR-Soldat einen Serben mit den Worten: „Heute muss alles brennen, was den Serben gehört“ daran hinderte, das Feuer in seinem eigenen Haus zu löschen. Deutsche KFOR-Mitglieder sahen seelenruhig zu, wie Terroristen vier Kirchen abbrannten, das Kloster der Heiligen Erzengel sowie das Denkmal Kaiser Dušans zerstörten. Und nicht zum ersten Mal brandschatzten sie ein serbisches Kloster, zündeten eine dreißigjährige behinderte Serbin an, setzten die Statue der Heiligen Mutter Ljeviska in der nach ihr benannten Kirche mit einem Fresko des Philosophen Plato in Brand. Ein deutscher KFOR-Offizier kommentierte das Abbrennen und die Zerstörung mittelalterlicher Kirchen von unermesslicher kultureller und historischer Bedeutung kalt und zynisch mit den Worten: „Diese Kirchen waren sowieso alt.“

Der Vernichtungskrieg der NATO

Ich werde die Propagandabetätigungen und -parolen verschiedener westlicher Personen übergehen. Ich erwähne nur Kinkel, der am 27. Mai 1992 sagte: „Serbien muss in die Knie gezwungen werden."[50] Kohl 1993: „Die Serben in ihrem eigenen Gestank ertrinken lassen", Blair sagte 1999, dass der Krieg gegen Serbien kein militärischer Konflikt mehr sei, sondern eine Schlacht zwischen Gut und Böse, zwischen Zivilisation und Barbarei.[51] Und Clinton am 25. April 1999: „Die Serben übten Terror aus und vergewaltigten albanische Kinder."

Durch diese politische und psychologische – oder besser: psychopathologische – Situation waren also die Umstände gegeben, unter denen die NATO-Aggression gegen Jugoslawien durchgeführt wurde.

Die Bombardierung ist hier schon dokumentiert worden. Ich habe schon eine große Zahl von Fotos davon gezeigt, aber es ist ebenfalls in der umfangreichen Dokumentensammlung enthalten, die ich parallel zu meiner Eröffnungserklärung als Beweismittel bereitstellen werde.

Anscheinend war es nicht genug damit, dass so viele serbische Einrichtungen zerstört und so viele jugoslawische Staatsbürger getötet und verwundet wurden. Also beschloss man auch noch die chinesische Botschaft und tötete ein paar Chinesen. Man verwendete Munition mit abgereichertem Uran, das den Boden für viele tausend Jahre verseucht hat. Man kann mit Sicherheit sagen, dass diese Umweltverschmutzung nicht nur auf dem Gebiet Jugoslawiens, sondern auch auf einer weiteren Fläche Osteuropas auftrat. Die Munition mit abgereichertem Uran wurde zumeist im Kosovo verwendet, wo viele Flüsse entspringen, die durch Europa fließen. Es ist also offensichtlich, dass man beabsichtigte, die Flüsse zu verseuchen, die nach Serbien fließen, die Große Morava, die Save und die Donau. Die NATO hat absichtlich eine ökologische Ka-

---

[50] Zitiert nach *Die Zeit*, 10. Juli 1992.

[51] Vgl. *Guardian Unlimited*, 11. Juni 1999.

tastrophe herbeigeführt, indem große Flüsse und viele Mineralquellen und Heilgewässer verseucht wurden, und Serbien ist wohlgemerkt eines der an solchen Gewässern reichsten Gebiete in Europa.

Man dachte, dass Jugoslawien eine Zukunft in der Herstellung von Lebensmitteln für Westeuropa und Amerika haben würde, weil es vor der NATO-Aggression unbelasteten Boden und sauberes Wasser hatte. Es gab in Jugoslawien eine langfristige landwirtschaftliche Planung bis zum Jahr 2020, in der gefragte organisch angebaute Nahrungsmittel einen besonderen Platz einnahmen. Mit der 78-tägigen Bombardierung, bei der viele verbotene Chemikalien in den Boden gelangten, wurde die Produktion dieser gesunden Nahrungsmittel langfristig verhindert.

Wie die Experten des Bezirksgerichts Belgrad in der Anklage gegen die NATO-Führer fanden, wurden die Splitterbomben, die von der NATO abgeworfen worden waren, über große Flächen verteilt, weshalb es nicht möglich ist, sie nur auf militärische Ziele zu richten, - obgleich es auch schon ein Verbrechen wäre, sie gegen militärische Ziele zu verwenden, aber sie trafen auch zivile Ziele in einem weit größeren Gebiet.

[...][52]

Während der NATO-Aggression kam es nicht zum direkten Einsatz von Giften, aber die Konsequenzen waren mit einer chemischen Kriegsführung vergleichbar, da sie auf andere Weise die gleiche Wirkung verursachten. Zum Beispiel: Durch die Bombardierung von Fabriken und Lagerhallen, die Chemikalien lagerten, Ölraffinerien, Chemiefabriken in Pančevo, Novi Sad, Lučani und Barič. Es wurde also auch mit chemischen Mitteln Krieg gegen Serbien geführt.

Die herrschenden Mächte wollen die Souveränität von Serbien über Kosovo und Metochien nicht anerkennen, obwohl sie durch die Bedingungen des Waffenstillstandes garantiert und in der Resolution 1244, die überhaupt nicht respektiert wird, festgeschrie-

[52] Hier endet Miloševićs Vortrag am Dienstag, 30. August 2004, der am Mittwoch, dem 1. September, fortgesetzt wurde.

ben ist. Sie verfolgen das Interesse, das Territorium von Kosovo und Metochien für ihre geostrategischen und politischen Ziele zu nutzen, sowie die Bodenschätze, Wasser- und andere Ressourcen auszubeuten. Ich erinnere daran, dass es im Kosovo mit nahezu 14 Milliarden Tonnen die größten Braunkohlevorkommen in Europa gibt. 48% der serbischen Gesamtvorkommen an Zink und Blei von unermesslichem Wert findet man im Kosovo. Weiterhin gibt es in Kosovo und Metochien Kobalt- und Nickelvorkommen, die ebenfalls sehr wertvoll sind. Und die Elektrizitätswerke im Kosovo sind äußerst wichtig für den Energiehaushalt in Serbien.

All dies zeigt die niederen Beweggründe der selbsternannten Kämpfer für die Rechte der Kosovo-Albaner im Westen. Es liegt zwar auf der Hand, dass die Ursache der ganzen Krise in Kosovo und Metochien, die seit der türkischen Besetzung und der Vertreibung der serbischen und nichtalbanischen Bevölkerung besteht, der Wunsch der albanischen Nationalisten nach einem Großalbanien ist, ein Vorhaben, das sie nicht verheimlichen und für welches ihnen alle Mittel legitim erscheinen. Trotzdem besitzt die so genannte Anklage die Unverschämtheit, in der Anklageschrift gegen mich und die Serben zu behaupten, dass wir mitten im serbischen Staat, in einer Region, die das Herz des mittelalterlichen Serbiens bildete, ein Groß-Serbien errichten wollten. Wie kann man denn ein Serbien, ob klein oder groß, mitten in Serbien selbst errichten? Die so genannte Anklage kann es weder erklären geschweige denn nachweisen.

Dies wurde im ersten Teil dieser Veranstaltung, die Sie einen Prozess nennen, bestens durch die Natur und die Inhalte dieser falschen Anklage, die schlichtweg das Erscheinungsbild und den Charakter einer Farce annimmt, demonstriert. Wenn diese Farce auch dem Inhalt und Niveau nach billig ist, so werden doch erhebliche Finanzmittel für sie zur Verfügung gestellt, z.B. von Saudi-Arabien, George Soros, den USA und anderen angeblich unparteiischen Geldgebern.

Lassen sie mich noch erwähnen, dass wir über Holbrooke 1998, als er uns in Belgrad besuchte, die US-Regierung darauf hinwiesen, dass wir Informationen darüber haben, dass sich Osama bin Laden in Nordalbanien aufhielt und die UÇK unterstützte, dass er die Mitglieder der Terrororganisation bewaffnete, ausbildete und vorbereitete. Trotzdem haben die Amerikaner sich entschieden, mit der UÇK und damit indirekt mit bin Laden zusammenzuarbeiten, obwohl er zuvor die Botschaften in Kenia und Tansania hatte bombardieren lassen und obwohl er ihnen bereits den Krieg erklärt hatte.

Ich bin überzeugt, dass diese Verbindung früher oder später ans Tageslicht kommen und die Zeit kommen wird, in der Clinton, Albright und andere für ihre Taten verantwortlich gemacht werden, wenn schon nicht für das, was sie dem serbischen Volk, so wenigstens für das, was sie ihrem eigenen Volk angetan haben.

Ich werde ein Zitat vorlesen, bevor ich mich wieder anderen Themen zuwende.

„Luftangriffe unerhört in ihrer Massierung, Handstreiche, Terror, Sabotageakte, Attentate von innen, die Ermordung der führenden Männer, überwältigende Angriffe auf alle schwachen Punkte der feindlichen Verteidigung, schlagartig, zur gleichen Sekunde, ohne Rücksicht auf Reserven, auf Verluste: das ist der zukünftige Krieg.“[53]

Ich vermute, das erinnert Sie daran, was die Streitkräfte der NATO in Jugoslawien 1999 angerichtet haben, und an die Aggression, mit der die Gegenseite die Pflicht hätte, sich zu befassen, sich aber weigert, das zu tun. Das hat nicht Clinton oder Clark gesagt, sondern Hitler, aber es beschreibt vollständig, was sie getan haben. Das Buch „Gespräche mit Hitler“ von Hermann Rauschning wurde 1940 in New York herausgegeben. Und weiter steht darin:

„Kein so genanntes Völkerrecht, keine Abmachung wird mich davon abhalten, einen Vorteil zu nutzen, der sich mir bietet.“[54] Und dann führt er seine Pläne aus, wie er Frankreich versklaven, in Frankreich als Befreier einrücken will und wie er die Mittelklasse davon überzeugen will, dass er gekommen ist, um Recht, Gesetz und eine soziale Ordnung zu bringen.

---

[53] Zitiert nach Hermann Rauschning, „Gespräche mit Hitler“, Zürich-Wien-New York 1940.

[54] Ebda.

Der kroatische Separatismus

Was den Krieg in Slowenien und Kroatien angeht, will ich damit beginnen, nur kurz etwas aus Warren Zimmermanns - er war der letzte US-Botschafter in der BR Jugoslawien - Buch zu erwähnen. Auf Seite 173 gibt er folgenden Kommentar zu der Position der JNA und dem so genannten heroischen Kampf in Slowenien und Kroatien gegen die noch bestehende gemeinsame rechtmäßige jugoslawische Armee. Ich zitiere:

„Die JNA befand sich in ihrem eigenen Land. Ihre Truppen hatten logischerweise Stützpunkte in allen jugoslawischen Republiken. Nachdem Slowenien und Kroatien ihre Unabhängigkeit erklärt hatten, wurden die Truppen jedoch als Besatzer angesehen, selbst wenn sie ihre Standorte nicht verließen. Die wenig heldenhafte slowenische (und später kroatische) Taktik bestand darin, keinen offenen Kampf mit der JNA zu führen, sondern die JNA-Kasernen zu belagern und so zu versuchen, die Soldaten auszuhungern. Dieser ungewöhnliche Aspekt in der Rolle der JNA – gestern noch ein Beschützer gewesen zu sein, heute ein Besatzer – hatte eine zermürbende psychologische Wirkung auf einfache Leute, die sich zwischen den Fronten befanden.“[55]

Weiter erinnert Zimmermann an die damaligen Verhältnisse. Er schlussfolgert in seinem Buch, dass es falsch war, von einem Angriff der JNA auf Slowenien und später auf Kroatien zu sprechen. Warren Zimmermann, einer der größten Gegner der Serben, weist auf die wohlbekannte Tatsache hin, denn er war damals vor Ort, dass es keinen Angriff der JNA auf Slowenien und Kroatien-gab, während Sie hier die Aufgabe erhalten haben, zu zeigen, dass die jugoslawische Armee eine Aggression gegen ihr eigenes Land verübte.

Innerhalb Jugoslawiens verschwanden die kroatischen separatistischen Tendenzen auch nach dem Untergang und Verschwinden der Marionettenregierung des Unabhängigen Staates Kroatien

[55] Übersetzt nach Warren Zimmermann, „Origins of a Catastrophe“, New York 1999, S. 143.

nach dem Zweiten Weltkrieg nie vollständig. Diese Tendenzen traten bereits wieder in den frühen Siebzigern öffentlich in Erscheinung in Form der so genannten kroatischen Massenbewegung[56] durch einen Teil der kroatischen Regierung, als die ersten Anstrengungen für eine Sezession Kroatiens unternommen wurden. Man übte großen Druck auf die serbische Bevölkerung aus und bedrohte sie. Im Vorkriegsjugoslawien waren viele entscheidenden Posten in führenden Staatsämtern von Kroaten besetzt und in der absoluten Zahl dominierten sie sogar. Trotzdem wurde in Kroatien und anderen Landesteilen permanent die These von der so genannten serbischen Hegemonie verbreitet. Wie diese serbische Dominanz bzw. Hegemonie aussah, wollen wir uns anschauen.

Es war seit dem Zweiten Weltkrieg und während der ganzen Existenz Jugoslawiens bekannt, dass Tito, ein Kroate, bis zu seinem Tode 1980, der unbestrittene Führer war. Während der Existenz des sozialistischen Jugoslawiens von 1945 bis 1992, d.h. in 47 Jahren, stellten insgesamt 30 Jahre lang Kroaten den jugoslawischen Regierungschef, und die verbleibenden 17 Jahre andere Volksgruppen. Nur einmal war es ein Serbe, und zwar zwischen 1963 und 1967, Petar Stambolić. Wenn wir dies alles rekapitulieren, wie können wir dann von einer serbischen Dominanz in der politischen Führung des Landes sprechen? Für die Armee hat Ihr eigener Zeuge die Zusammensetzung der höchsten Führungsebene während des Zerfalls von Jugoslawien beschrieben. Es gab einen Jugoslawen und das war der Verteidigungsminister Veljko Kadijević aus Kroatien. Er entstammte einer Mischehe zwischen einem Serben und einer Kroatin. Dann gab es noch zwei Serben, einer aus Serbien, der andere aus Bosnien, acht Kroaten, zwei Slowenen, zwei Mazedonier und einen Moslem.

Wir sollten noch ergänzen, dass Titos engster Verbündeter und der führende Kopf in der Entwicklung des jugoslawischen Verfassungssystems ein Slowene war, Edvard Kardelj. Damit wird klar, dass die Geschichte von irgendeiner serbischen Dominanz eine glatte Lüge ist, genau wie die Behauptung, dass die Slowenen und

---

[56] *Maspok* (*Masovni Pokret*, dt. Massenbewegung), scheiterte 1970 mit der Forderung nach einem unabhängigen kroatischen Staat („kroatischer Frühling").

Kroaten Grund hätten, sich über eine ungleiche und unzureichende Repräsentation zu beklagen. Die Geschichte der serbischen Hegemonie war nur ein Propagandawerkzeug, das nicht der Wahrheit entsprach und das zur Rechtfertigung sezessionistischer Ambitionen verwandt wurde.

Im Nachkriegsjugoslawien wurde der Völkermord der Ustaša-Bewegung an den Serben kaum thematisiert. Die überlebenden Serben auf dem Gebiet des Unabhängigen Staates Kroatien, insbesondere die Bewohner der Krajina, welche der sehr bekannte serbische Dichter Matija Bećković als die Überlebenden eines hingeschlachteten Volkes bezeichnete, erklärten sich stillschweigend bereit, nicht über die Leiden ihrer Verwandten zu sprechen und ebenso auf eine angemessenes Bestattung zu verzichten. Die Massengräber in Jadovno, Prebilovci, Golubnjača wurden mit Beton zugegossen und dem Vergessen anheim gegeben, während hier die Geschichte verbreitet wurde, dass die Serben ihre Toten später bestattet hätten, obwohl diese Menschen nie ein angemessenes Begräbnis erhielten.

Behalten wir diesen schrecklichen Massenmord aus der jüngsten Vergangenheit in Erinnerung um uns vorzustellen, wie sich die Serben in Jugoslawien fühlten, als Tuđman auf einer Demonstration der HDZ, deren Vorsitzender er war, im Februar 1990 in Zagreb unter anderem sagte, dass die Gründung des Unabhängigen Staates Kroatien nicht nur ein von Quislingen ausgeführtes faschistisches Verbrechen gewesen sei, sondern auch Ausdruck der historischen Ansprüche des kroatischen Volkes. Welche Reaktion war für sie natürlicher, als ihre Stimme zu erheben, bevor das so genannte „kroatische Volk", das ja nicht alle Kroaten umfasste, sondern nur die vom Ausland unterstützten Extremisten, von neuem daran ging, diese so genannten historischen Ansprüche zu verwirklichen. All diese Informationen stehen Ihnen zur Verfügung, aber Sie wollen sie nicht zur Kenntnis nehmen.

Diese illegale Anklage hat es nicht für nötig gehalten, im Paragraphen 94, wo sie von der HDZ spricht, diese noch irgendwie zu charakterisieren, obwohl diese Partei die Praktiken und Symbole der Ustaša-Zeit wieder aufleben ließ. Gleichzeitig wurde im Paragraphen 95 derselben falschen Anklage die pro-jugoslawische

Serbisch-Demokratische Partei als nationalistische Partei bezeichnet.[57] Hier haben sie sich eine Manipulation erlaubt, da sie alles über die chauvinistischen Aktivitäten der HDZ wussten, aber sie wollen nicht, dass davon gesprochen wird. Über die HDZ musste geschwiegen werden, und die SDS musste schlecht gemacht werden. Sie verschweigen, dass die Handlungen der serbischen Bevölkerung nur ihrer Verteidigung dienten.

Warren Zimmermann sagt in seinem Buch „Origins of a Catastrophe", dass es in Kroatien unter Tuđman „schwere Verletzungen der Rechte der Serben" gab. „Sie wurden von ihren Arbeitsstellen entlassen und wurden aufgefordert, Loyalitätserklärungen zu unterschreiben." Der Gipfel der Ironie ist, dass man mir hier vorwirft, [von den Kosovo-Albanern] eine Art Loyalitätserklärungen gefordert zu haben. Aber man konnte nicht eine einzige Person finden, die eine Loyalitätserklärung für mich unterzeichnet hat. Das ist absurd.

Ihre Häuser und ihr Eigentum wurden angegriffen, Zimmermann fährt fort, indem er sagt, dass Tuđmans Minister abfällig über die Serben sprachen.

Auf Seite 215 seines Buches spricht er davon, dass Tuđman einer der Hauptbeteiligten „beim gewaltsamen Tod Jugoslawiens und in den Kriegen in Kroatien und Bosnien" war. „Seine Toleranz, ja Unterstützung rassistischer Positionen gegenüber den Serben in Kroatien ließen in seiner Republik undemokratische Verhältnisse und eine explosive Situation entstehen".[58]

Die antiserbische Haltung der neuen kroatischen Regierung hat eine Verbindung zur Norval-Gruppe. Norval ist ein Ort in Kanada, in dem sich Franziskanermönche und Ustaši niedergelassen haben. Diese Neo-Ustaša-Gruppen wurden von der kanadischen Regierung als extremistischer als die ursprüngliche Pro-Nazi-Ustaša-Organisation in der Zeit von Hitlers Unabhängigem Staat Kroatien eingeschätzt. Trotzdem berichtete die kroatische Presse darüber, aber wegen der Kürze der Zeit, kann ich es ihnen im Moment

[57] Übersetzt nach „Prosecutor against Slobodan Milošević, Second Amended Indictment", Den Haag, 28. Juli 2004.

[58] Zitiert nach Zimmermann, S. 184.

nicht präsentieren. Aber das Wesentliche ist im Folgenden enthalten:

Im Jahr 1987 und davor wurde ein Programm für einen zukünftigen Unabhängigen Staat Kroatien in Angriff genommen. Das kroatische Magazin *Globus* gab die folgenden Hauptpunkte als Informationen aus Kroatien wieder:

Erstens: Kroatien muss auf alle Fälle ein unabhängiger Staat werden. Zweitens: Man muss aus Kroatien einen möglichst ethnisch reinen und homogenen Staat machen. Mit anderen Worten: Die serbische Minderheit muss zahlenmäßig so weit reduziert werden, dass sie keinen störenden Einfluss mehr ausüben kann. Drittens: Das kämpfende Kroatien muss an eine Front geführt werden und der Hauptgegner sind die Serben. Um die Serben zu schlagen, müssen wir uns mit den Kommunisten und Partisanen verbinden, um als starke Union unseren Endsieg zu erreichen. Viertens: Was Bosnien-Herzegowina betrifft, muss eine Strategie ausgearbeitet werden, die es ermöglicht, dass das rein kroatische Westbosnien früher oder später an das kroatische Staatsgebiet angeschlossen wird.

Wie *Dnevnik* am 28. Oktober 2001 berichtet, hat Martin Spegelj, Tuđmans damaliger Verteidigungsminister, vor 30 Personen folgende Äußerung gemacht: „Wenn der Serbe sein Haus brennen sieht, weiß er nicht mehr, wohin er zurückkehren soll." Er hat im Folgenden erklärt, dass diese Ansichten von Gojko Šušak geäußert wurden. Aber der gleiche Martin Spegelj enthüllte am 29.0ktober 2001 in *Novi List*, dass Tuđman und Šušak im Wesentlichen ein Konzept eines reinen Nationalstaates nach dem Modell Kroatiens im zweiten Weltkrieg entwarfen. Die *New York Times* vom 8. Dezember 1993 sprach von 10.000 mit Dynamit gesprengten serbischen Häusern. Ich werde es aus Zeitgründen nicht zitieren.

Außer den Erpressungen, Belästigungen, körperlichen Angriffen und einer allgegenwärtigen Erniedrigung auf individueller und kollektiver Ebene, wurde das serbische Volk in Kroatien auch durch die Gesetzgebung diskriminiert.

Die bekannte Weihnachtsverfassung nahm den Serben alle Rechte, die sie bis dahin in allen kroatischen Verfassungen besessen hatten. In „The Balkan Odyssee" gibt Lord Owen auf Seite 61 an, dass „die serbisch besiedelten Gebiete in Norddalmatien, Lika, Banija, Slawonien und Baranja sich gegen ihre Einverleibung durch Kroatien wehrten, da sie früher gemeinsam die Militärgrenze zwischen dem Habsburger und dem Ottomanischen Reich bildete, die von Wien aus und nicht von Zagreb regiert wurde. Dieser Widerstand ließ sich nach 1945 noch stärker spüren, weil die Bevölkerung während des Zweiten Weltkriegs einem Völkermord durch die kroatischen Ustaši ausgesetzt gewesen war. Nur ein sehr kleiner Teil der Kommentatoren war sich 1995 bewusst oder erkannte, dass der Angriff der kroatischen Regierung auf die Krajina keine Zurückeroberung des Landes war, weil die Serben es seit dreihundert Jahren bewohnt hatten.“[59] So schreibt Lord Owen.

Bereits Mitte der neunziger Jahre gab es eine Serie von Aktionen, Angriffen und Morde auf die Reaktion der Serben, die Eingänge ihrer Siedlungen zu verbarrikadierten. Diese Gegenmaßnahme wurde als „Baumstamm-Revolution“ bezeichnet. Die kroatischen Regierungsstellen interpretierten diese Reaktion der Serben, die fürchteten, ohne jegliche Mittel der kollektiven Selbstverteidigung von neuem Ustaša-Terror und -Ideologie ausgesetzt zu sein, als einen Angriff auf den kroatischen Staat. Nun, ich weiß nicht, wie man mit Baumstämmen, die angesichts der zunehmenden Übergriffe aus Sicherheitsgründen die Hauseingänge versperrten, einen Angriff führen kann?

Spegelj, den ich schon vorhin zitierte, sagte: „Die Knin-Frage werden wir lösen, indem wir alle massakrieren. Hierfür haben wir das internationale Einverständnis.“ Es gibt eine Vielzahl von Beweisen, dass es sich hierbei nicht um leere Worte handelte, sondern wir haben es mit getöteten Menschen zu tun.

In seinem Buch „The Invasion of Serbian Krajina“ führt Gregory Elich folgendes an: „Tuđman sagte 1990: ‚Zum Glück ist meine Frau weder Serbin noch Jüdin‘ und schrieb, dass die Opferbilanzen des Holocaust ‚übertrieben‘ und ‚einseitig‘ wären.“[60]

Ich werde nur noch ein paar Zitate von Elich anführen: „Während der gewalttätigen Abspaltung von Jugoslawien wurden 1991

[59] Übersetzt nach David Owen: „Balkan Odyssee“, New York 1995.

[60] Übersetzt nach Gregory Elich: „The invasion of Serbian Krajina“; in: NATO in the Balkans, New York 1998.

mehr als 300.000 Serben aus Kroatien vertrieben, und aus zehn Städten und 183 Dörfern wurden die Serben restlos eliminiert."[61]

Und weiter: „Tomislav Merčep, bis vor kurzem Berater des Innenministers und Parlamentsabgeordneter, ist der Führer eines Killerkommandos. Merčeps Killerkommando ermordete 1991 und 1992 2.500 Serben in Westslawonien, worin man in Kroatien ‚Heldentaten' sieht."

Sie haben hier die Aussage von Miro Bajramović, einem Mitglied dieses Killerkommandos. Ich habe sie auf Band, aber ich habe keine Zeit, es Ihnen zu zeigen.

Gregory Elich führt weiter aus, dass die Clinton-Regierung Kroatien anerkannte, weil es ihren geopolitischen Interessen entsprach.

Susan Woodward vom Brookings-Institut sagt in ihrem Buch „The Balkan Tragedy": „Die kroatische Regierung ... unternahm kaum etwas, um ihre Bürger vor den gewalttätigen Exzessen antiserbischen Terrors zu schützen, die während der Sommermonate 1989 in einigen multiethnischen Gemeinden in Dalmatien und im Inneren Kroatiens stattfanden, als kroatische Fanatiker Schaufenster einwarfen, Häuser mit Brandbomben bewarfen und potentielle serbische Anführer schikanierten oder verhafteten. In fast ganz Kroatien wurden Serben wegen ihrer ethnischen Zugehörigkeit von ihren Arbeitsplätzen entlassen. Diese Diskriminierung blieb nicht auf dieses anfängliche Auflodern beschränkt, sondern wuchs in den folgenden Jahren beständig."[62]

All dies ereignete sich im Jahre 1989 und Sie beschuldigen die Serben eines gemeinschaftlichen kriminellen Unterfangens, obwohl diese sich nur selbst verteidigten.

Chris Hedges schrieb in der *New York Times* vom 16. Juni 1997: „Im weiteren Verlauf säuberte Tuđman das Land von 500.000 der 600.000 Serben und vollzog die faktische Annexion des mehrheitlich von Katholiken besiedelten Gebiets der

---

[61] Ebda.

[62] Übersetzt nach: Susan Woodward, „The Balkan Tragedy. Chaos and Dissolution after the Cold War", The Brooking Institution, Washington 1995.

Herzegowina."[63] [...] Hedges berichtet über die „Reichskristallnacht von Zadar"[64] und über die Vertreibung von 10.000 Menschen aus ihren Häusern. In den kroatischen Zeitungen *Feral Tribun* und *Tjednik* finden sich neue Beweise für die Verbrechen von Vukovar, die vor dem Ausbruch des Konfliktes 1990 stattgefunden haben. Es steht darin, dass Leichen von Serben die Donau hinab schwammen, und es wird auch von den Verbrechen berichtet, die in Gospić und an der kroatischen Küste begangen wurden.

Das kroatische Magazin *Identitet* gab an, dass kaum Interesse bestand, die Straftaten in Osijek aufzuklären, wo 1991 und 1992 einige Dutzende serbischer Zivilisten ermordet wurden, und beschrieb, wie die Leute verschleppt und ermordet wurden.

Da wir gerade über Gospić sprechen - drei Offiziere der kroatischen Armee beantragten, hier als Zeugen dieser Verbrechen auszusagen. Es wurde ihnen kein Personenschutz zur Verfügung gestellt, so dass der Zeuge Milan Levar, von dem man erwartete, dass er gegen die Täter des Gospić-Massakers aussagen würde, liquidiert wurde. Dann haben wir Erdemović, der zugab, dass er 100 Menschen in Srebrenica umgebracht hatte, den wir festgenommen und nach Den Haag ausgeliefert haben, weil er darum gebeten hatte. Er bat um Auslieferung nach Den Haag und da er nicht unser Staatsbürger war, haben wir ihn auf eigenen Wunsch ausgeliefert. Ihm gewährte das Tribunal Personenschutz, obwohl er hundert Menschen umgebracht hat. Unseren Ermittlungsbehörden hatte er die Tat gestanden, und Sie ließen ihn nach vier Jahren frei, um in Gospić weiterhin unbehelligt leben zu können. [...] Ich sehe, dass ich einige Fakten übergehen muss. Die Zeit rennt leider davon.

Auf Seite 182 seines Buches schreibt David Owen: „Hauptsächlich die zurückkehrenden Serben hatten keinerlei Freiheit mehr. Viele JNA-Kasernen waren von der kroatischen Armee umstellt und dies war der Grund, warum die JNA an Orten wie in Vukovar so heftig reagierte." Er sagte: „Orte wie in Vukovar", aber dies war tatsächlich der einzige Ort, an dem die JNA heftig

---

63 Übersetzt nach: Chris Hedges, „Croatian Voting Includes Bosnia Area Annexed by Zagreb", in: *New York Times*, 16. Juni 1997.

64 In der „Reichskristallnacht von Zadar" wurden am 2. Mai 1991 rund 70 serbische Geschäfte zerstört.

reagierte. Aber er erklärt nicht, wie es dazu kam. Die Erklärung beinhaltet auch die früheren Aussagen kroatischer Zeitungen über die in der Donau hinab schwimmenden Leichen vor den Vorfällen in Vukovar.

Vukovar war die einzige Ausnahme, der einzige Ort, an dem die JNA auf Belagerung, auf Angriffe auf ihre Angehörigen und Angriffe auf Zivilisten gewaltsam reagierte. Es unterliegt keinem Zweifel, dass der Krieg in Kroatien von der kroatischen Regierung angezettelt wurde, um eine gewalttätige und illegale Sezession zu erreichen, und, wie die folgenden Jahre zeigten, dass sie ein ethnisch reines Kroatien anstrebte. Und es steht außer Frage, dass die Serben gezwungen waren, sich selbst zu verteidigen. Sie mussten um ihr Überleben kämpfen. Niemand zweifelt daran, dass es individuelle Straftaten gab, ein Ergebnis des allgemeinen Chaos, das sich ereignet hat, und die von dieser so genannten Anklage als Ergebnis eines gemeinschaftlichen kriminellen Unterfangens dargestellt werden, obwohl alle historischen, militärischen und juristischen Tatsachen das Gegenteil bezeugen.

Und sie begründen es mit solchen Zeugenaussagen wie etwa derjenigen von Milan Babić[65], der wegen seines Extremismus im Konflikt mit seiner eigenen Führung war, und ähnlichen Zeugen.

Es ist allgemein bekannt, dass - in erster Linie dank der Bemühungen von Cyrus Vance, aber auch der Bemühungen der serbischen Republik und meiner eigenen - der Vance-Plan angenommen wurde. Es wurden Schutzzonen eingerichtet, welche von der kroatischen Armee nicht respektiert wurden, und wir wissen, wie viele Angriffe es gab - Miljevći-Plateau, Perućica, die Enklave Medak, Zemunik, Westslawonien, die Operationen „Blitz“ und „Sturm“ - und wie viel Hunderte Serben bei jedem dieser Angriffe getötet wurden und was sich dort alles ereignete. Die Waffen waren eingezogen worden. Die Serben hatten sie abgegeben, aber sie holten sie zurück um ihr eigenes Leben zu verteidigen und um Massaker zu verhindern.

In Bezug auf das Gesagte zitiere ich aus dem Buch von Lord Owen: „Die kroatische Armee rüstete sich schnell mit Flugzeugen und schwerer Artillerie aus. Die Waffen kamen aus den europäi-

---

[65] Von 1991 bis 1995 Präsident der Republik der Serbischen Krajina.

schen Nachbarstaaten und wurden aus den Beständen der ehemaligen DDR gekauft. Als dies geschah, war es verständlich, soweit es die Serben betraf, dass sich diese einer Demilitarisierung und Demobilisierung widersetzten. Der serbische Faktor war ein konsolidierender Faktor und die kroatische Seite war ein destabilisierender Faktor."

Ich beende meine Zitate aus Owens Buch. Er sagte, dass die größte ethnische Säuberung in der jugoslawischen Krise, diejenige war, der gegenüber diese Institution hier untätig bleibt, und zwar die Vertreibung Tausender und Ermordung Hunderter von Serben. Wenn so etwas mit Serben gemacht wird, ist es anscheinend keine Straftat.

Die bosnische Regierung

Ich sage noch einige Worte zu Bosnien-Herzegowina. Bekanntlich hielt der Frieden etwa so lange, wie das frühere Jugoslawien Bestand hatte. Wir lebten in Frieden. Frei von fremder Besatzung fanden die Bürger dieser multikulturellen Republik zueinander. Am 31. Juli 1991 wurde in die geänderte Verfassung in Artikel 1 geschrieben, dass Bosnien und Herzegowina ein souveräner und demokratischer Staat ist, eine gleichberechtigte Gemeinschaft aller Bürger - Moslems, Serben, Kroaten und Mitglieder aller anderen Nationalitäten, die dort ihren Wohnsitz haben; und dass die sozialistische Republik von Bosnien-Herzegowina ein Bestandteil der Bundesrepublik Jugoslawien ist. Das stand in der neuen Verfassung. Doch auch in dieser friedlichen Zeit gab es in der Bevölkerung schon Kräfte, die die Republik bedrohten. Sie können heute noch auf der Webseite der bosnischen Organisation „Mladi Muslimani", Junge Muslime, die 1939 gegründet wurden, den Schwur von Ende 1947 finden, in dem sie von einem kompromisslosen Kampf gegen alles Nichtislamische sprachen, dass sie alles für diesen Weg opfern werden, auch das eigene Leben, wenn es im Interesse des Islam ist.

Wie kann man in einer multiethnischen Gemeinschaft wie in Bosnien-Herzegowina und Jugoslawien gegen alles Nichtislamische kämpfen, angesichts der Tatsache, dass die große Mehrheit der Bevölkerung nicht muslimisch war? Doch wie die Dinge lagen, standen gerade diesen Jungen Muslimen und ihrem Umfeld alle Türen offen und die notwendigen Mittel zur Verfügung, um diesen Heiligen Krieg zu führen. Die erste nationalistische Partei, die gegründet wurde, war die Partei der Demokratischen Aktion von Izetbegović. Es ist charakteristisch, was der Gründer der Partei und Izetbegovićs Sponsor, Adil Zulfikarpašić über die erste Parteiversammlung der SDA in Novi Pazar, einer Stadt in Serbien, schreibt:

„Als wir nach Novi Pazar kamen, wurden wir von großen Menschenmengen begrüßt. Die Stadtverwaltung und die Polizei waren uns wohl gesonnen. Streifenfahrzeuge sorgten dafür, dass alles ohne Konflikte ablaufen konnte. Als wir ankamen, hatte sich in der Stadt die Polizei aus den Straßen zurückgezogen, und wir konnten überall nur SDA-Wächter sehen. Aber dann passierte etwas auf der Demonstration, was mich sehr überraschte. Es war eine Versammlung, die auf faschistoide Weise organisiert war. Hunderte religiöse Flaggen wurden im Stadion geschwenkt."

Zulfikarpašić fährt fort: „Immer wenn wir eine größere Versammlung abhielten, dann erschienen die Imame. Sie waren unsere Gastgeber. Sie organisierten alles. Religiöse Würdenträger begannen in die Partei einzutreten. Einmal verlangte ich, die Flaggen zu entfernen. Dann erschienen die Leute in Kaftans und Dschelabis, die bis dahin niemand in Bosnien getragen hatte."

Ich lasse ein paar Stellen aus - jedenfalls verließ Zulfikarpašić die Partei, weil er nichts mit ihr zu tun haben wollte.

Izetbegović führte die Jungen Muslime seit dem Frühjahr 1943, und in dieser Eigenschaft war er der Gastgeber von Amin al Husseini, dem Großmufti von Jerusalem, Hitlers Freund, der nach Deutschland geflohen war. Al Husseini rief in seinem Buch zum Dschihad, einem heiligen Krieg gegen Christen und Juden, auf. All dies geschah in Pavelićs Unabhängigem Staat Kroatien, und so wurde auf Himmlers Initiative durch Husseinis Vermittlung eine muslimische Waffen-SS-Division geschaffen. Genau genommen nicht nur eine, die Handžar-Division, sondern auch die Kama- und die Skenderbeg-Division, die aus Muslimen in Kosovo und Metochien und Westmazedonien gebildet wurde.

Leider muss ich mich sehr kurz fassen. Izetbegović veröffentlichte 1990 von neuem seine „Islamische Erklärung“, in der er von der „Schaffung einer einigen islamischen Gemeinschaft von Marokko bis Indonesien.“ und der „Nichtvereinbarkeit des Islams mit nichtislamischen Institutionen“ spricht und eine „islamische Wiedergeburt“ ankündigt. Aber über diese „Wiedergeburt“ schreibt er nicht wie über eine Periode der Sicherheit, sondern wie über eine Periode des Unfriedens und der Prüfungen, denn, so Izetbegović, zu viele Dinge warten auf Zerstörung und ein Volk, das schläft, kann man nur durch Schläge wach machen. Und Izetbegović führte sinngemäß weiter aus: „Primär müssen wir Priester sein und dann erst Soldaten. Die islamische Bewegung kann und sollte die Macht übernehmen, sobald ihre Zahl die Größe erreicht hat, dass sie die existierende nichtislamische Regierung nicht nur stürzen, sondern auch eine islamische Regierung bilden kann. Mitglieder der islamischen Glaubensgemeinschaft sollten am Beispiel von Pakistan lernen, was getan und was nicht getan werden sollte. Heutzutage sollte das Streben aller islamischen Gemeinschaften und Gläubigen in der Welt zusammengeführt werden. Das Ziel wird eine islamische Gemeinschaft von Marokko bis Indonesien sein, von Europa bis nach Afrika.“

Man kann sich also, meine Herren, vorstellen, wie Menschen, die nicht dem islamischen Glauben angehörten, wie sich die Serben und Kroaten, die gemeinsam in Bosnien-Herzegowina bildeten, sich angesichts dieser Ankündigungen fühlten, dass sie in einer Art europäischen Pakistan leben sollten. Man kann sich vorstellen, wie sie reagiert haben werden.

Über Alija Izetbegovićs Festhalten an der Sache des islamischen Fundamentalismus kann niemand besser Auskunft geben als die islamischen Fundamentalisten selbst. Am 11. April 1993 berichtete Reuters aus Dubai, dass Alija Izetbegović auf einer großen Festveranstaltung in Riad eine islamische Auszeichnung erhielt, und ich zitiere: „... für seinen Beitrag zum Dschihad, dem heiligen Krieg gegen die Ungläubigen.“

Diese Auszeichnung belegt, dass Alija Izetbegović sein ganzes Leben beharrlich an den Vorstellungen festhielt, für die er sich als junger Mann entschieden hatte, und das bedeutete gemäß dem Treueeid, den er 1947 ablegte, einen kompromisslosen Kampf gegen alles Nicht-Islamische.

Aber der Charakter des Regimes in Bosnien-Herzegowina war nicht nur in den Reihen der islamischen Fundamentalisten bekannt, er wird auch eindeutig in einem Bericht des Republikanischen US-Senatsausschuss konstatiert. Das Dokument ist vom 16. Januar 1997. Ich werde es sehr schnell durchgehen – es behandelt drei Schlüsselfragen.

Der letzte Satz unter Punkt 1 lautet: „Die CIA und das Außen- und das Verteidigungsministerium wurden im Dunkeln gelassen, bis die Entscheidung [Kroatien die Einfuhr von Waffen aus dem Iran zu gestatten] getroffen war."[66]

Punkt 2 - „Das militante islamische Netzwerk:" „Zusammen mit den Waffen trafen Iranische Revolutionswächter und VEVAK-Agenten[67] in großer Zahl in Bosnien ein, gemeinsam mit tausenden Mudschaheddin, (‚heiligen Kriegern') aus der gesamten islamischen Welt. In dieses Unternehmen waren auch mehrere islamische Länder (darunter Brunei, Malaysia, Pakistan, Saudi Arabien, Sudan und die Türkei) und eine Reihe radikal-islamischer Organisationen involviert. Beispielsweise gibt es eine Fülle an Material über die Rolle der sudanesischen ‚Hilfsorganisation' Third World Relief Agency."

Punkt 3 - „Der radikal-islamische Charakter des Regimes in Sarajevo": „Diese islamistische Ausrichtung wird durch die Biographien dreier wichtiger Politiker, darunter des Präsidenten Izetbegović selbst, veranschaulicht", sowie durch: „die fortschreitende Islamisierung der bosnischen Armee, einschließlich der Bildung aus gebürtigen Bosniern bestehender Mudschaheddin-Einheiten; glaubhafte Behauptungen, dass schreckliche Gräueltaten an Zivilisten in Sarajevo für Propagandazwecke von Agenten

---

66 Übersetzt nach United States Senate - Republican Policy Committee: „Clinton-Approved Iranian Arms Transfers Help Turn Bosnia into Militant Islamic Base", Report, Washington, 16. Januar 1997.

67 VEVAK – Iranischer Nachrichtendienst.

der Izetbegović-Regierung inszeniert wurden; die Unterdrückung sowohl muslimischer wie nicht-muslimischer Gegner."

Dieser Bericht belegt, dass sie Angriffe auf ihre eigenen Glaubensbrüder inszenierten. Ich lasse ein paar Punkte aus. Der Bericht des Unterausschusses folgert auf Seite 2: „Die Green-Light-Politik der Regierung gegenüber dem Iran hat dem Iran in beispielloser Weise ein Standbein in Europa verschafft und setzte skrupellos das Leben von Amerikanern sowie die strategischen Interessen Amerikas aufs Spiel."

Und mit Bezug auf die Al-Qaida spricht der Bericht von schlafenden Agenten innerhalb der Izetbegović-Regierung, von denen Sie einige hierher gebracht haben, um als Zeugen gegen mich auszusagen. „Das ging so weit, dass die terroristischen Aktivitäten gemeinsam geplant wurden."

Ich erwähne das alles, damit Sie sehen, „wie Clintons Green-Light-Politik dazu führte, dass der iranische Geheimdienst einen solchen Einfluss erlangte", und dass es letztlich darum ging – und Sie werden dieses Dokument zu sehen bekommen - „die islamische Revolution in Europa voranzutreiben." Dann beziehen sie sich auf „die angebliche humanitäre Organisation ... Man geht davon aus, dass TWRA mit solchen Drahtziehern des islamischen Terrornetzwerks verbunden ist, wie mit Scheich Omar Abdel Rahman (dem verurteilten Hintermann des Bombenanschlags auf das World Trade Center 1993) und mit Osama bin Laden, einem reichen Exilsaudi, der zahlreiche militante Gruppen finanzieren soll."

Es heißt in dem Bericht auch: „‚Ohne Frage hat die Politik, Waffen nach Bosnien zu bringen, viel dazu beigetragen, dass der Iran in Bosnien eindringen und gute Beziehungen zur bosnischen Regierung aufbauen konnte', sagte ein hoher CIA-Beamter dem Kongress in einer vertraulichen Aussage. ‚Und das werden wir noch bereuen, denn, wenn sie anfangen, Amerikaner in die Luft zu jagen, was sie zweifellos tun werden, bevor diese ... Sache vorbei ist, wird es zum Teil daran liegen, dass die Iraner Zeit und Beziehungen hatten, sich in Bosnien gut einzurichten.'"[68]

[68] Übersetzt nach Republican Policy Committee Report.

Diese Anschläge folgten später in Kenia, Tansania, und nicht zu vergessen, die Verbrechen, die auf dem Balkan begangen wurden, aber ich habe keine Zeit, das weiter auszuführen. Ich muss mich sehr beeilen, weil Sie so mit der Zeit knausern.

Ich möchte noch kurz die Tatsache erwähnen, dass der 31. März heute im muslimischen Teil Bosnien-Herzegowinas ein offizieller Feiertag ist: Es ist der Tag, an dem 1991 die Patriotische Liga, der militärische Arm der SDA, gebildet wurde.

Man hatte schon ein Jahr zuvor begonnen, die Partei militärisch zu organisieren. Und im Jahr 1992, als die Konflikte ausbrachen, wurden mehr als die Hälfte aller serbischen Opfer getötet. Experten haben anhand von Untersuchungen gezeigt, dass die Serben überhaupt nicht auf einen Krieg vorbereitet waren, während die andere Seite sich schon ein ganzes Jahr lang vorbereitet hatte.

Owen schrieb in seinem Buch, dass sich am Bild vom unbewaffneten bosnischen Moslem nichts änderte, selbst nachdem Alija Izetbegović im Fernsehen zugab, dass sie über geheime Kanäle bewaffnet würden. Und er sprach von nach Millionen zählenden Munitionsbeständen, Tausenden von Bomben-, Hand- und anderen Granaten, hunderttausend Uniformen und so weiter. Und nach der Aussage von Sefer Halilović, dem Chef des Generalstabes der Armee von Bosnien-Herzegowina, in einem Interview, das er dem Journal *Naši Dani* am 25. September 1992 gab - 1992, meine Herren - hatte die Patriotische Liga, als der Krieg begann, 9 Bezirks- und 103 Stadtgarnisonen und 98.000 Kämpfer. 103 Stadtgarnisonen. Bosnien-Herzegowina hat insgesamt nur 109 Stadtverwaltungen. Über die Kriegsvorbereitungen herrscht also völlige Klarheit, außer bei Ihnen.

Wenn man die politische Gesamtsituation betrachtet, erkennt man, dass die serbische Seite drei Ziele hatte. Das erste war die jugoslawische Föderation zu erhalten. Und falls dies nicht möglich war, zu erreichen, dass ihnen das gleiche Recht auf Selbstbestimmung zukommt, wie den anderen Völkern Jugoslawiens. Und falls auch dieses Ziel nicht erreicht werden konnte, durch Verhandlungen Mittel und Wege zu finden, um den Serben in Bosnien-Herzegowina Gleichberechtigung zusichern zu können.

Die serbische Seite trat für den Erhalt Jugoslawiens ein, und nicht nur die Tatsache, dass dies im Einklang mit jugoslawischem und internationalem Recht stand, sondern auch alles andere sprach für diese Lösung. Leider war es für diese Lösung zu spät, obwohl die Ansprüche der Serben auf Gleichberechtigung tiefe historische Wurzeln haben, da sie seit über tausend Jahren in Bosnien-Herzegowina leben. [...]

Eine Beschäftigung mit der Chronologie der Ereignisse, zu welcher wir mit Hilfe von Zeugen Gelegenheit haben werden, weist auf folgendes hin: Zuerst reagierten die Serben auf die Taten der muslimischen und kroatischen Seite, d. h. auf die Verletzung ihrer verfassungsmäßigen Rechte. Die Reaktionen der Serben kompensierten nur, was die anderen beiden Seiten ihnen genommen hatten. Die serbische Seite nahm Schritt für Schritt ihre Forderungen zurück, und akzeptierte schließlich ein Minimum ihrer Ansprüche. Unter dieses Minimum konnten die Serben nicht gehen, um nicht ihre angestammten Rechte, ja ihr Überleben in Gefahr zu bringen. Zuletzt schrieb das Dayton-Abkommen diese Minimalrechte fest, doch unglücklicherweise, später mehr darüber, geschah dies erst nach unnötigem Blutvergießen. Die letzte Chance, den Krieg in Bosnien-Herzegowina zu verhindern, war der Cutilheiro-Plan. Er wurde von allen unterschrieben, aber nachdem Zimmermann ihm zugeredet hatte, zog Izetbegović seine Unterschrift wieder zurück. Ich glaube, dass wir einige Dokumente darüber haben, die wir später vorlegen werden. All dies zeigt sehr klar, dass die serbische Seite keinen Krieg wollte. Sie tat sogar alles, um einen Krieg zu verhindern.

Nach der internationalen Anerkennung und nach dem Kriegsausbruch, und es war kein Zufall, dass diese beiden Ereignisse zusammenfielen, zog sich die JNA in gemäß der zuvor unterzeichneten Vereinbarung aus Bosnien-Herzegowina zurück. Diese wird im Bericht des Generalsekretärs der Vereinten Nationen, Boutros-Ghali, vom 30. Mai 1992 erwähnt, sowie die Tatsache, dass die am 15. Mai gegründete Armee der Republika Srpska nicht unter der Kontrolle von Belgrad stand. Weiterhin wird erwähnt, dass ein beträchtlicher Teil von Bosnien-Herzegowina von der offiziellen kroatischen Armee besetzt war. Der damalige Präsident des Sicherheitsrates, der Österreicher Peter Fellner, verschwieg oder hielt vielmehr Teile dieses Berichtes von Boutros-Ghali solange zurück, bis der Sicherheitsrat die Sanktionen gegen Jugoslawien beschlossen hatte. Und es wäre einzig Kroatien gewesen, denen nach diesem Bericht Sanktionen hätten auferlegt werden müssen, aber auf keinen Fall der BR Jugoslawien. Das sind alles Fakten und ich werde versuchen, sie in der Kürze der Zeit vorzutragen. Und das ist nur die Spitze des Eisberges. Und was, von allem, was Sie hier vorgebracht haben, kann diesen unbestrittenen historischen Tatsachen widersprechen?

Die wahren Schuldigen

In dieser falschen Anklage haben Sie mechanisch und willkürlich Vorfälle - und Straftaten, ohne Zweifel – aneinandergereiht, und daraus ein gemeinschaftliches kriminelles Unterfangen konstruiert, ohne auch nur die Spur eines Beweises vorzulegen. Und Sie sprechen von irgendeinem Plan oder Vorsatz der Serben. Diese so genannte Anklage baut auf einem einzigartigen Konstrukt auf, welches Sie „gemeinschaftliches kriminelles Unterfangen" nennen, und das allein beweist schon, dass Sie keine Schuldigen feststellen können. Es fehlt an Hinweisen auf jegliches Motiv, und das wäre das einzige, was einen zwingen könnte, an eine so nebulöse Konstruktion wie ein „gemeinschaftliches kriminelles Unterfangen" zu glauben. Wenn es sowohl Beweise dafür gibt, dass jemand etwas getan hat, als auch dafür, dass er ein Motiv hatte, muss sich nicht einmal ein illegaler Ankläger ein gemeinschaftliches kriminelles Unterfangen ausdenken. Dann verwendet er einfach das forensische Material, das mit den begangenen Taten und dem möglichen Motiv in Verbindung steht. Nur, wenn der Ankläger keine Beweise für die Schuld des Angeklagten hat, dann greift er zu jenem Mittel, und damit mogelt er sich um seine Verpflichtung herum, die Beweislast genannt wird und ein Bestandteil jedes wirklichen Rechtssystems ist. Man hat sich dieses Konzept einfallen lassen, um ohne einen Beweis der Schuld unschuldige Menschen anklagen zu können. Und das ist natürlich nichts anderes als eine Verstümmelung des Rechts. Es sind nur leere Worte, was Sie in diesen Anklagen vorbringen - Sie sprechen von Straftaten, die wir nicht begangen haben, und erklären sie mit Absichten, die wir niemals hatten. So sieht Ihre Strategie aus.

Was Bosnien und Kroatien betrifft, wo Serbien keine Hoheitsrechte besaß, fehlt Ihnen jeder Beweis, auch wenn wir die dort lebenden Serben unterstützten. Ja, das taten wir. Und wir wären der Abschaum der Menschheit gewesen, wenn wir ihnen nicht geholfen hätten, als ihr Leben in Gefahr war. Und unser größter Wunsch war es, eine friedliche Lösung zu erreichen, und dem erwiesen wir dadurch den größten Dienst, dass es in Serbien während dieser gesamten zehn Jahre keine ethnische Diskriminierung gegenüber irgendwem und in irgendeiner Form gab.

Wenn wir uns mit dem Kosovo befassen, dann gibt es nicht die Spur eines Beweises, dass dort irgendeine Straftat begangen wurde, weder durch Befehle noch mit dem Wissen irgendeines Befehlshabers. Und sie haben hier vier Generale angeklagt. Nicht ein einziger von ihnen erließ einen solchen Befehl. Kein einziger von ihnen hatte im voraus Kenntnis von irgendeiner Handlung [von Untergebenen], die eine Straftat hätte darstellen können. Sie haben die politische und militärische Führungsspitze von Serbien und Jugoslawien angeklagt, obwohl sie alle Beweise haben, die ihnen zeigen, dass alles, was in Kosovo und Metochien passierte, während der pausenlosen Bombardierung stattfand, und dass die Justizbehörden alle vor Gericht gestellt haben, die sich strafbar gemacht hatten. Sogar ihr eigener Zeuge, General Vasiljević, bestätigte die Einzelheiten einer Sitzung, die ich mit den ranghöchsten Militärs, dem Generalstab, hatte und dass ich dort persönlich darauf bestand, dass alle Straftäter verhaftet werden sollen. Und er zitierte mich mit den Worten, dass niemand ungestraft davon kommen soll, und alle, einschließlich General Ojdanić, der vollkommen unschuldig hier im Gefängnis sitzt, und dass die vier anderen Generäle, die Sie angeklagt haben, Lazarević, Pavković, Đorđević und Lukić, die gleiche Auffassung vertraten.[69] Genau wie das Oberkommando handelten auch alle untergeordneten Kommandostrukturen nach dem Prinzip der Prävention, d. h. paramilitärische Verbände wurden nicht geduldet.

[69] Siehe Protokoll vom 17. Februar 2003.

Es gibt hierüber schriftliche Berichte und ich werde sie als Beweismittel einreichen. Es gibt Hunderte Ermittlungsakten von Militärgerichten, die sich mit unterschiedlichen Straftaten befassen. Die ersten Protokolle datieren von Ende März 1999. Was hätte die Regierung, die Justiz, das Militär irgendeines Landes weiter tun können, als strikt auf der Verfolgung von Straftätern zu bestehen und sich anhand von Berichten zu vergewissern, dass dies auch geschieht? Genau das haben wir unter den schwierigsten Umständen, unter den Bedingungen tagtäglicher Bombardierung, getan. Einige Verfahren wurden abgeschlossen und die Straftäter verurteilt, noch während die Bombardierung andauerte.

In den zwei Jahren Ihrer Beweisaufnahme haben Sie nicht die Spur eines Gegenbeweises erbracht. In diesen zwei Jahren haben Sie nicht die Spur eines Beweises oder eine einzige Zeugenaussage erbracht, die eine Verbindung zwischen irgendeiner verübten Straftat oder einem Straftäter zu den Befehlshabern, den Generälen, die Sie angeklagt haben, oder der politischen Führung Serbiens oder mir persönlich belegen würde. Im Gegenteil: Sie haben Beweise, dass wir das Äußerste taten, um Straftaten zu verhindern, und dafür zu sorgen, dass, falls doch Straftaten verübt wurden – was schon in Friedenszeiten möglich ist, von Kriegszeiten und besonders von Zeiten ethnischer Konflikte gar nicht zu sprechen – sie nach geltendem Recht verfolgt wurden. 1993 wurde am Bezirksgericht Šabac das erste dieser Prozesse in Serbien abgehalten, und Sie sind darüber informiert.

Sie haben alle Beweise, dass wir diejenigen waren, die am hartnäckigsten versuchten, eine friedliche Lösung zu erreichen und die dafür auch die meiste Anerkennung beanspruchen können. Wir haben Millionen von Flüchtlingen unabhängig von ihrer ethnischen Herkunft gerettet und 70.000 Muslimen wurde in Serbien Unterschlupf gewährt. Wir haben französische Piloten und Hunderte Kriegsgefangene befreit. Sie können das, was geleistet wurde, alles anhand der ihnen zur Verfügung gestellten abgehörten Gespräche nachvollziehen und dass uns nichts anderes übrig blieb, als darauf zu bestehen, zu bitten und zu versuchen, Druck auszuüben, denn andere Möglichkeiten hatten wir nicht. Aber wir hatten

Erfolg. Lesen Sie bitte die Gesprächsprotokolle, denn das müsste Ihnen eigentlich reichen, um zu verstehen, auch wenn Sie es nicht wollen, dass Ihre Anschuldigungen absurd sind. Umgekehrt haben Sie unzählige Beweise für die Rolle der kroatischen Führung in der Politik der ethnischen Säuberung. Sie verfügen über Beweise für die Existenz eines entsprechenden Plans und seine Verwirklichung vor und nach 1990. Wir haben sogar Gesprächsnotizen von Ihnen erhalten, aus denen hervorgeht, wie Vorwände für die während der Operationen „Blitz“ und „Sturm“ begangenen Verbrechen fabriziert wurden. Sie verfügen über Material, das die Rolle der Clinton-Regierung dabei betrifft, und Sie werden noch mehr Beweise erhalten. Sie haben es schriftlich, wer diese Entscheidungen getroffen hat, da in jedem Sitzungsprotokoll des kroatischen VONS, des Rates für Verteidigung und Nationale Sicherheit, die Anwesenden benannt sind.

Ebenso haben Sie Beweise für Verbrechen gegen Serben, die aus Beschlüssen der muslimischen Führung resultierten. Kljuić, ein früheres Präsidiumsmitglied von Bosnien-Herzegowina, sagte hier aus, und ich legte ihm ein Protokoll vor, das belegt, dass Izetbegović von den Lagern, in denen Menschen über Jahre hinweg illegal festgehalten wurden, wusste, und Sie werden noch mehr Zeugenaussagen darüber hören. Sie verfügen über ausreichendes Material über die Straftaten der kroatischen und muslimischen Führung, aber nichts liegt Ihnen gegen die Regierungen von Jugoslawien oder Serbien sowie der Republika Srpska und Republika Srpska Krajina vor. Aus der Aussage Ihres eigenen geschützten Zeugen, der ein wichtiger politischer Führer war, geht hervor, dass, was Milan Martić zu mir sagte, korrekt war, und zwar, dass die in der Krajina, einschließlich der Stadt Knin, verbliebenen Kroaten als Bürger mit gleichen Rechten behandelt wurden und dass es keinerlei Diskriminierung gab.

Falsche Zeugen

Was ich jetzt sage, verdient eigentlich mehr Zeit, aber ich werde mich kurz fassen und das Thema nur anreißen. Und zwar handelt es sich um Zeugen, die ein *plea bargain*[70] mit der so genannten Anklage eingingen, und ich behaupte, das ist ein Beispiel dafür, wie falsche Zeugen gemacht werden. Folgender Fall ist beispiellos: Einer Ihrer Zeugen antwortete mir auf die Frage, wie er eine Erklärung unterschreiben konnte, dass in Srebrenica 7.000 Muslime erschossen wurden, dass seine Verteidiger einen Brief geschrieben hatten, in dem sie sich verpflichteten, keine Zahlen in Frage zu stellen. Sie hätten dann auch 70.000 hinschreiben können. Sie hätten hinschreiben können, was immer sie wollten. Während der Bosnien-Verhandlung brachte ich Informationen vor, die meine Mitarbeiter erfolgreich gesammelt hatten und die erhebliche Zweifel an Ihr Srebrenica-Konstrukt aufwerfen. In der Zwischenzeit haben wir die Aussage von General Morillon gehört, der Srebrenica als eine Falle für Mladić bezeichnete, und der bestätigte, dass Mladić, den er gut kennt, seiner Meinung nach niemals einen solchen Befehl hätte geben können. Und das entspricht meiner eigenen Ansicht. Auch ich glaube nicht, dass Mladić solch einen Befehl hätte geben können. Seine Ehre hätte ihm niemals erlaubt, so etwas Schmutziges und Unehrenhaftes zu tun. Aber es wird noch Gelegenheit geben, weitere Zeugen danach zu befragen.

Und was ich damit sagen möchte: Ich denke, es ist sowohl im Interesse der Serben wie der Muslime, dass die Wahrheit ans Licht kommt und kein Mythos darum gesponnen wird. Weder die Aussagen Ihrer falschen Zeugen noch Paddy Ashdowns Druck auf die Regierung der Republika Srpska bringen uns der Wahrheit näher. Man arbeitet also aufeinander abgestimmt hier und dort an einem zweifachen Verbrechen, das sowohl die Lebenden wie die Toten beleidigt.

Dabei sollte jeder ein Interesse an der Wahrheit über Srebrenica haben, so dass die Straftäter verurteilt werden können und die Unschuldigen jeglichen Vorwurfs und Verdachts enthoben werden, so ein schändliches Verbrechen begangen zu haben. Sie haben weder versucht, von Erdemović Informationen zu bekommen,

[70] Die Verfahrensregeln des ICTY erlauben, dass Angeklagte mit der Anklage eine dahingehende Vereinbarung treffen, dass sie sich schuldig bekennen und im Gegenzug einzelne Anklagepunkte fallengelassen werden, insbesondere, wenn sie in ihrem Geständnis andere Angeklagte belasten.

noch von irgendeiner Möglichkeit Gebrauch gemacht, die ihnen bei der Wahrheitsfindung hätte nützlich sein können.

Ich kann nur hoffen, dass einige der Zeugen, die ich vorladen werde, etwas mehr Licht in die Geschehnisse bringen werden, weil ich natürlich nicht selbst das ganze Material vorlegen kann. Aber ich will noch einmal auf die anderen Zeugen zurückkommen, die sie hier hatten und die sich auf *plea bargaining* einließen. Sie hatten hier die öffentliche Aussage von Miroslav Deronjić, und seine eigene Mutter dürfte in Anbetracht dessen, was er mündlich und schriftlich getan zu haben gestand, niemals mehr ein Wort mit ihm sprechen. Er massakrierte die Bewohner eines ganzen Dorfes, nachdem er ihnen freies Geleit zugesagt hatte. Erst gab er ihnen eine Sicherheitsgarantie, und dann schlachtete er sie alle ab! Sie haben ihm alles vergeben, damit er Lügen über Karadžić verbreitet.

Sie haben den schriftlichen Befehl von Karadžić an die Truppen in Srebrenica vorliegen, Zivilisten zu schützen und die Genfer Konvention einzuhalten. Das wurde schriftlich an die Truppen ausgegeben - und dann kommt dieser Deronjić daher und behauptet, Karadžić hätte ihm ins Ohr geflüstert, dass alle umgebracht werden sollen. Das ergibt keinen Sinn und ist keiner Diskussion wert. Das ist doch für einen normalen Menschen nicht zu fassen, noch dazu, wenn einer auf Anweisung der Anklage eine Erklärung unterschreibt, dass 7000 Personen exekutiert wurden, nicht weil er es selber weiß, sondern, um die Zahl der Anklage nicht anzufechten. Und ich spreche noch gar nicht von all den anderen Dingen, die sich hier ereignet haben.

Die Rede auf dem Amselfeld

Sie haben hier meine Rede benutzt. Sie haben meine Rede, die ich auf dem Kosovofeld[71] gehalten hatte, zu einem der Grundpfeiler Ihrer Anklage gemacht, als Sie hier 2002 zum ersten mal sprachen, in der ich angeblich den serbischen Nationalismus angeheizt

[71] Die Rede wurde von Slobodan Milošević am 28. Juni 1989 anlässlich der 600-Jahrfeier der Schlacht auf dem Amselfeld in Gazimestan im Kosovo gehalten. (siehe Anhang)

habe. Ich bin bis heute stolz auf diese Rede, weil sie alles andere bewirkte, als irgendeine negative Stimmung zu schüren, ganz im Gegenteil. Aber sie sind nicht die Einzigen, die diese Behauptung aufgestellt haben. Es wurde von vielen westlichen Politikern wiederholt. Es gibt so gut wie keine Zeitung, die nicht darüber geschrieben hat. Diese Lüge wurde unzählige Male wiederholt, aber nicht etwa 1989, sondern erst zehn Jahre später. Ich habe keine Zeit mich länger damit aufzuhalten, aber ich will es als Beispiel anführen, wie manipuliert und gelogen wird. Robin Cook sagte zehn Jahre später am 28. Juni 1999: „Milošević nutzte dieses wichtigen Jahrestag der Kosovoschlacht nicht etwa, um Hoffnung und Erneuerung zu verkünden. Stattdessen drohte er mit Gewalt um die innerjugoslawischen Probleme zu lösen, wodurch er den Weg seiner persönlichen Machtpolitik einschlug und ethnischem Hass unter dem Mantel des Nationalismus verbreitete."[72]

Ich habe hier verschiedene Zitate aus den Jahren 1999, 2000 und 2001. Lesen Sie den *Independent* vom 1. Juli 2001 an: „Der serbische Führer legt während des sechshundertsten Jahrestages der Schlacht auf dem Amselfeld vor mehr als einer Million Serben seine Ziele und sein Programm dar, wobei er offen mit Gewalt droht, um den Bund aus sechs Republiken zusammen zu halten."[73]

Ich habe hier auch Zitate aus dem *Time-Magazin* und sogar aus dem *Economist*. Dort stehen erlogene Zitate, die nie in meiner Rede vorkamen. Ich habe den *Independent* vom 1. Juli 2001 zitiert. Jetzt zitiere ich den *Independent* vom 29. Juni 1989. Die gleiche Zeitung schrieb damals: „Der serbische Präsident sprach kein einziges Mal in aggressiver Weise von ‚albanischen Konterrevolutionären'", - Der Begriff Konterrevolution wurde 1981 von der Parteiführung eingeführt.

Der *Independent* schrieb: „Stattdessen sprach er von gegenseitiger Toleranz, vom ‚Aufbau einer reichen und demokratischen Gesellschaft' und von der Beendigung der Zwietracht, die, wie er

---

72 Übersetzt nach Statement by Robin Cook to the Serb People on Vid`s Day, Foreign Ministry of the United Kingdom, 28. Juni 1999.

73 Übersetzt nach Rupert Cornwell: „On Trial: The will to see International Justice done", in: *The Independent*, London 1. Juli 2001.

sagte, zu Serbiens Niederlage gegen die Türken vor sechs Jahrhunderten geführt hatte.“ Und dann zitiert der „Independent“ meine eigenen Worte: „„Es gibt deshalb in Serbien keinen besser geeigneten Platz als das Amselfeld, um zu sagen, dass die Eintracht und Harmonie in Serbien für die Prosperität des serbischen Volkes und aller anderen Bürger Serbiens, ungeachtet ihrer Nationalität oder Religion, unerlässlich ist‘, sagte er. Auch gegenseitige Toleranz und Kooperation seien für Jugoslawien unentbehrlich: ‚Harmonie und gleichberechtigte Beziehungen zwischen den Völkern Jugoslawiens sind die Vorbedingungen seiner Existenz, für die Überwindung der Krise.‘“[74]

D. h., als das Lügen befohlen wurde, vergaß man sogar, was in den eigenen Zeitungen stand, als das erste Mal darüber berichtet wurde. Aber ich will mich jetzt nicht länger damit aufhalten. Die Zitate sind nicht immer einfach zu finden, aber es gibt die Suchmaschine der BBC. Sie können dort meine Originalrede finden, die von der BBC übersetzt wurde, und sie können es auch heute noch finden, darin wird zum Beispiel gesagt, und das ist von der BBC übernommen:

„Serbien war niemals nur von Serben bewohnt. Heute leben hier mehr als jemals zuvor Angehörige aller Völker und nationalen Gruppen. Dies ist kein Nachteil für das Land; ich bin im Gegenteil aufrichtig davon überzeugt, dass es zu seinem Vorteil ist. ... Immer öfter und immer erfolgreicher leben Bürger von unterschiedlicher Nationalität, unterschiedlichem Glauben und unterschiedlicher Rasse zusammen. ... Deshalb [verdienen] alle, die in Serbien von ihrer eigenen Arbeit leben, den Respekt der anderen Menschen und Volksgruppen in ihrer Republik.“[75]

Es ist nicht nötig, noch mehr Zeit darauf zu verwenden. Ich wollte damit nur zeigen, wie weit der Missbrauch geht, insbesondere der Missbrauch in einem Verfahren, das beansprucht, als juristischer Prozess zu gelten.

Es gilt unter Intellektuellen, Autoren, Literaturkritikern Publizisten und Wissenschaftlern als unmoralisch, ein paar Sätze

[74] Übersetzt nach „Milošević carries off the battle honours“ in: *The Independent*, 29. Juni 1989.

[75] Übersetzt nach „Slobodan Milošević addresses Rally at Gazimestan, *BBC*, 30. Juni 1989.

außerhalb, des Zusammenhangs zu zitieren. Aber sie haben nicht nur ein paar Sätze aus dem Zusammenhang gerissen, sie haben selbst Teile von Sätzen verwendet, um Ihr Konstrukt zusammenzukitten. Aber hiermit können wir uns später ausführlicher beschäftigen. Mir scheint es jedenfalls nicht schwer zu sein, das zu zeigen. Ich führe dies aus keinem anderen Grunde an, als um zu zeigen, welche skrupellosen Lügen hier verbreitet werden.

Der serbische Pluralismus

In Serbien wurde das Prinzip der Gleichheit zwischen den Völkern über die zehn Jahre meiner Präsidentschaft hinweg kontinuierlich befolgt. Wir haben hier das Protokoll eines Parteitages aus dem Jahre 1998. Es handelt sich um eine Diskussion unter 400 Mitgliedern der Regierungspartei, bei der es unter anderem um Kosovo ging. Es handelte sich nicht um ein Medienspektakel, sondern um eine Diskussion der politischen Führungsspitze, einschließlich aller Minister, Regierungsmitglieder und Parlamentsabgeordneten der Regierungspartei.

Ich möchte nur eine kleine Stelle daraus vorlesen, nämlich aus meinem Schlusswort: [...] „Unsere Politik besteht darin, das Kosovoproblem mit politischen Mitteln zu lösen“ - das sagte ich am 10. Juni 1998 – „Wir streben nach einer Lösung, die unsere Überzeugungen und unser Programm berücksichtigt, was das Prinzip der Gleichheit zwischen den Völkern einschließt. Wir wollen den Albanern weder Schaden zufügen, noch aus ihnen Bürger zweiter Klasse im Kosovo machen“.

Dann sprach ich davon, wie viele dachten, dass vielleicht die Mehrheit der Albaner diese Position unterstützte. Aber ich machte darauf aufmerksam, dass die Haltung der Mehrheit der Albaner zweifellos auf dem Druck beruhte, der auf sie ausgeübt wurde, darauf, wie man es ihnen erklärte und welche Zukunftsperspektiven man ihnen eröffnete und darauf, dass wir darüber diskutieren und diesen Weg einschlagen müssen. Ich hob hervor, dass wir eine politische Lösung brauchen, und uns zum Prinzip der Gleichheit zwischen den Völkern bekennen müssen. Wir müssen uns vor

Augen führen, dass diejenigen, die sich manipulieren ließen, unglückliche Menschen sind, die ebenso manipuliert werden wie alle anderen armen Menschen auf der Welt. Sie werden zunächst von ihren eigenen Anführern manipuliert, ferner von anderen internationalen Propagandisten, die diese Anführer in den Dienst der Destabilisierung Südosteuropas stellen, wo die Großmächte fortwährend ein Alibi brauchen, um ihre Militärpräsenz aufrecht zu erhalten.

Und am Schluss sagte ich: Dialog. Dabei habe ich betont, dass der angefangene Dialog nicht nur der staatlichen Kommission und den Repräsentanten der albanischen politischen Parteien vorbehalten sei. Ich sagte: Es soll nicht nur ein serbisch-albanischer Dialog sein, sondern ein Dialog zwischen

Serben, Albanern, Türken, Muslimen, Roma und Montenegrinern. Der Dialog muss auf allen Ebenen geführt werden: in den Städten, auf den Dörfern, auf offizielle und nicht offizielle Weise, ein offizieller und nicht offizieller Dialog, weil die Menschen für das Zusammenleben mobilisiert werden müssen.

Wir haben unsere Anstrengungen für eine Politik der Gleichheit zwischen den Völkern zehn Jahre lang mit Kontinuität verfolgt, eine Politik, die die Hälfte des alten Jugoslawiens davor bewahrten, während dieser zehn Jahre in einen Konflikt oder Krieg hinein zu geraten. Deshalb sage ich, dass die ganze Sache auf den Kopf gestellt wurde. Und deshalb sage ich, dass diese Anklage ein Konglomerat aus skrupellosen Manipulationen, Lügen, Rechtsbeugung, moralischem Bankrott und einer unverantwortlichen Geschichtsrevision darstellt.

Was die individuellen Handlungen von Generalen, Amtsträgern sowie meiner eigenen Person anbelangt, stützen Sie sich auf das Prinzip der Vorgesetztenverantwortlichkeit, was letztlich bedeutet, dass jede unschuldige Person verurteilt werden kann, nur weil sie zu einem bestimmten Zeitpunkt einen bestimmten Posten inne hatte. Und Sie bringen jetzt alle diese Generale hierher. Aus Zeitgründen kann ich über alle diese individuellen Handlungen nichts sagen, außer, dass sie erstens in den Aussagen Ihrer eigenen Zeugen behandelt werden, und dass Sie noch mehr darüber in den Erinnerungen der Betroffenen und am meisten in wissenschaftlichen Studien finden, die sich auf westliche Quellen und Dokumente stützen. Wir wollen die Zeugen zu Wort kommen lassen, wenn sie hier erscheinen. Ich möchte noch die paradoxe Situation erwähnen, in die Sie sich selbst gebracht haben, indem Sie sich der unsteten und gnadenlosen Politik der Clinton-Regierung unterwarfen. Man hat die Realität im Namen der pragmatischen Ziele eines politischen Programms gefälscht. Alle drei Anklagen wurden erhoben, nachdem 19 NATO-Staaten unter Einsatz geächteter Waffen eine offene Aggression gegen den verbleibenden Teil Jugoslawiens, Serbien und Montenegro, begangen hatten und mit modernsten technischen Mitteln neue Formen der Gewaltherrschaft ausübten. Ist das nicht der Gipfel des Zynismus?

Die Kroatienanklage führt ethnische Säuberungen an Kroaten auf, und das sollte durch ein „gemeinschaftliches kriminelles Unterfangen" bewiesen werden, welches vor dem 1. August 1991 angestiftet wurde und bis 1992 andauerte. Ich muss schon sagen, dass man äußerst arrogant sein muss, um so eine Lüge zu Papier zu bringen. Es ist allgemein bekannt, dass in diesem Zeitraum Massenverbrechen gegen Serben sowie der erste große Exodus der Serben aus Kroatien mit 150.000 Vertriebenen stattgefunden haben.

Die Kosovoanklage wurde erhoben, ich zitiere: wegen der „Vertreibung einer beträchtlichen Anzahl albanischer Bürger aus dem Kosovo." Sie haben gesehen, was Clark hierüber geschrieben hat, aber sie werden noch viel interessantere Dinge darüber zu hören bekommen. Sie können nicht ein einziges Dorf nennen, in dem jemand aus dem Kosovo vertrieben wurde, so lange es unter der Kontrolle von serbischen Staatsorganen war.

[...]

Sie berücksichtigen noch nicht mal offizielle Erklärungen der USA und der NATO, in denen heute offen bekannt wird, dass sie diese Spiele um das Kosovo gebraucht haben, damit die NATO ihre Aktivitäten über den im NATO-Vertrag festgelegten Einzugsbereich ausdehnen konnte. Die Anklage zu Bosnien-Herzegowina wurde wegen Völkermordes erhoben. Ich bitte Sie, Völkermord an Kroaten und Muslimen in Bosnien-Herzegowina. Das ist unglaublich unverschämt, da wir wissen, dass gerade Belgrad das einzige politische Zentrum in diesen finsteren Zeiten war, von wo aus während der ganzen jugoslawischen Krise eine kontinuierliche Friedenspolitik betrieben wurde, eine Politik der Gleichheit zwischen den Völkern. Dank dieser Politik gab es dort keine Diskriminierung, und Serbien war in einem ganzen Jahrzehnt von Verbrechen das einzige Gebiet, in dem die ethnische Struktur unverändert erhalten blieb.

Meine Herren, mir ist völlig klar, dass es illusorisch wäre, in einem Schauprozess nach Logik zu suchen. Es gab in der Geschichte schon ähnliche Fälle: Den Dreyfus-Fall oder den Dimitroff-Fall in Verbindung mit dem Reichstagsbrand. Aber dieser Prozess übertrifft die genannten alle wegen seiner weit reichenden tragischen Konsequenzen, die er in sich birgt. Ich möchte dazu gar keine persönliche Anmerkung machen, sondern nur darauf hinweisen, wie tief die tragischen Auswirkungen für die ganze Welt sind, denn die universale Rechtsordnung ist in einem solchen Grad zerstört worden, dass es dem Zusammenbruch der Zivilisation gleichkommt. Zum Glück gab es in der Vergangenheit aufrichtige Autoren, die die geschichtliche Wahrheit festgehalten haben, damit nachfolgende Generationen wissen, was geschah und nicht die alten Fehler wiederholen. Ich bin zuversichtlich, dass das auch hier geschieht. In die wahrhafte Geschichtsschreibung von unserer Epoche wird Ihre *Ad-hoc*-Justiz als Beispiel für ein monströses Schauspiel zur Jahrhundertwende eingehen.

Meine Herren, Sie wissen gar nicht, was für ein Privileg es selbst unter den Bedingungen, die Sie mir auferlegt haben, ist, dass ich Wahrheit und Recht als meine Verbündeten habe. Ich bin sicher, dass Sie sich das nicht einmal vorstellen können.

Übersetzung aus dem Englischen:
Sebastian Bahlo und Peter Betscher

Anhang

A. Reden und Erklärungen von Slobodan Milošević

Rede anlässlich des 600. Jahrestages der Schlacht auf dem Amselfeld, 28. Juni 1989[76]

Freunde! Genossen!

An diesem Platz, auf diesem Fleck im Herzen von Serbien, auf dem Amselfeld des Kosovo, fand vor 600 Jahren eine der größten Schlachten aller Zeiten statt. Wie bei allen großen Ereignissen blieb auch diese von vielen Fragen und Geheimnissen geprägt, die immer wieder Gegenstand wissenschaftlicher Forschung und gewöhnlicher volkstümlicher Neugier waren.

Der 600. Jahrestag der Schlacht auf dem Amselfeld fällt auf ein Jahr, in dem Serbien seine nationale und geistige Integrität wiedererlangt hat. Deshalb ist es für uns nicht so schwer, die seit jeher gestellte Frage zu beantworten: „Was können wir Miloš, dem Helden der Schlacht auf dem Amselfeld, heutzutage präsentieren?" Im ungewissen Lauf der Geschichte und des Lebens scheint es, dass Serbien in diesem Jahr 1989 sein Staatswesen und seine Würde zurückgewonnen und somit Grund hat, ein Ereignis zu feiern, das sich als ein historisch und symbolisch überaus bedeutsames für seine Zukunft erweisen sollte.

Heute ist es schwer zu sagen, was in der Schlacht auf dem Amselfeld geschichtliche Wahrheit und was Legende ist. Heute ist das auch nicht mehr wichtig. Niedergedrückt vom Leid und voller Hoffnung hat das Volk sich erinnert und vergessen. Wie übrigens jedes Volk auf der Welt. Es schämte sich des Verrates und pries das Heldentum. Deshalb ist es schwierig zu sagen, ob die Schlacht

[76] Aus: Ralph Hartmann: „Die glorreichen Sieger", Berlin 2001

auf dem Amselfeld eine Niederlage oder ein Sieg für das serbische Volk war, ob wir aufgrund dieser Ereignisse in die Sklaverei geraten sind oder dank dieser die Sklaverei überlebt haben.

Die Wissenschaft und das Volk suchen unablässig die Antwort auf diese Fragen. Das, was bekannt ist nach all diesen hinter uns liegenden Jahrhunderten, ist, dass uns vor 600 Jahren die Zwietracht ereilte. Die verlorene Schlacht war weniger das Ergebnis gesellschaftlicher Überlegenheit und militärischer Stärke des Osmanischen Reiches als das Resultat tragischer Uneinigkeit der damaligen Führung des serbischen Staates. Damals, in jenem fernen 1389, war das Osmanische Reich nicht nur stärker als das serbische, es war auch glücklicher als das serbische. Uneinigkeit und Verrat im Kosovo haben die serbische Nation wie ein übles Schicksal während der gesamten Geschichte verfolgt. Und im letzten Krieg haben diese Uneinigkeit und Verrat das serbische Volk und Serbien in eine Agonie getrieben, deren historische und moralische Konsequenzen die der faschistischen Aggression übertrafen.

Später, als das sozialistische Jugoslawien gegründet wurde, blieb die serbische Führung in diesem neuen Land gespalten und ging auf Kosten der eigenen Bevölkerung viele Kompromisse ein. Kein Volk der Welt könnte unter ethnischen und historischen Gesichtspunkten die Zugeständnisse akzeptieren, welche die verschiedenen serbischen Führer zu Lasten ihres Volkes gemacht haben. Das gilt umso mehr, als die Serben im Laufe ihrer Geschichte andere Völker niemals erobert oder ausgebeutet haben. Das nationale und historische Wesen des serbischen Volkes war während seiner gesamten Geschichte und auch während der zwei Weltkriege bis heute vom Geist der Befreiung geprägt. Sie haben sich stets selbst befreit und wenn sie dazu in der Lage waren, anderen geholfen, sich zu befreien. Und die Tatsache, dass sie in dieser Region ein großes Volk sind, ist keine Sünde, derer sich die Serben schämen müssten. Es ist ein Vorzug, den sie gegenüber anderen nie ausspielten. Aber ich muss hier auf dem legendären Feld des Kosovo feststellen, dass die Serben den Vorteil eines großen Volkes für sich selbst niemals nutzten.

Die Uneinigkeit unter den serbischen Politikern, verbunden mit einer Vasallenmentalität, trug zur Erniedrigung Serbiens und dazu bei, es minderwertig erscheinen zu lassen. So ging es über Jahre und Jahrzehnte. Heute nun sind wir hier auf dem Amselfeld versammelt, um zu sagen, dass das nicht mehr so ist. Es gibt deshalb in Serbien keinen geeigneteren Platz als das Amselfeld, um das zu sagen. Und es gibt deshalb in Serbien keinen geeigneteren Platz als das Amselfeld, um zu sagen, dass die Eintracht in Serbien dem serbischen Volk und Serbien und jedem seiner Bürger, ungeachtet seiner nationalen und religiösen Zugehörigkeit Prosperität ermöglichen wird.

Serbien ist heute vereint, gleichberechtigt mit den anderen Republiken und bereit, alles zu tun, um das materielle und gesellschaftliche Leben aller seiner Bürger zu verbessern. Wenn es Harmonie, Kooperation und Ernsthaftigkeit gibt, wird es darin auch erfolgreich sein. Daher ist der Optimismus, der heute in Serbien mit Blick auf seine Zukunft vorherrscht, realistisch, umso mehr, da er auf der Freiheit begründet ist, die es allen Menschen ermöglicht, ihre positiven, schöpferischen, humanen Fähigkeiten für die erfolgreiche Entwicklung des gesellschaftlichen und des eigenen Lebens auszuprägen.

Niemals in der Geschichte war Serbien nur von Serben bewohnt. Heute mehr als jemals zuvor leben hier Bürger aller ethnischen und nationalen Gruppen. Dies ist kein Handikap für das Land. Ich bin aufrichtig davon überzeugt, dass dies sein Vorzug ist. In diesem Sinne ändert sich die nationale Zusammensetzung fast aller und besonders der entwickelten Länder der gegenwärtigen Welt. Immer mehr und immer erfolgreicher leben Bürger verschiedener Nationalitäten, unterschiedlichen Glaubens und unterschiedlicher Rassen zusammen.

Der Sozialismus als eine progressive und gerechte demokratische Gesellschaftsform darf eine Trennung nach Nationalität und Religion im Zusammenleben nicht erlauben. Der einzige Unterschied, der im Sozialismus erlaubt ist, ist der Unterschied zwischen arbeitenden Menschen und denen, die nichts tun, zwischen ehrenhaften und unehrenhaften Menschen. Deshalb sind alle, die in Serbien von ihrer Arbeit leben, redlich und die anderen Menschen und die anderen Nationen achtend, in ihrer Republik zuhause. Übrigens muss unser ganzes Land auf dieser Basis organisiert werden. Jugoslawien ist eine multinationale Gesellschaft und kann nur auf der Grundlage völliger Gleichberechtigung aller hier lebenden Nationen überleben.

Die Krise, in die Jugoslawien geraten ist, führte zu nationalen, aber auch zu sozialen, kulturellen, religiösen und vielen anderen minder wichtigen Spaltungen. Unter all diesen Spaltungen erwiesen sich die nationalen als die dramatischsten. Ihre Überwindung wird die Beseitigung der anderen Spaltungen erleichtern und die Folgen lindern, die die anderen Teilungen hervorgerufen haben.

Seit Bestehen multinationaler Gesellschaften liegt der Schwachpunkt in den etablierten Beziehungen zwischen den verschiedenen Nationen. Gleich einem Schwert über ihren Köpfen besteht eine konstante Drohung, dass eines Tages eine Nation durch andere bedroht werden und eine Welle freigesetzt werden könnte, die mit Verdächtigungen, Anklagen und Intoleranz behaftet und schwer zu stoppen ist. Innere und äußere Feinde derartiger Gesellschaften wissen dies und trachten deshalb danach, innerethnische Konflikte zu stimulieren. Wir verhalten uns heute in Jugoslawien so, als ob diese Erfahrung für uns absolut unbekannt sei und als ob wir in der entfernten und nahen Vergangenheit die Tragödie nationaler Konflikte nicht erfahren hätten, die es zu durchstehen und zu überleben galt. Gleichberechtigte und harmonische Beziehungen zwischen den Völkern Jugoslawiens sind die unumgänglichen Bedingungen für den Bestand Jugoslawiens, für seinen Weg aus der Krise und besonders für den wirtschaftlichen und sozialen Wohlstand des Landes. In dieser Beziehung unterscheidet sich Jugoslawien nicht von anderen modernen Nationen der entwickelten Welt. Diese Welt ist mehr und mehr gekennzeichnet durch nationale Toleranz, nationale Kooperation und nationale Gleichberechtigung. Die moderne wirtschaftliche und technische, aber auch politische und kulturelle Entwicklung hat die verschiedenen Völker zusammengeführt, macht sie auch voneinander abhängig und immer mehr untereinander gleichberechtigt. In die Zivilisation, zu der sich die Menschheit hin bewegt, können vor allem gleichberechtigte und geeinte Menschen eintreten. Wenn wir den Weg in eine solche Zivilisation auch nicht anführen können, so brauchen wir uns auch nicht hinten anzuschließen.

Zur Zeit der berühmten Kosovo-Schlacht haben die Menschen die Sterne um Hilfe gebeten. Heute, sechs Jahrhunderte später, schauen sie wieder in die Sterne, erwartend, dass sie sie erobern. Damals schien es so, dass sie sich Uneinigkeit, Hass und Betrug erlauben konnten, da sie in kleineren, untereinander kaum verbundenen Welten lebten. Heute, als Bewohner des Planeten, können sie weder diesen noch gar fremde Planeten erobern, sofern sie nicht in Harmonie und Solidarität leben. Nirgendwo auf dem Boden unserer Heimat haben die Worte Harmonie, Solidarität und Kooperation mehr Bedeutung als hier auf dem Amselfeld, das ein Symbol für Uneinigkeit und Verrat ist.

In der Erinnerung des serbischen Volkes war diese Uneinigkeit entscheidend für die Niederlage in der Schlacht und für das schlimme Schicksal, das Serbien volle fünf Jahrhunderte zu ertragen hatte. Und selbst wenn es vom historischen Standpunkt aus nicht so gewesen ist, ist es gewiss, dass das Volk seine Uneinigkeit als sein größtes Unglück erlebt hat. Deshalb ist es die Verpflichtung des Volkes, dass es sie selbst beseitigt, um sich zukünftig vor Niederlagen, Misserfolg und Stagnation zu schützen. Dem Volk in Serbien ist in diesem Jahr die Notwendigkeit der Eintracht als Voraussetzung für sein gegenwärtiges Leben und für seine weitere Entwicklung wie nie zuvor bewusst geworden.

Ich bin überzeugt, dass dieses Bewusstsein hinsichtlich der Eintracht und Einheit es Serbien ermöglichen wird, nicht nur als Staat, sondern als ein erfolgreicher Staat zu funktionieren. Das im Kosovo zu betonen ergibt einen besonderen Sinn, weil es gerade hier gewesen ist, wo Uneinigkeit einst in tragischer Form dieses Serbien für Jahrhunderte zurückgeworfen und bedroht hat und wo es durch eine erneuerte Eintracht vorankommen und seine verlorene Würde wiedergewinnen kann. Und dieses Bewusstsein hinsichtlich der gegenseitigen Beziehungen stellt eine elementare Notwendigkeit auch für Jugoslawien dar, denn sein Schicksal befindet sich in den vereinten Händen aller seiner Völker. Die Kosovo-Schlacht ist überdies zu einem Symbol des Heroismus geworden - einem Symbol, dem Gedichte, Tänze, Literatur und Romane gewidmet wurden. Über sechs Jahrhunderte hat der Kosovo-Heroismus unsere Kreativität inspiriert, den Stolz genährt und uns davor bewahrt, zu vergessen, dass wir einst eine große und tapfere

Armee waren und stolz darauf, auch in der Niederlage unbesiegbar zu sein.

Sechs Jahrhunderte später befinden wir uns wieder in Kämpfen und vor Kämpfen. Dies sind keine bewaffneten Kämpfe, obwohl diese nicht ausgeschlossen werden können. Aber unabhängig von der Art der Schlachten können diese nicht gewonnen werden ohne Entscheidungskraft, Tapferkeit und Selbstaufopferung - Eigenschaften, die im Kosovo so lange vorher schon gang und gäbe waren. Unser heute wichtigster Kampf gilt dem Ziel, wirtschaftlichen, politischen, kulturellen und allgemeinen sozialen Wohlstand zu erreichen. Für die schnellere und erfolgreichere Annäherung an die Zivilisation, in der die Menschen im 21. Jahrhundert leben werden, ist Heldentum besonders notwendig. Natürlich Heldentum anderer Art. Es erübrigt sich zu sagen, dass die Tapferkeit, ohne die nichts Ernsthaftes und Großes in der Welt erreicht werden kann, unverändert und auf ewig notwendig bleibt.

Vor sechs Jahrhunderten hat Serbien sich hier auf dem Kosovo heldenhaft selbst verteidigt und auch Europa verteidigt. Es befand sich damals an seinem Schutzwall, der die europäische Kultur, Religion, die europäische Gesellschaft im Ganzen schützte. Folglich erscheint es heute nicht nur ungerecht, sondern auch unhistorisch und absurd, darüber zu diskutieren, ob Serbien zu Europa gehört. Es gehörte immer dazu, heute wie früher. Natürlich auf seine Art und Weise, die es im historischen Sinne niemals seiner Würde beraubte. In diesem Geiste streben wir heute danach, eine reiche und demokratische Gesellschaft zu errichten. Und damit tragen wir zum Wohlstand unseres schönen und in diesem Augenblick zu Unrecht geplagten Landes bei. Und damit helfen wir den Bemühungen aller progressiven Menschen unserer Zeit, die für eine neue und bessere Welt arbeiten.

Möge das Andenken an den Kosovo-Heroismus für immer leben! Lang lebe Serbien! Lang lebe Jugoslawien!

Es lebe der Frieden und die Brüderlichkeit zwischen den Völkern!

Rundfunk- und Fernsehansprache vom 2. Oktober 2000[77]

Verehrte Bürger,

in Erwartung einer zweiten Wahlrunde nutze ich die Gelegenheit, Ihnen meine Ansichten über die Wahlsituation und die politische Lage in unserem Land, insbesondere in Serbien, erläutern. Wie Sie wissen, sind seit einem vollen Jahrzehnt Bemühungen im Gang, die gesamte Balkanhalbinsel unter die Kontrolle einiger westlicher Mächte zu bringen. Ein großer Teil dieser Absichten wurde erreicht durch die Etablierung von Marionettenregierungen in einigen Ländern, durch ihre Verwandlung in Länder mit begrenzter Souveränität, oder sogar ohne jede Souveränität.

Wegen unseres Widerstandes gegen solch ein Schicksal für unser Land wurden wir jeglicher Art von Druck ausgesetzt, dem Völker in der heutigen Welt ausgesetzt werden können. Die Häufigkeit und Intensität der Druckausübung vervielfachte sich im Lauf der Zeit.

Die gesamte Erfahrung, die die Großmächte in der zweiten Hälfte des 20. Jahrhunderts gesammelt haben im Umsturz von Regierungen, in der Erregung von Unruhe, Anstachelung von Bürgerkriegen, Verunglimpfung oder Liquidation nationaler Freiheitskämpfer, in der Verarmung von Staaten und Nationen - all das wurde gegen unser Land und unser Volk angewandt..

Die Entwicklungen, die für unsere Wahlen organisiert wurden, sind ebenfalls Teil der organisierten Verfolgung unseres Landes und unseres Volkes, weil unser Land und Volk ein Hemmnis bei der Errichtung der vollständigen Beherrschung der Balkanhalbinsel bilden.

Es gibt seit langem eine Gruppierung in unserer Mitte, die unter der Maske oppositioneller politischer Parteien demokratischer Richtung die Interessen von Regierungen vertritt, die die Protagonisten der Drucks gegen Jugoslawien und insbesondere gegen Serbien bilden.

---

77 Aus: http://www.serbia-info.com/news/2000-10/03/20797.html

Diese Gruppierung trat in diesen Wahlen unter dem Namen der Demokratischen Opposition Serbiens auf.

Ihr wirklicher Führer ist nicht ihr Präsidentschaftskandidat.

Ihr Führer ist seit langem der Vorsitzende der Demokratischen Partei und Kollaborateur der Militärallianz, die gegen unser Land Krieg führte. Er konnte nicht einmal seine Kollaboration mit dieser Allianz verbergen. In der Tat weiß unsere gesamte Öffentlichkeit von seinem Appell an die NATO, Serbien so viele Wochen zu bombardieren wie für das Brechen seines Widerstandes erforderlich.

Die Gruppierung, die in dieser Weise für diese Wahlen organisiert ist, repräsentiert daher die Armeen und Regierungen, die vor kurzen Krieg gegen Jugoslawien geführt haben.

In Vertretung von deren Interessen gab die Gruppierung Botschaften an unsere Öffentlichkeit heraus, dass Jugoslawien unter ihrer Führung nicht mehr von Krieg oder Gewalt gefährdet sein werde, dass wirtschaftliche Prosperität einkehren, der Lebensstandard rasch und sichtbar steigen werde, dass Jugoslawien angeblich wieder internationale Institutionen beherbergen werde, usw.

Verehrte Bürger,

es ist meine Pflicht, Sie öffentlich und rechtzeitig zu warnen, dass solche Versprechungen falsch sind und die Lage eine ganz andere ist.

Es ist genau unsere Politik, die Frieden garantiert, und ihre steht nur für andauernde Konflikte und Gewalt, und ich werde Ihnen sagen, warum.

Mit der Errichtung einer Regierung, die von einer Gruppe von Ländern, die innerhalb der NATO zu finden sind, unterstützt oder errichtet würde, würde Jugoslawien unvermeidlich ein Land werden, dessen Territorium rasch aufgeteilt würde.

Dies sind nicht nur die Absichten der NATO alleine. Dies sind die Versprechungen der Demokratischen Opposition Serbiens vor der Wahl. Wir haben von ihren Repräsentanten gehört, dass der Sandžak die Autonomie erhalten werde, die das Mitglied ihres Bündnisses und Führer einer separatistischen Muslimorganisation,

Suleiman Ugljanin, seit zehn Jahren fordert, und die in Wirklichkeit eine endgültige Abtrennung des Sandžak von Serbien bedeuten würde.

Ihre Versprechungen schließen auch eine Autonomie für die Vojvodina ein, die diese nicht nur von Serbien und Jugoslawien abtrennen, sondern sie in Wirklichkeit zu einem integralen Teil des Nachbarlandes Ungarn machen würde.

In ähnlicher Weise würden auch andere Gebiete von Serbien abgetrennt werden, insbesondere seine Grenzregionen.

Ihre Annexion durch Nachbarländer ist seit langem eine heiße Frage in diesen Staaten, die ihre Minoritäten in Jugoslawien anstacheln, einen Beitrag zur Einverleibung von Teilen unseres Landes in Nachbarstaaten zu leisten.

Im Rahmen dieser Aufteilungspolitik gegenüber Jugoslawien würde Kosovo das erste Opfer sein. Sein gegenwärtiger Status würde zum legalen und endgültigen erklärt. Er wäre der erste Teil seines Territoriums, dem Serbien Lebewohl sagen müsste, ohne auch nur die Hoffnung zu äußern, dass Teile seines Landes ihm eines Tages zurückgegeben werden.

Das Territorium, das unter dem Namen Serbien verbleiben würde, würde von internationalen Truppen der USA oder eines dritten Landes besetzt, die dieses Territorium als militärisches Übungsgelände und als ihr Eigentum behandeln würden, das in Übereinstimmung mit den Interessen des Landes, dessen Armee dort steht, zu kontrollieren ist.

Wir haben Fälle von solcher Kontrolle und ihren Konsequenzen seit Jahrzehnten und insbesondere in diesem Jahrzehnt in vielen Ländern rund um die Welt sehen können, leider seit kurzem auch in Europa, z.B. in Kosovo, in der Republik Serbien und in Mazedonien, in unserer unmittelbaren Nachbarschaft.

Die Menschen Serbiens würden das Schicksal der Kurden teilen, mit der Aussicht, schneller als die Kurden ausgelöscht zu werden, da sie weniger zahlreich sind, und da ihre Bewegungen auf ein viel kleineres Gebiet beschränkt wären als das, in dem die Kurden seit Jahrzehnten präsent sind.

Was Montenegro betrifft, würde sein Schicksal den Händen der Mafia überlassen werden, deren Spielregeln den Bürgern deutlich bekannt gemacht werden sollten: auf jedem Bruch der Disziplin und insbesondere auf jedem Widerspruch zu Mafiainteressen steht die Todesstrafe ohne Berufungsrecht.

Ich habe Ihnen das Schicksal Jugoslawiens dargestellt für den Fall dass die Option, die die NATO für unser Land bereithält, akzeptiert wird, um Sie zu warnen, dass alle, außer dem Landverlust und der Erniedrigung der Menschen, unter unaufhörlicher Gewalt leben würden.

Die neuen Besitzer des Territoriums des früheren Jugoslawien und Besetzer des verbleibenden serbischen Territoriums würden die Bevölkerung, deren Territorium sie besetzen würden, terrorisieren - das ist die Natur der Dinge.

Das serbische Volk selbst würde gleichzeitig unablässig für die Wiederherstellung eines serbischen Staates kämpfen, in dem es sich wieder zusammenschließen könnte.

Sie wollen nicht Frieden oder Prosperität auf dem Balkan. Sie wollen ihn zu einer Zone permanenter Konflikte und Kriege machen, die sie mit einem Alibi für ihre andauernde Präsenz ausstatten würden.

Eine Marionettenregierung garantiert daher Gewalt, möglicherweise viele Jahre Krieg, alles andere als Frieden. Nur unsere eigene Regierung garantiert Frieden.

Darüber hinaus sind alle Länder, die sich im Status begrenzter Souveränität und unter Regierungen unter dem Einfluss ausländischer Mächte befinden, rasch verarmt, in einer Art und Weise, die alle Hoffnungen auf gerechtere und humanere soziale Beziehungen zerstört.

Eine große Spaltung in eine arme Mehrheit und eine reiche Minderheit, das ist seit einigen Jahren das Bild Osteuropas, das wir alle sehen können.

Dieses Bild würde auch uns einschließen. Auch wir würden unter dem Befehl und der Kontrolle der Eigentümer unseres Landes rasch eine überragende Mehrheit von sehr Armen bekommen, deren Aussichten, aus der Armut herauszukommen, sehr, sehr ungewiss und weit in der Zukunft wären.

Die reiche Minderheit würde gebildet von der Schwarzmarkt-Elite, der man es erlauben würde reich zu sein nur unter der Bedingung, dass sie völlig loyal gegenüber dem Befehl ist, der das Schicksal ihres Landes entscheidet.

Öffentliches und gesellschaftliches Eigentum würde rasch in Privateigentum umgewandelt, dessen Eigentümer jedoch, wie die Erfahrungen unserer Nachbarn zeigen, in der Regel Ausländer wären. Unter den wenigen Ausnahmen würden sich nur die befinden, die ihr Recht auf Eigentum durch ihre Loyalität und ihre Unterwürfigkeit erwerben würden, was zur Eliminierung der elementaren nationalen und menschlichen Würde führen würde.

Die größten nationalen Besitztümer werden unter diesen Umständen Eigentum von Ausländern, und die Leute, die sie bisher leiteten, würden dies weiter tun, aber als Angestellte ausländischer Firmen in ihrem eigenen Land.

Nationale Erniedrigung, Auseinanderbrechen des Staates und soziales Elend würden unausweichlich zu vielen Formen sozialer Krankheiten führen, unter denen das Verbrechen die erste wäre. Dies ist nicht bloß eine Vermutung, dies ist die Erfahrung aller Länder, die den Weg eingeschlagen haben, den wir um jeden Preis zu vermeiden versuchen.

Die Hauptstädte des europäischen Verbrechens sind nicht mehr im Westen, sie wurden vor einem Jahrzehnt nach Osteuropa verlegt.

Unsere Menschen finden es schwer, bereits die gegenwärtige Verbrechenshäufigkeit zu ertragen, weil wir lange Zeit - vom zweiten Weltkrieg bis zu den neunziger Jahren - in einer Gesellschaft gelebt haben, die Verbrechen überhaupt kaum kannten. Verbrechen im größeren Ausmaß, wie es sich nicht vermeiden lässt in einer Gesellschaft, die wir durch den Verlust der Souveränität und eines großen Teils unseres Territorium würden, wäre ebenso gefährlich für unser kleines, an Verbrechen nicht gewöhntes Volk, wie es für die Gesellschaft und ihre Bürger gefährlich ist.

Eine der wesentlichen Aufgaben einer Marionettenregierung in einem jeden Land, einschließlich des unseren, wenn wir solch eine Regierung bekämen, ist der Verlust der Identität.

Länder unter fremdem Befehl vergessen relativ rasch ihre Geschichte, ihre Vergangenheit, ihre Tradition, ihre nationalen Symbole, ihre Lebensweise, oft ihre eigene Literatursprache.

Die zunächst unsichtbare, aber sehr wirksame und gnadenlose Ausscheidung der nationalen Identität würde sie auf ein paar Nationalgerichte, ein paar Lieder und Volkstänze reduzieren, und die Namen der nationalen Helden würden als Markennamen für Lebensmittel oder Kosmetik gebraucht.

Eine der wirklich offenkundigen Konsequenzen der Übernahme von Territorien von Ländern durch die Großmächte im 20. Jahrhundert ist die Vernichtung der Identität der Völker dieser Länder.

Die Erfahrung anderer Länder zeigt, dass die Menschen kaum fertig werden mit der Geschwindigkeit, mit der sie beginnen, eine fremde als die eigene Sprache zu gebrauchen, sich mit fremden historischen Gestalten zu identifizieren und ihre eigenen zu vergessen, besser mit der Literatur ihrer Okkupanten vertraut zu sein als mit der eigenen, die Geschichte anderer zu glorifizieren und die eigene zu verspotten, anderen anstatt sich selbst ähnlich zu sein.

Der Verlust der nationalen Identität ist die größte Niederlage, die eine Nation durchmachen kann, unvermeidlich unter der heutigen Form der Kolonisation.

Außerdem schließen die neuen Formen der Kolonisierung durch ihr Wesen jegliche Möglichkeit der freien Rede oder des freien Willens aus, und insbesondere schließen sie jegliche Kreativität aus.

Länder, die nicht frei sind, verweigern den Menschen, die in ihnen leben, das Recht auf freie Rede, weil das notwendigerweise dem Fehlen der Freiheit konträr geht.

Daher ist die Gedankenfolter die durchgängigste und wesentlichste Form der Folter in einem Land, das seine Freiheit verloren hat. Nach dem freien Willen zu handeln ist natürlich ausgeschlossen. Freier Wille ist nur als Farce zugelassen. Er wird nur den Lakaien ausländischer Herren zugestanden, und deren gespielter freier Wille wird von den Besatzern als Rechtfertigung für die Errichtung der Demokratie benutzt, in deren Namen sie vom Land eines anderen Volkes Besitz ergriffen haben.

Ich möchte vor allem im Hinblick auf die Jugend, auf Intellektuelle und Wissenschaftler darauf hinweisen, dass Länder, die ihrer Souveränität beraubt sind, in der Regel des Rechts auf kreative Arbeit beraubt sind, und insbesondere auf kreative Arbeit auf dem Gebiet der Wissenschaft.

Große Zentren und große Mächte finanzieren die wissenschaftliche Arbeit, kontrollieren ihre Zugänglichkeit und entscheiden über die Anwendung ihrer Ergebnisse. In abhängigen Staaten, wenn sie wissenschaftliche Laboratorien und Institute haben, sind diese nicht unabhängig, sondern arbeiten als Zweigstellen, die von einem Zentrum aus kontrolliert werden. Ihre Zugänglichkeit muss innerhalb von Grenzen bleiben, die in besetzten Ländern und Völkern das Hereintragen der Saat der Rebellion und Emanzipation verhindern.

Zu diesem Zeitpunkt vor den Stichwahlen üben Führer der Demokratische Opposition Serbiens, weil die Demokratische Opposition Serbiens im Zweifel ist, ob sie die Ergebnisse, die sie braucht, erzielen kann, mit Geld, das ins Land gebracht wurde, Bestechung, Erpressung und Belästigung gegenüber Bürgern aus, organisieren Streiks, Unruhe und Gewalt, um die Produktion, jegliche Arbeit und Aktivität zu stoppen.

All dies natürlich mit der Absicht, das Leben in Serbien zu stoppen, und mit der Erklärung, dass das Leben wieder beginnen und gut und erfolgreich weitergehen kann, wenn es von denen organisiert wird, die hier die Absichten, Pläne und Interessen von Okkupanten vertreten.

Unser Land ist ein souveräner Staat. Es hat seine Gesetze, seine Verfassung, seine Institutionen. Serbien ist verpflichtet und will sich gegen die Invasion verteidigen, die gegen es vorbereitet wird mittels falscher Formen von Subversion.

Und die Bürger sollten wissen, dass durch Teilnahme an der Subversion, deren Ziel die ausländische Herrschaft über ihr Land oder die Besetzung ihres Landes ist, sie die historische Verantwortung auf sich laden, ihrem Land das Existenzrecht abzusprechen, aber auch die Verantwortung dafür, dass sie Kontrolle über ihr eigenes Leben verlieren.

Durch die Auslieferung ihres Landes an andere, an fremden Willen, liefern sie auch ihr eigenes Leben und das ihrer Kinder und vieler anderer Menschen an fremden Willen aus.

Ich habe es als meine Pflicht angesehen, die Bürger unserer Landes vor den Konsequenzen der Handlungen zu warnen, die von den Regierungen der NATO-Länder finanziert und unterstützt werden.

Die Bürger müssen mir nicht glauben.

Mein Wunsch ist nur, dass sie sich darüber klar werden nicht erst, wenn es zu spät ist, dass sie sich nicht erst dann darüber klar werden, wenn es schwierig sein wird, Fehler wieder gutzumachen, die Bürger aus Naivität, aus Oberflächlichkeit oder Irrtum begehen, denn diese Fehler werden nur schwer korrigiert werden können, einige davon nie.

Mein Motiv bei dieser meiner Meinungsäußerung ist in keiner Weise persönlich. Ich bin zweimal zum Präsidenten von Serbien und einmal zum Präsidenten von Jugoslawien gewählt worden. Es sollte allen nach diesen zehn Jahren klar sein, dass sie nicht Serbien wegen Milošević, sondern Milošević wegen Serbien angreifen.

Mein Gewissen in dieser Hinsicht ist völlig rein.

Mein Gewissen wäre jedoch überhaupt nicht rein, wenn ich meinem Volk nach all diesen Jahren an seiner Spitze nicht sagen würde, was ich über ihr Schicksal, wenn es von jemand anderem ihnen auferlegt würde, denke, selbst wenn das bedeutet, dem Volk zu erklären, dass sie dieses Schicksal selbst gewählt haben.

Das Fehlurteil, dass sie wählen, was von jemand anderem gewählt wurde, ist das gefährlichste Fehlurteil und die Hauptursache meiner Entscheidung, mich öffentlich an die Bürger Jugoslawiens zu wenden.

Ich danke Ihnen.

Erklärung zur Illegalität des Tribunals vom 30. August 2001[78]

Bei seiner zweiten Anhörung vor dem „Tribunal“ in Den Haag am 30. August 2001 wurde es Präsident Milošević nicht gestattet, die nachstehende Erklärung abzugeben.

Drei verhängnisvolle Rechtsmängel kennzeichnen das so genannte Internationale Strafrechtstribunal für das ehemalige Jugoslawien. Jeder einzelne hat katastrophale Folgen für das menschliche Streben nach Frieden, Einhaltung des Rechts, Demokratie, Wahrheit und Gerechtigkeit.

1. Die Charta der Vereinten Nationen ermächtigt den Sicherheitsrat nicht, ein Strafgericht einzusetzen.

Der VN-Sicherheitsrat hat sich eine Machtbefugnis angeeignet, die ihm nicht zukommt. Damit hat er die Charta der Vereinten Nationen entstellt, sich selbst dem Recht übergeordnet und für uns „Völker der Vereinten Nationen“ eine gesetzlose Zukunft heraufbeschworen, in der eine Supermacht die Geißel des Krieges schwingt, um ihren Willen durchzusetzen. In der Geschichte der Planung, Formulierung, Diskussion, Billigung oder Ratifizierung der VN-Charta gibt es nicht den geringsten Anhaltspunkt für die Absicht, irgend ein durch oder aufgrund der Charta geschaffenes Gremium zu ermächtigen, irgendein Straftribunal einzurichten. Der Wortlaut der Charta und die sich daraus ergebenden Schlussfolgerungen, die Struktur und Verteilung von Befugnissen und Pflichten, einschließlich jener gemäß Statut des Internationalen Gerichtshofs, das Bestandteil der Charta ist, all dies widerspricht dem Vorhandensein irgendeiner durch die Charta verliehenen Kompetenz, Strafgerichtshöfe einzurichten. Das Straftribunal für

[78] Slobodan Milošević, Illegitimacy of the „Tribunal“, veröffentlicht in: Ramsey Clark, “Hidden Agenda”, New York 2002

das ehemalige Jugoslawien ist illegitim, und seine Einrichtung eine Entstellung der Vereinten Nationen.

Es wäre nie zu den Vereinten Nationen gekommen, wenn deren Charta vorsähe oder indirekt zuließe, dass unter ihrer Autorität ein Strafgericht geschaffen werden kann. Niemand, der sich an die historische Wahrheit hält, kann, wenn Worte einen Sinn haben, nachdem er die Geschichte der Entstehung der Charta und ihren Wortlaut studiert hat, behaupten, dass die Satzung der Vereinten Nationen den Sicherheitsrat ermächtigt, ein Strafgericht zu schaffen.

Ein Internationales Strafgericht kann nur im Zuge eines multinationalen Vertrages oder durch Änderung der Charta der Vereinten Nationen geschaffen werden.

Die Staatenvertreter im Sicherheitsrat und in der Generalversammlung sowie die Wissenschaftler, Juristen und Experten, die seit über dreißig Jahren daran gearbeitet haben, einen internationalen Strafgerichtshof ins Leben zu rufen, haben anerkannt: Der einzig rechtsförmige und rechtsverbindliche Weg der Schaffung eines solchen Gerichtshofs besteht in der Übereinkunft zwischen Nationalstaaten durch einen zu diesem Zweck geschlossenen Vertrag oder durch Änderung der Charta der Vereinten Nationen bei strikter Einhaltung ihrer Bestimmungen über Änderungen zur Ermächtigung und Einrichtung eines Gerichtshofs.

Als schließlich ein Internationaler Strafgerichtshof im Juli 1998 von 120 Staaten in Rom vereinbart wurde, geschah dies durch einen Vertrag, der jahrelang erarbeitet, formuliert und debattiert worden war. Die Vereinigten Staaten von Amerika, der mächtigste Teilnehmer an diesem langen Prozess, suchten durchweg, den Vertrag abzuschwächen, um führende Politiker und Militärs der USA von der strafrechtlichen Verantwortung vor dem Gerichtshof auszunehmen. Damit erlitten die USA einen Fehlschlag, waren aber weiterhin der prominenteste und mächtigste der Handvoll Staaten, die sich weigerten zu unterzeichnen. Nach dem Stand vom 1. August 2001 haben 37 Staaten, darunter die Niederlande als letzte, den Vertrag ratifiziert.

Die Vereinigten Staaten versuchen mit Nachdruck, andere Staaten zu überreden, zu zwingen und zu bestechen, nicht zu unterzeichnen.

Die Schaffung des Internationalen Straftribunals für das ehemalige Jugoslawien war ein gesetzloser Akt politischer Zweckdienlichkeit mit dem Ziel, einen Feind zu dämonisieren und zu vernichten und die Schaffung eines legitimen Internationalen Strafgerichtshofs zu hintertreiben.

Auf Betreiben der USA schmiedete der Sicherheitsrat fast fünfzig Jahre nach seinem Entstehen eine neuartige und machtvolle Waffe, die in der Lage ist, eine Nation und ihre Menschen zu dämonisieren und Einzelpersonen für den Rest ihres Lebens ihrer Freiheit zu berauben, und legte sie weitgehend in die Hände der Vereinigten Staaten. Die Hauptpräzedenzfälle eines solchen pseudo-gerichtlichen Handelns während einiger Jahrtausende vor der Schaffung der Vereinten Nationen sind Gerichtsverfahren gegen Führer und Soldaten besiegter Bevölkerungen durch die Sieger in einem Krieg sowie Gerichte von Kolonialmächten zur Kontrolle und Bestrafung unterworfener Völker. Die Präzedenzfälle sind zahlreich, und die Gewalt und Grausamkeit sowie der Hass, den sie gewöhnlich an den Tag legten und verursachten, war extrem.

Wenn dem Sicherheitsrat durch die VN-Charta und das internationale Recht keine Grenzen gesetzt werden, kann er tun, was er will.

Wenn der Sicherheitsrat nicht durch die Charta der Vereinten Nationen eingeschränkt wird, kann er jeden Akt vollziehen, der seinen Wünschen entspricht, und dabei jegliches Recht außer Acht lassen. Die ersten Verfechter der Weltmachtstellung der Vereinigten Staaten forderten einen derart uneingeschränkten Handlungsspielraum für den Sicherheitsrat öffentlich. So schrieb 1950 John Foster Dulles:

„Der Sicherheitsrat ist kein Gremium, das bloß geltendes Recht durchsetzt. Er ist Recht für sich selbst ... es gibt keine festgelegten

Rechtsprinzipien, an denen er sich orientiert; er kann entscheiden, was er für zweckdienlich hält."

Falls dem nicht widersprochen wird, bedeutet dieses Konzept der Macht des Sicherheitsrats, dass das mächtigste internationale Organ, das mit der Charta der Vereinten Nationen geschaffen wurde, um „künftige Geschlechter vor der Geißel des Krieges zu bewahren", jeglichem nationalen wie internationalen Recht übergeordnet ist.

Aber absolute Entscheidungsgewalt ist geradezu die Definition von Gesetzlosigkeit. „Freiheitszerstörerischer als irgendeine andere menschliche Erfindung" nannte sie der Richter des Verfassungsgerichts der USA, William O. Douglas. Damit werden alle Rechte aller Nationen, Rassen, Religionen, Kulturen, politischen Parteien und Einzelpersonen dem Willen des Sicherheitsrates und der einzigen Supermacht, die ihn allzu oft dominiert, untergeordnet. Abgesehen von fünfzehn Staaten sind alle übrigen von der Vertretung im Sicherheitsrat ausgeschlossen. Jedes der fünf ständigen Mitglieder kann sein Tätigwerden mit einem Veto blockieren.

Der Sicherheitsrat ist der Dominanz einer einzigen Nation unterworfen. Der Vertreter eines jeden Mitgliedstaates gibt seine Stimme entsprechend den Weisungen der nationalen Regierung, die ihn ernennt, ab, um dem Interessen dieser Regierung zu dienen und nicht als ein internationaler Staatsmann, der allen Völkern sowie den Zwecken dient, für welche die VN geschaffen wurden. Der Sicherheitsrat ist unzugänglich, anonym und reagiert weniger auf demokratische Prozesse als irgendeine andere internationale politische Institution.

2. Ein Gericht, das befristet und auf eine Episode in einem bestimmten Land abzielend von einer internationalen politischen Macht geschaffen wurde, um ihren geopolitischen Interessen zu dienen, ist zu Gleichbehandlung unfähig und führt zu Spaltung und Gewalt

Das illegitime Straftribunal für das ehemalige Jugoslawien korrumpiert Rechtsprechung und Gesetz, weil es unfähig ist, zwischen den Staaten oder innerhalb des politisch anvisierten Staates, gleichförmig zu agieren. Es steigert Gewalt, Spaltung und das Risiko des Krieges mit benachbarten Nationen und Völkern sowie innerhalb Jugoslawiens unter den Segmenten der Gesellschaft, welche die Balkanisierungspolitik der USA im ehemaligen Jugoslawien gegen einander ausgespielt hat, sowie gegen die neue Regierung, welche die USA für ihre eigenen Zwecke installiert haben. Hätte die Charta der Vereinten Nationen den Sicherheitsrat ermächtigt, Strafgerichte zu schaffen, könnte er doch auch dann nicht ein Gericht für eine Nation oder eine Episode zu politischen Zwecken schaffen, um ausgewählte Gruppen oder Personen zu verfolgen, und ein solches Gericht ist unfähig, eine gleichmäßige Rechtsprechung nach Recht und Gesetz auszuüben. Ein *Ad-hoc*-Gericht verletzt die elementarsten Prinzipien jeden Rechts. Gleichheit ist die Mutter der Rechtsprechung. Ein internationales Gericht, das errichtet wurde, um Taten in einer einzigen Nation und primär, wenn nicht gänzlich, einer begrenzten Gruppe zu verfolgen, ist zu ungleicher Strafverfolgung vorprogrammiert.

Kann der Sicherheitsrat ein Strafgericht zur Verfolgung von Handlungen in einem einzigen Land wie Jugoslawien schaffen, so kann er auch ein Gericht für jedes beliebige andere Land bestimmen und dabei bestimmte Feinde oder politische und ökonomische Gelegenheiten, jeweils einen von ihnen ins Visier zu nehmen, auswählen, wobei er sich selbst oder diejenigen, die seinen Wünschen entsprechen, niemals einer solch selektiven Strafverfolgung aussetzt. Wären die USA oder irgend einer ihrer Verbündeten oder Klientelstaaten, die sie schützen möchten, ernsthaften Bemühungen des Sicherheitsrates ausgesetzt, mit einem Straftribunal auf den eigenen Namen beehrt zu werden, so würden die USA gegen die angedrohte Aktion ihr Veto einlegen.

Ein für Verbrechen in einem Lande geschaffenes Gericht ist schon der Definition nach diskriminierend, zu gleicher Gerechtigkeit unfähig, eine Waffe gegen ausgewählte Feinde oder entgegen gesetzte Interessen und Krieg mit anderen Mitteln. Falls es zu irgendeinem internationalen Strafgericht kommen sollte, müsste es allen Nationen gegenüber gleichmäßig agieren, keine dürfte über dem Gesetz stehen. Das *Ad-hoc*-Tribunal für eine einzelne Nation korrumpiert das internationale Recht.

Aus der Natur eines *Ad-hoc*-Tribunals folgt, dass es erst nach den Handlungen geschaffen werden kann, die nach der Entscheidung des Sicherheitsrates die Schaffung eines Gerichts rechtfertigen, da es keinen anderen Vorwand für seine Schaffung gibt. Auf jeden Fall hat es rückwirkende Geltung. Darin liegt ein Verstoß gegen ein uraltes Rechtsprinzip. Ferner wird dabei vom Sicherheitsrat, insofern für sein Handeln eine rationale Grundlage gegeben sein soll, verlangt, einige vorläufige Behauptungen zu dem zu ermittelnden Sachverhalt aufzustellen, eine Aufgabe für die ein solches politisches Gremium nicht gemacht ist, das damit implizit ein Land oder eine Interessengruppe inkriminiert, indem es einer politischen Entscheidung über den Sachverhalt, die für die Schaffung eines Tribunals nötig ist, eine Art höchstrichterliche Bestätigung des Sicherheitsrats der Vereinten Nationen verleiht. Schon die Anklage durch den Sicherheitsrat – wegen Völkermord, Verbrechen gegen den Frieden, Kriegsverbrechen oder Verbrechen gegen die Menschheit – ist geeignet, jede danach angeklagte Person zu dämonisieren.

Das Selektieren einer Nation für eine Anklage aufgrund politischer Befunde wegen Völkermord, Kriegsverbrechen und Verbrechen gegen die Menschheit erzeugt Verurteilungszwang

Ermittler, Ankläger und Verwaltungspersonal, die in ein zeitlich befristetes Tribunal eintreten, um Anschuldigungen wegen größter Menschheitsverbrechen nachzugehen, und zwar gegen ein Volk und führende Politiker, die bereits dämonisiert sind, werden das Gefühl haben zu versagen, wenn es nicht zu Verurteilungen kommt. Schon die Psychologie des Unternehmens ist verfolgungsbesessen. Wenige Richter, die in ein unter diesen Umständen geschaffenes Tribunal berufen worden sind, werden die innere Freiheit besitzen, außer bei unbedeutenden oder offensichtlich irrtümlich beschuldigten Angeklagten oder um den Anschein der Objektivität zu erwecken, bei irgend jemand auf Freispruch zu erkennen.

Großmächte, die internationale *Ad-hoc*-Tribunale schaffen, lenken die Aufmerksamkeit von ihren eigenen Vergehen oder Versäumnissen oder solchen ihrer Alliierten und politischen Stellvertreter ab, währenddessen sie weiter ungestraft Massenvernichtung betreiben oder androhen.

Das *Ad-hoc*-Tribunal, welches ein Land ins Visier nimmt, ist unfähig, in demselben Konflikt möglicherweise größere Verbrechen zu verfolgen, die von einer Macht, einem Koalitionsverbündeten oder einem politischen Agenten begangen wurde, der eine viel größere Quelle der Gewalt und Bedrohung des Friedens war und weiterhin ist. Meist ist die Macht, welche die Schaffung eines Sondertribunals durchgesetzt hat, um ihren Feind weiter zu schädigen und zu dämonisieren, vor Kritik geschützt durch die Propagandalawine gegen den Angeklagten, die vom Anschein der Neutralität und der Friedensbemühungen des Vereinten Nationen gestützt wird.

Welches Gericht befasst sich mit der Kriminalität der Bombardierungen der US-Luftwaffe gegen schutzlose Zivilisten, ihre Wohnungen, Wasserversorgungssysteme, Kraftwerke, Fabriken, Bürogebäude, Schulen, Krankenhäuser, die unmittelbar Tausende von Menschenleben forderten und Vermögensschäden in Höhe von Milliarden Dollar in Belgrad, Niš, Novi Sad und unzähligen anderen Städten, Ortschaften und Dörfern verursachten? Welche Bedrohung des Friedens geht weiterhin von der US-amerikanischen Bombardierung der chinesischen Botschaft aus?

Wer wird für die Zerstörung von Priština durch NATO-Flugzeuge oder die Angriffe auf Flüchtlingskolonnen in Kosovo und Metochien zur Verantwortung gezogen? Ist der US-amerikanische Einsatz von Streubomben, die mit rasiermesserscharfen Splittern über einem Gebiet von der Größe eines Fußballfeldes im Hof des Krankenhauses von Niš explodierten, kein Verbrechen? Wird der Sicherheitsrat tätig werden, um den Einsatz von abgereichertem Uran durch die USA zu verhindern und zu bestrafen, das in seiner Strahlung so unterschiedslos wirkt wie die Luft, das Wasser, der Boden und die Nahrungskette, die es befällt und auf Millionen von Jahren vergiftet?

Nur deshalb akzeptiert das internationale Recht Bombardierungen schutzloser Zivilbevölkerungen durch hoch entwickelte Militärtechnologie, die ein Land zerstören kann, ohne es zu betreten, weil eine Supermacht die internationalen Strafverfolgungen kontrolliert und über Verstöße entscheidet. Das dominierende Element bei moderner Militärmacht ist Massenvernichtung. Sieger sind die Nationen mit der größten Fähigkeit zur Massenvernichtung. Damit wird die Zivilbevölkerung in einen Zustand maximaler Gefährdung versetzt; denn unmittelbares Ziel der US-Luft- und Raketenangriffe war die Infrastruktur für alles zivile Leben, für Gebäude, Wasser, Strom, Verkehr, Kommunikation, Nahrungsmittelerzeugung, -lagerung und -verteilung, medizinische Versorgung, Schulen, Kirchen, Moscheen, Synagogen und ausländische Botschaften. Mehrere Tausend Zivilpersonen wurden unmittelbar und weit mehr noch indirekt getötet. Die USA behaupten, 159 Todesfälle erlitten zu haben, ein Drittel davon durch eigenes Feuer, nicht im Kampf.

Im Jahre 1998 richteten die USA 21 Tomahawk-Raketen von internationalen Gewässern aus auf die El Shifa Arzneimittelfabrik in Khartum im Sudan, die mehr als die Hälfte der Pharmazeutika für die sudanesische Bevölkerung lieferte, die sehr arm ist und diese Versorgung nicht ersetzen konnte. Die USA unterstützen einen Aufstand im Süden des Sudan und bedrohen den Sudan mit Verfolgung durch ein internationales *Ad-hoc*-Straftribunal.

Die NATO nimmt für sich nicht in Anspruch, die Gewalt in Kosovo und Metochien zwischen Serben, ethnischen Albanern und anderen Bevölkerungsteilen verhindert zu haben. Tatsächlich verschärfte die NATO diese Gewalt. Die NATO bombardierte Serbien 79 Tage lang, wobei sich diese Bombardierungen gegen Zivilpersonen und Bürger richteten, indem zivile Einrichtung im

Wert von Milliarden von Dollar vernichtet wurden, und zwar unter Einsatz illegaler Waffen, darunter Streubomben, und wobei die zivilen Gebäude des serbischen Fernsehens und Rundfunks zerstört wurden. Die NATO bombardierte Kosovo und Metochien am schlimmsten von allen Regionen, zerstörte einen Großteil von Priština, tötete Tausende von Albanern, Muslimen, Serben, Roma, Türken und andere und zwang Hunderttausende von Menschen zur Flucht aus Kosovo und Metochien. Der Schaden für das jugoslawische Militär war unbeachtlich. Im Sommer 2001 setzen die USA weiterhin Streubomben im Norden und Süden Iraks bei fast täglichen Angriffen ein.

Und im Jahre 1999, als die USA und die NATO-Länder in Kosovo und Metochien als „Sicherheitskräfte“ einmarschierten, weigerten sie sich, vor Ort einzuschreiten, um die in der Provinz bedrohten Menschen zu schützen.

Keine Abhilfe oder Erleichterung wird es für serbische Opfer von Gräueltaten geben, weder für die etwa 500.000, die aus Kroatien mit Billigung, wenn nicht sogar aufgrund einer Anweisung der USA, für immer aus ihren Heimstätten in der Krajina vertrieben wurden, noch für die mehr als 330.000 seit dem Waffenstillstand 1999 dauerhaft aus Kosovo und Metochien Vertriebenen oder für die Tausende von Serben, Roma und andere, die durch die Bombenangriffe der USA und der NATO getötet wurden oder vor, während und nach den Angriffen durch die von den USA unterstützte Terrororganisation, die so genannte UÇK. Und auch die Mazedonier, die bei UÇK-Angriffen getötet, verwundet und vertrieben wurden, bei Angriffen, die von den USA mit Nachsicht verfolgt, wenn nicht sogar angestiftet wurden, und die für Mazedonien einen Bürgerkrieg und für den Balkan einen allgemeinen Krieg heraufbeschwören, werden den Sicherheitsrat nicht dazu veranlassen, ein Gericht zur Verfolgung der Täter zu schaffen.

Die Großmächte können für ihre Handlungen, die Krieg, Aufstand und Gewalt in Zielländern hervorrufen, nicht zur Verantwortung gezogen werden.

Es gibt keine Rechenschaftspflicht der USA, Deutschlands und anderer Nationen, deren Regierungspolitik und Pressionen das Auseinanderbrechen Jugoslawiens durch Abspaltung von Slowenien, Kroatien, Bosnien, Mazedonien sowie durch den Versuch der Abspaltung von Teilen Serbiens wie Kosovo und Metochien erzwungen haben.

Die USA und einige europäische Staaten haben die Region durch eine Art von Apartheid balkanisiert, wie sie in dieser künstlichen und aufgezwungenen Form der Balkan oder irgendein anderer Teil der Welt bisher nicht gekannt haben. Ihr Vorgehen hat Frieden, Stabilität und Wohlstand unmöglich gemacht. Die ökonomische Lebensfähigkeit von kleinen, fragmentierten Gebieten ist abhängig von ausländischen Wirtschaftsinteressen, welche die Beherrschung und Ausbeutung der Region im Auge haben. Die neue Apartheid führt zu US-geplanten Konflikten zwischen westlich orientierten katholischen Kroaten und östlich orientierten orthodoxen Serben; sie erzeugt Unfrieden und Abgrenzung zwischen dem westlichen und östlichen Europa. Gefährlicher noch, sie bereitet den Boden für Gewalt, indem sie internationale Konflikte zwischen slawischen und muslimischen Völkern fördert, was den Gegenkräften gegen die US-Weltordnung schwere Verluste zufügt und sie schwächt. Kosovo und Metochien als Teil Serbiens und Mazedonien sind aktuelle Beispiele einer langen Kette tragischer und vermeidbarer Gewaltkonflikte zwischen Muslimen und Slawen, die in unterschiedlichem Ausmaße in Afghanistan, Dagestan, Tschetschenien, Kasachstan, Kirgisien, Tadschikistan, Turkmenistan, Usbekistan und Bosnien aufgetreten sind.

Eine Bundesrepublik aus balkanischen Staaten, die lange Zeit von ausländischen Mächten gegen einander ausgespielt worden waren, war entstanden, um Frieden, Zusammenarbeit und Wohlstand zu schaffen.

Die Idee Jugoslawiens, einer Balkanföderation mit dem Ziel, Spaltungen zu heilen und eine bessere Chance für ein Zusammenleben in Frieden und Wohlstand zu bieten, galt in den Jahren nach dem ersten Weltkrieg darüber hinaus als ein wichtiges Mittel zum Frieden. Während die Idee zwischen den beiden schlimmsten Kriegen der Geschichte nur mühsam vorwärts kam, wurde sie nach dem zweiten Weltkrieg, in welchem sie zu Schanden gemacht aber nicht besiegt worden war, mit bemerkenswertem Erfolg verwirklicht. Eine unabhängige und vereinigte Bundesrepublik Jugoslawien wurde eine längerfristig erfolgreiche Lösung für die südslawischen Völker. Sie war ein Bollwerk der Blockfreienbewegung. Mit dem Zusammenbruch der Sowjetunion und der Ostblockwirtschaft war sie die übrig gebliebene sozialistische Regierung, die für die kapitalistische Kontrolle Osteuropas eine Bedrohung darstellte.

Mit ihrer gemischten Wirtschaft bot sie den ehemaligen Ostblockländern ein Beispiel für die Wiederbelebung ihrer wirtschaftlichen und politischen Unabhängigkeit. Mit einer erfolgreichen, funktionierenden Bundesrepublik Jugoslawien gab es den lebendigen Beweis, das die Geschichte nicht am Ende, dass mehr als ein Wirtschaftssystem möglich war.

Nach dem Zusammenbruch der Ostblockwirtschaft galt vielen in der Region eine größere Balkanföderation, eine süd-östliche Europäische Union als ein Mittel, um wirtschaftlicher Ausbeutung vorzubeugen, Gewalt zu vermeiden und eine starke und unabhängige politische, soziale und wirtschaftliche Region zu entwickeln.

Ausländisches Kapital und geopolitische Interessen der USA betrachteten dies als ein gefährliches Hindernis für ihre Pläne für eine neue Weltordnung, Globalisierung und neuen Kolonialismus.

Nachdem die Vereinigten Staaten Jugoslawien dämonisiert haben, greifen sie es straflos an und verfolgen seine Führung.

Gnadenlos bombardierten die USA Jugoslawien 79 Tagen lang. Sie versuchten, mich zu ermorden, indem sie meine Wohnung, mein Büro und andere Örtlichkeiten, wo sie mich vermuteten, bombardierten. Sie versuchten Libyens Staatsoberhaupt Muammar el Gaddafi bei ihrem Luftangriff auf Tripolis 1986 zu töten, ebenso wie den irakischen Präsidenten Saddam Hussein bei mehreren Gelegenheiten seit 1991, darunter ihr Cruise Missile-Angriff auf das Al-Rashid-Hotel in Bagdad 1993 zu einem Zeitpunkt, an dem sie glaubten, er hielte sich dort auf, um internationale islamische Führer zu treffen.

Durch wirtschaftliche Sanktionen, die extremste und offenste Form erzwungener Verarmung und wirtschaftlicher Aggression, haben die USA den Sicherheitsrat zu einer Komplizenschaft bei dem längsten, tödlichsten und grausamsten Völkermord des letzten Jahrzehnts gezwungen, bei den Sanktionen gegen das feindliche Irak, wobei mindestens 2 Millionen Menschen, darunter die meisten Kinder, getötet wurden. Die Vereinigten Staaten haben gegen Jugoslawien wirtschaftliche Sanktionen erzwungen, die seine zivile Wirtschaft schwer schädigten und seinen Unabhängigkeitswillen untergruben.

Kann ein Straftribunal für Jugoslawien, das die durchgängige Gewaltanwendung der USA ignoriert und das öffentliche Bewusstsein vom Verhalten der USA ablenkt und Luft- und Raketenangriffen auf Zivilisten und den Einsatz illegaler Waffen gegen ein Land nach dem anderen durch stillschweigende Hinnahme legitimiert und damit eine Wiederholung zu einem zu erwartenden Ereignis macht, noch ehe es eintritt, zu der Hoffnung auf Einhaltung des Rechts, auf Gerechtigkeit und Frieden beitragen?

Die Vereinigten Staaten, selbst gegen Kontrolle oder Verfolgung immun und über dem Gesetz stehend, gebrauchen ihre Macht, um die Verfolgung von Feinden zu veranlassen, die sie auswählen, um sie zu terrorisieren und weiter zu dämonisieren. Sie stellen Waffen her und verkaufen sie an ausgewählte Staaten sowie Gruppen, die ihnen feindliche Regierungen zu stürzen suchen, gebrauchen straflos illegale Waffen gegen schutzlose Menschen, fahren fort, ihr annäherndes Monopol auf atomare Waffen und hoch entwickelte Raketentechnik zu festigen und auszubauen, geben Billionen für einen einseitigen Schutz vor Star Wars aus, womit sie einen weiteren Rüstungswettlauf anheizen, während Milliarden Menschen von Hunger geplagt werden, Millionen vor Hunger zu Krüppeln werden und Unterernährung Hunderttausende von Leben dahinrafft, und Aids sich in armen Ländern ausbreitet.

Die USA vereiteln den internationalen Umweltschutz, untergraben die Kontrolle von Atomwaffen durch die Androhung, sich von langjährigen Schutzvorkehrungen des ABM- und Nichtverbreitungsvertrages zurückzuziehen. Sie weigern sich, Verträge zum Schutz gegen Landminen zu ratifizieren, die sie weiter herstellen, verkaufen und einsetzen. Sie drohen, einen Vertrag über die Kontrolle biologischer und chemischer Waffen zu unterminieren. Ferner betreiben die USA regelmäßig verdeckte Operationen und Militärinterventionen in anderen Ländern in Verletzung ihrer Souveränität und Rechtsordnung.

Das so genannte ICTY ist somit schlicht ein weiterer Pfeil im Arsenal der Vereinigten Staaten, mit dem sie Feinde verfolgen und dämonisieren und das internationale Recht korrumpieren. Das ICTY macht Ungleichheit in der Rechtsanwendung zum Prinzip, indem es strafrechtliche Maßnahmen zum Einsatz bringt, um ausgewählte führende Politiker und Regierungen zu beseitigen.

Es ist ein vergifteter Pfeil, zerstörerisch für die Grundlagen des Friedens zwischen unabhängigen Staaten, die einen gleichen Anspruch auf Recht und Würde haben.

3. Das Internationale Straftribunal für das ehemalige Jugoslawien ist unfähig, die Grundrechte zu schützen oder ein ordentliches Gerichtsverfahren zu gewährleisten.

Ein solches *Ad-hoc*-Tribunal hat einen zeitlich befristeten und eingeschränkten Zweck ohne hilfreiche Präzedenzfälle, ohne eine gemeinsame Tradition oder einschlägige Erfahrung. Ihm fehlt die Macht, Beschlüsse durchzusetzen oder die Offenlegung von Beweismaterial und das Erscheinen von Zeugen, insbesondere für die Verteidigung, zu erzwingen.

Es ist zu unparteiischer Darstellung des Sachverhalts oder zu gleichmäßiger Definition und Anwendung von Rechtsprinzipien nicht fähig. Es kann nicht recht und billig judizieren.

Sein gesetzliches Mandat macht das ICTY negativ voreingenommen gegenüber den Rechten der vor ihm Angeklagten, weil ihm gesagt wird, dass die inkriminierten Taten stattgefunden haben, und weil die Angeklagten dämonisiert worden sind.

Das Recht auf rechtlichen Beistand, fest im internationalen Recht verankert, wurde vom Tribunal verweigert und hintertrieben, und zwar in seinen prominentesten Fällen. Die Geschäftsstelle des Gerichts (Registry) verweigerte mir während einiger Wochen nach Eröffnung der Anklage das Recht, mich mit Anwälten meiner Wahl in Rechtsfragen zu beraten.

Der Leiter der Gerichtsgeschäftsstelle (Registrar) schrieb, dass es für den einen Anwalt, der mich in dieser Zeit und nur für zwei Stunden aufsuchte, „unzweckmäßig" wäre, den Fall zu besprechen, weil das Gespräch überwacht werde, und die Vertraulichkeit verletzt werden würde. Anwälten aus Jugoslawien, die ich zu konsultieren verlangte, wurden mit einer Ausnahme, einem zweistündigen überwachten Besuch, sieben Wochen nach Eröffnung der Anklage immer noch die Visa zur Einreise in die Niederlande verweigert.

Andererseits wurde ich in Isolationshaft gehalten. Ich konnte meine Frau erst nach über zwei Wochen nach meiner Inhaftierung sprechen und dann auch nur durch eine schalldichte Glaswand mittels überwachter Telefone. Sie wurde gehindert, mit der Presse zu sprechen, und wurde, solange sie in den Niederlanden war, von allen öffentlichen Kontakten isoliert gehalten, praktisch wie eine Gefangene in ihrem Hotelzimmer, außer wenn sie sich zwischen Flughafen, Gefängnis und Hotel bewegte.

Das *Ad-hoc*-Tribunal ist dazu bestimmt, zu dämonisieren und zu vernichten, und nicht in fairer Weise Tatsachen festzustellen, die Rechte der Angeklagten zu wahren und Rechtsprinzipien gleichmäßig anzuwenden.

Die Merkmale seiner Befangenheit liegen inhärent im Zweck und in der Natur eines zeitlich befristeten *Ad-hoc*-Tibunals ohne Personal, das Teil einer einschlägigen Rechtspflegetradition ist, weit entfernt von dem Ort, von dem die Angeklagten hergekommen, und von den Ereignissen, die dort vorgefallenen sind, wobei das Gericht von seinem Schöpfer angewiesen ist, nicht von der Unschuldsvermutung auszugehen, sondern davon, dass schreckliche Verbrechen vorgefallen sind, und dass die Angeklagten aus der Gruppe kommen, die sie begangen hat. Und man tut dies, um die wirklichen Verbrecher, die NATO-Führer, in Schutz zu nehmen, die Tausende von unschuldigen Menschen bei der verbrecherischen Aggression der NATO umbrachten.

Die Wahrheit liegt jenseits der Reichweite und des Zwecks des *Ad-hoc*-Tribunals, das dazu bestimmt ist, zu strafen, zu vernichten und zu spalten.

Vor machtlosen *Ad-hoc*-Tribunalen ist es in allen Fällen für die Angeklagten unmöglich gewesen, notwendige Beweise und Zeugen der Verteidigung in das Verfahren einzuführen. Das ICTY war bei vielen Angeklagten im ehemaligen Jugoslawien nicht in der Lage, sie in Gewahrsam zu nehmen, und es hat auf unzulässige und illegale Mittel zurückgegriffen oder sie geduldet, um ihre Überstellung zu erpressen.

Das *Ad-hoc*-Tribunal terrorisiert und straft jene in Jugoslawien, die es wagten, der NATO-Aggression entgegen zu treten und gegen kriminelle Akte von Terroristen vorzugehen, durch die Serben, Albaner, Muslime und andere umkamen.

In Jugoslawien haben die USA in Verletzung internationaler und nationaler Gesetze sowohl Jugoslawiens als auch der USA durch Bombardierungen, wirtschaftlichen Druck, einschließlich Sanktionen, physische Bedrohung, verdeckte Operationen und Verfälschung des Wahlvorgangs eine Regierung ihrer Wahl in der Republik Serbien installiert und Präsident Milošević als Präsident der Bundesrepublik Jugoslawien gestürzt.

Die USA bilden ihre Klientelregierungen durch Erzwingung von Wahlen, Einsatz von Millionen von Dollar, um einmütige Unterstützung ihres Kandidaten zu erkaufen, durch Finanzierung eines Wahlkampfes des Stimmenkaufs und der Korrumpierung der Demokratie.

Die USA setzten über 100.000.000 US-$ ein, um die Regierung der Volkseinheit zu stürzen, die bis Oktober 2001 an der Macht war.

Die USA haben bei vielen fremden Wahlen interveniert und haben oft Regierungen installiert, die ihren Interessen ergeben waren.

Die Schaffung eines internationalen *Ad-hoc*-Tribunals mit Drohungen und Anklagen gegen die Führung der Regierung, die sie zu beseitigen suchen, ist ein zusätzlicher verheerender Angriff auf den demokratischen Prozess und die Regierung, deren Beseitigung anvisiert wird.

Meine Entführung und Überstellung an das ICTY durch die von den USA installierte serbische Regierung erfolgte in Verletzung der Verfassung der Bundesrepublik Jugoslawien, der Republik Serbien sowie des Statuts des ICTY, noch während das Verfassungsgericht von Jugoslawien den Antrag auf Auslieferung prüfte, für eine Bestechungssumme von vermutlich 1,3 Milliarden Dollar.

Die von den USA installierte Regierung Serbiens entführte und überstellte mich in Verletzung der Verfassung der Bundesrepublik Jugoslawien und der Republik Serbien und ihrer Gesetze, während der Auslieferungsantrag dem Verfassungsgericht zur Prüfung und Entscheidung vorlag, das jegliches auf die Auslieferung bezogenes

Handeln bis zur abschließenden Entscheidung des Gerichts untersagt hatte. Darin lag auch eine Verletzung der Entschließung des Sicherheitsrats über die Schaffung des Tribunals, die vorsieht, dass eine Auslieferung in Übereinstimmung mit den nationalstaatlichen Gesetzen des um Auslieferung ersuchten Staates erfolgen soll. Die Vereinigten Staaten drohten mit der Blockierung von 1,3 Milliarden US-$ an internationalen Krediten und Hilfe für Jugoslawien, falls die Auslieferung nicht bis zu einem bestimmten Datum durchgeführt sein würde. Eine solche Vorgehensweise, die Beteiligung daran und ihre Hinnahme offenbaren die Geringschätzung von Rechtsregeln seitens des Tribunals, der neuen Regierung in Serbien und der Vereinten Nationen.

Die rechtswidrige Ergreifung einer Person, ihre Überstellung und Isolierung im Gefängnis eines illegalen Straftribunals in einem fernen Staat bedroht die Freiheit aller. Wo die Vereinten Nationen ein internationales Kidnapping führender Politiker betreiben oder dulden, da heißt dies für die Weltöffentlichkeit, dass die alten Methoden der Gewalt, der Täuschung und des Zwangs ganz die ihrigen sind. Derartige Methoden werden so beantwortet werden, wie sie allein beantwortet werden können, nämlich durch dieselben Methoden.

Die neue von den USA installierte Regierung Serbiens setzt ihre Polizeimacht ein, um die politische Opposition in Serbien zu zerschlagen.

Die derzeitige Regierung von Serbien betreibt die Zerschlagung und Dämonisierung der inneren politischen Opposition. Das Regime will angeklagte Personen an das ICTY in Verletzung seiner eigenen Gesetze ausliefern, so wie es mich ausgeliefert hat, um zu Hause die politische Opposition zu vernichten und für die amtierenden Politiker Zahlungsleistungen und Unterstützung von außen zu erhalten. Es agiert, um jegliche Unterstützung oder Ermittlung zugunsten meiner Verteidigung zu hintertreiben, indem es sogar Ramsey Clark die Einreise verwehrte und ihn auswies, als er im Juni nach Belgrad flog, um Gespräche über meine politische Verfolgung zu führen. In der Hoffnung, konkurrierende politische

Kräfte auszuschalten, nimmt es Hunderte von Menschen aus rein politischen Gründen in Haft.

Diese Regierung könnte durchaus Beweismaterial fabrizieren, Beweise vernichten und Kontrolle und Zwang bei Zeugen ausüben, um an Verurteilungen durch das ICTY mitzuwirken, und sie wird versuchen, Bemühungen der Verteidigung zu hintertreiben, Dokumente, weiteres Beweismaterial und Zeugen in Jugoslawien aufzutreiben, die für die Verteidigung in Den Haag erforderlich sind.

Die Bevölkerung von Serbien und Jugoslawien ist durch die externe Manipulation und Kontrolle ihrer Regierung dem Risiko einer tragischen Zukunft ausgesetzt.

Die neue Regierung von Serbien ist eine Marionette der Vereinigten Staaten. Wer erwartet, dass eine von den USA unterstützte Regierung für das Volk von Serbien und Jugoslawien besser ist, der möge Iraner fragen, ob sie glauben, dass sie unter dem Schah von Persien, der 1953 von den USA für 25 Jahre inthronisiert wurde, besser gefahren sind als dies unter dem demokratisch gewählten Präsidenten Mossadegh und gewählten Nachfolgern der Fall gewesen wäre. War eine lange Kette von Militärregierungen, die das Volk von Guatemala brutal unterdrückten, besser für das Volk als der demokratisch gewählte Präsident Arbenz, der von US-Streitkräften 1954 abgesetzt wurde? War Mobutu, der vier Jahrzehnte lang das Land brutalisierte, ruinierte und korrumpierte, besser für das Volk als der demokratisch gewählte Patrice Lumumba, der 1960 in Komplizenschaft mit den USA ermordet wurde? Diente General Pinochet der Demokratie, den Menschenrechten und dem Wohlergehen des Volkes jahrzehntelang besser als der demokratisch gewählte Salvador Allende, der bei einem von den USA unterstützten Coup in Chile 1973 ermordet wurde? Schwerlich findet man in den letzten fünfzig Jahren vier größere nationale Tragödien, die alle durch die Entschlossenheit der Vereinigten Staaten heraufbeschworen wurden, diese Regionen zu kontrollieren.

Fragen Sie die Völker einer ganzen Reihe weiterer Länder, die unter US-gestützten Diktaturen lebten, unseren „SOB's", wie FDR Somoza in Nikaragua nannte, welchen Nutzen sie davon hatten. Ein *Ad-hoc*-Straftribunal, geschaffen, um die Führung der Opposition gegen eine US-installierte Regierung zu zerschlagen, kann nicht Frieden, Versöhnung und Schutz der Menschenrechte bringen oder ein Volk befähigen, gemeinsam in Wohlstand zu leben. Es wird Furcht, Hass, Spaltung und Gewalt erzeugen.

Nehmen Sie die Völker der ärmsten Länder der Welt, wie sie sich in den letzten Jahrzehnten gehorsam abmühten, Anleihen für Projekte und Zwecke zurückzuzahlen, für die nicht sie sich entschieden hatten, und die ihnen nie einen Nutzen brachten, während ihre eigenen Staatsbürger an Hunger und vermeidbaren Krankheiten sterben. Nehmen Sie die Volkswirtschaften Osteuropas oder der ehemaligen jugoslawischen Republiken und stellen die Frage, warum das Pro-Kopf-Einkommen oft weniger als die Hälfte, manchmal weniger als 25 % von dem vor zwölf Jahren beträgt. *Ad-hoc*-Straftribunale werden das Leiden in armen Ländern verlängern, indem sie Regierungen den Rücken stärken, die eine Fremdherrschaft mit Vorrechten aufrechterhalten, welche diese Situation noch verschlechtern.

Die Gewalt und Zersplitterung innerhalb Jugoslawiens wurde nach dem Zusammenbruch der sowjetischen Wirtschaft durch Vorgaben der USA ausgelöst, die dazu bestimmt waren, die Bundesrepublik und ihre Teilrepubliken zu balkanisieren, mit dem ICTY als wesentlicher Waffe.

Die Vereinigten Staaten unternahmen ein Jahrzehnt lang mit der Hilfe einiger europäischer Länder Anstrengungen, die Bundesrepublik Jugoslawien aufzubrechen und zu beseitigen. So kam es zur Sezession (man denke an den Amerikanischen Bürgerkrieg) der auf Deutschland orientierten Republiken Slowenien und Kroatien mit der Vertreibung von 500.000 Serben. Dann wurde Bosnien aus der Bundesrepublik Jugoslawien heraus gebrochen und in Form einer unnatürlichen Drei-Religionen-Apartheid von Muslimen, Katholiken und Orthodoxen abgespalten. Jetzt ist Mazedonien in Aufregung, am Rande des Bürgerkriegs infolge der

Aggression durch die von den USA angestachelte und unterstützte Terrororganisation UÇK. So wurde Jugoslawien zum „ehemaligen" Jugoslawien, bei Verlust der Hälfte seiner Bevölkerung und seines Reichtums, nur noch aus Serbien und Montenegro bestehend. Kosovo und Metochien, ein historisch wichtiger Teil Serbiens bleibt nach 79 Tagen des Bombenkrieges 1999 von NATO-Truppen besetzt.

Die Luftangriffe unter Führung der USA verursachten Milliardenschäden an zivilen Einrichtungen, töteten Tausende von Zivilisten in ganz Serbien im Namen der NATO. Danach beobachteten die Vereinigten Staaten und die NATO, wie 330.000 Serben aus Kosovo und Metochien gewaltsam vertrieben und viele Hundert ermordet wurden, und dies mit Ermutigung durch die USA. Gewalttätige Bestrebungen, alle Serben aus Kosovo und Metochien zu entfernen, halten an. Und die UÇK ist in die Lage versetzt worden, Mazedonien anzugreifen.

Geschaffen wurde das ICTY auf Betreiben der Vereinigten Staaten, die Gewalt und Sezession in den Republiken Slowenien, Kroatien, Bosnien-Herzegowina und Mazedonien förderten und auf Spaltung und Konflikt setzten, sowohl in der serbischen Provinz Kosovo und Metochien wie auch in drei Ortschaften im Süden Serbiens und in allen früheren sechs Teilrepubliken. Die USA verfolgen die Absicht, führende Politiker, die zusammen mit der Bevölkerung durch die Verteidigung der Freiheit und durch Widerstand gegen die NATO-Aggression ihrem Willen trotzten, zu verfolgen und zu dämonisieren und zugleich das ganze Volk als unzivilisiert und primitiv erscheinen zu lassen. Madeleine Albright war in ihrer Zeit als US-Botschafterin bei der Vereinten Nation die treibende Kraft bei der Schaffung des ICTY. Der für das Tribunal zuständige US-Botschafter David Scheffer räumt ein, dass das ICTY in erster Linie von den Vereinigten Staaten „unterstützt, finanziert, personell ausgestattet und mit Informationen versorgt" wird.

Während inzwischen die Idee und Existenz von *Ad-hoc*-Tribunalen durch den Vertrag bedroht ist, der den Internationalen Strafgerichtshof schafft, üben die Vereinigten Staaten Druck aus, um Staaten von einer Ratifizierung abzuhalten. Ferner drängen sie auf Schaffung neuer *Ad-hoc*-Tribunale für die Demokratische Republik Kongo, Sierra Leone, Sudan und anderswo, um diese Regionen zu dominieren und die Bestrebungen für einen Internationalen Strafgerichtshof zu konterkarieren. Der Vertrag, der 1998 in Rom von 120 Nationen unterzeichnet wurde, ist Ende Juli von dem 37. Staat, den Niederlanden, unterzeichnet worden.

Die Vereinigten Staaten möchten lieber Staaten einzeln zur Verfolgung auswählen können, und dabei sich selbst, ihre Verbündeten sowie bevorzugte Klientelstaaten absichern. *Ad-hoc*-Tribunale, die illegitim und zu gleicher Justiz nach Recht und Gesetz unfähig sind, die durch ihre Natur nicht in der Lage sind, faire Gerichtsverhandlungen durchzuführen oder ordnungsgemäße Verfahren zu gewährleisten, und deren Opfer schon lange zuvor durch die von den Vereinigten Staaten kontrollierten Medien vorverurteilt worden sind, sind eine Waffe der USA zur langfristigen Kontrolle und Ausbeutung von Staaten und Regionen, die sie ins Visier genommen haben. Dies ist ihre Globalisierung, dies ist der neue Kolonialismus.

Aus diesen Gründen sollte das so genannte ICTY für illegal erklärt und seine Gefangenen, gleich ob legal oder illegal ausgeliefert, freigelassen werden.

Den Haag, den 30. August 2001

Übersetzung aus dem Englischen: Klaus von Raussendorff

B. Materialien zu Verfahrensfragen

Die Statuskonferenz der Kammer III des ICTY vom 11. November 2002, Auszug aus dem Protokoll[79]

MAY[80]: [...] Es gibt einige organisatorische Fragen, die wir zuerst behandeln müssen. Herr Milošević, am 1. November haben wir in Ihrer krankheitsbedingten Abwesenheit mit der Anklageseite und den *Amici* das Thema ihres Gesundheitszustandes und des weiteren Prozessverlaufs zur Sprache gebracht. Wir wollen jetzt über Ihre Gesundheit sprechen. Wünschen Sie, dass wir dafür in geschlossene Sitzung übergehen?
MILOŠEVIĆ: Das ist Ihre Angelegenheit, Herr May.
MAY: Gut.
(Die Kammer berät)
MAY: Also gut. Herr Milošević, wie ich schon sagte, hat die Kammer ihre Besorgnis über die Auswirkung Ihres scheinbar schlechten Gesundheitszustandes auf das Verfahren zum Ausdruck gebracht. Wir baten sowohl die Anklage als auch die *Amici*[81] um Vorschläge für die zukünftige Fortführung des Prozesses. Solche Vorschläge sind gemacht worden, und wir wollen jetzt nicht über sie sprechen, Sie sollten aber wissen, dass wir auch gesagt haben, dass Sie, wenn Sie irgendwelche Vorschläge über die zukünftige Prozessführung im Hinblick auf Ihre Gesundheit machen wollten, das tun könnten. Also, wenn Sie jetzt etwas dazu sagen wollen, können Sie das; oder wenn Sie sich die Sache überlegen und uns später etwas mitteilen wollen, werden wir Sie anhören, wenn wir uns mit den Vorschlägen der Anklage und der *Amici* befassen, über die wir erst nachdenken müssen, bevor wir weitere Stellungnahmen dazu entgegennehmen können.

---

[79] ICTY Transcript, http://www.un.org/icty/transe54/021111ED.htm

[80] Richard May, vorsitzender Richter der Kammer III.

[81] *Amici Curiae*, „Freunde des Gerichts“, sie sollen über einen „fairen Prozess“ gegen Milošević wachen.

Haben Sie heute etwas darüber zu sagen?
MILOŠEVIĆ: Nun, zuallererst möchte ich sagen, dass ich sehr wenig von Ihren Vorschlägen weiß, aber so weit ich in der Lage war, es aufzufangen, versucht die andere Seite dort, die Gegenseite, mir das Recht, hier zu sprechen, zu nehmen und eine Art Anwalt, Verteidiger für mich einzusetzen, und sie hat kein Recht das zu tun. Deswegen sollte ich Sie daran erinnern, dass entsprechend dem Internationalen Pakt über Bürger- und politische Rechte, das ist der Artikel 14.3 (d)[82], und gemäß der Amerikanischen Konvention, Artikel 8.2 (d)[83], und der Europäischen Konvention, Artikel 6.3 (c)[84], und entsprechend dem Römischen Statut des Gerichts, Artikel 68.1 (d)[85], niemandem das Recht, sich selbst zu verteidigen, verwehrt werden kann. Und Sie selbst haben in Ihren Regeln und Bestimmungen diese Möglichkeit festgehalten, auch wenn ich Ihr Tribunal nicht als legal betrachte. Aber da Sie es selbst tun, nehme ich an, dass Sie sich an die Regeln halten, die Sie selbst aufgestellt haben.
Deshalb halte ich diesen Standpunkt der Gegenseite für vollkommen illegal, absurd und niederträchtig, und ich glaube, dass er keine weiteren Erklärungen verdient, noch, dass irgendetwas aus den Zeilen ihres Vorschlags akzeptiert werden kann.
Und was die Position betrifft, eine Position, die ich nur flüchtig in dem Brief enthalten sah, den der *Amicus*, Herr Kay, unterzeichnet hat, so habe ich schon früher gesagt, meine Herren, dass ich um keinen Preis den Kampf, den ich hier führe, aufgeben und diesen politischen Prozess verlassen würde. Deshalb denke ich, dass sie [die *Amici*] ganz richtig betont haben, dass Sie mich freilassen sollten, dass Sie mir Zeit geben sollten, mich *lege artis* um meine Gesundheit zu kümmern und mir die 200.000 Seiten, die zusam-

---

[82] International Covenant on Civil and Political Rights vom 19. Dezember 1966.

[83] American Convention on Human Rights vom 22. November 1969.

[84] European Convention for the Protection of Human Rights and Fundamental Freedom vom 4. November 1950.

[85] In Rom beschlossenes Statut des Internationalen Strafgerichtshof vom 17. Juli 1998, hier handelt es sich wohl um einen Übersetzungsfehler im Englischen, gemeint ist vermutlich Artikel 67.1 (d).

mengekommen sind, nebst allen Bändern anzuschauen, und Sie wissen selbst ganz genau, dass ich nicht weglaufen würde.
Wenn Sie daher überhaupt von irgendeiner Art gerechter Behandlung, einem fairen Spiel, sprechen wollen, dann glaube ich, dass dies der Weg ist, der zu beschreiten wäre, denn ohne Zweifel erlauben mir die bestehenden Umstände in keiner Hinsicht, mich um all diese Dinge in angemessener Weise zu kümmern. Und ich sollte noch einen genaueren Blick auf das, was ich hier habe werfen, und wenn ich zu dem Schluss komme, da ich noch mehr Bemerkungen machen möchte, werde ich das bei geeigneter Gelegenheit tun.
MAY: Wir werden uns das schon Gesagte überlegen, aber inzwischen möchte Richter Kwon etwas hinzufügen.
KWON[86]**:** Herr Milošević, vielleicht kommt die Zeit, in der Sie Ihre Verteidigung vorbereiten müssen. Sie müssen die Verhöre vorbereiten, und Sie müssen Ihre Zeugen dem Gericht präsentieren. Wie wollen Sie das alles durchführen, ohne dass Anwälte Sie hier im Gerichtssaal unterstützen? Es wird sehr schwierig für Sie sein, die Zeugen im Voraus zu treffen und die Verhöre vorzubereiten.
MILOŠEVIĆ: Nun, meine Herren, Sie sind es, die mich in diese Position bringen, um es schwierig für mich zu machen. Es liegt nicht an mir. Es liegt an Ihnen.
Wenn die Umstände so wären, dass ich normal agieren könnte, mich normal um meine Gesundheit kümmern und mich auf diese ganzen Berge und Berge [von Akten] vorbereiten könnte -- ja, schauen Sie sich an, was sie [die Ankläger] mir gerade für den nächsten Zeugen geliefert haben. Schauen Sie sich all diese Ordner an. Es sind sieben dieser Bücher, diese Aktendeckel. Wenn also die richtigen Bedingungen und Verhältnisse herrschen würden, um mir genügend Zeit zu geben, dann wäre das für mich überhaupt kein Problem. [Ich hätte] keine gesundheitlichen Probleme oder Probleme mit den Dokumenten. Das ist nichts, was Verteidiger tun können, denn sie wissen über all das weit weniger als ich. Niemand würde seine Gesundheit mit der Hilfe von Anwälten

---

[86] Richter O-Gon Kwon

pflegen, noch könnte jemand sein Wissen in die Köpfe von Anwälten setzen.
Und dann ist da noch eine Sache des Prinzips. Angesichts der Tatsache, dass ich dieses Tribunal nicht anerkenne, will ich nicht, dass jemand als mein Verteidiger vor diesem Tribunal, das ich nicht anerkenne, ernannt ist, und ich habe das zuvor bei vielen Gelegenheiten erklärt.
KWON: Was halten Sie von der Idee, dass Ihre Berater im Gerichtssaal sitzen und Sie bei der Vorbereitung der Verhöre, beim Sortieren der Dokumente, und so weiter, unterstützen?
MILOŠEVIĆ: Ich brauche Sie nicht, ich brauche es nicht, dass meine Berater sich mit mir hier hinsetzen.
MAY: Herr Milošević, Sie sollten sich damit beschäftigen. Sie haben es mit der Führung eines sehr langwierigen und sehr komplexen Falls zu tun. Mit Ihrer Gesundheit steht es nicht gut, wie wir jetzt wissen, und Sie sollten sich in Ihrem eigenen Interesse und im Interesse Ihrer Gesundheit sorgfältig überlegen, ob Sie sich nicht helfen lassen wollen, indem Ihnen, wie Richter Kwon sagt, jemand hier im Gerichtssaal hilft.
Es ist nicht nur die Schwierigkeit, die Sie naturgemäß bei der Durchführung eines Kreuzverhörs in einem Fall dieser Art bei einer solchen Menge Material haben, es ist die Zahl der Zeugen, die für Sie noch zum Kreuzverhör übrig bleiben. Und dann, wie der Richter sagt, stellt sich die Frage Ihrer eigenen Verteidigung. Sie werden das noch bedenken müssen. Wenn Sie hier Aussagen machen lassen wollen, müssen Sie sich überlegen, wie das praktisch geschehen soll.
Und deshalb ist der Vorschlag einfach – wir werden natürlich den Antrag der Anklageseite prüfen, dass ein Verteidiger beordert werden soll, aber Sie haben gesagt, dass Sie dagegen Einspruch erheben, und auch das werden wir prüfen, aber der Vorschlag ist, dass Sie lediglich jemanden haben, der Ihnen im Gerichtssaal mit den Papieren hilft und allem anderen, wozu Sie Hilfe brauchen.
Nun, wir erwarten nicht, dass Sie sich jetzt dazu äußern, aber vielleicht wollen Sie es als einen Vorschlag zur Güte in Ihrem eigenen Interesse sehen. Nicht im Interesse von irgendjemandem sonst, sondern in Ihrem eigenen Interesse, um Ihnen zu helfen, Ihren Fall

so effektiv wie möglich zu führen und um Ihre Gesundheit zu schützen.

ROBINSON[87]**:** Darf ich nur noch sagen, dass die Größe der Aufgabe, die Sie sich gestellt haben, Herr Milošević, durch einen Blick auf das Team, mit dem die Anklageseite arbeitet, anschaulich wird. Nach meiner Zählung, und Herr Nice darf mich korrigieren, haben die Ankläger beim Vorbringen ihres Falls bisher mit sieben oder acht Anwälten gearbeitet, und Sie sind ganz alleine. Aus diesem Grund unterstütze ich die Anmerkungen meiner Kollegen und hoffe, dass Sie sie sich zu Herzen nehmen.

NICE[88]**:** Im Licht der Betrachtungen des ehrenwerten Richters Kwon mag es eine Hilfe sein, wenn ich dem Gericht und ebenso dem Angeklagten und den *Amici* den gut bekannten McKenzie-Fall zugänglich mache, der die Zunahme der Akzeptanz gegenüber der Nutzung einer Einrichtung zeigt, die man „Freund McKenzies“[89] nennt. Dies ist die zweite Entscheidung von Oberrichter Sachs, die vielleicht besonders hilfreich in diesem Punkt ist.

(Urteil wird verteilt)

[...]

MILOŠEVIĆ: Trotz meiner Bezugnahmen auf all diese internationalen Verträge und Abkommen, europäische, amerikanische, von Rom, u.s.w., bezieht sich die Gegenseite jetzt erneut auf Gerichtspraxis und präsentiert uns McKenzie gegen McKenzie. Ich werde Ihnen auch etwas zur Verfügung stellen. Es ist die Kopie eines Rechtsfalles, und zwar Faretta gegen Kalifornien[90], vor einem US-Gericht, in dem nochmals völlig klar die Möglichkeit ausgeschlossen wird, jemandem einen Verteidiger oder Anwalt aufzuzwingen, es sei denn, der Angeklagte wünscht selbst einen zu bestimmen.

---

[87] Richter Patrick Robinson

[88] Anklagevertreter Geoffrey Nice

[89] Im angelsächsischen Recht gebräuchlich für einen sachverständigen Beistand eines Prozessbeteiligten, hauptsächlich in Scheidungsfragen.

[90] S. Anhang C – „Die Bestellung eines Zwangsverteidigers für Slobodan Milošević bedroht die künftige Rechtsentwicklung und das Leben des Angeklagten “.

Deshalb, denke ich, ist es nutzlos, eine Diskussion dieser Art weiter zu führen.

[...]

ROBINSON: Es geht aber tatsächlich darum, dass die Kammer sich letztendlich entscheiden muss, welcher Richtung man am besten folgen sollte. Und es gibt, wie Sie feststellen werden, einen Unterschied in der Ausübung des Civil Law und des Common Law[91]. Und genau die gleiche Europäische Konvention, auf die Sie Bezug genommen haben, ist vom Europäischen Gerichtshof in einer Art und Weise interpretiert worden, die derjenigen entgegengesetzt ist, in der das internationale Abkommen interpretiert wurde. Die Kammer wird sich all das überlegen und am Ende eine Entscheidung treffen müssen. Aber worauf es mir wirklich ankommt, ist, dass es in dieser Frage, die da aufgeworfen worden ist, keine gestochen scharfe juristische Antwort gibt.

MILOŠEVIĆ: Herr Robinson, --

MAY: Lassen Sie uns jetzt fortfahren. Es gibt jetzt andere Dinge, mit denen wir uns befassen müssen.

Herr Tapušković, bitte nur ganz kurz. Wie gesagt werden wir in dieser Frage nicht jetzt entscheiden. Wir werden keinerlei Entscheidung treffen, und wir werden tatsächlich bei passender Gelegenheit auf diesen Punkt zurückkommen und weitere Stellungnahmen hören, bevor wir entscheiden. Aber Sie haben noch etwas hinzuzufügen?

TAPUŠKOVIĆ[92]: Euer Ehren, ich habe bisher immer versucht, mich kurz zu fassen, und ich will es jetzt so kurz wie möglich machen, Wenn wir über alle Anträge, die bisher vorgebracht worden sind, diskutieren, bleibt eines noch außer Acht, soweit ich es verstehe, eine Sache, die wichtig bleiben wird, und das ist, was in den Statuten eben dieses Tribunals steht. Artikel 21.4 (d)[93]. [Es geht]

---

[91] Engl. für „Kontinentales" und „Angelsächsisches Recht".

[92] *Amicus Curiae* Branislav Tapušković

[93] 21.4 (d) der Statuten des Tribunals beinhaltet u.a. das Recht, bei der Verhandlung anwesend zu sein und sich selbst zu verteidigen oder durch einen Verteidiger der eigenen Wahl vertreten zu lassen.

nicht so sehr [darum], ob Herr Slobodan Milošević sich selbst verteidigen wird oder nicht, und ob das ein Problem sein wird, ob da eine Hürde in gesundheitlicher Beziehung zu überwinden ist. Es gibt etwas viel Wichtigeres, das bedacht werden muss, und das ist, dass das Verfahren in seiner Anwesenheit geführt werden sollte, ob er gesund ist oder nicht. Wir können nicht in diesem Gerichtssaal arbeiten, wenn er nicht imstande ist, den Vorgängen beizuwohnen, für welche Lösung des Problems Sie sich auch immer entscheiden. Das werden Sie bei Ihren Überlegungen also in erster Linie bedenken müssen. Wir werden nichts ohne ihn tun können, welche Option Sie auch immer wählen.
Soviel von mir. Vielen Dank.

Übersetzung aus dem Englischen: Sebastian Bahlo

Die Statuskonferenz der Kammer III des ICTY vom 2. September 2003, Auszug aus dem Protokoll[94]

MAY: Der Zweck dieser Anhörung, wie wir im Sitzungskalender angegeben haben, ist, über Vorbereitung und Ablauf der Verteidigung zu diskutieren. Die Kammer schlägt vor, jetzt die wichtigen Anträge der Parteien anzuhören und bei gegebener Zeit, wenn sie darüber befunden hat, die notwendigen Entscheidungen zu treffen. Die Regeln sehen den Ablauf vor, dass der *Pre-Trial-Judge*, nachdem die Anklageseite gehört wurde, und bevor die Verteidigung gehört werden wird, die Verteidigung auffordern soll, eine Liste von Zeugen zu erstellen, die sie aufzurufen beabsichtigt, jeweils mit einer Angabe der schätzungsweise benötigten Zeit und einer Zusammenstellung von Informationen über den Zeugen und einer Angabe darüber, ob er persönlich aussagen soll oder in Form einer Erklärung gemäß den Bestimmungen der Regel Nr. 92 zwei[95].
Es kann auch verlangt werden, dass eine Liste der Beweisstücke vorgelegt wird, auf die sich die Verteidigung stützt, und eine Kopie derselben für die Anklageseite. Soviel zu dem, was die Regel Nr. 65 drei (g) vorsieht.
Dann hält die Kammer eine *Pre-Defence-Conference* ab, in der die Zahl der Verteidigungs-Zeugen und die Gesamtzeit für die Zeugenvernehmung festgelegt wird – Regel Nr. 73 drei.
Im hiesigen Fall wird die Kammer entscheiden müssen, ob die genannten Regeln den Umständen angepasst werden sollten, um der Tatsache Rechnung zu tragen, dass der Angeklagte persönlich auftritt.
Wir werden auch zu bedenken haben, ob wir eine Anweisung geben sollten, wie der Auftritt der Zeugen praktisch ablaufen soll, obwohl das vielleicht ein Punkt ist, den man eher später behandeln kann, und die Kammer muss über einen Zeitplan nachdenken.

---

[94] ICTY Transcript, http://www.un.org/icty/transe54/030902ME.htm

[95] Regel 92 zwei der Verfahrens- und Anhörungsregeln des Tribunals besagt, dass eine Zeugenaussage auch in der kurzen Besprechung einer früher aufgenommenen schriftlichen Aussage bestehen kann.

Wir werden die Anträge der Parteien in dieser Reihenfolge hören: Wir beginnen mit dem Angeklagten, gefolgt von den *Amici*, gefolgt von der Anklageseite.
Ich weise darauf hin, dass wir uns am Ende der Anhörung noch mit anderen Fragen beschäftigen, die sich für eine Statuskonferenz eignen, wenn noch Zeit bleibt.
So, Herr Milošević, wir fangen mit Ihnen an.

[…]

MILOŠEVIĆ: Ich habe gehört, was Sie gesagt haben, Herr May, und ich erwarte, dass Sie sich daran halten, besonders in Anbetracht der Tatsache, dass Sie mein Recht, mich selbst zu verteidigen, bzw. mich [überhaupt] zu verteidigen, anerkannt haben, und darunter verstehe ich alle anderen Prinzipien, die Sie bei zahlreichen vorangegangenen Gelegenheiten hervorgehoben haben, an die Sie hier gebunden sind, ganz besonders das Prinzip der Gleichheit der Mittel und alle anderen Rechtsprinzipien, die Sie sehr gut kennen.
Da Sie mein Recht, mich selbst zu verteidigen anerkannt haben, verstehe ich darunter auch, dass mir die gleichen Rechte zugesprochen werden sollten, die jeder Verteidiger hat, um eine angemessene Verteidigung zu führen, und das schließt sowohl die nötige Zeit als auch die äußeren Umstände ein, die dafür nötig sind.
Wenn wir uns nun mit der Zeitfrage beschäftigen, würde ich in erster Linie die Zeugen anführen, denn ich nehme an, dass jemand, der sich selbst verteidigt, das Recht auf freien und unüberwachten Kontakt mit möglichen Zeugen hat. Das heißt, wenn ich genau so viele Zeugen vorladen würde, wie die Gegenseite bisher vorgeladen hat - und ich weiß nicht, wie viele es noch werden, aber sicher noch sehr viele – dann ist es offensichtlich, dass es eine große Zahl sein wird, und wir können zum Vergleich von der Zeit ausgehen, die die Gegenseite verwendet hat, um ihre Zeugen vorzubereiten.
Außerdem sollte ich freien und unüberwachten Zugang zu Informationsquellen und Dokumenten haben, und ich möchte Sie daran erinnern, dass die Gegenseite selbst ungefähr eine halbe Million Seiten an Material produziert hat, und das ist noch nicht das wich-

tigste, wozu ich Zugang haben sollte. Ich muss auch Zugang zu vielen anderen Quellen haben, und muss auch meine eigenen Dokumente berücksichtigen, die mit den Dingen in Verbindung stehen, die hier während der Vernehmung der Zeugen besprochen wurden, und mit der allgemeinen Auffassung der Ankläger.

Wenn wir dies alles berücksichtigen, haben wir also zwei entscheidende Punkte: Das eine ist die Zeitfrage, und das andere ist die Frage der äußeren Umstände.

Und ich denke, wenn wir uns die Bedeutung dieses Prozesses vergegenwärtigen – Sie und die Ankläger haben selbst bei zahlreichen Gelegenheiten hervorgehoben, dass dies der Prozess mit der höchsten Priorität und der umfangreichste ist, da er die Themen Kosovo, Kroatien und Bosnien-Herzegowina vereinigt – und wenn wir ihn einmal mit anderen Prozessen, bzw. mit der in ihnen befolgten Praxis vergleichen, dann wird es offensichtlich, dass wir eine beachtliche Zeit brauchen werden - eigentlich wäre eine endlose Zeit notwendig.

Aber wenn wir daran denken, wie viel Zeit den Anklägern zustand, um ihre Zeugen vorzubereiten, und wie viel Zeit ich bräuchte, um direkt und ohne Überwachung mit meinen Zeugen in Kontakt zu treten und Zugang zu Dokumenten zu erhalten, schließt dies ein, dass ich die notwendigen Bedingungen haben muss, meinen Prozess in Freiheit vorzubereiten.

Und ich will gar nicht erst ausrechnen, wie viel Zeit ich bräuchte, wenn ich sie mit der Zeit vergleichen würde, die die Ankläger bisher gehabt haben, schon gar nicht, wenn wir bedenken, wie viele Mitarbeiter tatsächlich hinter der Gegenseite stehen. Aber selbst das absolute Minimum an Zeit, das ich brauche, würde sich meiner Meinung nach auf zwei Jahre erstrecken.

Das wäre also die Sachlage, wenn man Ihren Verfahrensregeln folgt, und es ist noch moderat verglichen mit der Gegenseite, mehrfach weniger Zeit, als die Gegenseite gebraucht hat. Und um realistisch zu sein –

ROBINSON: Nur zur Klarstellung: Brauchen Sie zwei Jahre, um sich auf die Verhandlung vorzubereiten, oder um Ihre Verteidigung vorzubringen?

MILOŠEVIĆ: Das brauche ich zur Vorbereitung. Denn die Gegenseite hat für die Prozessvorbereitung – Erinnern Sie sich: die Kosovo-Anklage wurde im Mai 1999 erhoben, d. h. vor viereinhalb Jahren, und inzwischen sind alle möglichen Zeugen hier erschienen, es gab Zeugenaussagen, Erklärungen usw., und manches davon geht sogar auf 1993, 1994 und 1995 zurück. Ich bin also extrem zurückhaltend und vergleiche die Zeit, die ich brauche, nicht mit der, die die Gegenseite hatte. Und ich glaube, Sie würden das Prinzip der Gleichbehandlung symbolisch zum Ausdruck bringen, wenn Sie mir diese maßvolle Zeit gäben.
D.h., Herr Robinson, wenn ich – wie gesagt – diese Aufgabe direkt erledigen will, bei ungehindertem, unüberwachtem Kontakt mit einigen Zeugen, mit so vielen Zeugen, wie die Gegenseite geladen hat, dann brauche ich mindestens so viel Zeit. Ich habe das Gefühl, dass Sie nur die kürzeste Zeit, die ich brauche, akzeptabel fänden. Und ich bringe die Punkte zur Sprache, die ich für wesentlich halte: Zeit und Umstände, um meine Strategie vorzubereiten, um die Möglichkeit zu haben, das Recht auszuüben, das Sie mir selbst zugesprochen haben, denn Sie wissen, dass eine halbe Verteidigung keine ist. Wir können nur von einer angemessenen Verteidigung sprechen. Und um eine angemessene Verteidigung zu bestreiten, muss eine Menge Arbeit erledigt werden, und ich brauche mindestens die Zeit, die ich genannt habe.
Wenn Sie mir die nicht gewähren, dann würde es bedeuten, dass hier nur Anklage erlaubt ist, keine Verteidigung.
MAY: Gut.
(Die Kammer berät.)
MAY: Wir besprechen die Anträge des Angeklagten. Zuerst beschäftigen wir uns mit der Frage der vorläufigen Freilassung. Das ist ein Punkt, über den wir schon entschieden haben. Wir haben entschieden, dass der Angeklagte nicht vorläufig freigelassen werden kann, und es gibt keinen Grund, diese Entscheidung jetzt zu ändern. Das bedeutet, dass der Angeklagte die Vorbereitung seiner Verteidigung in Haft durchführen muss. Auch das bedenken wir. Wir bedenken auch die Mittel, die die Ankläger haben, im Vergleich zu den Mitteln, die der Angeklagte hat. Es kann keine Rede davon sein, einen Prozess für zwei Jahre zu unterbrechen. Wir werden aber darüber nachdenken, wie viel Zeit dem Angeklagten

vernünftigerweise zur Verfügung stehen sollte, um sich vorzubereiten. Wir werden auch gemeinsam mit der Registratur überlegen, welche praktischen Vorkehrungen getroffen werden können, damit er seine Zeugen, seine Beweisstücke, seinen Fall im allgemeinen vorbereiten kann.

Herr Kay, wollen Sie noch etwas hinzufügen? Ja. Richter Robinson fügt noch dies hinzu: Es gibt noch eine Sache, Herr Milošević, die wir zur Sprache bringen sollten, um Ihnen schon einmal anzukündigen, woran wir unsere Entscheidung über die Zahl der Zeugen und die Ihnen [für die Zeugenbefragung] zur Verfügung stehenden Zeit knüpfen werden.

Die Zahl der Zeugen wird sich, wie Sie schon vorweggenommen haben, nach der Zahl der Zeugen richten, die die Anklageseite geladen hat. Es werden auch jene Zeugen berücksichtigt werden, von denen es bisher noch nicht viele gab, aber einige Zeugen, die nicht herbestellt wurden, um mündlich auszusagen, sondern durch eine schriftliche Erklärung.

Zweitens zurzeit, die Ihnen [für die Zeugenbefragung] zur Verfügung steht, auch das wird sich nach der Zeit richten, die die Anklageseite für die Hauptbefragungen und die Nachbefragungen benötigt hat. Das werden wir aus den Protokollen der Registratur errechnen. Wir werden es auch so halten: Diese Berücksichtigung muss und wird auch die Zeugen betreffen, deren Hauptvernehmung unter der genannten Regel[96] stattfand und deshalb abgekürzt wurde.

Diese ganzen Berechnungen werden wir zu geeigneter Zeit vornehmen. Ich muss natürlich hinzufügen, dass die Anklageseite denselben Regeln unterworfen ist wie die Verteidigung, was die Zeit für Kreuzverhöre anbelangt. Bitte Herr Kay.

KAY[97]: Die wichtigste Frage ist augenblicklich in vielerlei Hinsicht die Zeit, die dem Angeklagten zur Vorbereitung zusteht. Einerseits würde ihn eine zu kurze Zeit ernsthaft an der Darlegung seiner Verteidigung hindern und eine vollwertige Verteidigung von seiner Seite unmöglich machen. Seine Vorbereitung erfordert

---

[96] Nr. 92 zwei

[97] *Amici Curiae* Steven Kay

genügend Zeit wegen der Wichtigkeit des Prozesses, der Zahl der Themen, mit denen er sich beschäftigen muss, es sind drei Anklagen, die mit drei Kriegen und zwei NATO-Bombardements in Verbindung stehen.
Im Falle jedes Verteidigers, der eine Verteidigung durchzuführen hat, muss das Gericht den Umfang der zu bewältigenden Aufgabe bedenken, wenn es die Zeit für seine Vorbereitung festlegt. Wenn wir vom Tag seiner [Miloševićs] Festnahme ausgehen, das war im Juni 2001, dann saß er im Februar 2002 sehr schnell auf der Anklagebank. Wir wissen alle, dass in der dazwischen liegenden Zeit wegen der Menge von Papieren und der Dinge, die vor dem Prozess geregelt werden mussten, keine nennenswerte Prozessvorbereitung stattfinden konnte. Seitdem der Prozess im Februar 2002 einmal begann, wird er wie wir alle dauerhaft mit den Gegenständen zu tun gehabt haben, die der Prozess uns geliefert hat, die sowohl mit Zeugen und ihren Aussagen wie mit Gesetzen zu tun hatten. Es wäre falsch zu denken, dass während dieser Verhandlungen genügend Zeit bestanden hätte, eine ernsthafte Vorbereitung der Verteidigung zu unternehmen. Die Wahrheit ist, dass das schlicht unmöglich ist.
Sobald der Angeklagte weiß, wie viele Zeugen er laden kann und wie viel Zeit ihm zur Verfügung steht, hat er zumindest ein grobes Schema, in das die Verteidigungsstrategie eingepasst werden kann, aber es muss natürlich berücksichtigt werden, dass er eine Vorbereitung verlangen wird, die es einschließt, dass andere mit seinen Zeugen sprechen, Zeugen ausfindig machen, Dokumente für ihn ausfindig machen. Das wird keine leichte und einfach durchzuführende Aufgabe sein.
Es ist offensichtlich, dass ihm nur sehr begrenzte Mittel und begrenzte Unterstützung zur Verfügung stehen. Das ist uns allen in diesem Prozess deutlich geworden, in dem er sich auf die Dienste von zwei Mitstreitern stützen musste – welche Unterstützung diese auch immer zusammentrommeln können, aber sie bildeten unmittelbar vor Ort sein Team. Wenn man solch umfangreiche Mittel zur Verfügung hat wie die Anklägerin – eine unheimliche Zahl von Anwälten, Hilfspersonal, Ermittlern – kann man natürlich schnell mehr machen. Man kann mehr erreichen. Man kann über Enforcement Agencies, vielleicht sogar Regierungen und andere

Mittler, gezielt mit Menschen in Verbindung treten. Wenn dieser Angeklagte sich in Haft befindet, wird seine Aufgabe keineswegs so leicht sein, es wird sehr hart werden, Zeugen hier her zu bekommen, Beweismittel bereitzustellen, und das müssen die Richter bedenken.
Die Verteidigung benötigt zur Durchführung dieses Unternehmens sowohl hinreichende Mittel, um diese Aufgabe auszuführen, als auch genügend Personal. Es gilt, unter Berücksichtigung der vielen Angelegenheiten, mit denen er sich als ehemaliger Staatschef auseinandersetzen muss, der drei Anklagen und aller Themen, die mit ihnen in Verbindung stehen, genau zu erwägen, wie viel Zeit er benötigt, um sich auf eine angemessene Verteidigung vorzubereiten. Er hat einen Zeitrahmen vorgeschlagen, zweifellos erst, nachdem er Rücksprache mit seinen unmittelbaren Unterstützern gehalten hat, und in Kenntnis ihrer begrenzten Mittel, und zweifellos in der Absicht, die bestmögliche Verteidigung zu präsentieren. Und auch, wenn es dem Gericht als eine lange Zeit für eine Pause in einem Prozess erscheinen mag, sollten wir hier einmal innehalten, und uns die Zeit vor Augen halten, die die Ankläger hatten, um die Fälle vorzubereiten. Ich sage „Fälle", weil es drei sind. Die Kosovo-Anklage wurde im Mai 1999 erhoben. Der Angeklagte wurde, wie wir wissen, im Jahr 2001 verhaftet, zwei Jahre später. Zu der Zeit, als wir zur Kroatien-Anklage kamen, war diese ein Jahr lang vorbereitet worden, als wir zur Bosnien-Anklage kamen, hatte sich diese etwas länger als ein Jahr in Vorbereitung befunden. Und im Kroatien- und Bosnien-Abschnitt verwendeten sie [die Ankläger] zu einem großen Teil Material, das schon von anderen Fällen bereitstand. Der Angeklagte verfügt nicht über diese Quelle. Für ihn ist es sein einziger Fall und ein neuer Fall, und es ist ein Fall, durch den er kommen muss, ohne sich auf eine Vorgeschichte von Verhandlungen zurückziehen zu können.
Verglichen mit jedem anderen Prozess in diesem Gebäude, oder in vielen Prozessen, wo wir es mit Angeklagten zu tun haben, die von eher geringer Bedeutsamkeit sind, wurden der Verteidigung Zeiten von sechs Monaten zur Vorbereitung eingeräumt.
MAY: Das wird hier nicht praktiziert. Wenn es in der Vergangenheit so war, ist es jetzt nicht mehr so, und ich bin der Ansicht, dass

die durchschnittliche Zeit etwa höchstens einen Monat betragen sollte. Natürlich nehmen wir zur Kenntnis, dass dieser Fall sich von anderen unterscheidet.
KAY: Ja. Ich erinnere mich, dass wir im Tadić-Prozess innerhalb von vier Wochen von der Anklage zur Verteidigung übergingen.
MAY: Das ist in den meisten Ländern normal. Dort gibt es überhaupt keine Pause. Man macht einfach mit der Verteidigung weiter. Aber das müssen wir jetzt nicht debattieren. [....]

Übersetzung aus dem Englischen: Sebastian Bahlo

Sitzung der Berufungskammer des ICTY vom 21. Oktober 2004, Auszug aus dem Protokoll[98]

MERON[99]: Ich möchte gerne mit einer kurzen Darstellung des Hintergrundes der heute Morgen zu verhandelnden Sache beginnen. Lassen Sie mich zuerst daran erinnern, dass wir hier eine Anhörung zur Berufung gegen die Entscheidung der Verhandlungskammer, Herrn Milošević Verteidiger aufzuzwingen, welche die Verteidigung vorbringen. Diese Frage stand auf die eine oder andere Weise seit der frühesten Phase von Herrn Miloševićs Prozess immer wieder im Raum. In der ersten Phase der Verhandlungen wies die Kammer den Antrag der Anklage zurück, Herrn Milošević einen Verteidiger aufzuzwingen, wobei sie feststellte, dass die Auferlegung eines Verteidigers „in einem Zwei-Parteien-Prozess wie diesem normalerweise unangebracht“ ist.
Nach dem Ende des Anklageteils musste die Kammer ihre frühere Position aber überdenken. Wegen vielfacher Verzögerungen, die hauptsächlich durch Herrn Miloševićs schlechten Gesundheitszustand verursacht wurden, geriet die Kammer zunehmend in Sorge darüber, ob er in der Lage sei, eine erfolgreiche Verteidigung vorzubringen.
Bei der erneuten Behandlung der Frage ordnete die Kammer ärztliche Untersuchungen Herrn Miloševićs an und verlangte von den Parteien Stellungnahmen zur Frage, ob Herr Milošević in der Lage sei, den Verteidigungsteil seines Prozesses angemessen vorzubringen.
Nach Durchsicht der ärztlichen Berichte und unter Berücksichtigung der juristischen Positionen der Parteien entschied die Kammer schließlich, Herrn Milošević einen Anwalt für den Verteidigungsteil seines Prozesses aufzuzwingen. Sie begründete die Entscheidung weitgehend damit, dass der Gesundheitszustand von Herrn Milošević ernstlich gefährdet würde, wenn er weiterhin die

[98] ICTY Transcript, http://www.un.org/icty/transe54/041021DR.htm

[99] Theodor Meron, als damaliger Präsident des ICTY auch qua Amt Vorsitzender der Berufungskammer.

Last trüge, seine Verteidigung selbst so zu führen, dass der Prozess in einer vernünftigen Zeit abgeschlossen werden kann. Die Kammer ließ sodann Berufung gegen ihre Entscheidung auf Anhörungsebene zu, und die ernannten Verteidiger haben für Herrn Milošević Berufung gegen sie eingelegt.
Die ernannten Verteidiger haben die Anordnung der Kammer aus mehreren wohl bestimmten Gründen in Frage gestellt. Erstens gehen die ernannten Verteidiger davon aus, dass Herrn Milošević s Recht auf einen fairen Prozess sein Recht sich selbst zu verteidigen nicht außer kraft setzen kann, da weder die Worte noch der Sinn des Statuts des ICTY dem Tribunal erlaubt, ein allumfassendes Recht auf einen fairen Prozess zu entwerfen, das über die einzeln aufgezählten Rechte im Prozess gestellt wird.
Die Anklage erwidert, dass Herrn Milošević s Recht auf Ausübung seiner Rechte im Prozess nicht absolut ist, sondern der Kontrolle der Verhandlungskammer unterliegt, damit ein fairer und reibungsloser Prozess im Interesse der Gerechtigkeit sichergestellt werden kann. Die Anklage geht davon aus, dass die Fairness eines Prozesses nicht nur im Hinblick auf den Angeklagten beurteilt werden darf, sondern dass sie auch im Hinblick auf das Tribunal und dessen Anspruch auf Autorität beurteilt werden muss.
Zweitens argumentieren die ernannten Verteidiger[100], dass Herrn Milošević s Recht, sich selbst zu verteidigen, wichtiger ist als die Notwendigkeit, den Prozess so schnell wie möglich abzuschließen. Die Verbürgung einzelner Rechte, argumentieren die ernannten Verteidiger, ist eine sinnlose Übung, wenn das Tribunal nicht bereit ist, diese Rechte auch dann zu gewähren, wenn sie sich als unbequem erweisen, besonders, wenn diese Unbequemlichkeit nicht durch absichtliche Handlungen des Angeklagten hervorgerufen wird.
Die Anklage erwidert, dass die Verteidigung die Wichtigkeit der Fortsetzung und Vollendung dieses Prozesses herunterspielt. Darüber hinaus behauptet die Anklage, dass es zusätzliche Gründe gibt, die es rechtfertigen, Herrn Milošević einen Anwalt aufzuzwingen, abgesehen von denen, die die Verhandlungskammer angeführt hat. Insbesondere argumentiert die Anklage, dass Herr

[100] Es handelt sich um die beiden britischen *Amici Curiae* Steven Kay und Gillian Higgins.

Milošević den Prozess absichtlich unterwandert hat, indem er sein Medikationsschema absichtlich manipuliert hat, um Krankheitsperioden herbeizuführen, und durch systematisch störendes Verhalten im Gerichtssaal.
Der dritte Grund der ernannten Verteidiger für die Berufung ist, dass die Verhandlungskammer, bevor sie entschied, dass Herr Milošević zu krank sei, um sich selbst verteidigen zu können, sich zuerst mit der Frage hätte beschäftigen müssen, ob er überhaupt verhandlungsfähig ist. Insbesondere machen die ernannten Verteidiger auf die Möglichkeit aufmerksam, dass Herr Milošević, wenn es ihm so schlecht geht, dass er nicht in der Lage ist, seine eigene Verteidigung zu führen, für längere Zeit auch nicht in der Lage ist, von seinem Recht gebrauch zu machen, im Prozess auszusagen.
Der Ankläger erwidert, dass es unwahrscheinlich ist, dass es so belastend und schwierig ist, eine Aussage zu machen, wie seinen eigenen Prozess von Anfang bis Ende zu führen.
Es gibt keinen Hinweis darauf, schließt der Ankläger, dass Herrn Miloševićs Unfähigkeit, als einziger Anwalt in einem hoch komplizierten Prozess zu agieren, seine Fähigkeit in Zweifel zieht, Aussagen im Gerichtssaal zu machen.
Viertens erklären die ernannten Verteidiger, dass die Kammer Herrn Milošević den Bericht über seine eigene ärztliche Untersuchung hätte zukommen lassen sollen, so dass er sich mit dem Befund seiner physischen Unfähigkeit, sich selbst zu verteidigen, hätte auseinandersetzen können. Da Herr Milošević Bedenken hat, dass die Ärzte, die ihn untersucht haben, ihm gegenüber voreingenommen sind, hätte er aus verfahrensrechtlichen Gründen die Gelegenheit haben sollen, seine eigenen Beweise in einer so wichtigen Frage vorzubringen.
Der Ankläger erwidert, dass Herr Milošević darauf nicht rechtzeitig zu sprechen gekommen sei, und dass kein Anlass zu der Annahme bestehe, dass sich die untersuchenden Ärzte bei ihrer Analyse nicht fair verhalten haben sollten.
Fünftens argumentieren die ernannten Anwälte, dass die Kammer eine aktuelle ärztliche Meinung hätte einholen sollen, bevor sie Anwälte für Herrn Milošević bestimmte. Da nämlich seit der ärztlichen Untersuchung eineinhalb Monate vergangen waren, und

Herr Milošević eine zweitägige Eröffnungserklärung zu seiner Verteidigung erfolgreich vorgebracht hat, hätte die Kammer sicherstellen müssen, dass sein Zustand es ihm am 2. September, als der Beschluss erging, immer noch nicht ermöglichte, sich selbst zu verteidigen.

Die Anklage erwidert, dass der Gesundheitszustand von Herrn Milošević alle Anzeichen einer Verschlechterung und keiner Verbesserung aufwies, und argumentiert weiter, dass eine wiederholte Begutachtung der Frage von Herrn Miloševićs Gesundheit nur den erfolgreichen Abschluss des Prozesses gefährden würde.

Sechstens argumentieren die ernannten Anwälte, dass die Kammer eine veränderte Arbeitsweise hätte anstreben sollen, in der Herr Milošević in der Lage gewesen wäre, sich selbst zu verteidigen. Die ernannten Anwälte nennen als Möglichkeit, dass die Kammer die Anzahl der Prozesstage pro Woche hätte verringern können, oder Herrn Milošević eine Pause zur völligen Erholung hätte gewähren können, oder einen Bedarfsanwalt zur Unterstützung von Herrn Milošević hätte ernennen können.

Der Ankläger erwidert, dass der Prozess bereits unter einem geschmälerten Sitzungskalender von drei Tagen pro Woche läuft, um Herrn Miloševićs Gesundheit entgegenzukommen und dass es keinen Hinweis dafür gibt, dass Herr Milošević mit einem Bedarfsanwalt enger zusammenarbeiten würde als er es mit einem ernannten Anwalt zu tun gedenkt.

Siebtens argumentieren die ernannten Verteidiger, dass die Ernennung eines Verteidigers gegen den Willen von Herrn Milošević enorme praktische Probleme mit sich bringt. Einige Verteidigungszeugen verweigern wegen der geänderten Vertretung bereits ihre Kooperation, und Herr Milošević selbst hat eine Kommunikation mit den ernannten Verteidigern kategorisch abgelehnt. Darüber hinaus argumentieren die ernannten Verteidiger, dass die Zwangseinsetzung von Verteidigern sowieso nicht viel Zeit sparen würde, da eine gewisse Vertagung der Verhandlungen nötig ist, damit die ernannten Anwälte die Vorbereitungen für die vorzubringende Verteidigung treffen können.

Die Anklage erwidert, dass diese Schwierigkeiten nicht groß genug seien, um eine Rücknahme der Entscheidung der Verhandlungskammer zu rechtfertigen, und bemerkt, dass die Kammer

sehr wohl in Erwägung zieht, dass Herr Milošević am Prozess teilnehmen kann, wenn auch nur auf einer unterstützenden Ebene.
Das achte und letzte Argument der ernannten Verteidiger richtet sich auf die Entscheidung der Kammer, was den zukünftigen Ablauf des Verfahrens betrifft, worin die Kammer bemerkt, dass die ernannten Verteidiger jeden Verteidigungszeugen vernehmen werden, woraufhin die Kammer nach ihrem Ermessen entscheidet, ob Herr Milošević den Zeugen ebenfalls vernehmen kann. Die ernannten Verteidiger behaupten, dass die Einschränkung von Herrn Milošević́s Möglichkeit, die Zeugen zu befragen, in erster Linie nur die Schwierigkeiten verschärfen würde, die die Zwangseinsetzung von Verteidigern darstellt; an erster Stelle wird die Tatsache genannt, dass die Zeugenvernehmung durch die ernannten Anwälte die Strategie von Herrn Milošević niemals korrekt widerspiegeln kann, in anbetracht seiner Weigerung, sich mit den ernannten Anwälten zu treffen.
Die Anklage erwidert, dass dieser Punkt nicht angemessen von der Frage umfasst wird, die die Verhandlungskammer zur Berufung zugelassen hat.
Weiter behauptet die Anklage, dass es nur weitere Verzögerung und Ungewissheit hervorrufen würde, wenn man Herrn Milošević den ersten Zug bei der Vernehmung seiner Zeugen gewähren würde.

[…]

MERON *(zu Herrn Kay)*: Man könnte die Blutuntersuchungen als einen ziemlich starken Hinweis dafür sehen, dass Herr Milošević sein Behandlungsschema nicht befolgt hat. Stimmen Sie dem zu oder nicht?
Die zweite Frage, die ich Ihnen stellen möchte, besteht darin, dass die Anklage eine Fülle von Beispielen für das Verhalten [von Slobodan Milošević] im Gerichtssaal gegeben hat, das man teilweise schon als Sabotage betrachten kann. Würden Sie zustimmen, dass der Fall eintreten kann, dass ein sich selbst verteidigender Angeklagter so aufsässig werden kann, dass dies die Zwangseinsetzung

eines Anwalts rechtfertigt? Wenn ja, was halten Sie von dem Argument der Anklage, dass dieser Punkt jetzt erreicht ist? […]
KAY: Ich danke Ihnen, Herr Präsident.
Erstens hat der Angeklagte den Vorwurf, dass er sein Medikationsschema nicht richtig befolgt, nicht akzeptiert. Der Angeklagte wollte auf diesen Vorwurf reagieren, indem er alternative medizinische Befunde präsentieren wollte, aber die Verhandlungskammer wies diesen Vorschlag mehrheitlich, nicht einvernehmlich, zurück. […]
Was das Verhalten des Angeklagten betrifft, so wurde [von der Verhandlungskammer] festgestellt, dass es keine Sabotage darstellt. […] Ich wiederhole, was ich schon gesagt habe: Zusätzliche Gründe wie diesen anzuführen, ist eindeutig ein Versuch, diese Berufungskammer in die Richtung zu beeinflussen, in der man diesen Prozess von Anfang an laufen sehen wollte.
Der ehrenwerte Richter May sagte schon ganz am Anfang, dass er sich kein so fundamentales Recht vorstellen könne, wie das Recht, eine Verteidigung vorzubringen. Diese Entscheidung wurde [von der Anklage] nie akzeptiert, sondern immer wurde gegen sie protestiert, selbst angesichts der Tatsachen, auf die die Entscheidung der Verhandlungskammer sich stützte, ich sage, man versuchte sie auf unlautere Weise zu unterminieren, trotz der Feststellungen der Verhandlungskammer, die ja schließlich Tag für Tag mit Herrn Milošević auszukommen hatte, die dem Fortgang der Verhandlungen folgen musste. […]
Was die historische Bedeutung dieses Prozesses betrifft, auf die sich die Anklage als auf einen Grund für die Entscheidung [der Verhandlungskammer] beruft, so wird die Geschichtswissenschaft diesen Prozess nicht mit Gewissheit und Einverständnis betrachten, wenn diejenigen, die etwas über den Prozess lesen, sagen können: „Nun, das war die Verteidigung, die ein ernannter Anwalt vorgebracht hat. Wir haben sie nicht von ihm selbst gehört.“ Dies wäre das Urteil der Geschichte unter den Umständen, die entstehen würden, wenn dieser Angeklagte einen ihm aufgezwungenen Anwalt hätte, den er nicht akzeptiert.

[…]

MILOŠEVIĆ: Meine tiefe Überzeugung hinsichtlich dieser Entscheidung, mir mein Recht, mich selbst zu verteidigen, abzusprechen, ist, dass sie nicht aus gesundheitlichen Gründen, noch aus juristischen Gründen, sondern aus politischen Gründen veranlasst wurde. Die gesundheitlichen Gründe wurden ausschließlich als Ausrede oder Vorwand genommen. Ich möchte Ihre Aufmerksamkeit darauf lenken, dass eine gezielte Kampagne geführt wurde, um mir den Mund zu verbieten. Am 29. August veröffentlichte der Autor Ihres Statuts als Teil dieser Kampagne einen Artikel in der *Washington Post*[101], in dem er unter anderem sagte: [...] „Zu Beginn des Prozesses im Februar 2002 entschied der damalige vorsitzende Richter, der Brite Richard May, dass ‚nach internationalem Recht der Angeklagte das Recht auf einen Verteidiger hat, aber er hat auch das Recht, nicht durch einen Anwalt vertreten zu werden.' Praktisch alles, was im Milošević-Prozess falsch gelaufen ist, kann auf diese falsche Entscheidung zurückgeführt werden." Ein Teil dieser Kampagne besteht also darin, dass man alles auf die Behauptung stützt, dass die Kammer, der damals Richter May vorsaß, fälschlich entschied, mir das Wort zu erteilen, und das wird dann mit der Feststellung erklärt: „Indem Milošević als sein eigener Anwalt auftrat, war er in der Lage, den Prozess mit einem 18-stündigen Eröffnungsplädoyer zu beginnen, in dem er Hollywood-reifes Filmmaterial und Dia-Shows von der Zerstörung präsentierte, die das NATO-Bombardement von 1999 angerichtet hat." Das ist es, was all jene irritierte, die es nicht wünschen, dass von diesem Ort hier die Wahrheit zu hören ist, wo doch die Gegenseite seit drei Jahren damit beschäftigt ist, Verbrechen zu schildern, die ich nicht begangen habe und mir Absichten zuzuschreiben, die ich niemals hatte. Wir haben es hier mit juristischer Alchimie zu tun, die durch die Möglichkeit erschüttert zu werden droht, dass hier die Wahrheit gesagt und über das, was wirklich geschah, gesprochen werden könnte. Scharf liefert in diesem Artikel eine Begründung, aus der wir ersehen können, dass wir es nicht mit juristischen Fragen, sondern mit Politik zu tun ha-

---

[101] Michael Scharf, *Washington Post*, 29. August 2004: „Making a Spectacle of Himself: Milošević Wants a Stage, Not the Right to Provide his Own Defense".

ben. Ich zitiere noch einen Auszug: „Als der Sicherheitsrat das Statut des Jugoslawien-Tribunals verfasste, bestimmte er drei Ziele: Erstens, das serbische Volk, das lange von der Milošević-Propaganda fehlgeleitet wurde, über die Angriffsakte, Kriegsverbrechen und Verbrechen gegen die Humanität, die von seinem Regime begangen wurden, aufzuklären…“ Wie Sie sehen, führt er einen politischen Grund an, auf den sich angesichts der Tatsache, dass in Serbien kein Krieg stattfand und dass Serbien als einzige [der jugoslawischen Teilrepubliken durch die Krise hindurch] seine Bevölkerungsstruktur erhielt und es dort keine Diskriminierung gab, nur ein sehr unredlicher Mensch berufen kann. Das ist ein Teil der Propaganda, an der hier festgehalten wird.
Zweitens, „… Versöhnung der Nationalitäten zu ermöglichen, indem die Hauptverantwortung an Milošević und andern hochrangigen Politikern festgemacht wird, und indem die Art und Weise enthüllt wird, auf die das Milošević-Regime gewöhnliche Serben dazu gebracht hat, Gräueltaten zu verüben; und drittens, eine politische Läuterung herbeizuführen und dabei den neu gewählten serbischen Führern zu ermöglichen, sich von der repressiven Politik der Vergangenheit zu distanzieren. Mays Entscheidung, Milošević zu erlauben, sich selbst zu verteidigen, blieb bedeutend hinter diesen Zielen zurück.“ Er erklärt, dass es eben ganz verkehrt sei, weil der Prozess verfolgt wird; weil die Mehrheit der Bürger Serbiens mir ihre Unterstützung zuteil werden lassen, was nicht überrascht, da ja jeder die Gelegenheit hatte, zu hören, was hier gesagt wird. Zum Beispiel wurde meine Erklärung vom 31. August und vom 1. September in den am weitesten verbreiteten Zeitungen veröffentlicht. Sie wurde auch im Fernsehen ausgestrahlt. Sie wurde in hunderttausenden von Exemplaren veröffentlicht. Ich kann mich also dem Urteil der Öffentlichkeit aussetzen, und die Gegenseite kann das nicht. Und das ist der Hauptgrund, warum es hier nicht erlaubt sein soll, dass Argumente, die der Wahrheit dienen, vorgebracht werden, und dass die Wahrheit durch Tatsachen bewiesen wird. […]

MERON: Nur eine kleine Korrektur. Herr Professor Michael Scharf, der mir und uns allen bekannt ist, war keiner der Autoren des Statuts. Das Statut wurde im Sekretariat der Vereinten Nationen verfasst. Dem gehörte er nicht an. Wenn ich Sie also richtig verstanden habe, dass Sie meinten, er sei einer der Autoren gewesen, so war er das nicht.

MILOŠEVIĆ: Meinetwegen, Herr Meron. Jedenfalls war er in die Vorgänge hier aktiv involviert. In Bezug auf das Vorhaben, mir mein Recht abzusprechen, haben 100 bekannte Rechtsgelehrte, Professoren, Experten für internationales Recht und Strafrecht aus Serbien, Russland, Griechenland, Italien, Irland, Deutschland, den USA, Kanada, Indien, Belgien, Dänemark, Bulgarien, Ungarn, den Niederlanden, der Tschechoslowakei [sic, wahrscheinlich Übersetzungsfehler], Großbritannien und Frankreich dem Generalsekretär der Vereinten Nationen und dem Weltsicherheitsrat eine Petition vorgelegt[102]. Sie haben ihr wahrscheinlich keine Aufmerksamkeit geschenkt, aber in ihr wurden viele Argumente gegen die Entscheidung, die die Kammer getroffen hat, dargelegt. Sie sagen, diese Auferlegung eines Verteidigers, „diese offensichtlich als Strafe vorgesehene Maßnahme verstößt gegen internationales Recht, ist mit dem kontradiktorischen System der Strafjustiz, das vom Sicherheitsrat in Resolution 808 übernommen wurde, unvereinbar und verkennt die Verpflichtung des Gerichts, für eine angemessene medizinische Versorgung und die vorläufige Entlassung des Angeklagten Sorge zu tragen. Anstatt geeignete Maßnahmen zu treffen, um Slobodan Milošević wegen seiner seit Langem bestehenden gesundheitlichen Probleme Erleichterung zu verschaffen, hat das ICTY diese noch verschlimmert. Das ICTY hat sich über wiederholte Bitten um eine vorläufige Entlassung hinweggesetzt, auf die jeder, für den die Unschuldsvermutung gilt, einen Anspruch hat, hat der Verteidigung eine unrealistisch kurze Vorbereitungszeit … auferlegt.“ [103]

Herr Meron, als wir hier das letzte mal saßen, als wir darüber diskutierten, dass mir drei Monate zur Vorbereitung meiner Verteidigung gewährt werden sollten, während die andere Seite mehrere Jahre hatte, da machte ich Sie darauf aufmerksam, dass es eine be-

---

[102] Siehe Anhang C

[103] Milošević bezieht sich hier auf folgenden Appell: „Die Bestellung eines Zwangsverteidigers für Slobodan Milošević bedroht die künftige Rechtsentwicklung und das Leben des Angeklagten“, übersetzt von Klaus von Raussendorff, 2004. Vgl. Anhang C

stehende Entscheidung von Ärzten gab, der gemäß ich nur drei Tage in der Woche arbeiten darf, und dass meine Vorbereitungszeit deshalb zu kurz bemessen ist. Damals sagten Sie, dass Sie all diese Dinge prüfen würden. Es folgte aber keine Prüfung dieser Punkte.
Ich möchte Sie auch daran erinnern, dass es in der Entscheidung der Berufungskammer, bestehend aus Claude Jorda, David Hunt, Mehmet Guney, Fausto Pocar und Theodor Meron, [...] vom 18. April 2002, da ging es um den Antrag der Anklage, die Anklageschriften zusammenzufassen, hieß: „Es hat sich in allen langen Prozessen vor diesem Tribunal als notwendig erwiesen, dass die Verhandlungskammer von Zeit zu Zeit eine Pause einräumen muss, um den Parteien die Möglichkeit zu geben, ihre Kräfte zu sammeln, und falls nötig, einem Angeklagten ohne Verteidiger die Möglichkeit zu geben, sich von der damit verbundenen Arbeit zu erholen."
Das wurde auch nicht beachtet. Und ich möchte auch sagen, dass man bei der Umsetzung der Drei-Tage-Verordnung auch nicht in Rechnung stellte, dass es sich um drei Arbeitstage überhaupt und nicht nur um drei Prozesstage handelt. [...]
In der Petition heißt es: „Die beabsichtigte Auferlegung eines Verteidigers stellt eine ungeheuerliche Verletzung der international anerkannten Rechte vor einem Gericht dar; sie werden die lebensbedrohliche Krankheit von Herrn Milošević nur noch verschlimmern und sie werden diese Abläufe hier noch mehr diskreditieren.
„Die grundlegenden Mindestrechte, die das in Rom verabschiedete Statut des Internationalen Strafgerichtshofs sowie die Statuten der Internationalen Straftribunale für Ruanda und Jugoslawien für einen Angeklagten fordern, schließen das Recht ein, sich selbst persönlich zu verteidigen."

[...]

„Wie vom Supreme Court der USA mit Bezug auf das Sechste Amendment der Bill of Rights[104] ... festgestellt", und dann wird

[104] Alle Änderungen der Verfassung der USA tragen die Form von „Zusätzen" (Amendments).

aus dem Urteil im Fall *Faretta vs. Californien* zitiert: „Es ist von der ‚Hilfe' eines Anwalts die Rede, und ein Helfer, wie sachverständig auch immer, bleibt ein Helfer. Aus Wortlaut und Geist des Sechsten Amendments ergibt sich die Auffassung, dass ein Anwalt wie die anderen vom Amendment garantierten Instrumente der Verteidigung eine Hilfe für einen damit einverstandenen Angeklagten sein soll - kein Organ des Staates, das zwischen einem nicht einverstandenen Angeklagten und seinem Recht auf persönliche Verteidigung eingeschaltet ist. Einem Angeklagten gegen seinen wohlerwogenen Wunsch einen Anwalt aufzuzwingen, verletzt damit die Logik des Amendments. In einem solchen Falle ist der Anwalt kein Helfer sondern ein Rechtspfleger; und das Recht, eine Verteidigung aufzubauen, ist seines personalen Charakters beraubt, den das Amendment betont."

Und weiter heißt es:

„Der Wesensgehalt des Rechts, sich selbst zu vertreten, wird zunichte gemacht, wenn das Recht auf anwaltliche Vertretung zu einer Verpflichtung wird. Wie im Fall *Farretta* (siehe oben) festgestellt: ‚Ein unerwünschter Anwalt ‚vertritt' den Angeklagten nur mittels einer unerheblichen und unannehmbaren juristischen Fiktion.'"

Es wird noch ein weiteres Zitat aus diesem Fall angeführt: „In der langen Geschichte der britischen Strafjustiz gab es nur ein Tribunal, welches die zwangsweise Bestellung eines Anwalts für einen nicht einwilligenden Angeklagten in einem Strafverfahren praktizierte. Dieses Tribunal war die Sternkammer. Diese sonderbare Einrichtung, die im späten 16ten und frühen 17ten Jahrhundert gedieh, hatte einen gemischt exekutiven und judikatorischen Charakter und wich in bezeichnender Weise von den Traditionen des Common Law ab. Aus diesen Gründen und weil sie auf die Behandlung von ‚politischen' Vergehen spezialisiert war, galt die Sternkammer Jahrhunderte lang als Symbol für die Missachtung grundlegender individueller Rechte."

Meine Herren, über die Praxis, mit der wir es hier zu tun haben, wird, wie Sie sehen [vom Obersten Gerichtshof der USA] in einer Weise gesprochen, die alles andere als ein Kompliment darstellt.

In Bezug auf diesen Fall hier heißt es:

„Die Bestellung eines Anwalts, selbst eines ‚Stand-by-Anwalts', wie anscheinend gegenwärtig vom ICTY vorgesehen, wird keine der den Prozess belastenden Schwierigkeiten beheben: Slobodan Miloševićs gefährlicher Bluthochdruck wird dadurch nicht behandelt, geschweige denn geheilt; der Angeklagte erhält dadurch weder Zeit noch die erforderlichen Bedingungen für die Vorbereitung seiner Sachdarstellung; das krasse Ungleichgewicht zwischen den Ressourcen des Anklägers und der Verteidigung wird dadurch nicht ausgeglichen". [...]
„Wenn Slobodan Milošević aufgrund seines Gesundheitszustandes dem Verfahren nicht beiwohnen kann, und er nicht auf sein Anwesenheitsrecht verzichtet, hat das ICTY nicht die Kompetenz, in seiner Abwesenheit zu verhandeln. Vertagungen werden weiter Platz greifen, so lange keine Maßnahmen getroffen werden, Herrn Miloševićs gefährlichen Bluthochdruck zu behandeln, ein Umstand, mit dem nicht durch weitere Verletzung seiner Rechte, die Drohung seines Ausschlusses aus dem Verfahren oder die Übertragung seiner Verteidigung an einen völlig Fremden umgegangen werden kann."
„Durch die Bestellung eines Zwangsverteidigers würde das ICTY nicht nur sein Recht auf Selbstvertretung verletzen, sondern auch sein Recht, einschlägiges Beweismaterial zu präsentieren, welches die während eines Jahrzehnts wiederholten Verletzungen der Souveränität Jugoslawiens beweisen."
„Das Recht, sich persönlich zu verteidigen, ist ein Herzstück des Internationalen Paktes über bürgerliche und politische Rechte. Die Vereinten Nationen sollten diese fortgesetzten Verstöße gegen internationales Recht, die im Namen der Zweckdienlichkeit erfolgen, nicht dulden. Die Ausnutzung einer unsachgemäß behandelte Krankheit einer inhaftierten Person als Entschuldigung, um sie in ihren Rechten zu beschneiden und zu einer ‚radikalen Reform' des Verfahrens überzugehen - wie sie die Kammer nun in Erwägung zieht durch Änderung der Regeln im laufenden Verfahren und zu Lasten des Angeklagten - ist eine Perversion von Geist und Buchstaben des internationalen Rechts."
Das sagen also 100 Rechtsgelehrte und Anwälte über diese Frage.

[...]

Herr Meron, wir sprechen hier über bindende Normen des internationalen Rechts, *ius cogens*, imperative Normen, die keine einschränkende Interpretation erlauben und die gemäß meiner tiefen Überzeugung und der Überzeugung vieler Juristen auf der ganzen Welt sagen, dass mir mein Recht, mich selbst zu verteidigen, nicht verwehrt werden kann. Wenn Sie es also in Frage gestellt haben, dass ich über die Entscheidung der Verhandlungskammer überrascht war, so hat sie nicht nur mich überrascht, sondern erstaunt auch viele Leute auf der ganzen Welt, besonders angesichts der Tatsache, dass mir die Mindestrechte, die ich genießen sollte, verwehrt wurden.

Ich will mich also ganz kurz fassen. Ich will, dass mein Recht hier wiederhergestellt wird.

Soweit Argumente gebraucht wurden, die besagen, dass viele Sitzungen wegen meines Bluthochdrucks ausgesetzt werden mussten, möchte ich sagen, dass es meine feste Überzeugung ist, dass die Ärzte, die mit dieser Frage befasst waren, ebenfalls manipuliert worden sind, denn sie haben einige Dinge in einen Zusammenhang gestellt, in dem sie nicht haltbar sind.

Hier sehen Sie einen Brief von Dr. van Dijkman an den Arzt der Haftabteilung [des ICTY], Dr. Falke, vom 10. Juni 2004, in dem es darum geht, dass vom 9. bis zum 10. Juni mein Blutdruck 24 Stunden lang überwacht wurde, und es wird das Ergebnis geschildert: „[Durchschnittlicher] Blutdruckwert am Tage 164|103." [...] „Ich halte den Blutdruck nicht für so hoch, [dass Herr Milošević] seine Tätigkeiten einstellen [müßte]."

Das heißt, als er hoch war, war er der Überzeugung, dass das keine Einstellung meiner Tätigkeiten rechtfertige. Am 26. Juli, als ich das letzte mal untersucht wurde, [...], war mein Blutdruck 150|95. Er war also besser. Und da, als er besser war, diente er als Grundlage für die Schlussfolgerung, dass ich medizinisch nicht in der Lage wäre, mich selbst zu verteidigen.

Darüber hinaus haben sie die Information manipuliert, wie viele Tage angeblich wegen meines Gesundheitszustandes verloren wurden. Meine Herren, Sie werden mir darin zustimmen, dass, wenn von Prozesstagen die Rede ist, die durch meine Krankheit ausgefallen sind, es um solche Tage geht, an denen ich einen ho-

hen Blutdruck hatte. So scheint es. Aber das ist nicht korrekt. Ich habe ein offizielles Dokument, mit Stempel und Unterschrift des verantwortlichen Beamten der Haftabteilung, des einzigen, der für die Führung von Krankenakten zuständig ist, das den Vermerk „Grippetage“ in Bezug auf die verschiedenen Perioden führt, in denen ich schwere Grippe und hohes Fieber hatte. 2001 war es eine Woche, 2002 eine Woche, Anfang 2003 zehn Tage, im Mai 2003 zwei Wochen, und schließlich im Februar 2004 zwei Wochen. Das macht insgesamt sechseinhalb Wochen Grippe, die in verschiedenen Perioden mit hohem Fieber verbunden war.
Was geschah damals, meine Herren, im Februar 2004, als ich hohes Fieber durchmachte, Grippe hatte und ans Bett gefesselt war? Ich wurde benachrichtigt, dass die Anklagephase abgeschlossen worden sei und dass ich nun meine Zeugenliste vorbereiten müsse. Also fragte ich die Vermittlerin, die hier sitzt, ob ich eine Verlängerung der Vorbereitungszeit erhalten könnte, denn ich sollte in diesen sechseinhalb Wochen eine Zeugenliste vorbereiten, und konnte nicht sofort beginnen.
Ich wurde von der Verhandlungskammer durch ihre Assistentin, oder wie sie es auch immer nennen, darüber informiert, dass die Frist nicht verschoben werden kann. Ich musste also praktisch von meinem Bett aus sehr intensiv arbeiten, um der Frist gerecht zu werden und die Zeugenliste innerhalb dieser sechs Wochen vorzulegen, die mir von dem Zeitpunkt an zugestanden wurden, an dem ich vom Abschluss der Anklagephase informiert wurde.
Dies war es, wodurch der Stress, die Schlaflosigkeit und andere Probleme verursacht wurden.
Und diese völlige Missachtung der Anordnung, dass ich nicht mehr als drei Tage pro Woche arbeiten darf, war es, die meinen Blutdruck in die Höhe trieb. Mit anderen Worten, die Verhandlungskammer hat dies mit ihrer Entscheidung verursacht, eine unangemessene Frist zu setzen. Und die daraus resultierenden Probleme wurden als Vorwand genommen, um mir einen Anwalt aufzuzwingen, mit der Begründung, dass ich nicht in der Lage wäre, die notwendigen Vorbereitungen [meiner Verteidigung] selbst zu treffen.
So spielte es sich ab.

Ich kann Ihnen dieses Papier aushändigen, das genau zeigt, wie viele Wochen in Rede stehen, alles mit Datum und Unterschrift. Die Tage, die dadurch verloren gingen, hatten überhaupt nichts mit den [kardiologischen] Problemen zu tun, die mich beschäftigten. Es ist also mehr als hinreichend klar geworden, dass wir es hier mit einer Manipulation der Tatsachen und der ärztlichen Befunde zu tun haben.

Folglich ist es auch mehr als hinreichend klar, dass alles Gerede von meiner Sabotagestrategie boshaft ist, denn wenn Sie über jemanden, der 300 Tage damit verbracht hat, Zeugen der Gegenseite zu verhören, sagen, dass er ein Saboteur sei, was er an keinem der 300 Tage war, in denen er sich mit den Argumenten der Gegenseite beschäftigt hat, so ist das gelinde gesagt Unsinn.

Selbst Herr Nice hat gesagt, als er vor der Verhandlungskammer seinen Standpunkt vertreten hat, dass mir keine Verlängerung meiner Vorbereitungszeit gewährt werden sollte, dass ich sehr effektiv arbeiten würde und keine Fristverlängerung bräuchte.

In meiner damaligen Gesundheitssituation erfuhr ich also zusätzlichen Druck, der eine Verschlechterung meines Gesundheitszustandes verursachte, was dann als Vorwand genutzt wurde, um einen Verteidiger für mich zu bestimmen.

Als ich keine zusätzlichen Gesundheitsprobleme hatte, arbeitete ich in der Tat ziemlich effektiv, abgesehen von den Zeiten, in denen ich Grippe mit hohem Fieber hatte, wogegen niemand immun ist, und was jeden treffen kann, dagegen gibt es keine Garantie.

Sie haben mir einige Fragen gestellt; ich will versuchen sie zu beantworten.

Was ist die beste Lösung? Die beste Lösung ist meiner Meinung nach, dass Sie mir meine Rechte zurückgeben. Ihr „Bedarfsanwalt" ist für mich von keinerlei Interesse.

Herr Kay war bisher ein *Amicus Curiae*. Wie sein Kollege stellte er den Zeugen mit Billigung der Verhandlungskammer Fragen, wenn er es für angebracht hielt. Was mich betrifft, so habe ich gegen diese Praxis überhaupt keine Einwände. Meinetwegen kann er in dieser Rolle fortfahren, wenn Sie das für notwendig halten. Er kann weiterhin Fragen stellen oder irgendwelche anderen Aufgaben ausüben. Aber es ist unzweifelhaft, dass die einzige Lösung,

die einzige, die ich als gerecht, fair, logisch und vernünftig betrachte, darin besteht, mir mein Recht zurückzugeben, mich selbst zu vertreten, Zeugen zu laden, sie zu vernehmen und Beweise zu meiner Verteidigung zu führen.
Das entspricht praktisch den Garantien, die ich unter allen internationalen Abkommen, Vereinbarungen, Verträgen und schließlich unter Ihrem eigenen Statut habe. Und ich kann nichts geringerem zustimmen, weil das meine prinzipientreue Haltung ist, von der ich nicht zurückzutreten beabsichtige. Soviel, Herr Meron. Danke für Ihre Aufmerksamkeit.
MERON: Vielen Dank, Herr Milošević. Herr Milošević, was würden Sie dem Gericht jetzt vorschlagen? Wie soll es handeln, wenn Sie Ihre Anwesenheit im Gerichtssaal noch weiter reduzieren müssten, als auf die drei Tage [pro Woche], mit denen Sie bisher klargekommen sind? Stellen Sie sich einmal vor, dass Sie nur einen Tag pro Woche im Gerichtssaal sind, wenn man noch die Zeit berücksichtigt, die Sie zur Vorbereitung in der Haftanstalt benötigen. Glauben Sie, dass das Gericht unter diesen Umständen weiterarbeiten kann, wenn diese Situation eintritt? Sie müssen uns Fairerweise praktische Vorschläge machen, wie wir versuchen sollten, die Situation zu mildern.
MILOŠEVIĆ: Herr Meron, Ihre Frage ist völlig logisch. Aber ich glaube, dass man die Vorgeschichte berücksichtigen sollte, wie die gegenwärtigen Probleme zusammengekommen sind. Es ist nämlich allen, die hier sitzen bekannt und geht aus dem Protokoll hervor, dass zur selben Zeit, als dieser so genannte Prozess mit der Kosovo-Anklage begann, die Anklagen bezüglich Kroatien und Bosnien erhoben wurden. In dieser Zeit erhielt ich über eine halbe Million Seiten an Material von der Gegenseite, das mit den Anschuldigungen, die sie erhoben hatten, in Verbindung stand. Ich frage sie: „Meine Herren, wann soll ich dazu kommen, das zu lesen? Werden Sie mir Zeit geben, dieses Material durchzusehen, um mich damit vertraut zu machen und darauf reagieren zu können?“ Die Antwort, die ich jedes Mal darauf erhielt, war, dass die Verhandlungskammer es erwägen würde.
Und schließlich sind wir bei der Situation angelangt, dass mir keine Zeit gegeben wurde, um mit meinen möglichen Zeugen zu sprechen. Ich habe wirklich mit so vielen Zeugen gesprochen, wie

mir die Zeit erlaubte. Und in der Vorbereitungszeit während der Sommerpause durfte ich an drei Tagen pro Woche Zeugen empfangen. Ich nehme an, Sie wissen, dass die Gegenseite manchmal mehrere Tage lang mit einem Zeugen sprach. Ich spreche mit einem, manchmal zwei Zeugen pro Tag. Noch schneller kann ich nicht arbeiten.

Ich denke, Sie sollten daran denken, dass die Verhandlungskammer ihre Entscheidung auf Grundlage des „Ärztlichen Berichts über die Gesundheit des Angeklagten" traf, und das steht in Paragraph 10 der „Begründeten Entscheidung über die Auferlegung eines Anwalts", dass die Kammer drei Tage in der Woche tagen sollte. […] Ich glaube, dass wir mit der Arbeitsmenge von drei Tagen pro Woche fortfahren können, wobei gelegentliche einwöchige Pausen vorgesehen werden sollten, in denen ich die Zeugen kennen lernen kann, die ich zu laden beabsichtige. Das wäre ein völlig vernünftiger Arbeitsplan, der uns ermöglichen würde, das Verfahren auf völlig normale Weise zu führen und alles zu erreichen, was wir erreichen müssen.

Das sind meine praktischen Vorschläge.

MERON: Vielen Dank, Herr Milošević. Natürlich sind einige Schwierigkeiten, auf die Sie hingedeutet haben, was den Druck auf Sie und die Anspannung angeht, eine Folge der Tatsache, dass Sie sich dafür entschieden haben, nicht durch einen Anwalt vertreten zu werden. Sie haben Ihre juristischen Berater. Hätten sie sie als Ihre Anwälte benannt, hätten sie einen Teil der Last übernommen, den Sie sich aufgebürdet haben. Und aus der Perspektive des Gerichts ist die Frage: Sollte jemand nicht die Folgen seiner Entscheidung akzeptieren? Sie haben sich für diesen Weg entschieden, und dadurch haben Sie sich die Dinge um einiges erschwert.

MILOŠEVIĆ: Herr Meron, ich muss Herrn Kay beipflichten, der seine Position hier ganz richtig dargestellt hat. Ich habe wirklich nichts persönlich gegen ihn, und er ist zweifellos ein sehr fähiger Anwalt, aber trotzdem kann kein Anwalt, Herr Kay oder ein anderer, mich in meiner Rolle ersetzen. Das liegt ganz einfach in der Natur dieser Anschuldigungen.

Dies ist ein politischer Prozess. Hier geht es nicht darum, ob ich ein Verbrechen begangen habe. Es geht hier darum, dass mir ge-

wisse Absichten zugeschrieben wurden, aus denen dann irgendwelche Folgen abgeleitet werden, was den Sachverstand jedes Anwalts überschreitet, den man sich vorstellen kann.
Es geht darum, dass hier die Wahrheit über die Ereignisse im ehemaligen Jugoslawien berichtet werden muss. Das ist es, worum es geht, und nicht die verfahrensrechtlichen Fragen, denn ich sitze hier nicht, weil ich eines bestimmten Verbrechens beschuldigt wurde. Ich sitze hier, weil mir vorgeworfen wird, eine Politik gegen die Interessen dieser oder jener Partei geführt zu haben. Die Natur dieser Verhandlungen ist so beschaffen, dass kein Anwalt damit umgehen kann. Doch eigentlich steht nicht einmal das zur Debatte. Der Punkt ist, ob ich gemäß dem Statut das Recht habe, mich selbst zu verteidigen, und das Statut sagt, ich habe es.
MERON: Danke, Herr Milošević. Gleich ist der Ankläger an der Reihe. Lassen Sie mich nur eine Bemerkung machen. Ich glaube wirklich, und ich glaube, dass auch alle meine Kollegen fest daran glauben, dass dieser Prozess kein politischer Prozess ist. Es ist ein juristischer Prozess, der unter Berücksichtigung der Menschenrechte und in einem ordentlichen Verfahren entscheiden soll, ob Sie gemäß dem internationalen Recht und im Sinne des Statuts ohne jeden vernünftigen Zweifel schuldig sind, oder nicht. Und wir würden dieses Verfahren nicht auf diese Weise führen, wenn wir nicht überzeugt wären, dass dies wahrhaft nicht nur ein juristischer Prozess, sondern, wie ich glaube, auch das Musterbeispiel eines fairen Prozesses ist.

[…]

NICE: Euer Ehren. Die zuletzt gemachten Betrachtungen des Angeklagten, einschließlich der Andeutungen, dass die Richter der Kammer unzulässig gehandelt haben, und gesundheitliche Gründe als Vorwand benutzt haben, dass die Ärzte selbst von äußerer Gewalt manipuliert worden sind, um unzutreffende medizinische Einschätzungen zu liefern, dass dies ein politischer Prozess ist, zeigen alle, dass dieser Mann nicht imstande ist, sich vor einem handfesten Strafgerichtshof wie diesem zu verteidigen, wo wegen Straftaten gegen ihn verhandelt wird.

Wir wissen aus dem Fall Faretta, dass es Personen, die sich selbst vertreten, natürlich zu einem gewissen Grade erlaubt werden muss, vor Gericht schlechte Entscheidungen zu treffen und dass nicht in jedem Fall vernünftige und objektive Berufsanwälte zwischen einen unklugen Prozessteilnehmer und seine Richter gestellt werden können. Aber in diesem Fall muss das nun aus einer Reihe von Gründen geschehen. Und ich erlaube mir dem Gericht zu raten, sich ganz genau zu überlegen, ob es ihm [Slobodan Milošević] erlaubt, angesichts seines heutigen Verhaltens, weiterhin selbst seine Verteidigung vor Richtern zu präsentieren, die er ziemlich boshaft angegriffen hat. [...]
Der erste Vorschlag, ihn durch einen Anwalt unterstützen zu lassen, kam schon am 30. August 2001, ich nehme an, auf Veranlassung der Anklägerin, aber durch den Mund von Herrn Ryneveld. Es wurde vorgeschlagen, dass nicht nur ein *Amicus* ernannt werden sollte, sondern dass es wegen der technischen Schwierigkeiten in der Durchführung eines Auftritts vor Gericht auch vorteilhaft sein könnte, einen Anwalt zu bestimmen, der den Angeklagten unterstützt, und so wurde es formuliert. Nicht etwa, dass ein Anwalt aufgezwungen werden und die ganze Verteidigung übernehmen sollte.
Nun, das wurde von Richter Robinson abgelehnt, und man wandte sich der Frage das nächste Mal ausführlich am 8. November 2002 zu. Inzwischen gaben die wiederholten Unterbrechungen des Sitzungsplans, die durch den Gesundheitszustand des Angeklagten verursacht wurden, Grund zur Sorge, und so machte die Anklage in einer Drucksache über den zukünftigen Prozessverlauf angesichts des Gesundheitszustandes des Angeklagten und angesichts der Komplexität des Falls Vorschläge, dass Anwälte für ihn bestimmt werden sollten, aber wiederum sollte ihm kein Anwalt aufgezwungen werden, um den Fall vollständig für ihn zu verwalten. Ganz und gar nicht. Er sollte überhaupt nicht seiner öffentlichen Auftritte beraubt werden, keineswegs.
Was wir im Paragraphen 21 dieser Drucksache vorschlugen, war, und ich mache es kurz, dass dem Angeklagten noch ein Rahmen gelassen werden sollte, in dem er teilnehmen kann, aber dass es angesichts der medizinischen Probleme, denen er sich gegenüber-

sah, für das Gericht an der Zeit sei, die Bestimmung von Anwälten eingehend zu überlegen, die ihm dabei helfen sollten, die Verwaltung seines Falls auszuführen.
Wir sollten uns daran erinnern, dass diese Drucksache den Schwerpunkt darauf legte, wie wir dem Gericht und eigentlich dem Angeklagten behilflich sein könnten, seine medizinischen Probleme so zu umgehen, dass er Zeugen laden kann und keine Zeugen in das ehemalige Jugoslawien zurückschicken muss, und ähnliche Dinge. Es war ein konstruktiver Ansatz, der als einen Lösungsvorschlag die Bestimmung von Anwälten für diesen Angeklagten beinhaltete.
Verlassen wir das Jahr 2002. Der nächste Zeitpunkt, zu dem diese Frage aufgegriffen wurde, war im September 2003, wiederum wegen der erneuten gesundheitlichen Probleme. Und auch bei dieser Gelegenheit hatten wir nicht die vollständige Zwangseinsetzung eines Anwalts im Sinn. Wir machten die Verhandlungskammer im Paragraphen 23 darauf aufmerksam, dass es verschiedene Grade der Unterstützung für einen Angeklagten geben kann, der mit Schwierigkeiten zu kämpfen hat, je nach den Erfordernissen der Gerechtigkeit. Wir machten Vorschläge bezüglich des Sitzungsplans und sagten tatsächlich im Paragraphen 28: „Die Anklage hält es zu diesem Zeitpunkt für unangebracht, dem Angeklagten einen Anwalt aufzuzwingen, in dem Sinne, dass er seiner persönlichen Teilnahme bei der Vorbringung seiner Verteidigung beraubt würde. Diese Option wird man sich noch überlegen müssen.“ [...]
Und wenn nun die Kammer die Beweise für ausreichend hält, - und mein geschätzter Kollege Herr Kay bestreitet es ja eigentlich gar nicht -, dass es Manipulation gab, [d. h., dass Slobodan Milošević durch falsche Medikamenteneinnahme absichtlich Krankheitsperioden herbeigeführt habe], warum sollte es dann völlig unangebracht sein, einen Berufsanwalt zwischen diesen Angeklagten und seinen Richtern einzuschalten, der dem Gericht in seinem Verhalten verpflichtet wäre, selbst wenn er in Hinblick auf den Fall, den er oder sie voranbringt, ausschließlich dem Angeklagten verpflichtet wäre. Es ist nur ein weiteres Beispiel, [...], das nur zeigt, dass der Angeklagte [von einem Anwalt] vertreten werden muss. [...]

Vielleicht lassen Sie mich eine allgemeine Betrachtung machen: Wir haben gesagt, dass der Begriff Fairness ausgedehnt werden sollte, um in den Rahmen der Erfordernisse des Rechts zu passen, obwohl die Verhandlungskammer natürlich einige Fragen erörtert hat, bei denen es offensichtlich um Erfordernisse des Rechts ging, aber sie formulierte sie im Sinne von Fairness. Von Fairness kann man nur sprechen, wenn man zwei Seiten hat, oder zwei oder drei Parteien, oder widerstreitende Interessen, denn Fairness ist, was man einer Person gibt oder anbietet. Man könnte meinen, dass diesem Angeklagten im Sinne der Fairness weit mehr angeboten wurde, als irgendeiner anderen Seite angeboten wurde, sowohl was seine Freiheit in seinem Auftreten und seinem Verhalten im Gerichtssaal, betrifft, als auch besonders, dass man ihm angeboten hat, sich gemeinsam mit einem Anwalt selbst zu vertreten, dass man ihm angeboten hat, durch seinen eigenen Anwalt vertreten zu werden, sobald [...] er seinen eigenen Anwalt ernennt, und es wurde ihm die Unterstützung durch einen aufgezwungenen oder ernannten Anwalt vom Gericht angeboten. [...]
Aber wenn das Hohe Gericht darüber besorgt ist, welche Belastung für den Angeklagten entstehen würde, wenn er sich mit aufgezwungenen Anwälten auseinandersetzen müsste, dann muss ich diese rhetorische Frage stellen, aber ich hoffe dabei, die Höflichkeit zu wahren: Wer leitet dieses Gericht; der Angeklagte, oder die Richter, die für diese Aufgabe ernannt wurden? Denn was wir hier sehen, ist in der Tat Ausübung von Druck und fast schon Schacher, worin mein geschätzter Kollege Herr Kay heute morgen in gewisser Weise als Unterhändler zwischen dem Gericht und dem Angeklagten auftrat, und das ist ganz verkehrt. [...]
Angenommen, man hätte einen Angeklagten vor sich, Mann oder Frau, der sich der Kammer gegenüber absolut kooperativ verhält, von Anfang bis Ende höflich ist und bei allem, was er oder sie tat, vernünftig handelte, absolut keinen Anlass zur Beschwerde bietet, aber unglücklicherweise unter demselben Gesundheitszustand leidet, unter dem der Angeklagte offenbar leidet, und mit den gleichen Folgen für den Prozess. Und dieser sonst völlig vernünftige, höfliche und hilfsbereite Mensch ist trotz allem ganz und gar unfähig, einzusehen, dass die Auferlegung eines Verteidigers ihn vor

den schlimmsten gesundheitlichen Folgen bewahren und den Zeitplan des Prozesses ungeheuer verbessern wird. […]
Wenn das Gericht es mit so einem Angeklagten zu tun hätte, der nicht behauptet, dass ihn der Umgang mit einem Berufsanwalt belasten würde, würde die Berufungskammer dann dieselbe Entscheidung treffen, die die Verhandlungskammer getroffen hat?
Sie würde es unausweichlich tun, denn sie hätte das gesundheitliche Interesse des Angeklagten im Auge, das dieser Angeklagte uns durch seine Haltung gewissermaßen verschleiert, und das berechtigte Interesse der Gerechtigkeit, dass der Prozess verhältnismäßig schnell und ordentlich zu Ende gebracht wird. Und wie sähe die Reaktion unseres vernünftigen Menschen aus? Sie würde natürlich darin bestehen, jedes Angebot der Kammer anzunehmen, sich mit den Anwälten zu beraten, die Zeugen zum Teil in der Hauptvernehmung und am Schluss der Vernehmung zu befragen, und der Prozess würde reibungslos weitergehen.

[…]

KAY: Nach meinem Dafürhalten ist die Tatsache, dass dieser Angeklagte seine Rechte ausüben will, eine rationale Demonstration seiner Haltung und nichts Irrationales. Wenn Sie einmal den Schritt getan haben, Ihre Verteidigung einem Anwalt anzutragen, dann haben Sie ihm eine Gewalt übertragen. Sie legen Ihre Verteidigung in die Hände eines anderen. Sie müssen den Fähigkeiten und der Strategie der Anwälte vertrauen. Sie müssen daran denken, dass der Angeklagte der Präsident eines riesigen Staates war. Er ist ein Mann, der gewohnt ist, seine Angelegenheiten selbst in die Hand zu nehmen. Dass er etwas nicht aus der Hand geben will, wovon er denkt, dass er es selbst kontrollieren sollte, ist vollkommen verständlich. […]
Wir halten nach alledem dafür, dass die einzigen Gewinner in dieser Sache, in der wir als Pflichtverteidiger ohne Anweisungen [von Slobodan Milošević] dastehen, die Ankläger sind.

[…]

MILOŠEVIĆ: Sie sollten sich über diese Mythenbildung im Klaren sein, was meine angebliche Weigerung betrifft, meiner Therapie zu folgen. Sie können die Wahrheit vom verantwortlichen medizinischen Personal in der Haftanstalt erfahren. Ich werde es Ihnen erklären, um alle Mythen aus dem Weg zu räumen. Eines Tages wurde mir erzählt, dass am nächsten Tag eine Untersuchung gemacht werden würde, um festzustellen, wie viel von den Medikamenten, die ich nehme, von meinem Körper aufgenommen wird, und dass ich um 7.00h meine Medikamente erhalten würde, damit zwei Stunden später um 9.00h der Test gemacht werden könne, bei dem die Konzentration der Wirkstoffe in meinem Blut gemessen werden würde. Darüber gibt es ein Protokoll. Ich nahm um Punkt 7.00h die Medikamente, und zwei Stunden später, um 9.00h, wurde eine Blutprobe genommen. Die Analyse ergab dann aber, dass die Konzentration in meinem Blut zu gering war. Was habe ich damit zu tun? Sagen Sie mir das bitte. Ich weiß nicht, was falsch war, ob die Konzentration in der Tablette selbst ausreichend war, oder nicht, oder ob das Problem irgendwo anders lag. Jedenfalls, habe ich mich voll und ganz an der Prozedur beteiligt. Alles wurde ordentlich gemacht. Und es ist absolut sinnlos, eine Theorie auf den Verdacht zu stützen, dass ich mich weigere, meine Medikamente zu nehmen. Man hätte das Testverfahren überprüfen können. Man hätte ein anderes Verfahren wählen können, denn kein Verfahren ist völlig sicher, aber solche Schlüsse zu ziehen, ist völlig fehl am Platze, vor allem für einen Laien wie Herrn Nice. Ich werde damit keine weitere Zeit mehr verschwenden.

Zweitens, was die Kampagne betrifft - Herr Meron, Sie haben interveniert, als ich das Wort „Kampagne" gebrauchte und Michael Scharf erwähnte. Michael Scharf war der Rechtsberater von Madeleine Albright, ich nehme an, Sie wissen das. Sie wissen auch, dass ich am 5. Juli hergebracht wurde, obwohl ich krank war; die Kammer ignorierte die Tatsache, dass ich krank war, und die ganze Presse war da, um meine Eröffnungsrede zu hören; man hatte sie nicht darüber informiert, dass es an diesem Tag keine Eröffnungsrede geben würde. Wie Sie wissen, war Madeleine Albright [kurz davor] hier; sie hat ein persönliches Interesse [am Tribunal], da sie selbst Verantwortung für die Bombardierung meines Landes trägt und selbst an der Unterstützung der kroatischen Kräfte beteiligt war, die die Operation „Sturm" durchführten, bei der mehrere hunderttausend Serben aus Kroatien vertrieben wurden. Und am nächsten Tag traf Herr Prosper, der Botschafter Ihres Landes [Merons, also der USA], hier ein, jemand der für diese Fragen [der Zusammenarbeit mit dem Tribunal] zuständig ist. Frau Albright wird oft als „Mutter des Tribunals" bezeichnet und ihr persönliches Interesse steht außer Zweifel. Es unterliegt keinem Zweifel, dass sie in dieser [genannten] Kampagne eine Rolle spielt. Und Sie können im Protokoll die Argumentation in Herrn Nices Rede [vom 5. Juli] lesen, die sie auch teilt.

Herr Nice hat hier heute gesprochen, und ich möchte auf einige Dinge antworten, die er gesagt hat. Er sagte, dass es bei mir läge, ob ich das Angebot, das mir gemacht wurde, annähme. Es geht in dieser Situation nicht um Anbieten und Annehmen. Wir sind nicht auf einem Basar, wo die Leute etwas anbieten und nehmen. Wir haben es hier mit einer völlig anderen Situation zu tun. Wir reden über das Minimum meiner Rechte, auf dem ich bestehe. Es ist keine Sache des Anbietens und Annehmens oder Nicht-Annehmens, wobei ich die Konsequenzen meiner eigenen Weigerung tragen muss. Worum es hier geht, ist, dass über die Einhaltung meiner minimalen verbürgten Rechte gewacht wird.

Zweitens. Ist es nicht absolut klar, dass ich das Recht habe, einen Anwalt zu ernennen, aber dass ich auch das Recht habe, keinen Anwalt zu ernennen? Ich nehme mein Recht wahr, keinen Anwalt zu ernennen, in anderen Worten, mich selbst zu vertreten. Ich handle also in voller Übereinstimmung mit dem Sinn des Rechtes, das mir zugestanden wird.

Ferner sagt Herr Nice, dass ein Urteil ohne Verteidigung gesprochen werden kann, weil einige Verteidigungszeugen hier waren, die überhaupt keine Beweise geliefert hätten. Es kann also ein Urteil ohne Verteidigung gesprochen werden. Genau das ist ihr Ziel, denn eine Verteidigung durch einen aufgezwungen Anwalt ist nicht meine Verteidigung. Das muss ich doch hoffentlich nicht beweisen. Verteidigung durch einen aufgezwungenen Anwalt ist eine juristische Fiktion.

Ferner sagt Herr Nice, ich hätte Herrn Kay eine Zeugenliste gegeben. Das ist nicht wahr. Ich habe meine Zeugenliste der Vermittlungsbeamtin einsehbar gemacht, die der Verhandlungskammer verantwortlich ist. Herr Kay hat in seiner Funktion Einsicht in diese Zeugenliste, und er weiß nicht, was er damit soll, ganz ohne seine Schuld, genau so wenig wie er weiß, was er mit tausenden von Beweisstücken machen soll, die ich zur Verfügung gestellt habe, denn wenn wir die Beschränkung auf 150 Tage aufrechterhalten, weiß Herr Kay nicht, welche Auswahl ich persönlich aus den 1600 Zeugen getroffen hätte, die in den 150 Tagen auftreten kann. Und Sie werden mir darin zustimmen, meine Herren, dass ein schlechter Gebrauch von Zeugen und Beweisstücken schlimmer ist als ein völliger Verzicht auf Zeugen und Beweisstücke. Dann hat Herr Nice die Frage gestellt, wer diesen Prozess leitet. Das ist hier nicht die Frage. Die Frage ist, wer meine Verteidigung leitet: Ich oder Herr Nice? Während ihrer ganzen Halbzeit, hatte ich nicht die Spur einer Absicht, mich in ihre Geschäfte einzumischen, wohingegen sie die ganze Zeit meine Verteidigung organisieren und die Bedingung diktieren wollten, unter denen ich meine Rechte ausübe. Das ist absolut unangemessen. Ich habe mir das Recht, mich selbst zu vertreten nicht selbst weggenommen, es wurde mir von der Verhandlungskammer weggenommen. Ich verlange deshalb mein Recht, mich selbst zu vertreten zurück. Ich bin davon überzeugt, dass meine rechtliche Stellung nicht mitten im Prozess geändert werden kann, oder meine Fähigkeit, mich selbst zu verteidigen, und ich verlange mein Recht zurück. Vielen Dank.

Übersetzung aus dem Englischen: Sebastian Bahlo

Das Haager Tribunal: „That Is The Nature Of The Beast”: Warum das Haager Tribunal es sich nicht leisten kann, Slobodan Milošević das Recht auf persönliche Verteidigung zu gewähren[105]

Von Tiphaine Dickson und Aleksandar Jokic

Als Slobodan Milošević nach seiner Überstellung nach Den Haag, die einem Kidnapping gegen Lösegeld ähnlicher sah als einer Auslieferung, aufgefordert wurde, zur Anklage Stellung zu nehmen, gab er der Kammer des Internationalen Straftribunals für das ehemalige Jugoslawien (ICTY) nicht das typische „Nicht schuldig“ zur Antwort. Stattdessen entgegnete Milošević: „Das ist nicht mein Problem, das ist Ihr Problem.“

Und in der Tat ist die Anklage inzwischen zum Problem des ICTY geworden. Als die Ankläger im Frühjahr nach dem Rücktritt des Vorsitzenden Richters Richard May am Ende ihres Sachvortrags angekommen waren, lamentierten viele in den Medien über den Fehlschlag des Versuchs, den Beweis eines Völkermords zu erbringen, andere zeigten sich unbeeindruckt von dem verwirrenden Bild schwacher Zeugen, die im Kreuzverhör eines Angeklagten zusammenfielen, der durchweg darlegte, dass das ICTY keine rechtliche oder Recht sprechende Institution ist. Stimmen wurden laut, die zunehmend ernste Besorgnis äußerten, dass der Prozess aus den Geleisen lief. Erwartungen schienen unerfüllt geblieben zu sein.

Als die Phase des Sachvortrags der Verteidigung näher rückte, und Milošević ankündigte, er werde 1600 Zeugen aufbieten, um zu untermauern, was er von Anfang an gesagt hatte, nämlich dass die „Balkan-Kriege“ in Wirklichkeit ein einziger Krieg waren, und zwar gegen Jugoslawien, geplant und ausgeführt von den West-

---

105 Tiphaine Dickson and Aleksandar Jokic: „The Hague Tribunal: ‚That Is The Nature Of The Beast‘: Why The Hague ICTY Cannot Afford Slobodan Milošević's Right to Self-Representation", Global Research, 24. Oktober 2004, www.globalresearch.ca/PrintArticle.php?articleId=563

mächten, 1999 gipfelnd in dem entsetzlichen Höhepunkt eines 78tägigen NATO-Bombardements, da richteten die einflussreichen Förderer des ICTY das Visier auf die bevorstehende Verteidigung und argumentierten, dass man Milošević das Recht, sich persönlich zu verteidigen, nun „lang genug“ gewährt habe.

Der kämpferische Medieneinsatz war und bleibt beträchtlich und wirft eine nahe liegende Frage auf: Was steckt in der gegenwärtigen Phase der Verhandlungen, dass eine derartige kollektive Anstrengung der Abwehr erforderlich ist?

Die jüngste Offensive ist offensichtlich von Furcht bestimmt. Sie stellt aber nicht nur das international verbriefte Recht der Selbstvertretung in Frage (und damit die Freiheit, eine echte Verteidigung vorzutragen), sondern ist darüber hinaus darauf abgestellt, Milošević daran zu hindern, die Illegalität des ICTY und seiner Funktionen darzulegen. Präsident Milošević hat in der Tat durchweg argumentiert, dass das ICTY Apologetik für die Zerstörung Jugoslawiens betreibt, Rechtfertigungsgründe für die Aggression liefert und die Geschichte umschreibt. Daher die anscheinend endlosen Anspielungen nicht auf die Gesundheitsschäden von Präsident Milošević sondern auf die die Beschädigung des „Ansehen des Gerichts“, seiner „Glaubwürdigkeit“ und „Legitimität“.

Die öffentliche Lobbyarbeit des ICTY für die Anordnung der Zwangsverteidigung von Slobodan Milošević übernahm ein Trio strammer ICTY-Befürworter: David Scheffer, Michael Scharf und Judith Armatta. Was sie vorbrachten, verriet - vielleicht unbeabsichtigt - die eindeutig politische Natur dieser Veranstaltung.

In einem Artikel („Enough of Milošević's Antics“) in der *International Herald Tribune* (v. 13. Juli 2004) beeilt sich David Scheffer, der ehemalige Sonderbotschafter für Fragen von Kriegsverbrechen unter Außenministerin Albright, Milošević als Nicht-Menschen zu behandeln und auf das ICTY einzuwirken, seine „Autorität“ gegen ihn durchzusetzen. Scheffer schreibt: „Als Vorsitzender Richter verstand es der verstorbene Richard May geschickt mit Miloševićs Ausübung seines Rechts der Selbstvertretung umzugehen, indem er ihm täglich genug Leine ließ, sich auszusprechen, um dann plötzlich die Leine anzuziehen, wenn er zu weit ging.“ Die eindrucksvolle Verwendung der Metapher „die

Leine anziehen“ erfolgt hier im Lichte der nur peinlich kurz zurückliegenden Gräueltaten im Gefängnis von Abu Ghraib in Irak, wie in dem Foto von der Soldatin Lynndie England, die ein nacktes menschliches Wesen an einer Leine hält, für immer festgehalten. Will Scheffer auf das ICTY einwirken, sich Abu Ghraib anzugleichen, dies aber mehr auf dem juristischen Schlachtfeld als dem militärischen? Was immer seine Absichten, in einer wichtigen Beziehung gibt es kaum einen Unterschied zwischen dem physischen und dem metaphysischen Leineanziehen: beides wurzelt fest in den primitivsten rassistischen Verhaltensweisen gegenüber ihren zur Sache degradierten Zielobjekten. Und wer genau ist das Zielobjekt von David Scheffers Kommentaren? Anscheinend nur Milošević, der auf diese Weise seiner Eigenschaft des Menschseins entkleidet wird. Doch da ist noch ein anderes, noch wichtigeres Ziel: die Richter und Ankläger des ICTY werden implizit daran erinnert, dass sie bloße Werkzeuge des Imperiums sind. Sie täten daher besser daran, Leistung zu erbringen.

Und was sind die Leistungen, die vom ICTY zu erbringen sind? Der Prozess verursacht Schwindel erregende Kosten, woraus folgt, dass eine Verurteilung erfolgen muss, und dass „Justiz“ zwingend dazu führen muss, Milošević mundtot zu machen, denn er ist „angeklagt wegen Verbrechen von enormer Schwere auf dem Balkan: Völkermord, Verbrechen gegen die Menschlichkeit und Kriegsverbrechen. Diese schreien nach Sühne. Die Vereinten Nationen und ihre Mitgliedsstaaten verausgaben riesige Geldsummen für diese Verfahren für einen bestimmten Zweck, nämlich für Justiz und nicht für politische Ausfälle und ausufernde Verteidigungsreden.“ Es ist unklar, ob dies ein rechtliches oder politisches Argument ist. Es könnte sein, dass Scheffers Position - im Sinne einer neuen juristischen Herangehensweise - darin besteht, dass, weil Milošević der schwersten aller Verbrechen angeklagt ist, und diese nach „Sühne schreien“, diese Tatsache an sich schon einen über jeden vernünftigen Zweifel erhabenen Beweis für seine tatsächliche Schuld darstellt. Denn wer mag sich schon vorstellen, dass das ICTY leichtfertig Vorwürfe erhebt und einen amtierenden Präsidenten mitten in einem Aggressionskrieg gegen sein Land anklagt? Ansonsten könnten Scheffers Worte einen direkten politischen Anspruch zum Ausdruck bringen: „Wir haben dafür bezahlt, und wir haben sicher nicht dafür bezahlt, dass dieser Mann mit uns umspringt.“

Scheffer befürwortet die Anordnung eines Zwangsverteidiger, „um die Integrität des Verfahrens zu gewährleisten, das sich einem Punkt nähern könnte, wo es zum Bruch mit der internationalen Gemeinschaft kommt.“ Die Ungeduld, die hier im Namen des Phantoms der internationalen Gemeinschaft zum Ausdruck kommt, könnte tatsächlich gerade Scheffers eigene sein, sowie die von Leuten seines Schlages, die mit der Einrichtung des ICTY eng verbunden sind. Jedenfalls ist der Punkt der, dass das ICTY keine legale Autorität hat, die über die ihm vom Sicherheitsrat gewährten Befugnisse hinausgehen und durch seine eigene Berufungskammer, d.h. durch sich selbst, als rechtlich gültig erachtet worden sind. Daraus folgt: seine Autorität „muss durchgesetzt werden“. Gerade dieses Verfahren, als solches an sich ein Rechtsmissbrauch, muss vor „einem lähmenden Missbrauch“ geschützt werden, und zwar vor der öffentlichen Brandmarkung durch Milošević, und insbesondere durch seine Zeugen: „Ein massives kriminelles Unternehmen diesen Charakters verdient ein langes, sorgfältig entwickeltes Verfahren, das unvermeidlich Verzögerungen erleben wird. That is the nature of the Beast. Aber der Zeitpunkt ist gekommen, die dem Gericht verliehene Autorität durchzusetzen und einen lähmenden Missbrauch des Verfahrens durch Leute wie Slobodan Milošević zu verhindern.“ Wahrlich: „That is the nature of the Beast.“ Dies muss dringend zu Ende gebracht werden, denn das ICTY ist im Gegensatz zu Recht sprechenden Körperschaften in aller Welt eine „begrenzte Unternehmung“, darum bemüht, Ermittlungen, Verfahren und Berufungsverfahren vor Ablauf einer vom Sicherheitsrat gesetzten Frist - das ist die genannte „Abschlussstrategie“ - im Jahre 2010 abzuschließen. Bis dahin muss eine Verurteilung sichergestellt sein. So wie alle Vorstellungen gelaufen sein müssen, bevor der Zirkus die Stadt verlassen kann.

Ebenso dringend ist, dass insbesondere „Serben” „die Autorität des Gerichts respektieren” und vermutlich kann dieser Sinneswandel nur erfolgen, wenn Milošević mundtot gemacht und die Illegalität des Gremiums nie wieder erwähnt wird: „Wenn die Disziplin eines kompetenten Anwalts in den Gerichtssaal Einzug hält, würden Miloševićs Serben vielleicht lernen, die Autorität dieses Tribunals zu respektieren."

Abschließend strapaziert Scheffer noch einmal seine Metapher der Leine, um seinem Gedanken Nachdruck zu verleihen, dass Milošević „dauerhaft" zum Schweigen gebracht werden muss, da er ja irgendwie nicht-human ist: „Milošević ist lange genug mit dem Gericht umgesprungen. Es ist Zeit, die viel benutzte Leine von Richter May dauerhaft anzuziehen."

Nach Scheffers Eröffnungssalve sprach sich auch Michael Scharf, Gastprofessor für Recht an der Case Western Reserve University und Mitverantwortlicher bei der Schaffung des ICTY, in der *Washington Post* (vom 29. August 2004) mit geradezu fröstelnmachender Klarheit und unter Verwendung strikt politischer Argumente für Zwangsverteidigung aus. („Making a Spectacle of Himself: Milošević Wants a Stage, Not the Right to Provide His Own Defense"). Den mittlerweile geläufigen Refrain, Slobodan Milošević „spielt für das heimische Publikum" weidlich ausschlachtend, ist Scharf empört von der Idee, dass der nichtvertretene Angeklagte einen Schauprozess irgendwie ausnutzen könnte, um Unterstützung in Serbien und Montenegro zu gewinnen, wo doch das ICTY, so erklärt er allen Ernstes, eigentlich geschaffen wurde, um Milošević aus der Politik zu entfernen und die Serben zu „erziehen", damit er und seinesgleichen für immer aus dem Verkehr gezogen sein würden. Das sein eigenes Argument die politische Natur des ICTY bestätigt und in aller Offenheit seine Ziele als nicht-juristische klarstellt, hält Scharf nicht davon ab, das Verfahren als einen „internationalen Kriegsverbrechen-Prozess" und die Institution als einen „Gerichtshof" zu beschreiben.

Scharf: „Miloševićs sarkastische Verteidigungsstrategie wird ihm wahrscheinlich keinen Freispruch einbringen, aber sie ist auch nicht auf den Gerichtshof in Den Haag abgestellt. Sein Publikum ist das Gericht der öffentlichen Meinung zu Hause in Serbien, wo der Prozess eine der meist gesehenen Fernsehsendungen ist, und wo Miloševićs Ansehen weiter steigt. Meinungsumfragen besagen, dass 75 Prozent der Serben nicht meinen, dass Milošević einen fairen Prozess bekommt, und 67 Prozent denken, dass er nicht für irgendwelche Kriegsverbrechen verantwortlich ist. ‚Slobo Held!’ ist an Belgrads Bussen und Häusern ein allgegenwärtiges Graffiti. Letzten Dezember gewann er in einer landesweiten Wahl mit Leichtigkeit einen Sitz im serbischen Parlament.“

Was diese Besorgnisse und politischen Trivialitäten mit internationalem Recht - soweit dieses als judikative Aktivität angesehen werden kann - zu tun hat, bleibt unklar. Wenn jedoch, - an die Adresse einer uninformierten westlichen Öffentlichkeit gerichtet, hier die Idee vermittelt werden soll, dass das ICTY, falls es einem Mann, der ein halbes Jahrzehnt lang auf dem Balkan der Hauptgesprächspartner des Westens war, grundlegende international anerkannte Menschenrechte gewährt, in seiner Mission scheitert, die Serben zu „erziehen“, dann weiß man, was gemeint ist. Scharf bedauert die Tatsache, dass Meinungsumfragen ergeben, dass „75 Prozent der Serben nicht meinen, dass Milošević einen fairen Prozess bekommt.“ Scharfs Enttäuschung über diesen Ausdruck verbreiteten Misstrauens - das durchaus gegen die Institution überhaupt gerichtet sein könnte - beruht auf der Annahme, dass die öffentliche Meinung in Serbien und Montenegro irregeleitet ist und kein rechtes Verständnis für die „Fairness“ des Verfahrens hat. Aber wenn Scharf behauptet, dass die ICTY-Verhandlungen eine der meist gesehenen Fernsehsendungen sind, dann bildete sich die öffentliche Meinung doch wohl durch den Anschauungsunterricht der Prozessverhandlungen; und dann bestünde das Problem nicht in einer im Ausland zu verortenden kollektiven Selbsttäuschung sondern in der im Westen herrschenden Unkenntnis darüber, wie das ICTY in seiner täglichen Arbeit funktioniert. Die denn weitgehend nicht im Einklang steht mit dem - durch Überzeugung oder missionarischen Eifer - im Westen weit verbreiteten Glauben, dass die Verfahren in Den Haag an sich fair sind.

Scharfs Sorgen wegen des Graffitis an Bussen und Häusern in Belgrad mag auch ein Ausdruck seines Umweltbewusstseins sein. Doch jede von „Slobo-Held!“- Losungen ausgehende Bedrohung verblasst im Vergleich zu den Auswirkungen der NATO-Bombardierungen, und insbesondere, vor dem im Boden und Grundwasser Serbiens und Montenegros zurückgebliebenen abgereicherten Uran. Mag sein, dass die „serbische“ Öffentlichkeit durch den „Gerichtshof“ noch nicht ausreichend erzogen worden ist, um diese beunruhigende Wirklichkeit aus den Augen zu verlieren, mit der sie noch Jahrzehnte, und vielleicht Jahrhunderte zu tun haben wird. Diese Wirklichkeit und die allgegenwärtigen Erinnerungen an die Bomben der NATO in den Straßen von Belgrad haben vielleicht einigen Einfluss auf die öffentliche Wahrnehmung der „Fairness“ des ICTY gehabt.

Auch wenn Scharfs Anschlag auf Miloševićs Recht auf persönliche Verteidigung ganz auf der Linie von Scheffers Forderung liegt, dass die „Leine dauerhaft angezogen werden sollte“, gibt es doch einen wichtigen Unterschied in der Herangehensweise. Wo Scheffer den verstorbenen Richter May als eine Art kompromisslosen Tierbändiger schildert, stellt Scharf ihn als einen irregeleiteten Trottel dar. Statt seine Fähigkeit zur Disziplin hervorzuheben, beschuldigt er ihn - in einer viel sagenden Demonstration der Degradierung der ICTY-Funktionäre, insbesondere des verstorbenen, zu bloßen Sachobjekten - zu lasch gewesen zu sein und irrtümlich gehandelt zu haben, als er Milošević überhaupt das Recht auf Selbstvertretung zugestand. Er schreibt: „Tatsächlich alles, was mit dem Milošević-Prozess schief gelaufen ist, kann auf diese irrige Entscheidung zurückverfolgt werden.“

Und „schief gelaufen“ ist, dass Milošević „geringschätzige Bemerkungen über das Gericht“ gemacht und Zeugen „eingeschüchtert“ hat. Milošević erkennt das ICTY nicht an, und das hat er immer wieder gesagt. Und was das „Einschüchtern“ angeht, so ist das bis zu einem gewissen Grade, ob wir das gut finden oder nicht, Teil der Kunst des Kreuzverhörs. Aber Scharfs Schwerpunkt liegt nicht so sehr auf diesen Beschwerden sondern vielmehr auf seinen wilden Behauptungen über Miloševićs wachsende Popularität in Serbien und Montenegro.

Scharf macht völlig klar, dass das ICTY aus politischen Gründen geschaffen wurde, befürwortet aber, Slobodan Milošević einen Anwalt aufzuzwingen, um ihn daran zu hindern, genau denselben Gedanken auf den Punkt zu bringen. Der einzige Unterschied besteht darin, dass Milošević „geringschätzig“ ist, während Scharf argumentiert, dass die offenkundig politischen Ziele des ICTY irgendwie vertretbar sind:

> „Bei Schaffung des Statuts des Jugoslawien-Tribunals legte der UN-Sicherheitsrat drei Ziele fest: erstens das serbische Volk zu erziehen, das lange von Miloševićs Propaganda irregeleitet war, und zwar im Bezug auf die Aggressionsakte, Kriegsverbrechen und Verbrechen gegen die Menschlichkeit, die von seinem Regime begangen worden sind; zweitens nationale Versöhnung zu erleichtern, indem Milošević und anderen Spitzenpolitikern die Hauptverantwortung zugeschoben und aufgedeckt wird, wie das Milošević-Regime gewöhnliche Serben dazu gebracht hat, Gräueltaten zu begehen; und drittens eine politische Katharsis zu fördern und dabei neu gewählte Führer Serbiens in die Lage zu versetzen, sich von den repressiven politischen Praktiken der Vergangenheit zu distanzieren. Mays Entscheidung, Milošević zu gestatten, sich selbst zu vertreten, hat diese Ziele ernsthaft unterhöhlt.“

Die Vorstellung, dass mit dem Recht Miloševićs, sich selbst zu vertreten, die „Ziele” der Schaffung des ICTY „ernsthaft unterhöhlt” wurden, ist selbst für Leichtgläubige des Guten zu viel. Doch wenn diese Ziele sind und bleiben, Slobodan Milošević die Verantwortung „zuzuschieben“, und die Serben in dem Glauben zu „erziehen“, wie schlecht er war - oder wie schlecht letztlich Jugoslawien war - , dann sind dies Ziele, die von dem Angeklagten sicherlich nicht geteilt werden. Milošević hat durchaus nicht die Absicht, dem ICTY behilflich zu sein, „die Serben zu überzeugen“, dass die gegen Jugoslawien begangenen Aggressionsakte gerechtfertigt waren. Insbesondere aber können die von Scharf dargestellten politischen Ziel, seien sie nun vertretbar, moralisch korrekt oder politisch zweckmäßig, nicht legal machen, was illegal ist; sie können nicht legitim machen, was illegitim ist, und, was das Entscheidende ist, sie können ein politisches Gremium nicht in einen Gerichtshof verwandeln.

Wie vielleicht unvermeidlich, ordnete das ICTY die Zwangsverteidigung an. Am 2. September wurden zwei der ehemaligen *Amici Curiae* „berufen“ (assigned), - die Kammer bestand pointiert auf der Verwendung dieses Begriffs anstelle des offensichtlich unfeinen „auferlegt“ (imposed) - Slobodan Milošević zu vertreten und erhielten Vollmacht über seine Verteidigung, einschließlich der Gestaltung seiner Strategie und der Auswahl der Zeugen. Die Befugnisse, die den Zwangsverteidigern gewährt wurden, waren weitaus einschneidender als erwartet; und dies anscheinend selbst von dem Hauptanklagevertreter, der während der Anhörung offenbar einen „standby-Anwalt“ anvisiert hatte, der bereit wäre, einzuspringen, falls Miloševićs Gesundheitszustand ihn am Tätigwerden hindern sollte. Stattdessen wurde die Verteidigung Fremden übertragen, die, außer dass sie von ihrem „Mandanten“ keine Instruktionen erhielten, in diesen Verhandlungen bereits als eine andere Partei agiert hatten, nämlich als „Freunde“ eines „Gerichts“, das der Angeklagte nicht anerkannte.

Dass diese Zwangsbestellung von Anwälten einen Interessenkonflikt darstellt, dass sie den Internationalen Pakt über bürgerliche und politische Rechte verletzt, dass weder das südafrikanische Apartheid-Regime noch Nazi-Deutschland gegen Mandela beziehungsweise Dimitroff Zwangsverteidiger bestellt hat, und dass die Anordnung der Zwangsverteidigung tatsächlich die Verhandlungen weiter verzögerte (während Milošević gesund ist), hat jene nicht abgeschreckt, welche die Entscheidung des ICTY verteidigen, Präsident Milošević das Recht abzusprechen, Zeugen aufzurufen und seine Verteidigung vorzutragen. Und seine Verteidigung ist das Problem, da sie sich ehrlicherweise als eine politische Verteidigung vor einem politischen Gremium präsentiert.

Der Zwangsverteidiger bemühte sich vergeblich, seit Anfang September mehr als fünf Zeugen zu präsentieren und war damit konfrontiert, dass sich Experten, Diplomaten, Offiziere und Dutzende anderer weigerten, an einer Verteidigung teilzunehmen, die nicht die Verteidigung war, die sie zu unterstützen eingewilligt hatten. (Hier ist anzumerken, dass vor einer normalen Instanz der Judikative Zeugen keine Mitsprache dabei haben, ob sie am Funktionieren der Rechtsprechung mitwirken wollen oder nicht. Die Etymologie des Wortes „subpoena“ - „unter Strafandrohung“ - macht klar, dass legale Gerichte auch legale Vollmachten haben). Diese jüngste Krise vor dem ICTY veranlasste neue Interventionen in den Medien im Interesse der Glaubwürdigkeit des ICTY.

Aber die politische Natur dieser Einlassungen hatte den gegenteiligen Effekt.

Judith Armatta, eine Anwältin, die als Prozessbeobachterin für die in den USA ansässige Coalition for International Justice tätig ist, verrät ebenso wie ihre Vorgänger, Scheffer und Scharf, den wahren Grund für die Zwangsbestellung von Anwälten für Slobodan Milošević („Justice, not Political Platform for Milošević" in: *International Herald Tribune* vom 7. Oktober). Natürlich mögen weder Armatta noch das ICTY seine „politische Verteidigung". Armatta unterstellt, dass Milošević - und andere vor den ad hoc-Gremien des Sicherheitsrats, wie dem International Criminal Tribunal for Ruanda (ICTR) in Arusha, Tansania - einfach launenhafte Angeklagte sind, die sich weigern, die geltende Prozessordnung zu respektieren, während diese gut gerüsteten Gerichte dafür kämpfen, trotz Obstruktion „unvernünftiger" Angeklagter faire Verfahren zustande zu bringen. Eine solche Darstellung sowohl der Position von Slobodan Milošević (und der ruandischen Angeklagten vor dem ICTR) als auch der Legitimität der ad hoc-Tribunale ist jedoch falsch.

Armatta schreibt, dass der „Prozess von Slobodan Milošević vor dem Internationalen Straftribunal für das ehemalige Jugoslawien zu einem unentschiedenen Gegeneinander (stand-off) geführt hat, bei dem der Wille des UN-Gerichtes dem Willen einer Einzelperson, des Angeklagten, gegenüber steht."

Diese Beschreibung des Milošević-Falles als eines Kampfes zweier Willen ist, gelinde gesagt, eigenartig, denn sie stellt das ICTY in diesem „unentschiedenen Gegeneinander" fälschlich als den unterlegenen Teil dar, der etwas Hilfe und Ermutigung braucht. Was könnte denn das ICTY - das die volle Unterstützung der einzigen Supermacht genießt - in diesem „Willenskampf" mit Milošević benachteiligen? Die von ICTY-Unterstützern wie Armatta verbreitete Botschaft ist, dass das Handicap des ICTY durch seine Tendenz gegeben ist, aus Fairness über Bord zu gehen. Der Versuch, so fair wie möglich zu sein, bringt die Kräfte der Justiz in Schwierigkeiten. Daher solche Appelle an das ICTY wie dieser: „Es ist Sache dieses Tribunals, gegen Milošević aufzutreten, die eigene Autorität durchzusetzen und die Welt einen Schritt näher an die Herrschaft des Rechts heranzubringen.“ Aber ist faires Verhalten die Hauptsorge des ICTY? Und wie kann das „Auftreten“ gegen Milošević irgendjemanden näher an die Herrschaft des Rechts heranbringen, insbesondere wenn dabei internationale Menschenrechtsinstrumente verletzt werden?

Das Problem liegt in dem, was Milošević zu sagen hat. Dass das ICTY die Zwangsverteidigung pointiert aus „Gesundheitsgründen“ angeordnet hat, ist für Armatta eine zweitrangige Überlegung, wie wahrscheinlich auch für die Kammer selbst, die die Tatsache unbeachtet ließ, dass Slobodan Milošević sich drei Jahre mit Geschick selbst verteidigt hat und bereits zehn Jahre an zu hohem Blutdruck leidet. In Wahrheit wurden seit Anordnung der Zwangsverteidigung die Gesundheitsgründe, mit denen die Maßnahme gerechtfertigt wurde, schrittweise durch Andeutungen ersetzt, dass Milošević der nötige „Respekt vor dem Gericht“ fehlt.

Armattas Kritik an Slobodan Miloševićs Verhalten könnte glauben machen, dass sie über einen speziellen Zugang zu seinem Gehirn verfügt. Sie geißelt ihn nicht nur für fehlende Zusammenarbeit bei der laufenden Verletzung seiner Rechte, sondern enthüllt auch, warum er einen so widersetzlichen Kurs eingeschlagen hat: „Der Angeklagte weigert sich, mit den Anwälten zusammen zu arbeiten oder bei der Auswahl und Aufrufung von Zeugen zu helfen oder eine Verteidigungsstrategie zu entwickeln, da er nicht versucht, sich zu verteidigen, sondern den Prozess als Plattform für seine politische Agenda zu benutzen.“

Wollte man nicht Milošević, sondern das ICTY einer derartigen Psychoanalyse unterziehen, so könnte man bei dieser Untersuchung darauf eingehen, welche Konsequenzen sich völlig vorhersehbar aus der Anordnung der Zwangsverteidigung ergeben. Armatta beschreibt die Lage folgendermaßen: „Fast die Hälfte der Zeugen, die ursprünglich für Aussagen in seinem Interesse vorgesehen waren, ist seinem Beispiel gefolgt und hat sich geweigert vor Gericht zu erscheinen, wenn Milošević nicht gestattet wird, sich selbst zu vertreten.“ Wollte man spekulieren, so könnte man postulieren, dass die Anordnung der Zwangsverteidigung nichts mit Gesundheit oder Fairness zu tun hat. Der Grund könnte ganz im Gegenteil sein, dass das ICTY das Erscheinen der meisten seiner Zeugen zu verhindern wollte, da diese die illegale Natur des

ICTY bloßstellen würden. So könnte man sich im Bereich der Spekulation vorstellen, dass man richtig vorhergesehen hat, dass man durch die Anordnung der Zwangsverteidigung einen Boykott durch jene Zeugen herbeiführen würde und das Verfahren zu einem schnellen Abschluss bringen würde, ohne dass die meisten von ihnen je in Erscheinung träten.

Aber diese Art Spekulation gilt als unangebracht. Und sie verträgt sich nicht mit Armattas Beschreibung der gegenwärtigen Situation als eines Kampfes der Willen, die doch absolut klarstellt, wo der gute und der schlechte Wille anzutreffen sind. Und wie wäre die abscheuliche Absicht dessen, dem böser Wille zu unterstellen ist, besser zu entlarven, als durch den Hinweis auf seine durchgängige Opposition gegen das Verfahren, das doch seinem Wesen nach als fair zu betrachten ist? Armatta behauptet, als ob darin der schlüssige Nachweis seines bösen Willens liegt, dass Milošević „durchgängig erklärt hat, dass er die Legitimität des Tribunals nicht anerkennt und jede Gelegenheit nutzen wird, seinen politischen Fall an die Öffentlichkeit zu bringen."

Es sollte inzwischen offenkundig sein, dass wenn Slobodan Milošević behauptet, dass das ICTY illegal ist, er natürlich jede ihm gebotene Gelegenheit ergreifen wird, die Welt diese Tatsache wissen zu lassen. Schlägt Armatta vor, dass jene, die mit vernünftigen rechtlichen Argumenten einwenden, dass diese Institution illegal ist, sich ihr nichtsdestoweniger ruhig unterordnen sollten und persönlich zu den illegalen Aktivitäten beitragen, die sich gegen sie selbst richten? Armatta äußert - ebenso wie Scheffer und Scharf - Besorgnis über die schädlichen Auswirkungen der Selbstvertretung auf andere Fälle. Scharf befürchtet, Saddam Hussein könnte „die einzigartige Gelegenheit der Selbstvertretung (nutzen), tägliche Angriffe gegen die Legitimität des Prozesses und die US-Invasion im Irak zu starten." Ist es also so, dass allen Zielobjekten von Aggression das Recht auf Selbstvertretung versagt werden muss? Oder enthält die Schaffung des ICTY durch den Sicherheitsrat (der anschließend das ICTR einrichtete, ein Gremium ohne die gerichtliche Befugnis für die Behandlung der Invasion Ruandas durch die von den USA unterstützen „Rebellen", eine Aggression, welche den tragischen Krieg des Landes auslöste) an sich schon eine ganz andere Botschaft? Könnte es sein, dass es kein Recht auf Selbstverteidigung gibt, wenn die USA oder ihre Klienten die Aggressoren sind?

Die Essenz von Armattas Klagen über Milošević, dem nicht gestattet werden darf, gegenüber dem Willen des ICTY die Oberhand zu erhalten, ergibt sich aus einer verfehlten Ansicht des ICTY und seiner Verfahren. Sie erklärt:

> „Als ein legitimes Gericht ist es damit beauftragt, Sorge zu tragen, dass Recht geschieht im Bezug auf verabscheuenswürdige Verbrechen, einschließlich Völkermord, die während der 1990er Jahre überall auf dem Territorium des ehemaligen Jugoslawien begangen wurden. Seine fundamentale Verantwortung ergibt sich, wie diejenige aller Gerichte, gegenüber der Sphäre des Rechtsprechung.“

Es ist wahrscheinlich kein Zufall, dass das Gericht als “legitim” beschrieben wird. Da diese Institution im Bezug auf ihre Legalität zweifelhaften Charakters ist, soll sie bewusst als „legitim“ dargestellt werden. Das ist die bekannte Taktik, die schon von Antonio Cassese, dem ehemaligen Präsidenten des ICTY angewandt wurde mit seiner unzweideutigen Behauptung, dass der Krieg der USA gegen Jugoslawien (mittels der NATO) im Jahre 1999 illegal aber eine gute („legitime“?) Sache war, da er zur Entstehung eines neuen rechtlichen Prinzips führen könnte. Könnte es sein, dass sogar Armatta mit Milošević hinsichtlich der Illegalität des ICTY übereinstimmt? Dieses kleine Problem der Illegalität kann jedoch völlig außer Acht gelassen werden, da sich „die fundamentale Verantwortung des Gerichts gegenüber der Sphäre der Rechtsprechung“ ergibt. So entsteht das Bild eines illegalen aber legitimen Gerichts, das Rechtsprechung ausübt! Wenn man es verwirrend findet, dass ein illegales Gericht legitim sein kann, ist es noch weit anfechtbarer daraus den Schluss zu ziehen, dass das ICTY Rechtsprechung ausübt. Denn wie kann ein Gericht Rechtsprechung ausüben, ohne dass ein ordentliches Verfahren eingehalten wird?

Gleichwohl argumentiert Armatta in Reaktion auf den Boykott der Verhandlungen durch viele von Slobodan Milošević's Zeugen, dass sie eine Art von Pflicht gegenüber diesem Prozess hätten.

„Zeugen, die zu diesen Sachverhalten Aussagen machen können, schulden es dem Angeklagten, der Öffentlichkeit und den Opfern, an dem Prozess teilzunehmen." Aber wenn der Prozess an sich unfair ist, und das Gericht illegal ist, gibt es niemanden, dem die Zeugen irgendetwas schulden.

Die Notwendigkeit, die Herrschaft des Rechts zu wahren, wird von Armatta zur Untermauerung ihrer Behauptung vertreten, dass das ICTY es zu Recht ablehnt, durch Präsident Milošević „gehighjacked" oder „erpresst" zu werden. Aber die „Herrschaft des Rechts" bedeutet etwas ganz anderes als der Prozess, den Armatta zu legitimieren versucht. A. V. Dicey, der berühmte britische Verfassungsrechtler, liefert die klassische Definition:

> „Wir meinen vor allem, dass kein Mensch zu bestrafen ist oder an Leib und Gut beeinträchtigt werden kann, außer wegen eines eindeutigen Bruchs des Rechts, nachgewiesen in einem ordentlichen Verfahren vor einem ordentlichen Gericht des Landes."

Gegen Slobodan Milošević wird keineswegs „in einem ordentlichen Verfahren vor einem ordentlichen Gericht des Landes" verhandelt. Das ICTY wurde nicht aufgrund von Vertrag oder Abstimmung durch die UN-Generalversammlung eingerichtet. Das Verfassungsgericht von Jugoslawien befand, dass Milošević in Verletzung jugoslawischen und internationalen Rechts nach Den Haag „überstellt" wurde. Das Konzept des „gemeinschaftlichen kriminellen Unternehmens", das von der Anklage in einigen Fällen nicht den Nachweis einer völkermörderischen Absicht verlangt, ist eine jüngere Entwicklung der Rechtsprechung. (Nicht alle würden dieses Richterrecht als mit dem Gedanken übereinstimmend ansehen, dass die erforderliche Absicht des Völkermords die Schwere des Verbrechens reflektieren muss, und das sie daher speziell gegeben sein muss. Das erste Urteil eines *ad hoc*-Gerichts, dass Völkermord definierte, *Prosecutor v. Akayesu*, nannte dies *dolus specialis* (spezieller Vorsatz). Die meisten würden jedoch argumentieren, dass die herabgesetzten Anforderungen „gut" sind. Wiederum vielleicht ein Ausdruck von „illegal aber gut". Dicey definiert die Herrschaft des Rechts als ein System, das sich an die Gleichheit vor dem Gesetz hält. Der Ankläger des ICTY (per Statut ein „Organ" des Gremiums) hielt es nicht für notwendig, auch nur eine einzige Klage im Ergebnis der Myriaden von Verstößen gegen internationales Recht im Zuge der 78tägigen Bombenkampagne der NATO gegen Jugoslawien im Jahre 1999 zu erheben.

Michael Scharf argumentiert, das ICTY diene dem Ziel, das serbische Volk zu „erziehen" und „Versöhnung" auf dem Balkan zu fördern. Aber dies sind keine Funktionen der Rechtsprechung, und Slobodan Milošević sollte das Recht haben, auf etwas hinzuweisen, was die Schöpfer des ICTY - Scharf gilt als Mitwirkender bei der Annahme der Sicherheitsratsresolution 827 mit dem Statut des ICTY - ohne Zögern selbst darlegen.

Zu argumentieren, dass das ICTY nicht Grundrechte und internationales Recht verletzt sondern vielmehr „die Herrschaft des Rechts" schützt, ist nicht nur falsch sondern verfälscht geradezu die Idee als solche.

Am 21. Oktober hat die Berufungskammer des ICTY die Parteien zur Berufungsklage der bestellten Anwälte gegen die Entscheidung der Tatsachenkammer über die Anordnung der Zwangsverteidigung angehört. Slobodan Milošević argumentierte, dass die Bestellung von Zwangsverteidigern und die Verletzung des Rechts auf persönliche Verteidigung in den Bereich politischer Gerichte gehört wie im 17. Jahrhundert die Star Chamber, und verwies auf Scharfs Erklärung, dass die Ziele des ICTY ihrer Natur nach unverhohlen politisch, nicht juristisch sind. Sodann erklärte Milošević, dass er angesichts der Tatsache, dass der Prozess ein politischer ist, eine politische Verteidigung verlange, die allein durch Selbstverteidigung zu erreichen ist. (Tatsächlich bestimmen jüngste Änderungen des ICTY-Verhaltenskodex für Strafverteidiger, dass die Anwälte „sich keines Verhaltens schuldig gemacht haben dürfen, sei es in Ausübung ihres Berufes oder auf andere Weise, (...) das geeignet ist, das öffentliche Vertrauen in das Internationale Tribunal zu schmälern (...) oder auf andere Weise das Internationale Tribunal in Misskredit zu bringen.")

Darauf entgegnete der Präsident des ICTY, Theodor Meron:

„Ich glaube wirklich, und ich glaube, dass alle meine Kollegen sehr fest daran glauben, dass dieser Prozess kein politischer Prozess ist. Es ist ein juristischer Prozess unter Berücksichtigung der Menschenrechte und eines ordentlichen Verfahrens um festzustellen, nach internationalem Recht und gemäß dem Statut, ob - um festzustellen, ob Sie über jeden vernünftigen Zweifel schuldig sind oder nicht. Und wir hätten diese Verhandlungen nicht in der Art geführt, wenn wir nicht überzeugt wären, dass dies wirklich nicht nur ein juristischer Prozess ist, sondern ich glaube, es ist das Musterbeispiel eines fairen Prozesses."

Wenngleich wir feststellen, dass die Bemerkungen von Präsident Meron eine implizite Zurückweisung von Scharfs Konzeption der Ziele des ICTY darstellen, bleibt allerdings die Tatsache, dass das ICTY nicht klar darauf hingewiesen hat, dass es derartige Behauptungen nicht dulden würde. Denn wer oder was gefährdet die Glaubwürdigkeit des ICTY? Präsident Milošević, der gehindert wird zu argumentieren, dass das ICTY ein politisches Gremium ist oder Leute wie Scheffer, Scharf und Armatta, die deutlich machen, dass es dies ist? Könnte es einfach sein, dass das ICTY wirklich ein politisches Gremium ist, dessen Schaffung und Beendigung - anders gesagt, dessen Geburt und Tod - das Ergebnis von politischen Entscheidungen sind?

Diese politische Wirklichkeit enthüllt „the nature of the beast". Und die Tatsache, dass nicht jeder das Recht hat, gerade auf diesen Punkt hinzuweisen, verstärkt nur die Argumente von Slobodan Milošević, selbst wenn ihm das Recht genommen ist, sie zu äußern.

Übersetzung aus dem Englischen: Klaus von Raussendorff

Tiphaine Dickson ist Strafverteidigerin in Montreal und wirkte als führende Anwältin in einem der ersten Völkermord-Prozesse der UNO vor dem ICTR in Arusha/Tansania.
Aleksandar Jokic ist Professor für Philosophie an der Portland State University und Direktor des Center for Philosophical Education in Santa Barbara.

Ausführungen von Slobodan Milošević bei der Sitzung der Kammer III des ICTY vom 29. November 2005[106]

Für den 29. November 2005 hatte die Kammer III eine Sitzung einberufen, in der Anträge zum Fortgang des Verfahrens gehört werden sollten, nachdem Milošević seit über einem Jahr seine Verteidigung gegen das zweijährige „Anklageverfahren" vorbringt. Die „Richter" Patrick Robinson, O-Gon Kwon und Iain Bonomy hatten schon oft beklagt, dass Miloševićs schwer angeschlagener Gesundheitszustand den „Prozess" „behindere", und „Lösungen" für dieses „Problem" gefordert.
Jetzt machten sie den Vorschlag, die drei großen Themenkomplexe des Prozesses, nämlich die Geschehnisse im Kosovo, in Kroatien und in Bosnien-Herzegowina, die 2002 durch Beschluss der Berufungskammer des „Tribunals" zu einem Verfahren zusammengefügt worden waren, nach vier Jahren plötzlich wieder separat zu verhandeln und so die Möglichkeit zu erhalten, den „Kosovo-Prozess" mit einem Urteil abzuschließen, die verbleibenden Fälle aber gegebenenfalls wegen Krankheit des „Angeklagten" nicht mehr zu verhandeln.
Es wurden die Anträge aller Prozessbeteiligten zu diesem Vorschlag gehört, also außer von Milošević auch von seinem „Pflichtverteidiger" Steven Kay, dem „Amicus Curiae" Timothy McCormack und „Ankläger" Geoffrey Nice. Letzterer wiederholte ein weiteres Mal seine Auffassung, die beste Lösung wäre es, den „Prozess" im Krankheitsfall in Miloševićs Abwesenheit weiterzuführen.

MILOŠEVIĆ: Ich werde viel weniger Zeit brauchen als Herr Nice. Vor zwei Wochen habe ich die Forderung an Sie gerichtet, dass Sie die Haltung des Ärzteteams aus Russland, Frankreich und Serbien berücksichtigen, mir eine Ruhephase zu gewähren, weil aus den Befunden hervorgeht, dass sich mein Gesundheitszustand nicht stabilisiert hat und die Möglichkeit von Komplikationen besteht, und dass eine Ruhephase von mindestens sechs Wochen an-

[106] ICTY-Transcript, http://www.un.org/icty/transe54/051129MH.htm

gezeigt ist. Sie haben die holländischen Ärzte um ihre Meinung in dieser Frage gebeten, und was dabei herausgekommen ist, was sie gefunden haben, sehen Sie in dem Bericht. Dr. van Dijkman, ein Kardiologe, den Sie ausgesucht haben, sagt in seinem Bericht unter anderem folgendes: „Ich rate dringend dazu, ausreichend Ruhe zu gewährleisten." Und er fügt hinzu: „Eine sechswöchige Ruhephase erscheint mir etwas zu viel." D. h. der Kardiologe, den Sie ausgesucht haben, hat bestätigt, dass Ruhe nötig ist, die einzige Frage sei, ob sechs Wochen etwas zu viel sind. Das ist die eine Tatsache, auf die ich hinweisen möchte.

Kein einziger Arzt, dem Sie den Bericht haben zukommen lassen, hat den Befund des Konsils der russischen, französischen und serbischen Ärzte in frage gestellt. Herr Nice hingegen spricht davon, dass ich am 16. November hier hereinspaziert wäre und gesagt hätte, ich könne nicht arbeiten. Ich weiß genau, was ich gesagt habe: Ich sagte, dass es mir nicht gut ging, das erste Mal in den letzten vier Jahren, dass ich das tat, das erste Mal in vier Jahren, dass ich darum bat, die Sitzung abzubrechen, weil es mir wirklich nicht gut ging. Und selbst da bestand Ihre Reaktion auf diese Anfrage darin, dass ich eineinhalb Stunden in diesem kleinen Raum auf dem Flur bleiben musste, während Ihr Arzt mich untersuchte. Sie haben die ganze Zeit die Haltung des Konsils in frage gestellt, die jetzt von Ihren eigenen Ärzten bestätigt worden ist. Der Arzt im Gefängnis verbot mir zum ersten Mal am 12. Oktober und zum zweiten Mal am 21. November in den Gerichtssaal zu kommen. Ich war vorbereitet herzukommen, ich hatte Hemd und Krawatte angezogen, und dann wurde mir gesagt, dass kein Transport stattfinden werde und ich nicht kommen könne. Wenn also Herr Bonomy davon spricht, dass ich nicht hier war, so war ich deshalb nicht hier, weil Ihr eigener Arzt es mir verboten hatte. Das will ich ganz deutlich sagen.

Kommen wir schließlich zu dem Problem, worüber ich zum ersten Mal am 16. November geklagt habe, und schon zwei Monate mit zunehmenden gesundheitlichen Problemen hatte warten müssen, obwohl sie Beachtung verlangten, nämlich die schwerwiegenden Symptome, dass ich einen sehr, sehr hohen Druck in meinen Ohren verspüre und ganz allgemein eine Überempfindlichkeit für Geräusche habe. An der medizinischen Fakultät der Universität Leiden wurde ich von Dr. de Laat vollständig untersucht, und er schrieb einen objektiven Befund. Mit ‚objektiv' meine ich, dass der Befund ohne die aktive Beteiligung des Patienten geschrieben wurde, der Patient hat nur passiv teilgenommen, weil der Befund auf einer Langzeituntersuchung mit elektronischen Mitteln beruht, und er sagte mir, dass sein objektiver Befund die Symptome, über die ich klage, voll bestätigt. D. h., die Ärzte, die ich selbst ausgesucht habe, weil sich mein Zustand in diesen zwei Monaten überhaupt nicht gebessert hat, und die Ärzte, die Sie ausgesucht haben, sind im Grunde zu den gleichen Ergebnissen gekommen. Ihr Gefängnisarzt sagt mir, dass er glaube, ich hätte über die letzten Tage genug Kräfte gesammelt, um mit dem Druck in meinen Ohren klarzukommen. Denn er sagte mir, dass Dr. de Laat, der ein hoch angesehener Experte auf dem Gebiet [der physikalischen Audiologie] ist, an einer [technischen] Lösung arbeitet, die es mir erleichtern werde, mit meiner gesundheitlichen Situation klarzukommen, oder die Symptome ganz zu beheben, was vom medizinischen Standpunkt sehr interessant ist, aber darauf werde ich jetzt nicht eingehen.

ROBINSON: Herr Milošević, es war uns bisher nicht vergönnt, Dr. de Laats Bericht zu sehen, auf den Sie sich bezogen haben, nur damit Sie es wissen.

MILOŠEVIĆ: Herr Robinson, ich habe ihn selbst nicht gesehen, aber ich weiß, was er mir selbst nach der Untersuchung gesagt hat. Ich war am „Medizinischen Zentrum" der Universität Leiden, ich unterzog mich dort einer langen Untersuchung mit Hilfe elektronischer Instrumente, es dauert sehr lange, der Patient muss liegen, es gibt keine Fragen und Antworten oder ähnliches, es wird eine elektronische Schallmessung mit Hilfe elektronischer Instrumente gemacht, und nach dieser Untersuchung sagte er mir, dass sein objektiver Befund die Symptome, über die ich klage, bestätigen. Das hat er gesagt, und ich nehme an, dass er das auch im Bericht geschrieben hat. Dr. Falke hat mir gesagt, er habe gute Nachrichten, Dr. de Laat meint, dass er die Symptome unter Kontrolle bringen kann. Ich stellte ihm die logische Frage: Wann? Und er sagte, in den nächsten Tagen. „Wir werden uns möglichst beeilen." [Ich fragte:] Wie soll ich in der Zwischenzeit arbeiten? Er sagte: „Sie

haben genug Kräfte gesammelt, um durchzuhalten, Sie haben es auch bisher geschafft", und ähnliche Dinge. Im September war ich im Krankenhaus in Bronovo, um die Magnetresonanz-Untersuchung zu machen, und davor besuchte mich ein Hals-Nasen-Ohren-Arzt. Das ging drei Monate so, und die Situation wurde mit der Zeit immer schlimmer.
ROBINSON: Herr Milošević, ich wollte nur klarstellen, dass wir den Bericht, auf den Sie sich beziehen, nicht haben. Fahren Sie mit ihren Anträgen fort.
MILOŠEVIĆ: Ich habe ihn auch nicht. Ja, ich werde noch dazu kommen, aber es hängt alles zusammen. Wie gesagt, nehme ich an, dass Sie Dr. van Dijkmans Bericht haben, oder?
ROBINSON: Ich habe Dr. van Dijkmans Bericht.
MILOŠEVIĆ: Gut, und hier heißt es: „Ich rate dringend dazu, ausreichend Ruhe zu gewährleisten." So steht es in seinem Bericht.
ROBINSON: Aber, wie Sie angemerkt haben, fährt er fort, dass er sechs Wochen nicht für erforderlich hält.
MILOŠEVIĆ: „Etwas zu viel" hat er gesagt. Darauf habe ich hingewiesen, ich wollte, was er gesagt hat, nicht einseitig zitieren. Meine Herren, es ist doch mein Recht, von Ihnen zu verlangen, dass Sie mir die Möglichkeit geben, meine Gesundheit zu schützen, und ich halte es für Ihre Pflicht, dieses Recht zu wahren und zu unterstützen. Dieses Recht steht über allen Anliegen, um deren Willen Sie die heutige Sitzung einberufen haben. Das ist also meine Forderung, ich hoffe Sie ist hinreichend klar, und ich hoffe, Sie gewähren mir eine Pause, d. h. eine Ruhephase, in der ich mich erholen kann.
(Die Kammer berät)
ROBINSON: Fahren Sie fort, Herr Milošević.
MILOŠEVIĆ: Ich habe nur gewartet, bis Sie ihre Diskussion beenden. Herr Nice hat unter anderem die Frage angesprochen, ob ich meine Medikamente nehme oder nicht. Das kann nur jemand sagen, der nicht weiß, wie die Abläufe im Gefängnis funktionieren. Man muss seine Tabletten vor den Wärtern einnehmen, das gilt nicht nur für mich, sondern für jeden. Und dann wird die Zeit, zu der man seine Medikamente eingenommen hat, schriftlich fest-

gehalten. Ich hatte ja selbst im Rahmen meiner eigenen Bemühungen, meinen Zustand zu bessern, von Dr. Falke verlangt, eine Laboranalyse durchzuführen, um zu sehen, wie die Medikamente wirken. Und ich möchte auch erwähnen, dass die von mir gerufenen Ärzte zwei Monate nachdem [...] ich zu der ersten Untersuchung geschickt worden war, eintrafen, d. h., es wurde alles organisiert, ohne irgendwelche Ihrer Pläne zu durchkreuzen. Verständigen wir uns darauf, dass in diesem Punkt völlige Klarheit herrscht. Ich will nichts weiter von diesen unsinnigen Dingen hören, die Herr Nice gesagt hat. Meine Herren, Ihr vorrangiges Anliegen ist die Zeit, und Sie haben diesem Problem der Zeit solche große Aufmerksamkeit gewidmet, dass Sie im Absatz 6 Ihrer Weisung[107] von meinem Gesundheitszustand nur unter dem Gesichtspunkt der verloren gehenden Zeit sprechen. D. h., so wie ich es sehe, ist der Schutz meiner Gesundheit und in welchem Maße dieses – mit Verlaub – größenwahnsinnige Verfahren, das die Gegenseite veranstaltet hat, meiner Gesundheit schadet, allem Anschein nach für Sie nicht wichtig.
Meine Herren, ich möchte Sie an etwas erinnern. Im Absatz 4 Ihrer Weisung, die wir vor uns liegen haben, haben Sie die Chronologie Ihrer Bemühungen dargelegt, zu gewährleisten, dass dieser Prozess zügig vorangeht. Ich werde diese Stellen nicht zitieren, weil Sie es vor sich haben. Aber es ist doch interessant und aussagekräftig festzustellen, dass diese Chronologie, wie daraus hervorgeht, also dieses enorme Drängen auf Zügigkeit, im Juli 2004 beginnt, also zu dem Zeitpunkt, als ich mit meiner Verteidigung an die Reihe kam. Sie haben mir damals 150 Tage zugestanden und behauptet, das sei genauso viel wie die 300 Tage, die der Gegenseite zugesprochen waren. Vor mehreren Wochen habe ich hier erwähnt, dass die Summe der Stunden, die ich weniger erhalten habe als die Gegenseite, sich auf 72 Tage beläuft. Sie haben mir nicht erlaubt, das weiter auszuführen, also habe ich es gelassen, und ich werde auch jetzt nicht darüber sprechen, aber ich möchte einfach sagen, dass die Tatsache bestehen bleibt.

---

[107] „Scheduling Order for a Hearing“ der Kammer III, vom 22. November 2005, mit der die hiesige Sitzung einberufen wurde.

Ihre Sorge um Zügigkeit und Effizienz entstand also, als meine Halbzeit begann, und zwar zu meinem Schaden. Das Tempo, mit dem sich das Verfahren entwickelt, wurde erst wichtig, als ich an der Reihe war, Tatsachen darzulegen, und hat Vorrang gegenüber diesen Tatsachen und auch gegenüber meinem Gesundheitszustand. Wenn Sie eine solche Besorgnis um einen zügigen Verlauf während der Anklagezeit von Nice und Del Ponte zum Ausdruck gebracht hätten, dann hätten Sie verschiedene Zeugen nicht zugelassen. Herr Robinson, Herr Kwon, Sie erinnern sich sehr gut, dass wir solche Zeugen hier hatten, wie denjenigen von einem Institut hier in Amsterdam[108] , der in wenigen Tagen hastig vorbereitet wurde und einen Bericht über den Völkermord an den Armeniern in der Türkei und in Ruanda und noch irgendwo, ich weiß es nicht mehr, hielt, und dieser Zeuge, ein Holländer, sprach lang und breit darüber. Sie hätten dann auch nicht erlauben dürfen, dass so etwas an dieser Stelle vorgebracht wird, und es gab noch viele andere irrelevante Zeugen. Wir haben zwar von den Armeniern gehört, aber nicht von einem holländischen Beispiel, dem einzigen holländischen Wort, das alle Welt kennt, dem Wort „Apartheid" und was es damit auf sich hatte. Man hat sich nicht mit der Apartheid beschäftigt, wohl aber mit den Armeniern in der Türkei. Das hat es in diesem Verfahren gegeben, von anderen Zeugen, die herkamen und Zeit verschwendeten, indem sie über unwichtige Dinge sprachen, ganz zu schweigen. Sie haben also für die größenwahnsinnigen Ambitionen der Gegenseite ein enormes Verständnis gezeigt...
ROBINSON: Jetzt verschwenden Sie unsere Zeit. Wir wollen uns hier mit zwei Fragen beschäftigen: Der Frage der Trennung [der Anklagen] und Ihrem Gesundheitszustand. Beschränken Sie Ihre Eingaben auf diese beiden Punkte.
MILOŠEVIĆ: Nun, Herr Robinson, Sie haben Herrn Nice nicht unterbrochen, als er die absurdesten Behauptungen aufgestellt hat, und ich denke, ich kann auf diese absurden Behauptungen reagieren...
ROBINSON: Wenn Sie so weitermachen, breche ich ab.
MILOŠEVIĆ: In Ordnung.

---

[108] Ton Zwaan, siehe Protokoll vom 20. und 21. Januar 2004.

ROBINSON: Sie haben uns gesagt, dass Sie Anträge stellen wollen. Wenn ich Herrn Nice nicht unterbrochen habe, so deshalb, weil dazu kein Grund bestand. Fahren wir fort.
MILOŠEVIĆ: Fahren wir fort. Ich beziehe mich darauf, was in Ihrer eigenen Weisung, über die wir heute diskutieren, steht. Sie sprechen also von der Zeit, die aufgrund meiner Gesundheit in dieser Phase verloren ging, als Sie begannen, dieses starke Interesse an einem zügigen Prozess zum Ausdruck zu bringen. Ich möchte Ihre Aufmerksamkeit darauf lenken, dass diese Zeit, die Sie verlorene oder verschwendete Zeit nennen, viel kürzer ist als die Zeit, die aufgrund einer anderen Sache verloren gegangen ist, nämlich als Sie mir letztes Jahr mein Recht, mich selbst zu verteidigen, unrechtmäßigerweise weggenommen haben. Weil Sie das getan haben, waren einige der Fristen, von denen Sie in Ihrer Chronologie sprechen, einfach überschritten, als meine Verteidigung schließlich nach dem Beschluss Ihrer Berufungskammer[109] begann.
Meine Herren, machen Sie also nicht meinen Gesundheitszustand, für den ich wiederum nichts kann, für die verlorene Zeit verantwortlich, wenn Sie selbst diese Zeit verschwendet haben. Was die Zeit betrifft, die tatsächlich aufgrund meines Gesundheitszustandes verloren gegangen ist, so müssen Sie dafür auch der Gegenseite die Schuld geben, wegen der Folter, der sie mich durch ihr größenwahnsinniges Unterfangen ausgesetzt hat, wogegen Sie niemals vorgegangen sind.
Im fünftletzten Absatz Ihrer Weisung sprechen Sie von der Auffassung der Berufungskammer. Weil es wichtig ist, was Sie dort bemerken, halte ich es für notwendig, den Paragraphen 26 der Entscheidung der Berufungskammer zu zitieren: „Wenn die Anklage dieser Verantwortung nicht gerecht wird, hat die Verhandlungskammer gemäß den Verfahrens- und Anhörungsregeln ausreichende Befugnisse, die Zeugenliste zu verringern, um sicherzustellen, dass der Prozess so gut wie möglich handhabbar bleibt. Wenn es schließlich im nachhinein für die Verhandlungskammer offensichtlich wird, dass sich der Prozess dahingehend entwickelt hat, nicht mehr handhabbar zu werden, insbesondere z. B. wenn die Anklage unfähig oder nicht willens ist, ihre Verantwortung,

[109] Am 1. November 2004, siehe Chronolgie.

sich bei der Vorlage von Beweismaterial zu beschränken, wahrzunehmen, so steht es der Verhandlungskammer in dieser Phase immer noch offen" – ich betone „in dieser Phase", wie ich vorher „die Anklage" betont habe – „gewisse Anklagepunkte aufzuheben, die sich auf eines oder mehrere der drei Gebiete[110] des früheren Jugoslawien beziehen."[111] Es geht hier also um die Mittel, die Ihnen zur Verfügung stehen, wenn die andere Seite, und das wird hervorgehoben, ihre Verantwortung nicht wahrnimmt, zu verhindern, dass der Prozess nicht unhandhabbar wird, indem er durch unnötiges Material überladen wird usw., was im Paragraphen 25 festgestellt wird. Hier sagt Ihre eigene Berufungskammer: „Die Anklage trägt eine ernste Verantwortung, sicherzustellen, dass der Prozess ..." usw., also dass der Prozess handhabbar bleibt. Das ist nicht alles, sondern interessant ist auch eine detaillierte Interpretation dessen, was die Berufungskammer im Zusammenhang mit der Aufteilung des Prozesses sagt. Offensichtlich hat sie die Situation, die durch das größenwahnsinnige Vorhaben der Anklage in diesem Verfahren, das Sie einen Prozess nennen, in Rechnung gestellt. Ich will auch anmerken, dass die Berufungskammer damals meine Gesundheit überhaupt nicht in Betracht gezogen hat, und ich denke, das war auch nicht nötig, und trotzdem hob sie die Notwendigkeit von Pausen hervor. Im Paragraphen 27 heißt es: „Wie es sich in allen großen Prozessen vor diesem Tribunal als notwendig erwiesen hat, wird die Verhandlungskammer von Zeit zu Zeit eine Pause in der Beweisaufnahme einberaumen müssen, um es den Parteien zu ermöglichen, ihre Kräfte zu sammeln, und, falls nötig, dem nicht durch einen Anwalt vertretenen Angeklagten eine Pause von der damit verbundenen Arbeit zu gewähren."

Meine Herren, die einzig denkbare Folge meiner Gesundheit für dieses Verfahren kann nur darin bestehen, dass Pausen gemacht werden, falls sie sich verschlechtert, oder dass man mit etwas Glück eine Verschlechterung verhindert, indem man angemessene

---

[110] Also das Kosovo, Kroatien und Bosnien-Herzegowina, die jeweiligen geographischen Orte, auf die sich die drei Anklageschriften gegen Milošević beziehen.

[111] Übersetzt nach „Reasons for Decision on Prosection Interlocutory Appeal from Refusal to Order Joinder" der Berufungskammer vom 18. April 2002.

Pausen einplant. Aber ich habe Ihre Weisung zitiert, in der Sie sagen, dass dies die Faktoren sind, die den Prozess ständig behindern. Und Sie beziehen sich auf den Paragraphen 26 in der Entscheidung der Berufungskammer, den ich vorgelesen habe, wenn Sie von der drohenden Nichthandhabbarkeit des Prozesses sprechen, aber ich habe den Paragraphen 27 zitiert, wo darunter genau das Gegenteil verstanden wird: Die Berufungskammer hat Ihnen aufgezeigt, wie Sie den Prozess leichter handhabbar machen können: Indem Sie von Zeit zu Zeit Pausen gewähren, usw. Meine Herren, kann denn jemand wirklich so verrückt sein zu glauben, dass die Berufungskammer im Paragraphen 27 die Anweisung gibt, Maßnahmen zu ergreifen, die dem Paragraphen 26 der gleichen Entscheidung zuwiderlaufen? Glauben Sie, dass Ihre Kollegen so unvernünftig waren, Pausen im Prozess zu verlangen, wenn sie das für kontraproduktiv hielten? Denn das sei es ja laut Herrn Nice. Aber das ist natürlich falsch. Die einzig mögliche Interpretation ist, dass Sie durch die Aufteilung des Prozesses entgegen der Entscheidung der Berufungskammer handeln und ihre Worte falsch auslegen. D. h., Sie missbrauchen ein Dokument, um eben dieses Dokument zu verletzen. Das ist ein logisch und rechtlich ungültiger Kunstgriff.

BONOMY: Herr Milošević, was Sie in dieser Ausführung völlig außer acht lassen, ist, dass die Berufungskammer diese Worte ausgesprochen hat, als der Prozess fünf Tage pro Woche stattfinden konnte, und es wurden seit 2003 ausgeklügelte Vorkehrungen getroffen, um Ihnen Ruhe zu gewähren.

MILOŠEVIĆ: Bitte helfen Sie meinem Gedächtnis nach, wann Sie mir eine Pause gegeben haben.

BONOMY: Sie haben jede Woche eine Pause, weil Sie nur drei Tage pro Woche können.

MILOŠEVIĆ: Hier findet kein Prozess fünf Tage pro Woche statt, schon gar nicht über einen so langen Zeitraum. In dem Absatz aus Dr. van Dijkmans Bericht, der vor dem steht, den ich zitiert habe, heißt es, dass es angesichts des derzeitigen Arbeitspensums „verständlich ist, dass sich der Patient erschöpft fühlt. Er hat pro Woche drei Sitzungen im Gerichtssaal und verwendet die übrige Zeit für deren Vorbereitung, einschließlich der Zeugenvorbereitung." Was meinen Sie also, wie ich Zeugen vorbereiten kann, wenn ich mich auch noch ausruhen soll?

ROBINSON: Sie könnten sich ausruhen, wenn Sie die Hilfen benutzen würden, die Ihnen zur Verfügung stehen. Sie müssen die Zeugen nicht vorbereiten. Das können die Pflichtverteidiger tun. Sie haben sich selbst so entschieden.

MILOŠEVIĆ: Ich habe gesehen, wie die Pflichtverteidiger mit Zeugen arbeiten, als Sie sie zwangsweise in die Position gesetzt haben, die Zeugen zu befragen,[112] und bin zu dem Schluss gekommen, dass es völlig unzulänglich war.

ROBINSON: Herr Milošević, das erinnert mich an die Worte Mark Antons in seiner Trauerrede auf Julius Caesar: „...Undank stärker als Verräterwaffen". Sie verhalten sich undankbar gegenüber der Arbeit der Pflichtverteidiger und der Hilfe, die sie Ihnen geleistet haben. Es gereicht Ihnen nicht zur Ehre, sich so zu den Pflichtverteidigern zu stellen. Fahren Sie fort.

MILOŠEVIĆ: Ich möchte Frau Higgins und Herrn Kay nicht im mindesten beleidigen. Aber sie wissen genau, dass sie über die Situation im ehemaligen Jugoslawien, und vor allem über die Fragen, derentwegen ich von Herrn Nice und der Partei, die er vertritt, angeklagt worden bin, sehr wenig wissen. Herr Nice hat hier absurde Behauptungen über meine angebliche Beteiligung an verschiedenen Dingen in Bosnien gemacht, und konnte, als er seine Beweisaufnahme vorbrachte, nicht die Spur eines Beweises für meine angeblichen Verbrechen in Bosnien-Herzegowina bringen. Andererseits gibt es reiches Beweismaterial dafür, dass meine größten Anstrengungen in all den Jahren darauf gerichtet waren, Frieden zu erreichen, und alle möglichen westlichen Politiker haben mir dafür Anerkennung gezollt...

ROBINSON: Herr Milošević, ich habe Sie unterbrochen. Ich will Anträge zu den beiden Fragen hören, die uns beschäftigen: Trennung der Verfahrensabschnitte und, soweit sie relevant ist, Ihre Gesundheit.

[...]

---

[112] Vom 7. Oktober bis 1. November 2004, siehe Chronologie.

ROBINSON: Nur um sicherzugehen, dass meine Bezugnahme auf Mark Anton richtig ins Protokoll eingeht, es heißt: „...Undank stärker als Verräterwaffen". Wenigstens im Englischen haben Sie es richtig.
Herr Milošević, vielleicht können Sie uns mit dieser Sache helfen: Sie haben noch 37 bzw. 45 Zeugen zu Kosovo, deren Aussage noch aussteht. Wie wollen Sie, angesichts der Zahl von Tagen, die Ihnen noch übrig bleiben, Ihre Verteidigung organisieren, um nicht nur mit Kosovo, sondern auch mit Kroatien und Bosnien-Herzegowina abschließen zu können. Und bitte, ich will nicht wieder das alte Lied hören, dass das nur zeigt, wie unzureichend die Zeit ist, die Ihnen genehmigt worden ist. [...]
MILOŠEVIĆ: [...] Herr Robinson, da Sie die Zeitfrage anscheinend an erste Stelle setzen, haben Sie wohl nichts dagegen, dass ich zu dieser Frage etwas bemerke. Herr Robinson, Ich möchte Sie daran erinnern, dass ich Sie vor einer gewissen Zeit auf die Notwendigkeit aufmerksam gemacht habe, mir ausreichend Zeit zu gewähren, und dass Sie damals persönlich sagten, es sei zu früh, diese Frage zu erörtern.
Um da weiterzumachen, wo Sie mich unterbrochen haben, als Sie die Bemerkung machten, dass ich die Zwangsverteidiger in Anspruch nehmen sollte, lassen Sie mich meine Auffassung darlegen, und Sie können dann entscheiden, wie Sie wollen, aber ich glaube nicht, dass Sie in der Lage sein werden, diese Auffassung umzustoßen.
Ich habe das Recht, mich selbst zu verteidigen, dieses Recht geht aus internationalen Verträgen hervor und ist auch in Ihrem Statut enthalten. Damit obliegt es Ihnen auch, mir die Möglichkeit zum effektiven Gebrauch dieses Rechts zu geben. Dieses Recht kann nicht durch irgendwelche Pflicht- oder Zwangsverteidiger ersetzt werden. Ich habe das Recht, meine Verteidigung selbst vorzubringen, und es gründet auf den Rechtsquellen, die Sie alle kennen. Damit haben Sie die Pflicht, mir den effektiven Gebrauch dieses Rechts zu ermöglichen, und zwar nicht als ein fiktives Recht, das mir formal gewährt wird, während es mir realiter verwehrt wird. Wenn ich dieses Recht habe, müssen Sie mir ermöglichen, von ihm effektiven Gebrauch zu machen und es wahrzunehmen. Und

die Bemerkung, dass ich die Zeugen ja nicht selbst vorbereiten müsse, ist genau, wie zu sagen, dass ich mein Recht ja nicht wahrnehmen müsse, und dass ich mich zu meinem Nachteil dazu entschieden hätte, von meinem Recht Gebrauch zu machen. Es geht also im Kern darum, dass es mir erlaubt sein muss, von diesem Recht tatsächlichen Gebrauch zu machen.
Kommen wir also zur Zeitfrage. Da Herr Nice verschiedene Dokumente zitiert hat, werden Sie mir erlauben, dasselbe zu tun. Und ich habe genug Beispiele für Sie, wenn auch auf Serbisch, es ist nämlich eine serbische Übersetzung einer Stellungnahme von Mitgliedern des russischen Völkerrechtsvereins zur Beobachtung des Prozesses „The Prosecutor v. Slobodan Milošević" am Internationalen Straftribunal für das ehemalige Jugoslawien, die vor einigen Tagen im Moskauer *Journal für Völkerrecht* erschien. Das ist die größte und wichtigste russische Zeitschrift für Völkerrecht.
Unter anderem sprechen sie in Punkt 1 vom Recht eines Angeklagten „auf angemessene Zeit, zur Vorbereitung seiner Verteidigung", diese Formulierung wird aus internationalen Rechtsquellen zitiert. Und dort sagen sie: „Von der Unterzeichnung der ersten Anklageschrift gegen S. Milošević bis zum Beginn des Anklageverfahrens vergingen zwei Jahre und acht Monate; einen Teil davon verbrachte der Angeklagte in Haft. Zur Vorbereitung seiner Verteidigung wurden S. Milošević drei Monate gewährt."
Das belegen sie mit Ihrer Weisung über die Vorbereitung und Durchführung des Verteidigungsverfahrens vom 17. September 2003. Und sie fahren fort:
„Nachdem diese Zeit aus Krankheitsgründen verlängert werden musste, betrug die gesamte Zeit zur Vorbereitung der Verteidigung sechs Monate. Doch davon konnte ein erheblicher Teil nicht zur Vorbereitung genutzt werden, weil die Registratur des Tribunals Herrn Milošević aus Krankheitsgründen fortwährend daran hinderte, seine Zeugen zu treffen.
„Es ist völlig klar, dass diese Vorbereitungszeit für einen höchst komplexen Völkerstrafprozess, bei dem es um 66 Anklagepunkte und mehrere tausend einzelne Begebenheiten geht, unangemessen ist, zumal unter den Bedingungen der Inhaftierung. Gemäß dem Gleichheitsprinzip zwischen den Prozessparteien muss der Ange-

klagte mindestens dieselbe Zeit für die Vorbereitung seiner Verteidigung erhalten, die der Anklage für die Vorbereitung ihres Verfahrens zur Verfügung gestanden hat, und zwar gemessen von der Unterzeichnung der Anklage bis zum Prozeßbeginn. Um diesem Grundsatz gerecht zu werden, muss S. Milošević eine angemessene Vorbereitungszeit unter Berücksichtigung der außerordentlichen Komplexität des Falls zugestanden werden; eine Zeit von weniger als sechs Monaten kann nicht als angemessen betrachtet werden.

„Auch die Berufungskammer wies die Forderung des Angeklagten nach mehr Zeit ab, indem sie feststellte: ‚Indem sich der Angeklagte entschied, seine Verteidigung selbst zu führen, hat er sich selbst der Mittel beraubt, die ein gut ausgestattetes Verteidigungsteam hätte zur Verfügung stellen können‘ und dass er ‚die Nachteile tragen muss, die sich aus seiner Entscheidung ergeben‘“, keine Hilfe von Anwälten in Anspruch zu nehmen. So heißt es in der Entscheidung vom 20. Januar 2004.

„Zur Begründung dieser ‚Schlussfolgerung' berief sich die Berufungskammer auf vier Entscheidungen, die von nationalen Gerichten gefällt wurden, versäumte aber, die gültigen Normen des Internationalen Rechts anzuführen. So hat die oberste Kammer des Tribunals, der es obliegt, die Unverletzlichkeit der Rechte des Angeklagten sicherzustellen, die unrechtmäßige Entscheidung der Verhandlungskammer bestätigt, ohne juristisch überzeugende Argumente anzuführen, indem sie den Angeklagten dafür bestrafte, dass er entschieden hat sich selbst zu verteidigen. Das Recht auf angemessene Vorbereitungszeit steht dem Angeklagten, nicht den Anwälten zu. Zudem gehört dieses Recht zu den uneinschränkbaren Rechten.“ Und in der Fußnote beziehen sie sich auf Artikel 14.3 des Internationalen Paktes über bürgerliche und politische Rechte: „Jeder wegen einer strafbaren Handlung Angeklagte hat in gleicher Weise im Verfahren Anspruch auf folgende Mindestgarantien“.

Und die Schlussfolgerung dieser Gruppe von Mitgliedern des russischen Völkerrechtsvereins lautet: „Das ICTY verletzt das Recht des Angeklagten auf eine angemessene Vorbereitungszeit für seine Verteidigung.“ Ich zitiere nicht weiter. Ich bitte Sie, dieses Papier zur Kenntnis zu nehmen, Ihre Übersetzer können es ins Englische übersetzen. Es stehen noch viele andere Punkte darin, und ich denke, es schadet Ihnen nicht, es zu lesen.

[...][113]

MILOŠEVIĆ: Wenn Sie die Zitate, die ich Ihnen vorgelesen habe, nicht verstanden haben, schlage ich vor, dass Sie das Papier selber lesen, denn es ist von führenden Völkerrechtsexperten geschrieben worden, und lassen Sie mich ergänzen, dass es breite Kreise internationaler Experten gibt, die diese Auffassung teilen, einschließlich derjenigen aus über dreißig Länder, die die Petition an Kofi Annan hinsichtlich Ihres Verhaltens verfasst und sich an den Weltsicherheitsrat gewandt haben. Diese Auffassung existiert also in der ganzen Welt, und an Ihrer Stelle würde ich mir einfach dieses Papier durchlesen, das von russischen Völkerrechtsexperten verfasst wurde, die weltweit zu den führenden Experten auf ihrem Gebiet gehören. Wie gesagt, ist die jetzige Situation die direkte Folge des maßlosen Vorhabens der Gegenseite und ihrem mutmaßlichen Wunsch, durch die Menge des Materials irgendeinen ernsthaften Beweis gegen mich zu ersetzen, Quantität vor Qualität, weil es für Unwahrheiten eben keine gültigen Beweismittel geben kann. Und Sie haben die Gegenseite durch Ihre tolerante Haltung unterstützt und sie niemals aufgefordert, den Umfang zu begrenzen. Ich bin das Hauptopfer dieser Bombardierungen mit Dokumenten und Zeugen, mit der die Gegenseite bis heute fortfährt, weil Sie ihr grünes Licht dafür geben. Das ist eine Form von Folter, und es ist zynisch, mir die Verantwortung dafür zu übertragen, zumal es mit meiner gesundheitlichen Situation zusammenhängt, die durch diese Folter erheblich beeinträchtigt worden ist. Und zur Erinnerung: Es war während der Aussage General Stevanovićs, als ich davon sprach, dass mir die Gegenseite über eine Million Seiten an Material hat zukommen lassen, und Herr Nice einwarf, dass es nur 600.000 gewesen seien, und bei den übrigen habe es sich um doppelte Kopien gehandelt. Ohne darauf einzugehen, ob ich dop-

[113] Hier schließt sich eine Diskussion an, die sich aus einer fehlerhaften Simultanübersetzung des von Milošević vorgelesenen Textes ergibt.

pelte Kopien erhalten habe, was ich ja nur feststellen könnte, indem ich alles durchlese, und es wäre ebenso ungerechtfertigt, in jedem Fall war es eine enorme Menge an Material, so dass jeder Beteiligte an diesem Prozess über einen Zeitraum von dreieinhalb Jahren jeden Tag 500 bis 1000 Seiten lesen musste, neben allen anderen Verpflichtungen. Ein normaler Mensch ist nicht einmal in der Lage, auch nur einen Teil davon zu lesen. Und da ich annehme, dass keiner von uns hier ein Übermensch ist, ergibt sich die Schlussfolgerung, dass wir die irreale Situation haben, dass hier seit dreieinhalb Jahren ein paar Leute in diesem so genannten Prozess zusammensitzen, wobei kein Beteiligter weiß, was eigentlich in den Akten steht, auf deren Grundlage die Debatten hier abgehalten werden.

Und bitte, es ist nicht nur das, worüber sie nichts wissen, sie wissen nicht einmal, was die Gegenseite mir eigentlich vorwirft. In diesem Zusammenhang möchte ich besonders das Thema Groß-Serbien erwähnen. Vor drei Jahren, als die Gegenseite für die Zusammenlegung des Prozesses eintrat, stellte sie diesen Punkt als den roten Faden dar, der alle drei Teile miteinander verbindet, und die Kammer akzeptierte dieses Argument. Man kann also gar nicht über eine Trennung der Verfahrensabschnitte sprechen, ohne sich damit zu beschäftigen, was aus dieser spezielle Frage geworden ist. Am 25. August dieses Jahres sagte Herr Nice nach dreieinhalb Jahren Prozeß, dass er mich nicht wegen einer Groß-Serbien-Politik anklage[114], dieses Konzept, das er mir doch von Anfang an zugeschrieben hatte, von seinen Eingangsbemerkungen über die Beweisaufnahme, in der fast die Hälfte oder mehr seiner Zeugen über Groß-Serbien als mein Ziel sprachen und die Fragen beantworteten, die er ihnen in diesem Zusammenhang stellte. Wie kann man über eine Trennung der Verfahrensabschnitte sprechen, ohne gewisse Fragen zu beantworten? Welches Schicksal wird diesem Verfahren zuteil, von dem Sie und ich und wahrscheinlich auch die Gegenseite mehr als drei Jahre gedacht haben, dass ich hier wegen eines Groß-Serbien als Ziel eines angeblichen „gemein-

114 Siehe Protokoll vom 25. August 2005 im Zusammenhang mit der Aussage von V. Šešelj. Nice behauptete, dass die „Anklage“ Milošević niemals die Absicht, ein Groß-Serbien zu errichten, zugeschrieben hätte, was die „Richter“ sofort widerlegen können.

schaftlichen kriminellen Unterfangens“ angeklagt bin. Auf diesen Punkt zielten wir ja mit unseren Fragen an die Zeugen und der Würdigung alles Beweismaterials ab, denn das war es, was Herr Nice durch seine Zeugen behauptet hat.

Welchen juristischen Wert soll dieser Teil des Verfahrens jetzt haben, wenn wir alle der Täuschung erlegen waren, dass dies das Hauptanliegen der Anklage sei? Was ist jetzt mit all diesen Zeugen, die über Groß-Serbien als mein vorrangiges Ziel gesprochen haben? Wollen Sie das jetzt aus den Akten streichen, oder soll ich mich weiter auf sie beziehen?

Oder was ist mit diesem „gemeinschaftlichen kriminellen Unterfangen“? Welchen Zweck hat es nach dieser Kehrtwende noch? Was hat es mit diesem Phantom des „gemeinschaftlichen kriminellen Unterfangens“ auf sich, über das hier gesprochen wird? Welche Vorwürfe werden eigentlich genau gemacht? Wir alle, die hier sitzen, Sie und ich, können einfach nicht wissen, was in all diesen Dokumenten von nicht weniger als einer Million Seiten steht, die Herr Nice eingebracht hat, und niemand weiß, welche Anklage der Ankläger erhebt, selbst die Chefanklägerin nicht, sie kann es auch nicht wissen. Ich glaube, selbst Franz Kafka würde hier an seinem Vorstellungsvermögen zweifeln.

D. h., meine Herren, nachdem wir vier Jahre einen zusammenhängenden Prozess geführt und Sie Ihre Verantwortung nicht wahrgenommen haben, die Gegenseite zu zügeln, wie die Berufungskammer Sie angewiesen hat, trennen Sie die Verfahrensabschnitte. Sie hätten es vielleicht zu einem früheren Zeitpunkt tun können, aber Sie machen es vier Jahre später. Und vier Jahre lang bildete dieser Prozess ein Ganzes, eine Einheit, nicht nur formal, sondern auch inhaltlich, indem die Gegenseite ihre Beweise als Ganzes darlegte, und ich meine Verteidigung auf dieses Ganze bezogen habe.

Und eben aufgrund des Zeitdrucks, den Sie immer wieder angeführt haben, musste ich ja offensichtlich mit viel Mühe eine Auswahl von Zeugen treffen, die die Querverbindung, wie Sie es nennen, herstellen, d.h. über Kosovo und Kroatien und Bosnien aussagen.

Daraus ergibt sich sofort die nächste Frage, nämlich die der Zeugen, die sich hauptsächlich auf Kosovo beziehen, aber teilweise auch mit Bosnien und Kroatien zu tun haben, auch die, die ich Sie gebeten habe, herzubestellen, Clinton und Clark, während dessen Aussage Sie mir nicht erlaubten, Fragen über den Krieg, den er befehligte und das Buch, das er schrieb, zu stellen. Es handelt sich um entscheidende Zeugen. Sie stehen seit über einem Jahr in Kontakt mit ihnen, und es ist höchste Zeit, dass Sie begreifen, dass sie ohne Ihre Weisung nicht herkommen werden.
ROBINSON: Herr Milošević, auch das ist eine Sache, in der Sie den Pflichtverteidigern große Dankbarkeit schulden. Dank ihrer Professionalität entschieden wir jetzt über einen Antrag, bestimmte Zeugen zwangsweise vorzuladen, was wir ohne ihr Eingreifen und ohne ihre Hilfe nicht täten.
MILOŠEVIĆ: Das weiß ich, Herr Robinson.
Die Trennung der Verfahrensabschnitte wird also folgende Situation schaffen: Dass ich wegen dieser und jener Dinge angeklagt wurde, und mich mitten im Prozess für etwas anderes verteidigen soll. Ich beginne, mich ein wenig gegen den einen und ein wenig gegen den anderen Vorwurf zu verteidigen, und dadurch wird meine Darstellung der Wahrheit praktisch sabotiert, beschnitten. Und dadurch, dass Herr Nice seine Ansicht bzgl. Groß-Serbien mitten im Prozess ändert, vervielfacht die Mühe noch.
[...] Herr Nice spricht von Opfern. Zeigen sie mir hier ein einziges meiner Opfer. Er hat niemals eine Verbindung zwischen dem, was er hier präsentiert hat, und der Anklage, die er gegen mich erhebt, hergestellt. Die Opfer verdienen das nicht, sie verdienen nicht, dass hier die Falschen für das, was ihnen geschehen ist, angeklagt werden.
[...]
Anklageschriften sollten auf Tatsachen beruhen und nicht auf Comics oder Fernsehsendungen und was sie nicht alles haben. Das ganze Anklageverfahren, sowohl in Bezug auf die verwandten Medien als auch auf die geladenen Zeugen ist ein kitschiges Spektakel.
Wenn man einen Vergleich [für die Aufteilung des Prozesses] sucht, so ist es, wie wenn man 50 Minuten Fußball gespielt hätte und in der zweiten Halbzeit Basketball spielt. Es ist sogar schlim-

mer, weil die Nachteile nur mich betreffen. Nur die Verteidigung muss mit den negativen Auswirkungen zurechtkommen. Es ist also sogar noch absurder, weil die Änderung der Regeln und Bedingungen nur zu meinem Schaden ist.

[...]

MILOŠEVIĆ: Der Vorschlag, die Verfahrensabschnitte zu trennen, ist also sinnlos, und ich glaube, dass Sie die Sinnlosigkeit mit ihren eigenen Worten zum Ausdruck bringen: „Es kann im Interesse der Rechtsfindung sein, dass die Verhandlungskammer die Kosovo-Anklage abtrennt, diesen Teil des Prozesses abschließt und ein Urteil fällt."[115]

Meine Herren, Sie benutzen ausdrücklich die Worte „Teil des Prozesses", das Ziel ist also, einen Teil des Prozesses abzuschließen. Aber es kann kein Teil des Prozesses abgeschlossen werden. Teile können nicht abgeschlossen werden. Prozesse bestehen aus einem Anklage- und einem Verteidigungsverfahren und dann werden sie abgeschlossen, aber Teile eines Prozesses abzuschließen ist ein grundlegender Missbrauch des Prozesses. Was soll das sein, der Abschluss eines Teils eines Prozesses, wenn nicht ein – „Mistrial"?[116]

Ich glaube, dass Sie die beschriebene kafkaeske Situation durch eine Trennung der Verfahrensabschnitte noch absurder und unglaublicher machen würden. Natürlich werden Sie entscheiden, wie sie wollen, und dann werden Sie sich wundern warum man ihren Prozess hier auf der ganzen Welt einfach als eine Farce betrachtet.

Was Herrn Bonomys Erstaunen betrifft, als Herr Nice sich darauf bezog, was in der Öffentlichkeit gesprochen wird[117], möchte ich Sie an folgendes erinnern: In allen Paragraphen der Kosovo-Anklage, in der von angeblichen Verbrechen an angeblich unbe-

---

[115] Siehe „Order", 22. November 2005.

[116] Bezeichnung im Angelsächsischen Recht für ein ungültiges Gerichtsverfahren.

[117] „Ankläger" Nice hatte in seiner Stellungnahme an jugoslawische Medienberichte erinnert, in denen die politischen Motive der Verhandlungskammer für ihren Vorschlag, den Prozess aufzuteilen, erörtert werden, worüber sich „Richter" Bonomy empörte, weil dies doch nicht in den Prozess gehöre.

waffneten Albanern die Rede ist, heißt es: „Die Truppen der BRJ und Serbiens“ haben dies und das getan; ausnahmslos in allen Paragraphen.
Wobei [...] jeder weiß, dass die Truppen der BRJ und Serbiens das Land vor Terrorismus und ausländischer Aggression beschützt haben. Darüber herrscht völlige Klarheit.
Sie sollen jetzt also ein Urteil über diese Formulierung „die Truppen der BRJ und Serbiens“ in allen Paragraphen, die sich auf angebliche Verbrechen beziehen, fällen, just in dem Moment, in dem die Verhandlungen über den endgültigen Status des Kosovo beginnen sollen, ungeachtet der Tatsache, dass wir, als Bedingung für die Beendigung des Krieges [von 1999] die stärksten Garantien für die Integrität und Souveränität des Landes erhielten. Was für ein Zufall! Wem wollen Sie erzählen, dass das nicht das Ziel derjenigen ist, von denen Sie Ihre Anweisungen erhalten, dass die Kräfte der BRJ und Serbiens für die Verteidigung ihres Territoriums schuldig gesprochen werden müssen, diejenigen, die wirklich schuld waren, aber nicht angeklagt werden, sondern ihre geopolitischen Ziele verwirklichen können. Das ist für die öffentliche Meinung ziemlich klar. Jeder hat diese Verbindung sofort erkannt. Man musste es niemandem erklären.
BONOMY: Herr Milošević, können Sie uns vielleicht behilflich sein und mir sagen, wie mir diese Anweisungen übermittelt werden? Denn mir fehlt offensichtlich etwas von Ihren Informationen darüber. Wie erhalte ich meine Anweisungen? Woher kommen sie? Sagen Sie mir, der Sie doch so stolz die Anschuldigung zurückweisen, dass Sie Befehle erteilt hätten, weil es dafür keine Beweise gebe, welche Beweise gibt es Ihrer Meinung nach dafür, dass ich von irgendwoher Anweisungen erhalte?
MILOŠEVIĆ: Herr Bonomy, dieser ganze Gerichtshof hier war als Mittel der Kriegsführung gegen mein Land vorgesehen. Er wurde unrechtmäßig aufgrund einer illegalen Entscheidung [des Sicherheitsrates] gegründet und wird von den Mächten getragen, die gegen mein Land Krieg geführt haben. Es gab hier nur eine wahre Behauptung: Es ist wahr, dass es ein gemeinschaftliches kriminelles Unterfangen gab, aber seine Zentrale war nicht in Belgrad, nicht in Jugoslawien, sondern diejenigen, die seit 1991 Krieg in Jugoslawien geführt hatten, haben Jugoslawien zerstört...

BONOMY: Sie beantworten nicht die Frage. Beantworten Sie die Frage, anstatt eine politische Tirade einzuleiten.
MILOŠEVIĆ: Herr Bonomy, ich halte keine Reden. Ich glaube, dass Sie im Dienst derjenigen stehen, die Verbrechen gegen mein Land und mein Volk begangen haben, und Sie werden von ihnen bezahlt.
BONOMY: Sie weigern sich also die Frage zu beantworten?
MILOŠEVIĆ: Ich weigere mich keineswegs. Sie wollen, dass ich Ihnen sage, wer sie bezahlt? Wollen Sie behaupten, dass Sie von den Vereinten Nationen bezahlt werden? Herr Bonomy, wer finanziert diesen Gerichtshof? Wer hat diesen Gerichtshof gegründet? Wer hat einen Angriffskrieg gegen mein Land verübt, Herr Bonomy? Ihr Land. Und wen will ich hier als Zeugen haben? Ihren Premierminister!
BONOMY: Wollen Sie sagen, dass ich nicht von den Vereinten Nationen bezahlt werde?
MILOŠEVIĆ: Das behaupte ich, Herr Bonomy, weil die Vereinten Nationen dieses illegale Tribunal nicht allein bezahlen. Es wird aus ganz verschiedenen Quellen bezahlt, ich habe einige aufgezählt.[118] Ob sie ihr Geld offiziell von dieser selbsternannten UN-Einrichtung erhalten ist für mich unwesentlich.
BONOMY: Jetzt wechseln Sie das Thema, weil Sie widerlegt worden sind. Lassen Sie uns zu dem Punkt zurückkommen, mit dem Sie sich beschäftigen, die Frage der Trennung der Verfahrensabschnitte.
MILOŠEVIĆ: Wie ich Ihnen schon gesagt habe, meine Herren, bin ich gegen eine Trennung der Verfahrensabschnitte, weil ich sage, dass es nur einen Krieg gab. Ich habe gesagt, dass Jugoslawien nicht einfach irgendwie verschwunden ist, sondern es „wurde gewaltsam durch einen Plan zerstört und durch einen Krieg, der noch immer geführt wird“. Und eins der Mittel dieses Krieges ist Ihr illegales Tribunal.
Lassen Sie mich frei heraus sagen, dass ich Ihre Urteile oder Entscheidungen über Zusammenlegung oder Aufteilung des Verfahrens alle nicht fürchte, denn wenn Sie wahrheits- und rechtsgemäß

[118] Bei früheren Gelegenheiten, siehe auch Eröffnungserklärung.

urteilen, dann hätte es zwar zu allererst gar keinen Prozess geben dürfen, aber da wir nun einmal einen Prozess haben, kann er nur mit der Entscheidung enden, dass mir keine Schuld zugesprochen werden kann. Und wenn Sie Ihre Entscheidung nicht auf Wahrheit und Recht gründen, wird sie wie eine Seifenblase zerplatzen, weil das Urteil der Weltöffentlichkeit und der Richterstuhl der Wahrheit und des Rechts über jedem anderen Gerichtshof steht. Es liegt an uns allen und an jedem von Ihnen, meine Herren, wie wir vor diesem Richterstuhl der Geschichte dastehen werden, und welches Urteil sie fällen wird. Machen Sie sich darüber keine Illusionen. Deshalb bin ich gegen die Trennung der Verfahrensabschnitte. Ich verlange, dass mir eine Erholungspause gewährt wird. Auch heute bin ich wieder in einem extrem labilen Zustand hierher gekommen. Deshalb verlange ich, dass Sie über meinen Antrag, mir eine Ruhepause zu gewähren, befinden. Meine Meinung zur Trennung der Verfahrensabschnitte habe ich Ihnen mitgeteilt.

Übersetzung aus dem Englischen: Sebastian Bahlo

C. Internationale Kritik am Milošević-Prozess

Brief von Ramsey Clark an Kofi Annan[119]

Der ehemalige US-Justizminister und internationale Menschenrechtsanwalt Clark fordert die Abschaffung aller Ad-hoc-Tribunale und eine unabhängige Überprüfung des Verfahrens gegen Präsident Milošević.

12. Februar 2004

Betreff: Verfahren gegen den ehemaligen Präsidenten der Bundesrepublik Jugoslawien Slobodan Milošević vor dem Internationalen Straftribunal für das ehemalige Jugoslawien

Sehr geehrter Herr Generalsekretär Annan,

die Anklagevertretung im Verfahren gegen den ehemaligen Präsidenten der Bundesrepublik Jugoslawien wird nach dem vorgesehen Terminplan ihre Beweiserhebung vor dem Internationalen Straftribunal für das ehemalige Jugoslawien (ICTY) am 19. Februar 2004 beenden, mehr als zwei Jahre, nachdem der erste Zeuge aussagte.

Über 500.000 Seiten Dokumente und 5.000 Videokassetten wurden als Beweismittel vorgelegt. Es gab etwa 300 Verhandlungstage. Über 200 Zeugen haben ausgesagt. Das Verfahrensprotokoll umfasst annähernd 33.000 Seiten.

[119] Abgedruckt in: "Slobodan Milošević, The Defense Speaks – for History and the Future, New York 2006

Es ist der Anklagevertretung nicht gelungen, erhebliche oder zwingende Beweise für irgendeine strafbare Handlung oder Absicht von Präsident Milošević vorzulegen. Mangels belastender Beweise hoffte die Anklagevertretung offenbar, eine so umfangreiche Aktensammlung aufzustellen, dass es Jahre dauern würde, falls sich überhaupt jemand die Mühe machen würde, bis Wissenschaftler das Beweismaterial prüfen und analysieren können, um festzustellen, ob es eine Verurteilung trägt.

Das Schauspiel dieses Generalangriffs eines gewaltigen Teams mit umfangreichen Mitteln zur Unterstützung der Anklage gegen einen einzelnen Mann, der sich selbst verteidigt, abgeschnitten von aller effektiven Hilfe, dessen Unterstützer überall angegriffen werden, und dessen Gesundheit wegen der dauernden Anstrengung im Schwinden ist, vermittelt ein den Kern der Sache treffendes Bild der Unfairness und der Verfolgung.

Im Gegensatz dazu begann beim „ersten Prozess der Geschichte wegen Verbrechen gegen den Frieden der Welt“ in Nürnberg die Anklage gegen 19 Angeklagte am 20. November 1945 und endete etwas über drei Monate später am 4. März 1946, nachdem vier Staaten das Beweismaterial beigebracht hatten. In seiner Eröffnung sagte Chefankläger Robert H. Jackson:

„Hier besteht ein krasses Missverhältnis zwischen den Bedingungen für die Ankläger und die Angeklagten, das unsere Arbeit in Verruf bringen könnte, wenn wir in dem Bemühen schwanken sollten, selbst bei untergeordneten Sachverhalten fair und maßvoll zu sein. ...Wir dürfen nie vergessen, dass das hier Vorgebrachte, auf dessen Grundlage wir über diese Angeklagten richten, die Grundlage dafür bildet, wie die Geschichte morgen über uns richten wird. Diesen Angeklagten einen vergifteten Kelch zu reichen, bedeutet, ihn auch an unsere Lippen zu setzen.“

Die Anklage begann ihre Ermittlungen gegen Präsident Milošević unter Richard Goldstone aus Südafrika im Oktober 1994. Als er 1996 aus dem Amt schied, hatte er keine Beweise für eine Anklage gefunden. Seine Nachfolgerin, Louise Arbour aus Kanada, setzte die Ermittlungen ohne förmliche Verfahrensmaßnahme bis Ende Mai 1999 fort, als Präsident Milošević erstmals für angeblich Anfang 1999 begangene Taten angeklagt wurde.

Die Anklage erfolgte während der schweren Bombardierungen ganz Serbiens, einschließlich des Kosovo, durch USA und NATO, d.h. während eines Angriffskrieges. Dieser hatte Zivilisten in ganz Serbien getötet und Sachwerte von mehreren Milliarden Dollar zerstört. Am 22. April 1999 wurde die Wohnung von Präsident Milošević in Belgrad bei einem Mordversuch zerstört. Die chinesische Botschaft wurde am 7. Mai 1999 bombardiert. Abgereichertes Uran, Streubomben und Superbomben hatten Zivilisten und zivile Infrastruktur gezielt angegriffen. Hunderte von zivilen Einrichtungen waren zerstört und Zivilisten von Novi Sad bis Niš und Priština getötet worden.

Die ursprüngliche Anklage beinhaltete keine Verbrechen in Kroatien oder Bosnien. Sie behandelte ausschließlich Handlungen von serbischen Kräften im Kosovo im Jahre 1999. Ganz Serbien, einschließlich Kosovo, befand sich zur Zeit der Anklageerhebung unter schwerem Bombenhagel der USA und der NATO. Im Kosovo gab es keine US- oder NATO-Truppen und keine Ermittler des ICTY. Untersuchungen waren unmöglich. Die Anklage war ein rein politischer Akt, um Präsident Milošević und Serbien zu dämonisieren und die Bombardierung Serbiens durch die USA und die NATO zu rechtfertigen, die in sich selbst verbrecherisch waren und gegen die Charta der UN und der NATO verstießen.

Als US-Botschafterin bei den UN leitete Madeleine Albright die Bemühungen der USA, den Sicherheitsrat dazu zu bringen, das ICTY zu schaffen. Später schrieb sie in ihren Memoiren, dass sie als US-Außenministerin mehrere Jahre die Vertreibung von Präsident Milošević aus dem Amt angestrebt hatte:

„Mit Joschka Fischer und anderen Kollegen drängte ich die serbischen Oppositionsführer, eine wirkliche politische Organisation aufzubauen und sich darauf zu konzentrieren, Milošević weg zu drängen ... Öffentlich sagte ich wiederholt, die Vereinigten Staaten wünschten sich Milošević ′weg von der Macht, raus aus Serbien und in Gewahrsam des Kriegsverbrechertribunals.′“

Präsident Milošević wurde angeklagt und steht vor Gericht, weil er Jugoslawien schützte und zu erhalten versuchte, einen Bundesstaat, der für den Frieden auf dem Balkan von entscheidender Bedeutung war. Mächtige ausländische Kräfte unterstützten nationalistische und ethnische Gruppen und Wirtschaftsunternehmungen innerhalb der einzelnen Republiken Jugoslawiens, da sie aus verschiedensten Gründen entschlossen waren, Jugoslawien zu zerschlagen. Dazu zählten an erster Stelle die USA. Auch Deutschland spielte eine Hauptrolle. Später gab die NATO dem Unterfangen ihren Namen, unter Verstoß gegen die eigene Charta. Die daraus folgende Gewalt war vorhersehbar und tragisch.

Es gab keinen führenden Politiker, der durchgängig zu mehr Kompromissen bereit war als Präsident Milošević, der die volle Entfesselung des Krieges verhinderte, als Slowenien, Kroatien, Bosnien und Mazedonien sich von der Bundesrepublik lostrennten. Hinsichtlich seiner späteren Verteidigung des auf Serbien und Montenegro reduzierten Jugoslawiens wird er in Erinnerung bleiben wegen der Kompromisse, die er in Dayton, Ohio, einging und später, um die US-Bombardements von März bis Juni 1999 zu beenden. Seinen Handlungen lag der Wunsch nach Frieden und dem Überleben einer Kernföderation von Südslawen, die eines besseren Tages den Keim für eine größere Föderation von Balkan-Staaten legen würde, zu Grunde, die für den Frieden, die politische Unabhängigkeit und die wirtschaftliche Lebensfähigkeit der Region von entscheidender Bedeutung ist. Die USA und andere hatten jedoch eigene Pläne.

Die Folgen waren für jeden der ehemaligen Staaten der Bundesrepublik katastrophal. Heute gibt es im ehemaligen Jugoslawien wirtschaftliche Einmischung von außen und Stagnation, politische Unruhe, öffentliche Unzufriedenheit und zunehmende Bedrohung durch Gewalt. Die USA hofieren Kroatien wegen einer Mitgliedschaft in der NATO als Stützpunkt europäischer Truppen, um die Region zu kontrollieren und ihre Spaltung aufrecht zu erhalten. Kroatien hat eine kleine militärische Einheit entsandt, um die NATO in Afghanistan zu unterstützen und steht unter Druck, Truppen in den Irak zu entsenden und damit seine Konfrontation gegen die muslimische Bevölkerung in Kroatien und Bosnien fortzusetzen. US-Verteidigungsminister Rumsfeld traf am 8. Februar 2004 mit der nationalistischen Führung von Kroatien, darunter dem Präsidenten und dem Premierminister, zusammen. Er erklärte: „Ich freue mich auf den Tag, da Kroatien ein Teil (der NATO) wird.“

Gegen den ehemaligen Präsidenten von Jugoslawien wird wegen der Verteidigung von Jugoslawien vor einem Gericht verhandelt, zu dessen Einrichtung der Sicherheitsrat keine Befugnis hatte. Der Präsident der Vereinigten Staaten aber, der offen und, wie nur allzu bekannt ist, einen Angriffskrieg, „das höchste Völkerverbrechen", gegen den wehrlosen Irak begangen hat, der Zehntausende von Menschen tötete und dort und anderswo Gewalt verbreitete, hat sich keiner Anklage zu stellen. Präsident Bush droht weiter mit unilateralen Angriffskriegen und drängt in den USA auf die Entwicklung einer neuen Generation von Atomwaffen, taktischen Atombomben, und dies nach der Invasion im Irak aufgrund der fingierten Behauptung, dass das Land eine Bedrohung für die USA ist und Massenvernichtungswaffen besitzt. Dies kann nur geschehen, weil Macht vor Recht geht.

Die Vereinten Nationen können nicht hoffen, die Geisel des Krieges abzuschaffen, bis sie nicht willens sind, der Macht zu trotzen und vereint für das Prinzip des Friedens einzutreten. Bedarf es noch eines schlagenderen Beweises für die Absicht der USA, über dem Recht zu stehen und mit Gewalt zu herrschen, als der umfassende Versuch der USA, den Internationalen Strafgerichtshof (IStGH) zu zerstören und bilaterale Verträge durchzusetzen, in denen Staaten zustimmen, US-Staatsbürger nicht an den IStGH auszuliefern. Man betrachte diese Verhinderung von Recht im Zusammenhang mit der Erklärung des Ständigen Vertreters der USA bei den UN, Botschafter John Negroponte, vom 30. Juni 2002, worin er Immunität der USA vor ausländischer Strafverfolgung verlangte, ein Verlangen, dem sich der Sicherheitsrat unterwarf. Negroponte drohte mit einem Veto der USA gegen eine ausstehende Resolution des Sicherheitsrates zur Verlängerung der friedenserhaltenden Mission der UN in Bosnien-Herzegowina, wenn der Sicherheitsrat für Personal, das für von ihm angeordnete friedenserhaltenden Missionen bereitgestellt wird, nicht Immunität, das heißt Straflosigkeit, gewährleisten würde. Der Zweck bestand darin, US-Personal und US-Hilfswillige über das Recht zu stellen, während die Feinde der USA Opfer diskriminierender Verfolgung vor illegalen Gerichten sind.

Das ICTY und andere *Ad-hoc*-Straftribunale, die vom Sicherheitsrat geschaffen wurden, sind illegal, weil die Charta der Vereinten Nationen den Sicherheitsrat nicht ermächtigt, irgendein Strafgericht zu schaffen. Der Wortlaut der Charta ist eindeutig. Wäre eine solche Befugnis 1945 in die Charta aufgenommen worden, gäbe es keine UN. Keine der fünf Mächte, die später in der Charta zu Ständigen Mitgliedern des Sicherheitsrats erklärt wurden, wäre einverstanden gewesen, sich einer strafrechtlichen Befugnis der UN zu unterwerfen.

Der IStGH wurde durch Vertrag geschaffen, wodurch anerkannt wurde, dass die UN ohne Änderung ihrer Charta keine Befugnis hatten, einen solchen Gerichtshof zu schaffen. Die Gründung des IStGH soll die Einrichtung irgendwelcher anderen Straftribunale ausschließen und fordert die Abschaffung der noch bestehenden. Sie wurden geschaffen, um den geopolitischen Bestrebungen der USA zu dienen. Die Angelegenheit ist von höchster Wichtigkeit. Es geht um die Entscheidung, ob der Sicherheitsrat selbst über der Charta und über Recht und Gesetz steht.

Die *Ad-hoc*-Straftribunale sind ihrem Wesen nach diskriminierend, indem sie sich dem Grundsatz der Gleichheit in der Ausübung der Rechtsprechung entziehen. Die Diskriminierung ist beabsichtigt, um Feinde zu zerstören. Das Internationale Straftribunal für Ruanda (ICTR) hat in neun Jahren keinen einzigen Tutsi angeklagt, obgleich Faustin Twagirimungu, der erste Premierminister unter der Tutsi-RPF-Regierung 1994 und 1995 vor demselben aussagte, dass er glaube, mehr Hutus als Tutsis seien in Ruanda während der tragischen Gewalt des Jahres 1994 getötet worden. Hunderttausende von Hutus wurden später in Zaire, der heutigen Demokratischen Republik Kongo, abgeschlachtet und sind bis heute gefährdet. Das ICTR ist ein Instrument der US-amerikanischen Unterstützung für die Tutsi-Kontrolle über Uganda, Ruanda, Burundi und zeitweilig und vielleicht erneut die Demokratische Republik Kongo.

Die Strafverfolgung des ICTY richtet sich in der großen Mehrzahl gegen Serben und ausschließlich serbische Führer sind vor ihm angeklagt worden, darunter nicht nur Präsident Milošević und die serbische Führung, sondern serbische Führer der Republika Srpska, des abgesonderten serbischen Teils von Bosnien.

Während die Anklage gegen den ehemaligen Präsidenten von Jugoslawien derzeit ihrem Ende zugeht, ist sein Gesundheitszustand schwer beeinträchtigt und lebensbedrohlich geworden. Die Verhandlungen wurden letzte Woche unterbrochen, weil er zu krank war, um teilzunehmen, aber das Tribunal verfügte zusätzlich weitere beschwerliche Verhandlungsstunden für die beiden letzten Wochen der Beweiserhebung der Anklage. Gestern erst war das Tribunal gezwungen, die Verhandlungen auf halbe Tage zu reduzieren, und zwar aufgrund eines medizinischen Berichts, den Ärzte, die vom Tribunal bestellt worden waren, über Präsident Milošević erstattet hatten. Präsident Milošević ist Monate lang, während er die Kandidatenliste der Sozialistischen Partei Serbiens bei den Parlamentswahlen anführte, und als seine Partei sich der neuen Koalition anschloss, die letzte Woche den neuen Parlamentspräsidenten wählte, in totaler Isolierung gehalten worden. Anfang der Woche verlängerte das Tribunal seine Isolation um einen weiteren Monat wegen politischer Ereignisse in Serbien.

Präsident Milošević, der sich aus der Haft heraus und bei bedrohlichem Gesundheitszustand selbst vor Gericht verteidigt, wurden weniger als drei Monate Zeit gegeben, um nach mehr als zwei Jahren Beweiserhebung seine Verteidigung vorzubereiten, bis diese im Mai beginnen soll. Diese jüngste Handlungsweise des Tribunals ist bezeichnend für die konsequent grobe Ungerechtigkeit der Verhandlungen während der Jahre der Inhaftierung von Präsident Milošević und der Beweiserhebung der Anklage.

Um die Verteidigung angemessen vorzubereiten, ist es erforderlich, die Zehntausende Dokumente zu erfassen und durchzusehen, Hunderte potentielle Zeugen zu finden und zu befragen und das Beweismaterial in einer zusammenhängenden und wirkungsvollen Darstellung zusammen zu fassen.

Die Vereinten Nationen müssen im Interesse der elementaren Gerechtigkeit und um frühere Ungerechtigkeiten zu korrigieren, folgende Maßnahmen ergreifen, um die Legalität und Fairness eines von ihnen geschaffenen Gerichts zu bewerten und die Glaubwürdigkeit der Vereinten Nationen in den Augen der Völker zu erhalten:

Verkündigung eines Moratoriums für alle Verfahren vor allen UN-*Ad-hoc*-Tribunalen für eine Frist von mindestens sechs Monaten und für weitere Fristen, sofern diese sich für die Vereinten Nationen als notwendig erweisen, um

A. eine Kommission von wissenschaftlichen Experten für internationales öffentliches Recht und Historikern einzuberufen, um die Entstehungsgeschichte, die Erarbeitung, Sprache und Absichten der Charta der Vereinten Nationen zu prüfen und festzustellen, ob die Charta den Sicherheitsrat ermächtigt, irgendein Straftribunal zu schaffen, und gegebenenfalls die Grundlage, die Rechtsverbindlichkeit und den Umfang einer solchen Befugnis festzustellen oder die Angelegenheit dem Internationalen Gerichtshof zur Entscheidung vorzulegen;

B. eine Kommission von wissenschaftlichen Experten für internationales Strafrecht einzuberufen, um den Gang des Verfahrens im Fall von Präsident Slobodan Milošević zu überprüfen, um festzustellen, ob Rechtsirrtümer, Verstöße gegen die Grundsätze eines ordentlichen Verfahren und Ungerechtigkeit in der Verhandlungsführung eine Verfahrenseinstellung dringend erforderlich machen, und, bevor irgendeine Stellungnahme der Verteidigung erfolgt, ob das Beweismaterial, das von der Anklage gegen den ehemaligen Präsidenten Milošević vorgelegt wurde, nach internationalem Recht hinreichend ist, um die Fortsetzung des Verfahrens zu stützen und zu rechtfertigen;

C. Präsident Milošević Finanzmittel zur Verfügung zu stellen, um anwaltliche Beratung, Ermittler, Wissenschaftler, Analysten und andere Experten zur Verfügung zu stellen, um wirksam auf das gegen ihn vorgebrachte Beweismaterial zu antworten, und die für die Bewältigung der Aufgabe erforderliche Zeit einzuräumen, bevor irgendwelche Prozessverhandlungen wieder aufgenommen werden, wobei diese Anstrengungen selbst dann unverzichtbar sind, wenn das Gericht abgeschafft oder die Anklage eingestellt wird, um zur Feststellung der historischen Fakten um des künftigen Friedens willen beizutragen;

D. Finanzmittel für unabhängige medizinische Untersuchung, Behandlung und Pflege des ehemaligen Präsidenten Milošević in Einrichtungen in Serbien zur Verfügung zu stellen.

Hochachtungsvoll

Ramsey Clark

Gleichlautende Briefe wurden gesandt an:

- die Mitglieder des Sicherheitsrates
- den Präsidenten der UN-Generalversammlung
- den Generalsekretär der Vereinten Nationen
- den Präsidenten der Vereinigten Staaten
- das Internationale Straftribunal für das ehemalige Jugoslawien

Übersetzung aus dem Englischen:
Klaus von Raussendorff, Cathrin Schütz

Internationale Rechtsexperten unterstützen die Milošević-Verteidigung

Die Bestellung eines Zwangsverteidigers für Slobodan Milošević bedroht die künftige Rechtsentwicklung und das Leben des Angeklagten[120]

An S.E. Herrn Kofi Annan, Generalsekretär der Vereinten Nationen

An S.E. Herrn Julian Robert Hunte, Präsident der 58. Tagung der Generalversammlung der Vereinten Nationen

An die russische Präsidentschaft des Sicherheitsrats der Vereinten Nationen

An die Mitglieder des Sicherheitsrats der Vereinten Nationen

In Kopie: An das Internationale Straftribunal für das ehemalige Jugoslawien

Wir, die Unterzeichnenden, Juristen, Rechtswissenschaftler und internationale Strafverteidiger, bringen hiermit unsere Warnung und Besorgnis gegenüber den gegenwärtigen Bestrebungen des Internationalen Straftribunals für das ehemalige Jugoslawien (ICTY) zum Ausdruck, einen Zwangsverteidiger für Slobodan Milošević gegen den Willen des Angeklagten zu bestellen.

Diese offensichtlich als Strafe vorgesehene Maßnahme verstößt gegen internationales Recht, ist mit dem kontradiktorischen System der Strafjustiz, das vom Sicherheitsrat in Resolution 808 übernommen wurde, unvereinbar und verkennt die Verpflichtung des Gerichts, für eine angemessene medizinische Versorgung und die vorläufige Entlassung des Angeklagten Sorge zu tragen. Anstatt geeignete Maßnahmen zu treffen, um Slobodan Milošević

[120] www.icdsm.org/Lawappeal.htm

wegen seiner seit Langem bestehenden gesundheitlichen Probleme Erleichterung zu verschaffen, hat das ICTY diese noch verschlimmert. Das ICTY hat sich über wiederholte Bitten um eine vorläufige Entlassung hinweggesetzt, auf die jeder, für den die Unschuldsvermutung gilt, einen Anspruch hat, hat der Verteidigung eine unrealistisch kurze Vorbereitungszeit auferlegt und hat das Einbringen einer Unmenge von Beweismaterial durch die Anklage gestattet, worunter Vieles eines beweiserheblichen Wertes ermangelte, und damit Herrn Milošević́s Stresspegel, den hauptsächlichen Auslöser seiner Krankheit, weiter erhöht. Die III. Kammer war davon durch Kardiologen, die sie selbst bestellt hatte, in Kenntnis gesetzt worden. Dem Angeklagten wurde eine Untersuchung durch Ärzte seiner Wahl verweigert, eine weitere Verletzung seiner Rechte.

Nachdem das ICTY eben diese Zerrüttung des Gesundheitszustandes von Präsident Milošević herbeigeführt hat, vor der es gewarnt worden war, versucht es nun, ihm gegen seinen Widerspruch einen Zwangsverteidiger aufzuzwingen, anstatt ihm eine vorläufige Entlassung zu gewähren, damit er die gebotene gründliche Behandlung erhält, eine vernünftige Maßnahme, die in innerstaatlichem und internationalem Recht sowie der entsprechenden Rechtspraxis verankert ist. Die vorgesehene Bestellung eines Zwangsverteidigers stellt eine unerhörte Verletzung international anerkannter Rechte vor Gericht dar und wird allein dazu dienen, die lebensbedrohende Krankheit von Herrn Milošević weiter zu verschlimmern und das Verfahren weiter zu diskreditieren.

Das Recht, sich gegen eine strafrechtliche Anklage selbst zu verteidigen, ist von zentraler Bedeutung sowohl für das internationale Recht als auch gerade für die Struktur des kontradiktorischen Systems. Zu den grundlegenden minimalen Rechten, die dem Angeklagten nach dem Römischen Statut des Internationalen Strafgerichtshofs ebenso wie nach den Statuten der Internationalen Straftribunale für Ruanda und Jugoslawien gewährt werden, gehört das Recht, sich in eigener Person zu verteidigen. Die allgemeine Systematik all dieser Rechte hebt darauf ab, dass die Rechte einem Angeklagten, nicht einem Anwalt gewährt werden. Das gewährte Recht besteht darin, sich selbst gegen die von der Anklage vorgebrachten Tatvorwürfe zu verteidigen und subsidiär dazu den Beistand eines Anwalts zu erhalten, wenn ein Angeklagter den Wunsch äußert, solchen Beistand zu erhalten. Wenn jedoch ein Angeklagter wie Slobodan Milošević eindeutig Widerspruch gegen eine anwaltliche Vertretung erhebt, geht sein Recht, sich selbst zu verteidigen, der Präferenz des Gerichts oder der Anklage für die Bestellung eines Verteidigers vor. Wie vom Obersten Gerichtshof der USA mit Bezug auf das Sechste Amendment der Bill of Rights, das eine auffallende Ähnlichkeit mit Artikel 21 des ICTY-Statuts hat, festgestellt:

> „Es spricht von ‚Hilfe' eines Anwalts, und ein Helfer, wie sachverständig auch immer, bleibt ein Helfer. Aus Wortlaut und Geist des Sechsten Amendments ergibt sich die Auffassung, dass ein Anwalt wie die anderen vom Amendment garantierten Instrumente der Verteidigung eine Hilfe für einen damit einverstandenen Angeklagten sein soll - kein Organ des Staates, das zwischen einem nicht einverstandenen Angeklagten und seinem Recht auf persönliche Verteidigung eingeschaltet ist. Einem Angeklagten gegen seinen wohlerwogenen Wunsch einen Anwalt aufzuzwingen, verletzt damit die Logik des Amendments. In einem solchen Falle ist der Anwalt kein Helfer sondern ein Rechtspfleger; und das Recht, eine Verteidigung aufzubauen, ist seines personalen Charakters beraubt, den das Amendment betont."
> *Faretta v.California*, 422 U.S. 806 (1975)

Das Statut des ICTY (wie auch die Statute des Internationalen Straftribunals für Ruanda und des Internationalen Strafgerichtshofs) garantiert „Verteidigungsinstrumente" wie das Recht, durch einen Anwalt vertreten zu werden oder das Recht auf kostenlose Gewährung eines Anwalts, wenn der Angeklagte mittellos ist. Der Wesensgehalt des Rechts, sich selbst zu vertreten, wird zunichte gemacht, wenn das Recht auf anwaltliche Vertretung zu einer Verpflichtung wird. Wie im Fall *Farretta* festgestellt:

> „Ein unerwünschter Anwalt ‚vertritt' den Angeklagten nur mittels einer unerheblichen und unannehmbaren juristischen

> Fiktion. Wenn der Angeklagte nicht in eine solche Vertretung einwilligt, ist die dargestellte Verteidigung nicht die Verteidigung, die ihm durch die Verfassung garantiert wird, denn in einem sehr realen Sinne ist es nicht seine Verteidigung."
>
> *Faretta* (ebda.)

So wäre auch die Verteidigung von Slobodan Milošević nicht die Verteidigung, die ihm nach internationalem Recht garantiert ist, hätte er einen Anwalt, der ihm gegen seinen Willen aufgezwungen worden ist.

Die allgemeine Struktur des ICTY ist die eines kontradiktorischen Systems der Strafjustiz. Andere juristische Einflüsse haben in die Verfahrens- und Beweisregeln Eingang gefunden, aber die Natur des Verfahrens mit einem Ankläger und einem Angeklagten, die als Parteien Beweismaterial vor einem Spruchkörper darlegen, dessen Funktion die eines Schiedsrichters ist, ist unbezweifelbar kontradiktorisch. Im kontradiktorischen System hat die Geschichte deutlich gezeigt, dass die zwangsweise Bestellung eines Anwalts für einen nicht einwilligenden Angeklagten die Praxis politischer Gerichte ist und in einem demokratischen Rechtssystems keinen Platz hat, umso weniger vor einer Institution, welche präjudizierende Wirkung für eine wirklich legitime internationale Strafjustiz entfaltet, deren Schaffung die Frucht des Kampfes von einem halben Jahrhundert ist.

> „In der langen Geschichte der britischen Strafjustiz gab es nur ein Tribunal, welches die zwangsweise Bestellung eines Anwalts für einen nicht einwilligenden Angeklagten in einem Strafverfahren praktizierte. Dieses Tribunal war die Sternkammer. Diese sonderbare Einrichtung, die im späten 16ten und frühen 17ten Jahrhundert gedieh, hatte einen gemischt exekutiven und judikatorischen Charakter und wich in bezeichnender Weise von den Traditionen des Common Law ab. Aus diesen Gründen und weil sie auf die Behandlung von ‚politischen' Vergehen spezialisiert war, galt die Sternkammer Jahrhunderte lang als Symbol für die Missachtung grundlegender individueller Rechte."
>
> *Faretta* (ebda.)

Kürzlich hat das ICTY den Ankläger, und zwar nur den Ankläger, aufgefordert, eine Stellungnahme hinsichtlich einer Bestellung eines Zwangsverteidigers bei Fehlen von Anweisungen oder Zusammenarbeit seitens Herrn Milošević abzugeben. Die Kammer hat sich wiederholt auf ihre Verpflichtung bezogen, ein faires Verfahren durchzuführen, und hat, als sie im April 2003 das Recht auf Selbstvertretung anerkannte, die Auffassung vertreten, dass sie „in der Tat verpflichtet ist zu gewährleisten, dass ein Verfahren fair und zügig ist; außerdem erhält diese Verpflichtung, wo die Gesundheit des Angeklagten auf dem Spiel steht, eine besondere Bedeutung." Artikel 21 des Statuts des ICTY bestimmt, dass die Kammer dieser Verpflichtung „unter voller Berücksichtigung der Rechte des Angeklagten" genügen muss. Doch da der Angeklagte bedeutendes und unangenehmes Beweismaterial vorzulegen hat, ist die strenge Auslegung von Verfahrensregeln offenbar zum leitenden Gesichtspunkt der Kammer geworden.

Die Bestellung eines Anwalts, selbst eines „Stand-by-Anwalts", wie anscheinend gegenwärtig vom ICTY vorgesehen, wird keine der den Prozess belastenden Schwierigkeiten beheben: Slobodan Miloševićs gefährlich hoher Bluthochdruck wird dadurch nicht behandelt, geschweige denn geheilt; der Angeklagte erhält dadurch weder Zeit noch die erforderlichen Bedingungen für die Vorbereitung seiner Sachdarstellung; das krasse Ungleichgewicht zwischen den Ressourcen des Anklägers und der Verteidigung wird dadurch nicht ausgeglichen, ein Ausgleich, der nach dem Prinzip der Waffengleichheit erforderlich ist, welches das Gericht anzuerkennen bekundet. Wird ein Zwangsverteidiger bestellt, wird Slobodan Miloševićs Grundrecht, sich selbst zu verteidigen, verletzt, und er wird nur 150 Tage zur Verfügung haben, um die Sicht seiner Verteidigung darzulegen, nur halb so viel Zeit, wie der Anklage eingeräumt wurde.

Es ist gegenwärtig unklar, welche Rolle ein Zwangsverteidiger spielen würde. Worin diese auch bestehen mag, sicher ist, dass kein Nutzen aus dem Verfolg dieser beispiellosen Maßnahme zu ziehen sein wird. Das Statut des ICTY sieht das Mindestrecht der Anwesenheit im eigenen Verfahren vor. Wenn Slobodan Milošević aufgrund seines Gesundheitszustandes dem Verfahren nicht beiwohnen kann, und er nicht auf sein Anwesenheitsrecht verzichtet, hat das ICTY nicht die Kompetenz, in seiner Abwesenheit zu verhandeln. Vertagungen werden weiter Platz greifen, so lange keine Maßnahmen getroffen werden, Herrn Miloševićs gefährlich hohen Bluthochdruck zu behandeln, ein Umstand, mit dem nicht durch weitere Verletzung seiner Rechte, die Drohung seines Ausschlusses aus dem Verfahren oder die Übertragung seiner Verteidigung an einen völlig Fremden umgegangen werden kann.

Das ICTY bestimmte drei Anwälte, als *Amici Curiae* zu fungieren, deren erklärte Rolle darin besteht, unter anderem ein faires Verfahren zu gewährleisten. Es ist zweifelhaft, dass ein Zwangsverteidiger, selbst ein „Stand-by-Anwalt", irgendeine zusätzliche Hilfe leisten könnte, ohne Präsident Miloševićs Verteidigung zu hijacken oder ihn einfach zum Schweigen zu bringen. Ferner ist jede Bezugnahme auf ein Präjudiz hinsichtlich der Bestellung eines „Stand-by-Anwaltes" unangebracht. Im Fall von Dr. Šešelj wurde ein „Stand-by-Anwalt" vor Eröffnung des Verfahrens bestellt und um eine „Unterbrechung" der Verhandlungen zu verhindern.

Präsident Slobodan Milošević erkennt das ICTY nicht an. Er beteuert seine Unschuld und kritisiert beharrlich das ICTY und die NATO. Er ist unschuldig bis zum Beweis des Gegenteils, und er hat jedes Recht, die Legitimität dieser Institution zu bestreiten. Durch die Bestellung eines Zwangsverteidigers würde das ICTY nicht nur sein Recht auf Selbstvertretung verletzen, sondern auch sein Recht, einschlägiges Beweismaterial zu präsentieren, welches die während eines Jahrzehnts wiederholten Verletzungen der Souveränität Jugoslawiens beweisen. Diese Verletzungen führten zum rechtswidrigen Angriffskrieg der NATO gegen Jugoslawien und zu den Bombardierungen des Landes, auf deren Höhepunkt die Anklage gegen Slobodan Milošević vom ICTY bestätigt wurde, und dies in der offenkundigen Absicht, das jugoslawische Volk einer Stimme für Friedensverhandlungen zu berauben und die Fortsetzung dieses Angriffskrieges zu rechtfertigen.

Der Prozess gegen Slobodan Milošević vor dem ICTY ist bis zum 31. August 2004 vertagt worden. Die Anklage hat 295 Zeugen an ebenso vielen Verhandlungstagen präsentiert, die alle vom

Angeklagten selbst im Kreuzverhör befragt wurden, da er das ICTY nicht als ein Gremium der Rechtsprechung anerkennt und seine Nicht-Anerkennung dadurch signalisiert, dass er sich weigert, einen Anwalt zu beauftragen. Slobodan Milošević hat ein Studium der Rechte absolviert, wurde drei Mal in die höchsten Staatsämter von Serbien und Jugoslawien gewählt und hat der Darstellung der Anklage in jeder Hinsicht gekonnt widersprochen. Außer Frage stehen seine mentale Fitness und seine Fähigkeit, auf sein Recht auf anwaltliche Vertretung zu verzichten. Das ICTY mag über die Kritik von Präsident Milošević nicht erfreut sein. Nichtsdestoweniger überwiegt der öffentliche Nutzen einer Respektierung seines Rechts auf Selbstvertretung bei weitem die Unannehmlichkeiten, die sich daraus für das ICTY ergeben mögen. Die Gerechtigkeit erfordert, dass Slobodan Milošević die Möglichkeit erhält darzulegen, dass die Einrichtung des Sicherheitsrates, die ihn gefangen hält, eine politische Waffe gegen die Souveränität und das Selbstbestimmungsrecht des serbischen Volkes und aller Völker Jugoslawiens ist.

Nelson Mandela hat sich in den unrühmlichen Rivonia-Prozessen in den 60er Jahren selbst vertreten. Mandela hat eine politische Verteidigung gegen die Apartheid aufgebaut, doch selbst die südafrikanische Justiz hat ihm keinen Anwalt aufgezwungen, um ihn zum Schweigen zu bringen. Das ICTY schickt sich an, die Zukunft des internationalen Rechts zu bedrohen, indem es etwas tut, was nicht einmal Richter der Apartheid-Ära zu tun gewagt hatten - einen Angeklagten mundtot zu machen und ihn in seiner Fähigkeit zu beeinträchtigen, sich zum Sachverhalt des Verfahrens einzulassen. Ein Sachverhalt, der, so stellen wir fest, durch die Anklage, nicht durch Slobodan Milošević, mit Zustimmung der Kammer zu einem unhandlichen, undurchschaubaren und unerklärlich in die Länge gezogenen Verfahren gemacht wurde. Tatsächlich haben die meisten Beobachter des Prozesses festgestellt, dass die Anklage es nicht geschafft hat, zwingende Beweise zur Erhärtung irgendeines ihrer Anklagepunkte zu erbringen; anstatt die Verhandlungen vorläufig einzustellen, gestattete das ICTY der Anklage, weitere Zeugen zu präsentieren, offenkundig aus Verzweiflung, damit irgend etwas haften bleiben möge.

Das Recht, sich persönlich zu verteidigen, ist ein Herzstück des Internationalen Paktes über bürgerliche und politische Rechte. Die Vereinten Nationen sollten diese fortgesetzten Verstöße gegen internationales Recht, die im Namen der Zweckdienlichkeit erfolgen, nicht dulden. Die Ausnutzung einer unsachgemäß behandelten Krankheit einer inhaftierten Person als Entschuldigung, um sie in ihren Rechten zu beschneiden und zu einer „radikalen Reform" des Verfahrens überzugehen - wie sie die Kammer nun in Erwägung zieht durch Änderung der Regeln im laufenden Verfahren und zu Lasten des Angeklagten - ist eine Perversion von Geist und Buchstaben des internationalen Rechts.

Als Juristen sind wir zutiefst besorgt, dass die geplante Bestellung eines Zwangsverteidigers einen unwiderruflichen Präzedenzfall darstellt und potentiell jegliche angeklagte Person des Rechts beraubt, in Zukunft eine aussagekräftige Verteidigung vorzunehmen. Im Falle von Slobodan Milošević wird diese Maßnahme nur seinen Bluthochdruck erhöhen und sein Leben in Gefahr bringen.

Das ICTY und der Sicherheitsrat werden die Verantwortung für die auf tragische Weise voraussagbaren Folgen ihres Handelns zu tragen haben.

New York, im Juli 2004

Erstunterzeichner:

Tiphaine Dickson, *Rechtsanwältin, Montreal, Quebec, Kanada;* **Ramsey Clark,** *ehem. Justizminister der USA, New York, USA;* **Christopher Black,** *Rechtsanwalt, Toronto, Kanada;* **Prof. Smilja Avramov,** *ehem. Präsidentin des Internationalen Rechtsvereins, Belgrad, Serbien und Montenegro;* **Dr. Sergej Baburin,** *Vize-Präsident der Staatsduma der Russischen Föderation, Moskau, Russische Föderation;* **Prof. Aldo Bernardini,** *Internationales Recht, Universität Teramo, Italien;* **Prof. Panayotis G. Charitos,** *Internationales Recht, Rhodos, Griechenland;* **Jeff Frazier,** *Rechtsanwalt, Houston, Texas, USA;* **Prof. Juri Iljin,** *Rechtsanwalt, Moskau, Russische Föderation;* **Wiktor Iljuschin,** *Staatsjustizrat II. Klasse, stellv. Präsident des Sicherheitsausschusses der Staatsdu-*

ma, Moskau, Russische Föderation; **Prof. Michail Kusnezow,** *Rechtsanwalt, Präsident des Tribunals für NATO-Verbrechen, Moskau, Russische Föderation;* **Prof. Claudio Moffa,** *Ordinarius, Universität Teramo, Italien*

Unterzeichner in Deutschland:

Prof. Dr. Erich Buchholz, *Rechtsanwalt, Berlin;* **Armin Fiand,** *Rechtsanwalt, Hamburg;* **Dr. Heinrich Hannover,** *Rechtsanwalt, Worpswede;* **Prof. Dr. Norman Paech,** *Universität für Wirtschaft und Politik, Hamburg;* **Prof. Schirmer**, *Internationales Recht, Woltersdorf;* **H.E. Schmitt-Lermann,** *Rechtsanwalt, München;* **Dr. Heinz Jürgen Schneider,** *Rechtsanwalt, Hamburg;* **Dr. Friedrich Wolff,** *Rechtsanwalt, Berlin*

Übersetzung aus dem Englischen: Klaus von Raussendorff

Internationaler Künstlerappell

Macht triumphiert über Gerechtigkeit[121]

Ende April 2004 haben sich international renommierte Künstler mit einem Appell für die Unterstützung des jugoslawischen Exprä-sidenten Slobodan Milošević an die Öffentlichkeit gewandt.

Seit nunmehr zwei Jahren steht Slobodan Milošević vor dem Internationalen Jugoslawien-Tribunal (ICTY) - einer Institution des UNO-Sicherheitsrats mit zweifelhafter Legalität -, in 66 Punkten der Kriegsverbrechen, Verbrechen gegen die Menschlichkeit und des Völkermords angeklagt. Über 500.000 Seiten Unterlagen und 5.000 Videokassetten wurden von der Anklage als Beweismittel eingebracht. Es gab fast 300 Verhandlungstage. Über 300 Zeugen haben ausgesagt. Die Mitschriften des Prozesses füllen etwa 33.000 Seiten. Trotz all dieser Zeit und Mühen ist es der Anklagebehörde nicht gelungen, signifikante oder überzeugende Beweise für eine kriminelle Handlung oder Absicht von Präsident Milošević vorzulegen.

Tatsächlich hat sich herausgestellt, dass einige Zeugen der Anklage gezwungen wurden, unter Eid zu lügen, andere haben Meineid geleistet. Der ehemalige NATO-Oberbefehlshaber Wesley Clark konnte – in Verletzung der Prinzipien eines öffentlichen Prozesses – in einer geschlossenen Sitzung aussagen. Zugleich wurde Washington erlaubt, alle Stellen seiner Aussage, die sich gegen das nationale Interesse der USA richteten, aus dem öffentlich zugänglichen Protokoll streichen zu lassen.

Präsident Milošević wurde bereits während des 78tägigen Dauerbombardements Jugoslawiens angeklagt. Zu einem Zeitpunkt, zu dem die von den USA geführten NATO-Streitkräfte Splitterbomben und Munition mit abgereichertem Uran gegen Jugoslawien einsetzten, sie versuchten, Milošević durch die Bombardierung seines Hauses zu ermorden, sie Tausende Zivilisten töteten und

[121] Abgedruckt in: *Junge Welt* vom 5. Mai 2004

dem Land und seiner Infrastruktur einen schweren Schaden zufügten. Dieser illegale Akt des nicht erklärten Krieges stellt eine klare Verletzung des NATO-Statuts, der UNO-Charta und des internationalen Rechts dar. Trotzdem wurden weder Wesley Clark noch die Staatsspitzen der NATO-Mitgliedsländer für Verbrechen angeklagt, wie sie Slobodan Milošević zur Last gelegt werden.

Im Prozess gegen Slobodan Milošević vor dem ICTY werden, wie eine große und wachsende Zahl internationaler Juristen öffentlich bekundet, die Prinzipien von Gerechtigkeit nicht gewahrt, noch nicht einmal deren Anschein. Nach Ansicht des ehemaligen US-Justizminister Ramsey Clark wird das Spektakel durch den Geist des Unfairen, der Verfolgung charakterisiert. Der gewaltige Angriff der riesigen Anklagebehörde, ausgestattet mit enormen Ressourcen, richtet sich auf einen einzigen Mann, der sich abgeschnitten von effizienter Hilfe selbst verteidigt, seine Unterstützer überall attackiert sieht und dessen Gesundheit gefährlich angegriffen ist. Und nun, nachdem der Vorsitzende Richter Richard May aus unbestimmten gesundheitlichen Gründen zurückgetreten ist, wird der Prozess weitergehen, obwohl es unmöglich scheint, dass ein neuer Richter in der Lage sein wird, sich mit den Bergen der bisher präsentierten Unterlagen vertraut zu machen.

Wenn Rechtssprechung nicht gerecht ist, wenn Anklage Verfolgung darstellt, wenn internationales Recht missbraucht wird, um eine Verurteilung zu erzwingen, dann leben wir heute in der Tat in George Orwells Welt von „1984“. Die Auswirkungen dieser unglaublichen Machtpolitik gehen weit über den unfairen Prozess gegen Slobodan Milošević hinaus: Die errichtete neue Weltordnung ist schlicht unmenschlich und nicht zu tolerieren. Wie kann man gegen diese grausamen und kriminellen Machenschaften vorgehen?

Erinnern wir uns, dass es noch nicht lange her ist, als weltweit 15 Millionen Menschen am gleichen Tag als Zeichen internationaler Solidarität marschierten, um Nein zum illegalen Krieg von Bush und seiner Junta gegen den Irak zu sagen. Jetzt ist es an der Zeit für eine weitere solche Geste. Wenn dieser Prozess fortgesetzt wird, triumphiert Macht über Prinzipien, Desinformation über Wahrheit.

Als Künstler ist es unsere Aufgabe, unseren Horizont zu vergrößern, für Menschlichkeit einzutreten. Zerstörung können wir nicht tolerieren. Es ist nicht zu akzeptieren, dass Gerichte dazu benutzt werden, die Tötung von Zivilisten, die Zerstörung eines souveränen Staates und die Dämonisierung und Inhaftierung des Staatschefs dieser Nation zu rechtfertigen. Jetzt ist die Zeit gekommen, um uns Gehör zu verschaffen, um diese Ungerechtigkeit öffentlich anzuprangern. Wir bitten Sie dringend darum, die Arbeit des Internationalen Komitees für die Verteidigung von Slobodan Milošević zu unterstützen.

März/April 2004
Montreal – New York – Moskau - Paris

Erstunterzeichner:

Robert Dickson, *Dichter, Kanada;* **Dimitri Analis,** *Dichter, Griechenland/Frankreich;* **Rolf Becker,** *Schauspieler, Deutschland;* **Mick Collins,** *Theaterschauspieler, USA/Frankreich;* **Waleri Ganitschow,** *Schriftsteller, Russland;* **John Goodrich,** *Dramatiker, USA;* **Fulvio Grimaldi,** *Filmregisseur, Italien;* **Peter Handke,** *Schriftsteller, Österreich/Frankreich;* **Wjatscheslaw Klykow,** *Bildhauer, Russland;* **Katarina Kostic,** *Dichterin und Schriftstellerin, Kanada;* **Wladimir Kostrow,** *Dichter, Russland;* **Larissa Krizkaja,** *Komponistin und Journalistin, USA;* **Godfred Louis-Jensen,** *Architekt, Dänemark;* **Alan Mandell,** *Theaterschauspieler, USA;* **Cédéric Michaud,** *Fotograf, Kanada;* **David Morgan,** *Dichter, Kanada;* **Nikolai Petev,** *Schriftsteller, Bulgarien;* **Harold Pinter,** *Dramatiker, Großbritannien;* **Milos Raickovich,** *Komponist, USA;* **Walentin Rasputin,** *Autor, Russland;* **Aleksander Sinowjew,** *Schriftsteller und Philosoph, Russland;* **John Steppling,** *Dramatiker, USA;* **Paolo Teobaldelli,** *Schriftsteller und Philosoph, Italien;* **Nadja Tesich,** *Autorin, USA/Jugoslawien*

Übersetzung und Bearbeitung: Cathrin Schütz

Dringender Appell deutscher Ärzte und Therapeuten zum Schutz von Leben und Gesundheit von Slobodan Milošević

An: Herrn Fausto Pocar,
Herrn Patrick Robinson,
Herrn Timothy McCormack

20. November 2005

Sehr geehrte Herren,

vor drei Jahren, am 11. November 2002, machten wir unsere erste Eingabe an den Präsidenten des ICTY, den vorsitzenden Richter der Kammer III und die *Amici Curiae* im Prozess gegen Slobodan Milošević, in der wir unsere tiefe Besorgnis über die Behandlung von Herrn Milošević durch das ICTY aussprachen. Wir erklärten damals:

> „Es ist nicht nur unverständlich, sondern geradezu empörend, dass Herr Milošević weder unter ständiger ärztlicher Beobachtung und Kontrolle steht, geschweige denn die gebotene adäquate Therapie erhält.
> Dieser nur als unverantwortlich zu bezeichnende Umgang mit einem Menschen, dessen Gesundheit und Leben Ihnen mit allen Konsequenzen anvertraut ist, wirft ernsthafte Fragen nach den Gründen auf. Er steht zumindest in diametralem Widerspruch zu verschiedenen Dokumenten und Resolutionen der UNO über die Behandlung von Inhaftierten, für deren Gewährleistung doch zumindest Verantwortliche, die sich für Vertreter einer UNO-Institution halten, in vollem Umfang verantwortlich sein sollten.“

Später erhielt die Kammer den Bericht einer medizinischen Untersuchung, die der Kardiologe Dr. P. R. M. van Dijkman durchgeführt hatte, in dem er „essentielle Hypertonie mit sekundärer Organschädigung" festgestellt hatte und von der „Möglichkeit von Erkrankungen der Herzkranzgefäße, Hirnschlag, Herzinfarkt und Tod" sprach.

Am 18. September 2003 forderten wir in einem erneuten Appell an das ICTY:

> „Herr Milošević sollte für einen angemessenen, längeren Zeitraum vorübergehend auf freien Fuß gesetzt werden, damit er sich während der Vorbereitung seiner Verteidigung der Behandlung und Kontrolle durch die ihn langjährig behandelnden Ärzte in Belgrad unterziehen kann."

Nicht nur, dass das Tribunal Herrn Milošević keine vorübergehende Freilassung gewährte, sondern sein Gesundheitszustand wurde im Gegenteil als Vorwand benutzt, um ihm die grundlegenden Rechte eines Angeklagten zu entziehen, indem die Richterkammer am 2. September 2004 gegen den Willen von Herrn Milošević Verteidiger einsetzte und die Berufungskammer am 1. November 2004 anordnete, dass „die Präsenz der Pflichtverteidiger eine Weiterführung des Verfahrens erlaubt, auch wenn Milošević zeitweilig nicht daran teilnehmen kann."

Die Drohung, dass die Verteidigung im Falle seines Erkrankens gegen seinen Willen von Pflichtanwälten übernommen wird, erzeugt noch zusätzlichen Stress für Herrn Milošević, da dadurch eine ständige Angst erzeugt wird, aus gesundheitlichen Gründen vom Verfahren ausgeschlossen werden zu können.

Am 4. November 2005 wurde Herr Milošević von drei internationalen Spezialisten untersucht, die zu dem Ergebnis kamen, dass das Verfahren unterbrochen werden muss, um Herrn Milošević für einen Zeitraum von mindestens sechs Wochen körperliche und geistige Erholung zu gewähren.

Dennoch führte das Gericht in Kenntnis dieses Befundes die Verhandlungen wie gewohnt fort, was dazu führte, dass Herr Milošević am Mittwoch letzter Woche aus gesundheitlichen Gründen einen Abbruch der Verhandlung fordern musste.

Wir, die unterzeichnenden in Deutschland praktizierenden Ärzte, fordern, dass der Rat der internationalen Spezialisten, die Herrn Milošević untersucht haben, befolgt und das Verfahren für mindestens sechs Wochen ausgesetzt wird, und wir bekräftigen unsere Überzeugung, dass die angemessene Lösung eine längere vorübergehende Freilassung von Herrn Milošević wäre.

Wir bekräftigen unsere tiefste Besorgnis über die Behandlung, die Slobodan Milošević durch das ICTY erfährt, da seinem bedenklichen Gesundheitszustand keinerlei Beachtung geschenkt wird.

Unseres Erachtens ist der einzige verantwortungsvolle Umgang mit der angeschlagenen Gesundheit eines Angeklagten eine angemessene medizinische Behandlung und nicht der Entzug grundlegender Rechte vor Gericht. Wir wenden uns entschieden gegen jeden Versuch, die Pflichtanwälte mit der Führung der Verteidigung zu beauftragen, so lange Slobodan Milošević nicht in der Lage ist aus gesundheitlichen Gründen im Gerichtssaal zu erscheinen.

Hochachtungsvoll

Dr. med. Uta Mader

im Namen der Initiative von dreizehn in Deutschland praktizierenden Ärzten und Therapeuten

D. Zum Tod von Slobodan Milošević

Nachruf von Klaus Hartmann

Im März 2006

Am Samstag, dem 11. März 2006, verbreitete sich die Nachricht: Slobodan Milošević wurde in seiner Zelle im Haager Gefängnis „tot aufgefunden".

In den Massenmedien hat die Nachricht automatische Abwehrreflexe hervorgerufen – als „Verschwörungstheorie" gilt ihnen jeder Zweifel an einer „natürlichen" Todesursache. Das wissen sie, bevor ein Obduktionsergebnis vorliegt, bereits so sicher, wie für sie die „Schuld" von Slobodan Milošević schon vor Eröffnung des Haager Spektakels zweifelsfrei feststand.

Fakt ist jedenfalls, dass am Vortag beim Vorbereitungstreffen mit dem nächsten Zeugen Momir Bulatović, Expräsident Montenegros, Milošević gegenüber Rechtsberater Zdenko Tomanović die Befürchtung äußerte, im Gefängnis vergiftet und mit falschen Medikamenten behandelt zu werden. Milosevic bat in einem Brief die russische Regierung dringend um Schutz, Tomanović übergab ihn noch am 10. März 2006 der russischen Botschaft in den Niederlanden.

Fakt ist, dass bei der Blutuntersuchung „unerklärliche" Spuren von Tuberkulose- und Lepra-Medikamenten festgestellt wurden, die die Wirkung der Blutdruckmittel neutralisiert haben. Fakt ist auch, dass Milošević vor zwei Jahren dem „Tribunal" berichtete, dass sein Essen im Gefängnis, das sich äußerlich in keiner Weise von dem der anderen Gefangenen unterschied, von einem Wärter hektisch ausgetauscht wurde – was bei den „Richtern" auf taube Ohren und bei den Medien auf völliges Desinteresse stieß.

Unabhängig vom Ausgang der Untersuchungen, falls diese unabhängig und objektiv stattfinden, wurden die Warnungen vor einer kalkulierten „biologischen Lösung" des „Falls Milošević" in tragischer Weise bestätigt – siehe die Dokumente S. 199 und 230 ff. Unter den gegebenen Umständen ist auch eine „natürliche Todesursache“ Ergebnis seiner absichtlichen Liquidierung. Die menschenverachtenden Worte der „Chefanklägerin“ Carla Del Ponte in der Neuen Zürcher Zeitung vom 18. Juli 2003 sprechen Bände: „Es geht ihm gesundheitlich sehr, sehr gut. Viele Menschen leiden mit 60 Jahren oder mehr an einem zu hohen Blutdruck. Wir schonen ihn nicht. Ich hoffe nicht, dass Sie diesen Eindruck haben.“

Sie zeigen, dass hinter der falschen Justizfassade ein Femegericht der NATO agiert, bei dem die Anklägerin als Todesengel fungiert und gedungene Richter in Personalunion als Henker. Sie haben nicht nur die Verletzung der UNO-Normen zur Behandlung Inhaftierter zu verantworten, sie sind feige, skrupellose Mörder. Sie und ihre Hintermänner gehören auf die Anklagebank, ihre Institution gehört ebenso aufgelöst wie Abu Ghraib und Guantánamo.

Die NATO und ihre publizistischen Helfer jammern, dass sie mit dem Tod von Milošević um das Urteil ihres Showprozesses betrogen würden. Sie wollen negieren, dass es der „Anklage“ bis zum letzten Prozesstag nicht gelungen ist, einen einzigen Beweis zu erbringen, der „Angeklagte“ aber bisher jeden Punkt widerlegt hat, sein Tod für dieses falsche „Tribunal“ der rettende Ausweg aus einem unlösbaren Dilemma ist. Alle, denen die Medien jahrelang systematisch jede Information über den Verhandlungsverlauf vorenthalten haben, sollen weiter daran glauben, dass Bombardierung Humanismus bedeutet und der Angegriffene im Angriffskrieg der Schuldige ist.

Die Herausgeber dieses Buches trauern mit den Angehörigen von Slobodan Milošević, mit den Serben, mit fortschrittlichen Menschen der ganzen Welt um das Opfer einer mörderischen Maschinerie, um einen großen Staatsmann und Politiker, um einen Internationalisten und Antiimperialisten. Wir werden nicht zulassen, dass die Wahrheit über die Zerstörung Jugoslawiens zum Schweigen gebracht wird.

Miloševićs letzter Brief

Sehr geehrte Damen und Herren,

ich übermittele Ihnen meine Danksagung für die Solidarität, die Sie zum Ausdruck gebracht haben, indem Sie sich einverstanden erklärten, mich für eine medizinische Behandlung aufzunehmen.

Ich möchte Sie über Folgendes informieren: Ich glaube, die Beharrlichkeit, mit der die medizinische Behandlung in Rußland verweigert wurde, ist in erster Linie in der Befürchtung begründet, dass bei einer sorgfältigen Untersuchung entdeckt werden würde, dass aktive und mutwillige Schritte unternommen wurden, meine Gesundheit zu zerstören. Diese könnte vor russischen Spezialisten nicht verborgen werden.

Um meine Anschuldigungen zu belegen, präsentiere ich Ihnen ein einfaches Beispiel, das Sie im Anhang finden. Dieses Dokument, das ich am 7. März erhalten habe, zeigt, dass am 12. Januar ein ausgesprochen starkes Medikament in meinem Blut gefunden wurde, das – wie sie selbst sagen – zur Behandlung von Tuberkulose und Lepra eingesetzt wird, obwohl ich selbst während dieser fünf Jahre in ihrem Gefängnis niemals irgendein Antibiotikum genommen habe.

Während dieser gesamten Zeit habe ich außer einer Grippe nie irgendeine ansteckende Krankheit gehabt. Auch die Tatsache, dass die Ärzte zwei Monate gebraucht haben (um über den Befund zu informieren, d. Red.), ist nur mit Manipulation zu erklären. Die dafür Verantwortlichen können gewiß nicht meine Krankheit behandeln; ebensowenig wie diejenigen, gegen die ich mein Land in Kriegszeiten verteidigt habe und die ein Interesse daran haben, mich zum Schweigen zu bringen.

Sehr geehrte Herren, Ihnen ist bekannt, dass russische Ärzte zu dem Schluß gekommen sind, dass die Untersuchung und Behandlung der Probleme der Blutgefäße in meinem Kopf notwendig und dringend ist. Ich wende mich daher in der Erwartung an Sie, dass Sie mir helfen, meine Gesundheit gegen die kriminellen Aktivitäten in dieser Institution zu verteidigen, die unter dem Zeichen der UN arbeitet, und dass ich sobald wie möglich eine angemessene Behandlung in Ihrem Krankenhaus erhalte, in dessen Ärzte, wie in Rußland, ich vollkommenes Vertrauen habe.

Hochachtungsvoll, Slobodan Milošević

Abgeschickt: 8. März; Eingang in der russischen Botschaft: 11. März; Übersetzung: AP

Offener Brief an die Chefanklägerin des ICTY Carla Del Ponte und die vom Haager Tribunal beauftragten Ärzte

Rechtsanwalt Jacques Vergès und Dr. Patrick Barriot

Ärzte verfügen über die Fähigkeit, die Leiden ihrer Patienten mittels Medikamenten zu behandeln und zu lindern, und zwar mit immer wachsender Wirksamkeit. Unglücklicherweise wird diese Macht auch manchmal missbraucht, um Gefangene, die nicht gebrochen werden können, zum Schweigen zu bringen.

Der Fall des Gefangenen Slobodan Milošević

Er litt an schwerem instabilen Bluthochdruck (maligner Hypertonie mit systolischen Blutdruckwerten häufig um 220 - 230 mm Hg), der durch die Haftbedingungen verschlimmert wurde. Der Bluthochdruck hatte schwerwiegende Folgen für sein Herz und Gehirn: Linksherz-Hypertrophie, Repolarisationsstörungen, Sklerose der Halsarterien (v.a. der rechten Karotis) und von Gefäßen im Gehirn. Die maligne Hypertonie verlangte eine umfangreiche Medikation bestehend aus: einem Betablocker (Metoprolol: 200 mg), einem Calcium-Kanalblocker (Amlodipin: 20 mg), einem ACE-Hemmer (Enalapril: 40 mg) and einem Diuretikum (Hydrochlorothiazid: 50 mg).

Während der letzten Hälfte des Jahres 2005 litt Slobodan Milošević zudem an einer Innenohrstörung (im Schneckenvorhof), insbesondere einer verminderten Hörschärfe, die ihn zunehmend beeinträchtigte und verhandlungsunfähig machte: Summen oder Pfeifen im Ohr, fortschreitende Schwerhörigkeit vor allem des rechten Ohrs, Schmerzen im rechten Ohr, die durch das Tragen der Kopfhörer verstärkt wurden, sowie Schwindelanfälle. Alle diese Symptome deuten auf eine Innenohrschädigung ausgehend von den Blutgefäßen innerhalb des Kopfes hin.

Eine durch Stress verschlimmerte Gefäßerkrankung

Die Haftbedingungen spielten eine entscheidende Rolle bei der Verschlimmerung seiner Gefäßerkrankung, insbesondere der Stress, der mit der Isolation von seiner Familie verbunden war. Seit seiner Entführung und Inhaftierung in Den Haag seit fast fünf Jahren, durfte Slobodan Milošević keinen Besuch von seinen Familienmitgliedern empfangen. Vor einigen Monaten schrieb Slobodan Milošević (auf französisch) an Javier Solana, den Generalsekretär der Europäischen Union (EU) und Hohen Repräsentanten der EU für Außenpolitik und Sicherheit. Er schrieb:

„Herr Solana, sie wissen sehr gut, dass ich das Staatsoberhaupt und der Oberbefehlshaber der Streitkräfte von Jugoslawien zu dem Zeitpunkt war, als Sie Luftschläge gegen mein Land anordneten und Sie wissen ebenso, dass ich mich zur Zeit in Ihrem Gefängnis in Scheveningen befinde. Der grundsätzliche Unterschied zwischen mir und den anderen Gefangenen hier ist nicht nur, dass ich der einzige inhaftierte Regierungschef bin, sondern, dass ich der einzige Gefangene bin, dem jeglicher Kontakt mit seiner Familie untersagt wird. Ich beschreibe Ihnen meine Situation, weil ich nicht sicher bin, ob Sie über meine Haftbedingungen informiert wurden, denn ich kann mir nicht vorstellen, dass ein ehrbarer Mensch eine solche Niederträchtigkeit erlaubt. Repressalien gegen Frau und Kinder seines Gegners sind eines ehrbaren Menschen unwürdig. Ich habe angesichts des Amtes, das Sie bis zum heutigen Tage innehaben, keinerlei Zweifel, dass Sie alle notwendigen Maßnahmen ergreifen werden, die meiner Familie eine unbehinderte Reise in die Niederlande ermöglicht, um mich zu besuchen.
Slobodan Milošević."

Offensichtlich wurde diese notwendige Maßnahme nie ergriffen.

Nach Meinung eines vom ICTY ernannten niederländischen Kardiologen, der wie wir sehen werden, nicht das geringste Mitgefühl für seinen Patienten, „den Angeklagten", empfand, war auch die Organisation seiner Verteidigung ein weiterer Stressfaktor, der sich schädlich auf die Gesundheit von Slobodan Milošević auswirkte. In einem Brief vom 23. November 2005, schrieb Dr. P. van Dijkman (Chefkardiologe am Krankenhaus in Bronovo) an Dr. P. Falke (Arzt der Haftanstalt):

„In Anbetracht seines Arbeitsplanes ist es normal, dass sich der Patient müde fühlt. Er nimmt an drei Verhandlungstagen in der Woche teil und verwendet den Rest seiner Zeit unter anderem mit Vorbereitung und Vernehmung seiner Zeugen, wobei ihm nicht viel Zeit zur Erholung verbleibt. Es ist sehr wahrscheinlich, dass sein Blutdruck im Verlauf dieser belastungsreichen Gerichtssitzungen weiter ansteigen wird. “ (1)

Die medizinische Expertise vom 4. November 2005

Auf Wunsch von Slobodan Milošević untersuchten ihn am 4. November 2005 drei unabhängige Spezialisten: Dr. M. Schumilina, Angiologe, Spezialist für die cerebralvenöse Zirkulation am Institut für Herz- und Gefäßchirurgie an der Bakuljew-Klinik in Moskau; Prof. V. Andrić, Hals-, Nasen- und Ohrenspezialist (VMA Krankenhaus in Belgrad); und Prof. F. Leclercq, Chefkardiologe am Arnaud de Villeneuve Krankenhaus (CHU de Montpellier).

Aufgrund von verdächtigen EKG-Veränderungen verlangte Prof. F. Leclercq weitere Untersuchungen der Herzkranzgefäße (CAT-Scan der Koronargefäße) sowie eine Herzmuskel-Szintigraphie, um die Koronardurchblutung besser beurteilen zu können (2). Kurz nach Bekanntgabe von Slobodan Miloševićs Tod erreichte uns folgende Mitteilung von Professor Leclercq:

„Ich bin sehr traurig, dass die Untersuchungen, um die wir gebeten hatten, nie gemacht wurden.“

Im Übrigen hatte der Professor immer auf der Notwendigkeit einer angemessenen Erholungszeit bestanden: „Es ist unbestritten, dass Stress eine große Rolle bei den Blutdruckschwankungen spielt, weshalb eine Ruheperiode angeordnet werden muss.“

Dr. M. Schumilina und Prof. V. Andrić stimmten in der vaskulären Ursache der behindernden Innenohrstörung überein. (3, 4). Gemäß Dr. Schumilina zeigten die durchgeführten Untersuchungen, insbesondere die Magnetresonanztomographie (MRT), vaskuläre Anomalien auf verschiedenen Ebenen: Aa. coronariae, Truncus brachiocephalicus, rechte Arteria carotis interna, rechte Arteria vertebralis.
Nach Angaben von Dr. Schumilina gab es zudem noch gewisse Anomalien im zerebralen Venenkreislauf aufgrund einer falschen Behandlung der Gefäßkrankheit an der Slobodan Milošević litt. Dr. Schumilina and Professor Andrić empfahlen darüber hinaus weitergehende Untersuchungen (Ultraschalluntersuchung der Halsgefäße und Angiographie des Gehirns).

Der springende Punkt dieser unabhängigen Expertise ist, dass drei Spezialisten einen Zusammenhang zwischen der Innenohrstörung (besonders des Hörverlustes) und dem extrem hohen Blutdruck feststellten. Aber dieser Zusammenhang wird von den vom ICTY beauftragten holländischen Ärzten energisch bestritten, mit Ausnahme von Dr. J. De Laat (Medizinisches Zentrum der Universität Leiden), der am 28. November 2005 an Dr. P. Falke schrieb:

„Es ist wahrscheinlich, dass die Herz-Kreislauf-Erkrankung des Patienten eine Rolle bei seinen Hörstörungen spielt. “ (5)

Aber seine Meinung wurde ignoriert.

Die Schlussfolgerungen aus dem Bericht der unabhängigen Ärzte waren unmissverständlich:

„Nach Auswertung der Ergebnisse der medizinischen Untersuchungen aus der Patientenakte und den von uns bei unserem Besuch am 4. November 2005 durchgeführten Untersuchungen kommen wir zu dem Schluss, dass der Gesundheitszustand des Patienten nicht stabil ist und Komplikationen möglich sind. Es ist notwendig, dass dem Patienten eine Ruhepause gewährt wird, und das bedeutet, dass alle körperlichen und geistigen Anstrengungen des Patienten für mindestens sechs Wochen zu unterbleiben haben.“ (6)

Also warf der Bericht der Expertengruppe mehrere ungelöste Probleme auf, sowohl diagnostische als auch therapeutische. Er betonte außerdem den Ernst und die Dringlichkeit der Situation. Im Bericht wurde schließlich empfohlen den Patienten für eine medizinische Behandlung im Bakuljew-Institut in Moskau vorübergehend freizulassen, da die russische Regierung bereits alle Garantien für eine Rückkehr von Slobodan Milošević nach erfolgter Behandlung abgegeben hatte. Das Bakuljew Institut bietet die technische Ausstattung sowohl für die Diagnose (Koronar-Angiographie und zerebrale Arteriographie) wie auch für die notwendige Therapie (Koronar-Dilatation, arterieller Bypass), und es verfügt über Spezialisten unter der Leitung von Prof. L. Bokerija. Prof. Bokerija stellte fest, dass Slobodan Milošević in einem „kritischen Zustand" war und sagte eine „Herz-Kreislauf bedingte Katastrophe“ voraus. (7)

Meinungsverschiedenheit und Kontroverse

Die Schlussfolgerungen der unabhängigen Expertengruppe wurden von den niederländischen Ärzten, die von der Gefängnisleitung beauftragt wurden, in Frage gestellt und wurden das Objekt einer zweifachen Kontroverse. Die erste Kontroverse wurde zwischen Prof. F. Leclercq und Dr. P. van Dijkman ausgetragen. In einem Bericht vom 14. November 2005 an Hans Holthuis, den Rechtspfleger des ICTY, führte Dr. P. Falke aus:

„Im Gegensatz zu den Schlussfolgerungen der untersuchenden Ärzte (V. Andrić, D. Leclerq und M. Schumilina) besteht für den behandelnden Arzt (P. van Dijkman) nur eine geringe Wahrscheinlichkeit, dass die Gefäßanomalien eine kausale Verbindung zu den vorliegenden Symptomen haben. Der behandelnde Arzt hat befunden, dass eine Ruhepause keinen positiven Effekt auf die Symptome haben würde. “ (8,9)

Diese Position wurde einige Tage später in einem Brief von Dr. van Dijkman vom 18. November 2005 an Dr. Falke bestätigt. Hier bewertet Dr. van Dijkman die Empfehlungen von Prof. Leclercq (ergänzende Untersuchungen und Ruhepause) wie folgt:

„Der letzte Punkt wirkt auf mich etwas überzogen in Anbetracht der Untersuchungen, die bereits ausgeführt wurden (...). Bis jetzt sehe ich noch keinen Grund für eine Änderung des Vorgehens, und meines Erachtens gibt es auch vom kardiologischen Standpunkt keinen Grund, die bisherige Verhandlungsführung zu ändern. (10)

Diese Position wird in einem weiteren Brief von Dr. van Dijkman vom 1. Dezember 2005 an Dr. Falke bekräftigt:

„In meinem Brief vom 18. November 2005 wies ich daraufhin, dass ich aus kardiologischer Sicht keinen Grund für eine Behandlungsänderung sehe und ebenso gibt es keinen Grund die Verhandlungsführung zu ändern (...). Die drei ausländischen Ärzte, die Herrn Milošević untersuchten, haben empfohlen, ihm unverzüglich eine sechswöchige Ruhepause zu gewähren. Mir scheint, dass diese Zeitspanne völlig willkürlich festgelegt wurde und meines Erachtens ist hierfür keine Begründung angeführt worden. “ (11)

Demnach widerspricht Dr. van Dijkman ohne Not der Meinung eines Professors für Kardiologie. Gleichzeitig widersetzt er sich der Empfehlung zusätzlicher Untersuchungen mit dem Ziel eine genauere Diagnose zu erlangen, sowie der Gewährung einer Ruhepause, damit die Therapie effektiver greifen kann. Allerdings erklärt er sich selbst für inkompetent, das Krankheitsbild des Innenohres zu bewerten und äußert sich auch nicht zu Dr. Schumilinas medizinischer Beurteilung der Herz-Kreislauf-Probleme. Er hätte entweder die Meinung seiner Kollegen in Betracht ziehen oder die Meinung eines Internisten einholen müssen! Allzu selbstsicher zog er es jedoch vor die Genesungszeiten eines schwerkranken Mannes zu beschneiden anstatt eine genaue Diagnose anzustreben. Wichtig ist, hier festzuhalten, dass Dr. van Dijkman selbst nach Meinung des früheren Generalinspektors des niederländischen Gesundheitsministeriums, Prof. J.H. Kingma, die medizinische Meinung eines weiteren Spezialisten hätte einholen müssen.

„Prof. Kingma glaubt, dass die Meinung eines weiteren Spezialisten unbedingt erforderlich war, um Dr. van Dijkman bei der Behandlung des Angeklagten zu beraten. Da der Angeklagte an arteriellem Bluthochdruck litt, einer Krankheit, die Auswirkungen auf alle Organe, nicht nur das Herz hat, wäre ein Spezialist der Inneren Medizin in diesem Stadium wahrscheinlich ein guter Ratgeber gewesen. Prof. Kingma hat sich angeboten, mit Dr. van Dijkman über die Möglichkeit zu sprechen, eine weitere medizinische Meinung einzuholen. “ (12,13)

Die zweite Kontroverse bestand zwischen Dr. Schumilina und Dr. N. Aarts (einem niederländischen Neurologen) über die kausale Verbindung zwischen den beobachteten Innenohrstörungen und dem falsch behandelten Bluthochdruck des Patienten. Für Dr. Schumilina und Prof. Andrić waren die Ursprünge der Innenohrstörung zweifelos gefäßbedingt, und das widersprach der Meinung der niederländischen Ärzte. (14). Ein Dokument des ICTY vom 14. Dezember 2005 bringt dies unmissverständlich auf den Punkt:

„Dr. N. Aarts, vom Tribunal ernannter Spezialist, ist der Ansicht, dass Herr Milošević kein Krankheitsbild aufweise, das eine Behandlung erfordert.“ (15)

Nur Dr. J. De Laat bestätigte, wie bereits erwähnt, die kausale Verbindung zwischen der Gefäßerkrankung und der Innenohrstörung, aber seine medizinische Meinung wurde nicht berücksichtigt.

Die Selbstsicherheit, besser gesagt: Arroganz, mit der Dr. van Dijkman die Meinung von Prof. Leclercq und Dr. Aarts die Meinungen Dr. Schumilinas und Professor Andrićs ignorierten, ist verdächtig. Diese „vom ICTY ernannten Experten“ ließen keinen

Zweifel an ihren eigenen Diagnosen zu, noch fühlten sie sich an ihr Berufsethos gebunden. Weder zeigten sie Rücksicht gegenüber einem kranken Mann, für dessen Gesundheit sie zuständig waren, noch Respekt gegenüber ihren Berufskollegen, deren Meinung aufgrund ihrer großen Erfahrung und Kompetenz hätte berücksichtigt werden müssen. Tatsächlich waren diese Doktoren viel mehr von den Argumenten der Anklage beeinflusst als von den Argumenten ihrer Kollegen. Erinnern wir uns daran, dass einer der vom Tribunal beauftragten Ärzte sich selbst für inkompetent erklärte und die Patientenakte an einen zweiten Arzt weitergab, der dann zum gleichen Ergebnis wie die unabhängigen Experten kam. Dr. J. De Laats Meinung wurde vom ICTY-ernannten Arzt Dr. H. Spoelstra (HNO-Abteilung des Krankenhauses Bronovo) in einem Brief vom 21. November 2005 erbeten, weil letzterer sich bei verschiedenen Beschwerden von Slobodan Milošević nicht für ausreichend kompetent hielt und die medizinische Meinung einer dritten Person einholen wollte. (16)

Haltlose Vorwürfe wegen Nichtbefolgung der Therapie

Im Juli und August 2004, schickten Dr. van Dijkman und Prof. R. Tavernier Berichte an das ICTY, in denen sie Zweifel äußerten, ob der Angeklagte tatsächlich seine Medikamente einnehmen würde (17). Es ist wichtig festzustellen, dass unmittelbar nachdem diese ärztlichen Vorwürfe gemacht wurden, mehrere vertrauliche Mitteilungen von den leitenden Beamten der Haftanstalt herausgegeben wurden: Mitteilung vom 31. August 2004, gezeichnet von T. McFadden, dem Direktor der Haftanstalt; Mitteilung vom 14. Oktober 2004, gezeichnet von T. McFadden, Mitteilung vom 26. Oktober 2004, gezeichnet J. Hocking, stellvertretender ICTY-Rechtspfleger (18, 19, 20). Diese Mitteilungen bekräftigten die Behauptungen der Ärzte und schlugen verschiedene Strafmaßnahmen vor, die Slobodan Milošević daran hindern sollten, seine eigene Verteidigung aufzufahren (21). Zudem sollten ihm mehrere Hilfsmittel entzogen werden, die ihm für die Vorbereitung seiner Zeugen zur Verfügung gestellt worden waren.

Am Ende des Jahres 2005 und zu Beginn des Jahres 2006 erließ die Leitung der Haftanstalt eine neue Serie von Mitteilungen mit dem Ziel die Verteidigungsrechte zu beschneiden: Mitteilung vom 7. März 2005, gezeichnet J. Hocking; Mitteilung vom 6. Dezember und 19. Dezember 2005, gezeichnet T. McFadden; Mitteilung vom 20. Dezember 2005, gezeichnet H. Holthuis; Mitteilung vom 6. Januar 2006, gezeichnet P. Falke; Mitteilung vom 1. Februar 2006, gezeichnet F. Gilmour, Stellvertretender Direktor der Haftanstalt; Mitteilung vom 13. Februar 2006, gezeichnet F. Gilmour (22, 23, 24, 25, 26, 27). In allen diesen Mitteilungen wird Slobodan Milošević erneut des mutwilligen Versuches seinen Gesundheitszustand zu verschlechtern, beschuldigt, indem er die von Dr. P. van Dijkman verschriebenen Medikamente nicht, stattdessen aber nicht verschriebene Medikamente einnehmen würde. Diese Mitteilungen führen als Belege verschiedene medizinische Berichte an, in denen die Konzentrationen der verschriebenen Medikamente im Patientenblut als unnatürlich niedrig angegeben werden. Als Geste des guten Willens bot Slobodan Milošević die Teilnahme an ergänzenden Bluttests unter scharfer medizinischer Kontrolle an, um den Nachweis der verschriebenen Medikamente besser zu verifizieren und um nach etwaigen nicht verschriebenen Medikamenten zu suchen. Die wichtigsten dieser Bluttests wurden am 12. Januar 2006 (28, 29, 30) durchgeführt. Der Bericht wurde am 24. Januar 2006 von Dr. D. Uges and Dr. D. Touw (Pharmakologen/Toxikologen, Experten für forensische Medizin) veröffentlicht und stellte Folgendes fest:

„Die soliden Ergebnisse belegen, dass der Angeklagte seine verschriebenen Medikamente nicht oder nur unregelmäßig einnimmt und es hat offensichtlich den Anschein, dass dies die Ursache seines anhaltenden arteriellen Bluthochdruckes ist."

Auch dieser Bericht bestätigt die abnormal niedrigen Konzentrationen der verschriebenen Medikamente im Blut des Patienten, obwohl die Medikamenteneinnahme unter strengster medizinischer Kontrolle unter den für anerkannte Untersuchungsmethoden geeigneten Bedingungen erfolgte und sogar auf Verlangen von

Slobodan Milošević. Es sollte nicht unerwähnt bleiben, dass die Toxikologen ihre Untersuchungen auf zwei Medikamente beschränkt hatten, Metoprolol und Amlodipin, und dass sie es nicht für nötig erachteten, die Konzentrationen von Enalapril (besonders wichtiges Medikament in der Hypertonie-Behandlung) oder Hydrochlorothiazid zu bestimmen. Der Bericht hält klar fest:

„Wir beschlossen, keine Messungen von Enalapril oder Hydrochlorothiazid durchzuführen."

Darüber hinaus lässt die Sensitivität der angewandten Testmethoden einige Zweifel offen und die verschiedenen Labore von Dr. Uges und Dr. Touw benützen nicht die gleichen Untersuchungsmethoden.
Dr. Touw scheint eine weniger sensible Untersuchungsmethode mit UV-Chromatographie angewandt zu haben statt die genauere Flüssigphasenchromatographietrennung. Die Ergebnisse schwanken jedoch lediglich aufgrund der unterschiedlichen Messmethoden, eine hämodynamische Wirkung ist erst ab 6 Mikrogramm pro Liter für Amlodipin und ab 20 Mikrogramm pro Liter für Metoprolol nachweisbar.

Ein wichtiger Punkt bezüglich der Bluttests vom 12. Januar 2006 muss herausgestellt werden: Das Labor erwähnte zu keiner Zeit und an keiner Stelle in seinen Ergebnissen den Nachweis von Rifampicin. Ganz im Gegenteil wurde dieses Antibiotikum, welches bekanntermaßen die Tendenz hat, enzymatische Induktionen auszulösen, nur in der Diskussion erwähnt, wie nämlich die abnormal niedrigen Konzentrationen von Metoprolol und Amlodipin im Blut erklärt werden könnten. Eine niedrige Konzentration von bestimmten Medikamenten kann - unter anderem - verursacht werden durch mangelhafte Resorption bei der Verdauung, unterschiedliche Medikamenten-Wechselwirkungen, enzymatische Induktion oder schnelle Verstoffwechslung durch Genverdopplung der Enzyme CYP2D6, CYP3A4. Der Bericht führt aus:

„In Messungen bei denen Amplodipin als Substrat des Enzyms CYP3A4 fungiert, könnte die Konzentration von Amplodipine durch die nach Rifampicin-Einnahme einsetzende enzymatische Induktion gesenkt werden."

und weiter:

„Im Moment können wir noch keine schlüssige Erklärung für die niedrigen Konzentrationen von Metoprolol and Amlodipin liefern."

Mit anderen Worten: Als die Ergebnisse der Bluttests im Januar 2006 veröffentlicht wurden, hatten die Toxikologen noch keine gesicherten Ergebnisse, sondern nur Vermutungen.
Sie hielten eine enzymatische Induktion für möglich und nannten als gutes Beispiel für einen möglichen Induktor Rifampicin. Aber zu keiner Zeit gaben sie an, dass sie Rifampicin in einer der Blutproben nachgewiesen hätten. Kurioserweise gaben sie zwei Monate später an, dass sie in den Proben vom 12. Januar höhere Rifampicinwerte gefunden hätten und zwar 0.8 mg/Liter Rifampicin und 1,1 mg/Liter Desacetyl-Rifampicin. Nach ihrer Aussage würde diese Menge der Aufnahme einer therapeutischen Dosis (etwa 10 mg/kg/Tag oder etwa 2 Kapseln à 300 mg als Einzeldosis für einen Erwachsenen) entsprechen. Aber dieses Ergebnis, welches in einem Brief von Dr. Touw an Dr. Falke, vom 23.Februar 2006 (31) und später in einem Brief von Dr. Falke an den Rechtspfleger des ICTY, Holthuis, vom 3. März 2006 (32) erwähnt wurde, erhielt Slobodan Milošević erst am 7. März 2006.

Niemals hat Slobodan Milošević Rifampicin eingenommen, um seinen Gesundheitszustand zu verschlechtern, und er hatte während seiner fünfjährigen Haftzeit auch keine anderen Antibiotika eingenommen. Wir erinnern daran, dass die Herz-Kreislauferkrankung, an der Slobodan Milošević litt, keine absolute oder auch nur eine relative Gegenanzeige für die Therapie mit diesem Antibiotikum ist, welches gegen zahlreiche bakterielle Infektionen wirksam ist, nicht nur gegen Tuberkulose und Lepra. Rifampicin kann, selbst bei wiederholter Einnahme, die Wirksamkeit verschiedener Medikamente durch enzymatische Induktion lediglich vermindern, aber nicht gänzlich unwirksam machen. Zu den Methoden dieser „Experten der Toxikologie" drängen sich viele Fragen auf: Warum wurde das Rifampicin nicht auch in den anderen Blutproben festgestellt? Wie können wir verifizieren, dass die gelegentliche Einnahme von Rifampicin die Wirkung einer hocheffizienten therapeutischen Kombinationstherapie auslöscht (Diuretikum, Antioxidanz, Beta-Rezeptorblocker, ACE-Hemmer)? Warum wurde keine Leberuntersuchung angeordnet, um zu untersuchen, ob es zu einem Anstieg von Leberenzymen kam? Warum wurden die Konzentrationen von Enalapril and Hydrochlorothiazid nicht gemessen? Warum wurde nicht nach Stoffwechselprodukten der Medikamente gesucht? Warum wurden die Untersuchungen nicht mit einer sensibleren Methode wie der Flüssigphasenchromatographie durchgeführt? Warum wurden dem Patienten die Ergebnisse vom 12. Januar bis zum 7. März vorenthalten? Warum wurde von Dr. D. Uges niemals ein Computerausdruck gemacht, um den Nachweis von Rifampicin zu dokumentieren? Man ist wie erschlagen von soviel Gedankenlosigkeit, Widersprüchen und solcher Inkompetenz.

Wenn Slobodan Milošević seine Medikation hätte sabotieren wollen, dann wäre es einfacher gewesen seine Medikamente nicht einzunehmen, statt die verschriebenen Medikamente in Kombination mit einem nicht verschriebenen Medikament (Rifampicin) einzunehmen, das schwierig zu bekommen ist und welches leicht beim Durchsuchen seiner Zelle entdeckt worden wäre (es ist eine auffällig rote Tablette), den Urin rot färbt und sehr leicht in Bluttests bestimmt werden kann. Und wir errinnern uns daran, dass im Gegensatz zu verschiedenen Pressemitteilungen, Slobodan Milošević weder Medikamente noch Alkohol von außerhalb bekommen konnte. Die Medikation wurde im Beisein einer Krankenschwester mit einem Glas Wasser eingenommen. Und seine Zelle wurde in seiner Abwesenheit regelmäßig durchsucht, was illegal war. Bezüglich des Nachweises von Nordiazepam, einem Abbauprodukt von Diazepam (Beruhigungsmittel aus der Gruppe der Benzodiazepine) verwendet wird und das in einigen der Blutproben festgestellt wurde, sei noch erwähnt, dass die Konzentration zu schwach war, um eine pharmakologische Wirkung zu entfalten. Es hätte auf jeden Fall eine eher positive Wirkung auf den Bluthochdruck gehabt. Und diese Spuren von Nordiazepam entsprechen dem von Dr. Falke verschriebenen Diazepam.

Die ICTY-Anordnung vom 26. Januar 2006, welche auf die Mitteilung von H. Holthuis vom 20. Dezember 2005 bezug nimmt, wiederholt die Anschuldigungen von 2004:

„Der Angeklagte manipuliert mutwillig den Verfahrensablauf und manipuliert mutwillig seine eigene Gesundheit, indem er die Medikamente, die ihm verschrieben wurden, nicht (einnimmt) und dafür andere Medikamente, die ihm nicht durch die vom Tribunal ernannten Ärzte verschrieben wurden, einnimmt. Bei zwei Gelegenheiten im Jahre 2004 wurden tödliche Dosen von nicht verschriebenen Medikamenten im Besitz des Angeklagten gefunden (während einer Inspektion seines Büros im August und erneut während einer Zelleninspektion in der Woche um den 29. November). Der medizinische Bericht, der nach der Entdeckung im August gemacht wurde, erwähnt Spuren von nicht verschriebenen Medikamenten im Blut des Angeklagten. “ (33)

Die reguläre Behandlung Slobodan Miloševićs beinhaltete die bereits erwähnten blutdrucksenkenden Medikamente, einen Cholesterinsenker (Simvastatin: 40 mg), geringe Dosen Aspirin (Ascal: 300 mg), ein Antihistamin (Cinnarizin: 25 mg), sowie gelegentlich Diazepam and Diclofenac. Welches sollen dann diese „potentiell tödlichen" Medikamente gewesen sein, die in Slobodan Milošević s Zelle gefunden wurden? Im Sommer 2004 fanden Wachen der Haftanstalt in seinen Büro einen Umschlag mit der Aufschrift „Miša“, der einige Benzodiazepine (Midazolam and Prazepam) enthielt. Dieser Umschlag gehörte einem der unterstützenden Anwälte, Dragoslav Ognjanović, der ihn im Büro von Slobodan Milošević vergessen hatte. Wie es sich auch immer zugetragen hat, diese Medikamente konnten keine schädliche Wirkung auf seinen Gesundheitszustand haben. Am 1. Februar 2006 wurden 21 Tabletten des blutdrucksenkenden Medikamentes Prilazid Plus (eine Kombination aus Cilazapril und Hydrochlorothiazid) in Slobodan Miloševićs Zelle gefunden. Diese Entdeckung war der Anlass für eine neue Mitteilung am 2. Februar 2006, unterzeichnet von J. Hocking (34). Tatsächlich waren diese Tabletten, die mit einer kyrillischen Notiz gefunden worden waren, seit März 2003 abgelaufen. Das waren die Tabletten, die Slobodan Milošević in seiner Tasche hatte, als er im Juni 2001 aus Belgrad entführt wurde und diese Tabletten wurden bei seiner Einweisung in die Haftanstalt konfisziert. Kurioserweise tauchen diese Tabletten bei der Durchsuchung am 1. Februar 2006 genau rechtzeitig wieder auf, um die Anschuldigung, Slobodan Milošević würde absichtlich seine Gesundheit schädigen, zu stützen. Aber auch die Wirkung dieser Tabletten konnte sich nur positiv auf den Patienten auswirken, der an arteriellem Bluthochdruck litt.

Der forensische Bericht von Dr. W. Zwart Voorspuij vom 11. März 2006 betrifft die Entdeckung des Leichnams von Slobodan Milošević in der Zelle E04 der Haftanstalt. Aber noch bevor er die Entdeckung des Leichnams beschreibt, erklärt Dr. Voorspuij in seinem Bericht:

„Es gibt Anzeichen dafür, dass die Behandlung nicht befolgt wurde und für die Einnahme von nicht verschriebenen Medikamenten. Die Ergebnisse der Bluntuntersuchungen vom Januar 2006 belegten das Vorhandensein von Rifampicin (in einer therapeutischen Dosis) und Diazepam. Mehr noch, er nahm ein Medikament ein, das nicht in den Niederlanden erhältlich ist (Vascase Plus, vergleichbar mit Co-Renitec). Das Rifampicin könnte eine enzymatische Induktion ausgelöst haben, die zu einer Verstoffwechslung der anderen Medikamente geführt hat. Verschiedene andere Medikamente konnten im Blut nicht mehr, oder nur in abnormal niedriger Konzentration nachgewiesen werden. (35)

Es ist erstaunlich, dass ein Arzt, der lediglich mit der Todesfeststellung eines Gefangenen, den er überhaupt nicht kannte, beauftragt war, seinen Bericht mit unbestätigten Anschuldigungen des ICTY eröffnet. In diesem Stadium der Ermittlungen ist seine Aufgabe die Beweisaufnahme und die Niederschrift der Fakten. Dr. Voorspuij weist darauf hin, dass Slobodan Milošević ein

Medikament eingenommen hätte, Vascase Plus, das in den Niederlanden nicht erhältlich wäre. Aber Vascase Plus (ein Kombinationspräparat, das einen ACE-Hemmer - Cilazapril, und ein Diuretikum - Hydrochlorothiazid - enthält), erscheint auf den Rezeptbögen vor allem auf denen vom Juli und August 2002 (36). Wie kann ein Medikament, das angeblich nicht in den Niederlanden erhältlich ist, in der Haftanstalt verschrieben werden? Unterlief Dr. Voorspuij mit der Erwähnung von Vascase Plus ein Fehler? Meinte er vielleicht das früher erwähnte Prilazid Plus, welches ebenfalls eine Kombination aus Cilazapril and Hydrochlorothiazid ist? Eine derartige Verwechslung ist im Protokoll einer Leichenschau bedenklich. Auf alle Fälle handelt es sich hier um ein Medikament, das Slobodan Milošević sowohl vor seiner Entführung aus Belgrad als auch in der Haftanstalt in Scheveningen verschrieben wurde. Schließlich sollte noch festgehalten werden, dass keinerlei Spuren eines ACE-Hemmers (etwa Vascase, Prilazid oder Renitec) von diesen 'Experten der Toxikologie' gefunden wurden.“

Journalisten und Ärzte im Dienst des ICTY

Die unbewiesenen Anschuldigungen der Ärzte gegen Slobodan Milošević erlaubten es der Anklagebehörde die Selbstverteidigungsrechte zu beschneiden. Wie bereits gewohnt wurden die Ansichten der Ankläger ständig wiederholt und in allen Medien, besonders den französischen, ausgestrahlt. Hier einige Beispiele:

Die Ausgabe der Wochenzeitschrift *Le Point* vom 16. März 2006 spricht von den „medizinischen Mixturen, denen der Angeklagte in der Hoffnung frönt, die Effektivität seiner verordneten Behandlung zu mindern", und sie gehen sogar noch weiter, indem sie sagen: „es war die Einnahme dieser Chemikalien, die den serbischen Diktator in seiner eigenen Falle fing."

Jacques Amalric schrieb in der *Libération* vom 16. März 2006:

„Milošević brachte es fertig kontraindizierte Medikamente an sich zu bringen, mit dem Ziel seinen Gesundheitszustand so zu verändern, damit seiner Anfrage nach provisorischer Freilassung und medizinischer Behandlung in Moskau größerer Nachdruck verliehen wird."

Die gleiche Behauptung stellt Stephanie Maupas auf, die in der Ausgabe von *Le Monde* vom 19/20 März 2006 nahe legt, dass Slobodan Milošević nicht verschriebene Medikamente eingenommen habe, um nach Russland „flüchten" zu können. Stephanie Maupas behauptet, dass „Spuren von Rifampicin, ein Medikament gegen Tuberkulose, die Wirkung der angeordneten Behandlung gegen seine Herz-Kreislaufprobleme aufhebt."

Verdacht auf Vergiftung

Slobodan Milošević, dessen Gesundheitzustand sich seit Anfang 2006 stetig und anhaltend verschlechterte, war überzeugt, dass er vom Tribunal vergiftet werden sollte. Am 11. November 2005 notierte Dr. P. Falke, dass Slobodan Milošević in einem Zustand der Erschöpfung sei und erklärte, dass er nicht am Prozess teilnehmen könne (37). Am 21. November 2005 machte derselbe Dr. Falke H. Holthuis darauf aufmerksam, dass Slobodan Milošević einen stark erhöhten Blutdruck aufweise und dass seine „arteriellen Blutdruckwerte außerhalb des akzeptierbaren Bereichs lägen", so dass er nicht an der Verhandlung teilnehmen könne (38). Die Gehörschädigung machte ihn handlungsunfähig. Slobodan Milošević́s Verdacht, dass er vergiftet werden sollte, beruhte größtenteils auf der Tatsache, dass er über die Entdeckung des Rifampicin in den Blutuntersuchungen vom 12. Januar erst zwei Monate später am 7. März informiert wurde. Und er wusste sehr genau, dass er niemals wissentlich solche Medikamente eingenommen hatte.

Es erscheint unwahrscheinlich, dass die Verantwortlichen des ICTY seine Gesundheit durch Gabe von Rifampicin, das die Wirksamkeit seiner Bluthochdruck-Behandlung außer Kraft setzen soll, schädigen wollten. In diesem Falle hätte das Rifampicin regelmäßig und mit Wissen des Patienten gegeben werden müssen. Es gibt aber andere enzymatische Induktoren, die wesentlich einfacher zu handhaben wären und es gibt sicherlich Medikamente, die effektiver und schwerer nachzuweisen wären, und die benützt werden könnten, um die Herz-Kreislaufprobleme des Patienten zu verstärken. Schließlich wäre es schwierig nachzuvollziehen, warum das ICTY Blutuntersuchungen anordnen sollte, um nach nicht verschriebenen Medikamenten zu suchen (insbesondere die Untersuchung vom 12. Januar 2006), wohlwissend, dass das Rifampicin hierbei sicherlich entdeckt würde. Andererseits hatte das Tribunal ein sehr starkes Interesse an der „Entdeckung" des Rifampicin, um seine Behauptung, dass Slobodan Milošević seine Therapie nicht befolgte sondern sogar manipulierte, zu stützen. Vom ICTY konnte Slobodan Milošević - wenn er mutwillig seine eigene Gesundheit zerstörte -nicht mehr mit der geringsten Nachsicht rechnen, und dadurch wurde die weitere Beschneidung seines Selbstverteidigungsrechts besser darstellbar.

Folglich lehnte das Tribunal am 24. Februar 2006 das Gesuch für einen Krankenhausaufenthalt ab, der Slobodan Milošević eine angemessene Behandlung in Moskau erlaubt hätte. Slobodan Milošević richtete ein letztes Gesuch in Form eines handgeschriebenen Briefes am 8. März 2006 an den russischen Außenminister, in dem er nochmals um eine notfallmäßige Einweisung ins Bakuljew-Institut für Herz-Kreislauferkrankungen in Moskau bat. Er starb drei Tage später am Samstag, den 11. März in der Zelle E04. Vor ihm starben in der Scheveninger Haftanstalt bereits Slavko Dokmanović, Milan Kovačević und Milan Babić. Die Autopsie, die vom Niederländischen Institut für Forensik ausgeführt wurde, stellte fest, dass Slobodan Milošević an einem Herzinfarkt verstarb und dass er keinerlei Spuren von toxischen Substanzen im Blut hatte. Es ist klar, dass der Tod von Slobodan Milošević niemals der normalen und voraussehbaren Entwicklung seiner Herz-Kreislauferkrankung hätte zugeschrieben werden können, wenn er angemessen behandelt worden wäre. Es ist deshalb ein Fall von „Justizmord“, verursacht durch die inhumanen Bedingungen seiner Inhaftierung und der nicht fachgerechten und unangemessenen medizinischen Versorgung, die mit der „Zustimmung“ von Ärzten nach den Anordnungen der Gefängnisleitung ausgeführt wurde.

Ausschluss der Möglichkeit eines Selbstmordes

Im Widerspruch zu einigen voreilig gestreuten Theorien beging Slobodan Milošević keinen Selbstmord. Erstens, alle die ihn gut kannten, wussten, dass er mit vollem Einsatz entschlossen den Kampf für die Auflösung dieses Tribunals führte, welches kläglich mit Beweisen für seine Schuld versagt hatte. J. Bissett, der frühere kanadische Botschafter in Jugoslawien, der Ende 2006 vor dem ICTY als Zeuge aussagte, beschrieb Slobodan Milošević wie immer als unnachgiebig arbeitend mit einem unverminderten Sinn für Humor. Einen Tag vor seinem Tod telefonierte Slobodan Milošević mit Milorad Vučelić von der Sozialistischen Partei Serbiens. Er sagte zu Vučelić mit großer Zuversicht:

„Mach Dir keine Sorgen. Sie werden mich nicht zerstören. Sie werden mich nicht brechen. Ich bin es, der gewinnen wird.“

Tatsächlich musste Ankläger G. Nice vor einigen Monaten zur Kenntnis nehmen, dass das Projekt „Groß-Serbien“, welches die Hauptstütze der Anklage war, auf keinerlei beweisbaren Tatschen beruhte. Deshalb ist die Annahme, dass die Einnahme von Rifampicin oder anderer nicht verschriebener Medikamente, die verantwortlich für den plötzlichen Tod sein könnten, mit einem möglichen Selbstmord in Verbindung zu bringen, wenig glaubhaft. Die Selbstmordtheorie kann leicht von der Liste der möglichen Todesursachen gestrichen werden, ohne dass die leisesten Zweifel zurückbleiben, insbesondere da bei der Autopsie nicht die geringsten Spuren von verdächtigen Substanzen gefunden wurden.

Ein ärztlich unterstützter Justizmord

Die Ärzte waren nicht verpflichtet Erfolge zu erzielen, aber sie waren verpflichtet bestimmte Maßnahmen zu ergreifen und sie mussten ihre Behandlung nach dem gegenwärtigen Stand der Wissenschaft gestalten. Die Ärzte des ICTY ließen jedoch eine so große Inkompetenz sowohl in der Diagnostik als auch in der Therapie erkennen, dass sie begründeterweise mit jemanden verglichen werden könnten, der einem gefährdeten Menschen seine Hilfe verweigert. Die einzige von ihnen gelieferte Diagnose, nämlich dass Slobodan Milošević seine Behandlung in seinem eigenen Interesse manipulierte, lieferte der Anklageseite eine wichtige Rechtfertigung um die Beschneidung des Selbstverteidigungsrechtes des Patienten zu fordern. Sie handelten nie als professionelle Mediziner, die sich für die Gesundheit eines „Patienten" verantwortlich fühlen, sondern eher als Strafvollzieher, die mit der Überwachung eines „Angeklagten" beauftragt wurden. Die internen Dokumente des ICTY zeigen eine perfekte Zusammenarbeit zwischen den niederländischen Ärzten, den Anklagevertretern und der Leitung der Haftanstalt mit dem gemeinsamen Ziel, die Verteidigungsrechte zu beschneiden. Diese Ärzte müssen vor Gericht gestellt werden, damit sie sich für ihre unterlassene Hilfeleistung verantworten, insoweit unabhängige Spezialisten, deren Kompetenz und Erfahrung außer Frage steht, auf die Ernsthaftigkeit der Situation und das Risiko schwerwiegender Komplikationen hingewiesen hatten.

Die haltlosen Verdächtigungen gegen Slobodan Milošević hatten das folgende Ziel (und in machen Fällen wurde es auch erreicht):

1. Ihn an seiner Selbstverteidigung zu hindern und ihm Zwangsverteidiger gegen seinen Willen aufzuzwingen, die ihn vertreten sollten (Steven Kay und Gillian Higgins).

2. Ihn der Hilfsmittel wieder zu berauben, die ihm für die Vorbereitung seiner Verteidigung durch die Mitteilung 'Order concerning the Preparation and Presentation of the Defence Case' am 17. September 2003 zugesprochen worden waren.

3. Ihm die zugeteilte Zeit für die Organisation seiner Verteidigung einzuschränken und die Anzahl der Sitzungstage von drei auf vier und schließlich fünf Tage pro Woche anwachsen zu lassen, damit Slobodan Milošević weder die physische Kraft noch die Möglichkeit der Materialbearbeitung für seine Zeugenvorbereitung hat und schließlich Müdigkeit und Stress als unerträglich empfinden würde.

4. Sein Gesuch für eine Notfallbehandlung am Bakuljew-Institut abzulehnen. Die vom ICTY ernannten Ärzte beschuldigten Slobodan Milošević der Nichteinnahme der verschriebenen Medikamente, um ihn allein für seinen sich ständig verschlechternden Gesundheitszustand verantwortlich zu machen. Damit waren sie von der Suche nach den wirklichen Ursachen der alarmierenden Symptome bei Slobodan Milošević entbunden, und sie rechtfertigten die Ablehnung der Notfallbehandlung in Moskau, indem sie geltend machten, dass alles was ihrer Meinung nach notwendig sei, um seine Gesundheit wieder herzustellen, die korrekte Einnahme der Medikamente wäre. Damit enthielten sie Slobodan Milošević ein Zugeständnis vor, das anderen Gefangenen gewährt worden war (V. Kovačević, P. Strugar).

Vom August 2004 machten Dr. P. van Dijkman und Prof. R. Tavernier Andeutungen gegenüber dem Gericht, dass Slobodan Milošević womöglich seine Medikamente nicht einnehmen würde. Es gab keinerlei Beweis, um diese Anschuldigungen zu unterstützen, die ernsthaften Schaden für das Ansehen Slobodan Miloševićs vor dem Gericht anrichtete und die eher eine Vernachlässigung statt einer Wahrnehmung der Pflicht zur Hilfeleistung erkennen ließ. Und dann wiederholten diese vom Tribunal ernannten Ärzte ihre Anschuldigung und priesen ihre „Diagnose“ als die einzige Erklärung für die Verschlechterung von Slobodan Miloševićs Gesundheit. Dr. P. Falke erklärte:

„Der Angeklagte bringt seine Gesundheit und sein Leben in Gefahr, indem er sich nicht richtig an seine Therapie hält.“

Mehrere Male legte dieser Allgemeinarzt unbekümmert Meinungen über Gegenstände vor, die außerhalb seiner Kompetenz lagen (Pharmakokinetik von Diazepam, Einschätzung der UV-Chromatographie usw.). Darüber hinaus können seine Verordnungen bei weitem nicht als zuverlässig gelten. Gelegentliche und bedarfsweise Verordnungen sind nicht dokumentiert. Wir haben ebenso die Lücken in den Diagnosen der anderen vom ICTY ernannten Ärzte beleuchtet, seien es Hals-Nasen-Ohren (Dr. H. Spoelstra), Neurologen (Dr. N. Aarts) oder Toxikologen (Dr. D. Uges, Dr. D. Touw). Eine Analyse der internen Dokumente des ICTY zeigt, dass die Berichte der Ärzte (1, 8, 9, 10, 11, 17, 25, 28, 29, 30, 31, 32) die Mitteilungen der Gefängnisleitung vorwegnahmen oder vielleicht sogar hervorbrachten (18, 19, 20, 22, 23, 24, 26, 27, 34) sowie die Anschuldigungen der Anklagevertreter (39). Diese Ärzte tragen eine schwere Verantwortung für Slobodan Miloševićs Tod durch Herzinfarkt. Es ist unbestreitbar, dass wir es hier mit einem Fall von „Justizmord“ unter der Mittäterschaft von Ärzten zu tun haben oder anders formuliert, eines medizinisch unterstützten Justizmordes. Wir müssen noch erwähnen, dass die Zwangsverteidiger, Steven Kay und Gillian Higgins, während der ersten drei Monate 2006, die Rechte von Slobodan Milošević verteidigten, indem sie einige der hier diskutierten Maßnahmen anprangerten (40, 41).

Das sind die Tatsachen, Frau Anklägerin und Ärzte des ICTY, und wir fordern Sie auf dies zu bestreiten und uns vor das Tribunal zu bringen.

Die vertraulichen Dokumente, die wir hier als Quellen angeführt haben, wurden uns von verschiedenen Mitarbeitern der Anklagebehörde übermittelt, die empört über das Verhalten ihrer Vorgesetzten waren.

Nach der englischen Übersetzung von Mick Collins
ins Deutsche übertragen von Peter Betscher

Quellen:

1. Brief von Dr. P. Van Dijkman an Dr. P. Falke vom 23. November 2005
2. Bericht von Prof. F. Leclercq vom 4. November 2005
3. Bericht von Dr. M. Schumilina vom 4. November 2005
4. Berich von Prof. V. Andrić vom 4. November 2005
5. Brief von Dr. J. De Laat an Dr. P. Falke vom 28. November 2005
6. „Conclusion collective“ (Gemeinsamer Befund) von Prof. F. Leclercq, Dr. M. Schumilina und Prof. V. Andrić vom 4. November 2005
7. Brief von Prof. L. Bokerija an den Präsidenten des ICTY, Fausto Pocar, vom 14. Dezember 2005
8. Bericht von Dr. P. Falke an den Rechtspfleger H. Holthuis vom 14. November 2005
9. Ebenda
10. Brief von Dr. P. Van Dijkman an Dr. P. Falke vom 18. November 2005
11. Brief von Dr. P. Van Dijkman an Dr. P. Falke vom 1. Dezember 2005
12. Sachverständigenmeinung von Prof. J. H. Klingma, ehemaliger Generalinspekteur für das niederländische Gesundheitswesen
13. Geoffrey Nice, „The Prosecutor v. Slobodan Milošević", 28. Februar 2006
14. Bericht von Dr. M. Schumilina vom 14. Dezember 2005
15. „The Prosecutor v. Slobodan Milošević", 2. März 2006
16. Brief von Dr. H. Spoelstra an Dr. P. Falke vom 21. November 2005
17. Bericht von Dr. P. Van Dijkman vom 18. August 2004
18. Internes Memorandum, unterschrieben von T. McFadden, vom 31. August 2004
19. Internes Memorandum, unterschrieben von T. McFadden, vom 14. Oktober 2004
20. Internes Memorandum, unterschrieben von J. Hocking, vom 26. Oktober 2004
21. „Reasons for Decision on Assignment of Defence Counsel“ vom 22. September 2004
22. Internes Memorandum, unterschrieben von J. Hocking, vom 7. März 2005

23. Internes Memorandum, unterschrieben von T. MacFadden, vom 19. Dezember 2005
24. Internes Memorandum, unterschrieben von H. Holthuis, vom 20. Dezember 2005
25. Bericht von P. Falke an Rechtspfleger H. Holthuis vom 6. Januar 2006
26. Internes Memorandum, unterschrieben von F. Gilmour, vom 1. Februar 2006
27. Internes Memorandum, unterschrieben von F. Gilmour, vom 13. Februar 2006
28. Berichte von Dr. D. Touw an Rechtspfleger H. Holthuis vom 16. und 20. Januar 2006
29. Bericht von Dr. D. Uges an Rechtspfleger H. Holthuis vom 24. Januar 2006
30. Toxikologischer Befundbericht von Dr. D. Touw an das ICTY vom 20. Januar 2006
31. Brief von Dr. D. Touw an Dr. P. Falke vom 23. Februar 2006
32. Brief von Dr. P. Falke an Rechtspfleger H. Holthuis vom 3. März 2006
33. „Submissions following trial chamber's order of 26 January 2006“
34. Internes Memorandum, unterschrieben von J. Hocking, vom 2. Februar 2006
35. Rechtsmedizinischer Bericht von Dr. W.A. Zwart Voorspuij vom 11. März 2006
36. Rezeptbögen, auf denen D as Hypertensivum Vascase Plus verschrieben wird
37. Bericht von Dr. P. Falke an Rechtspfleger H. Holthuis vom 11. November 2005
38. Bericht von Dr. P. Falke an Rechtspfleger H. Holthuis vom 21. November 2005
39. Geoffrey Nice, „The Prosecutor v. Slobodan Milosevic“, 6. Februar 2006
40. Schriftliche Eingaben der Pflichtvertreidier vom 20. Februar 2006
41. Schriftliche Eingaben der Pflichtverteidiger vom 6. März 2006

http://cirqueminime.blogcollective.com/blog

http://cirqueminime.blogcollective.com/blog/_archives/2006/5/3/1930975.html

Chronologie[122]

24. März 1999	Die NATO-Staaten beginnen unter Führung der USA mit massiven Luftangriffen einen völkerrechtswidrigen Angriffskrieg gegen die BR Jugoslawien.
27. Mai 1999	Noch während des 78tägigen NATO-Bombardements erhebt die Chefanklägerin des ICTY Anklage gegen Slobodan Milošević wegen angeblicher Kriegsverbrechen und Verbrechen gegen die Menschlichkeit an der kosovo-albanischen Bevölkerung.
5. Oktober 2000	Milošević tritt als jugoslawischer Präsident zurück, nachdem das Parlament unter Führung der vom Westen finanzierten und ausgebildeten „Oppositionsbewegung" Otpor gestürmt wurde. Die Stichwahl, die nach dem Resultat der jugoslawischen Präsidentschafts- und Parlamentswahlen vom 24. September verfassungsgemäß hätte stattfinden müssen, wird damit verhindert.
1. April 2001	Slobodan Milošević wird unter dem Vorwand von Korruptionsvorwürfen in Belgrad verhaftet.
28. Juni 2001	Am Vidovdan, dem höchsten serbischen Feiertag, wird Slobodan Milošević in einer

[122] Es handelt sich bei den hier angeführten Zeugen der Anklage und Verteidigung nicht um eine vollständige Liste, sondern eine Auswahl. Sie soll dem interessierten Leser eine grobe Übersicht über den bisherigen Prozessverlauf und besonders interessante Eckpunkte bieten und ihm damit die Möglichkeit geben, sich in dem fast 50.000 Seiten umfassenden Protokoll des Verfahrens zurechtzufinden.

	Nacht- und Nebelaktion unter Bruch der jugoslawischen Verfassung aus dem Belgrader Gefängnis nach Den Haag entführt und in Untersuchungshaft genommen. Die neue Belgrader Regierung reagiert damit auf massive US-amerikanische Drohungen.
3. Juli 2001	Erste Anhörung Miloševićs vor dem Tribunal. Milošević erklärt, auf anwaltliche Verteidigung zu verzichten, da es sich im Falle des ICTY um eine illegale Einrichtung handelt.
8. Oktober 2001	Die Anklageschrift, die Milošević Verantwortung für Verbrechen in Kroatien zur Last legt, wird nachgetragen.
21. November 2001	Die Anklageschrift, die Milošević Verantwortung für Verbrechen in Bosnien-Herzegowina, darunter Völkermord, zur Last legt, wird nachgetragen.
12. Februar 2002	Der Prozess beginnt mit der Eröffnungserklärung der Anklage.
14. Februar 2002	Slobodan Miloševićs beginnt seine mehrtägige Erwiderung auf die Anklage.
18.-19. Februar 2002	Die Beweisaufnahme der Anklage beginnt mit dem Zeugen Mahmut Bakalli, früherer Chef der KP im Kosovo, der während des Kreuzverhörs eingestehen muss, dass die Autonomie im Kosovo 1989 nicht aufgehoben wurde.
14.-15. März 2002	Jeremy „Paddy“ Ashdown bezeugt, dass er 1998 mit Angriffen jugoslawischer Panzer auf Dörfer im Kosovo Kriegsverbrechen beobachtet habe.
3.-5. Mai 2002	Kosovo-Präsident Ibrahim Rugova nimmt bei seiner Aussage die UÇK in Schutz. Ihre Mitglieder seien Patrioten, die ihre Heimat verteidigten.

11.-15. April/ 13. Mai 2002	General Karol John Drewienkiewicz, stellvertretender Kommandeur der OSZE-Beobachtermission im Kosovo, sagt aus, dass ihm von einem serbischen Vertreibungsplan nichts bekannt gewesen sei.
16.-17. April 2002	Der britische Leutnant Colonel Richard Ciaglinski aus Drewienkiewiczs Stab sagt aus, er habe von einem serbischen Offizier von der Existenz von Vertreibungsplänen der Serben gehört. Den Namen des Offiziers gibt er jedoch nicht preis.
14.-21.Mai 2002	Der Zeuge Ratomir Tanić berichtet detailliert über den angeblichen „Hufeisenplan". Milošević weist im Kreuzverhör nach, dass die Zeugenaussage unter Anleitung westlicher Geheimdienste geschrieben wurde.
5. Juni 2002	Shukri Buja, UÇK-Kommandant von Račak, berichtet über Ausrüstung und Bewaffnung seiner Einheit mit Mörsern und Maschinengewehren und entkräftet damit frühere Aussagen, wonach die Bewaffnung der lokalen UÇK nur aus Jagdgewehren bestanden habe.
11.-12. Juni 2002	Der Chef der OSZE-Beobachtermission im Kosovo, der US-Amerikaner William Graham Walker, bleibt bei seiner Darstellung, in Račak hätten Serben ein „Massaker" an kosovo-albanischen Zivilisten begangen.
13.-16. Juni 2002	General Klaus Naumann bekräftigt, dass der NATO-Angriff auf die BR Jugoslawien auch ohne UNO-Mandat „rechtmäßig" war.
2. Juli 2002	Die Aussage von Wolfgang Petritsch, Hoher Kommissar des UNO-Protektorats Bosnien-Herzegowina, zeigt, dass der Belgrader Regierung im Rahmen der Verhandlungen in

	Rambouillet mit dem Implementierungs-Abkommen, das die Errichtung eines NATO-Okkupationsregimes in ganz Jugoslawien vorsah, ein unannehmbares Ultimatum gestellt wurde.
24.-27. Juli 2002	Der ehemalige Chef des serbischen Staatssicherheitsdienst, Radomir Rade Marković, sagt als Zeuge der Anklage während des Kreuzverhörs durch Milošević aus, dass ihm selbst Straffreiheit und eine neue Identität zugesichert wurden, sollte er Milošević belasten. Andernfalls seien ihm „Konsequenzen" angedroht worden.
26.-27. September 2002	Eröffnungserklärung von Slobodan Milošević zur Kroatien- und Bosnien-Anklage. Danach beginnt die Beweisaufnahme der Anklage für Bosnien-Herzegowina und Kroatien.
1.-3. Oktober 2002	Milošević liefert sich einen handfesten Schlagabtausch mit dem kroatischen Präsidenten Stjepan Mesić, der maßgeblich zur Zerschlagung Jugoslawiens beigetragen hat.
8. Oktober 2002	Eine Ärzte-Initiative aus Deutschland fordert vom Tribunal die zeitweilige Freilassung des gesundheitlich stark angeschlagenen Slobodan Milošević.
26. Oktober 2002	26 jugoslawische Ärzte reichen ein Gesuch bei der UNO und beim Tribunal ein, in dem sie ihre Besorgnis über den Gesundheitszustand von Slobodan Milošević vortragen. Sie fordern seine zeitweilige Entlassung, mindestens jedoch die Verbesserung seiner Haft- und Verhandlungsbedingungen.
29. Oktober 2002	Im Kreuzverhör durch Slobodan Milošević stellt sich heraus, dass der als Zeuge auftretende „Oberst des militärischen

	Geheimdienstes“, Slobodan Lazarević, diesem niemals angehört hat.
3.-4. November 2003	Lord David Owen entlastet als Zeuge der Anklage Milošević des Vorwurfs, ein Nationalist und „ethnischer Säuberer“ gewesen zu sein.
19.-21. Februar 2003	Dragan Vasiljković verliest im Verlauf seiner Aussage ein Dokument der Anklageseite, in dem ihm im Falle einer Belastungsaussage gegen Milošević verschiedene Versprechungen gemacht werden.
25. August 2003	Die Aussage des Zeugen der Anklage Dražen Erdemović hinterlässt mehr Fragen als Antworten über den Hergang der Ereignisse in Srebrenica. Erdemović belastet eine Reihe von vor dem ICTY Angeklagten, nachdem er selbst vom ICTY wegen Beteiligung an der Ermordung von 1.200 Zivilisten in Srebrenica angeklagt wird und die Tat gesteht. Im Gegenzug wird der Mordvorwurf aus der Anklageschrift gegen ihn gestrichen und er nach nur drei Jahren Haft vorzeitig entlassen.
9. Oktober 2003	NATO-General Rupert Smith erklärt, dass er „den Eindruck gehabt habe“, Milošević kontrolliere die bosnisch-serbische Armee.
30. Oktober 2003	Graham Blewitt tritt als Zeuge der Anklage auf, obwohl er Stellvertreter der Chefanklägerin des Tribunals ist.
15.-16. Dezember 2003	General Wesley Clark sagt als Zeuge der Anklage unter Ausschluss der Öffentlichkeit aus. Die US-Regierung kann die Zeugenaussage Clarks 48 Stunden „prüfen“ und erst nach einer „Bearbeitung“ in Washington für die Öffentlichkeit freigeben.
22. Februar 2004	Das Tribunal gibt den Rücktritt des vorsitzen-

	den Richters Richard May aus gesundheitlichen Gründen bekannt.
24. Februar 2004	Die Anklage beendet ihre Beweisaufnahme.
12. April 2004	Der Brite Iain Bonomy wird zum neuen Richter in der Kammer III ernannt und tritt sein Amt am 1. Juni 2004 an. Bonomy bleiben nur wenige Wochen, um sich mit der Beweisaufnahme der vergangenen zwei Jahre vertraut zu machen. Allein das Verhandlungsprotokoll umfasst schon 32.000 Seiten.
16. Juni 2004	Obwohl sich kritische Beobachter einig sind, dass keiner der Vorwürfe gegen Milošević nach der Beweisaufnahme der Anklage aufrecht zu erhalten ist, entscheiden die Richter der Kammer III lediglich, dass einige einzelne Anklagepunkten nicht bewiesen wurden.
29. Juli 2004	Über 100 Anwälte und Rechtwissenschaftler aus 17 Ländern reichen eine Petition beim UN-Sicherheitsrat ein, um gegen die drohende Einsetzung von Zwangsverteidigern für Milošević durch das Tribunal zu protestieren.
31. August- 1. September 2004	Slobodan Milošević präsentiert die Eröffnungsrede seiner Verteidigung.
2. September 2004	Die Richter im Milošević-Prozess entscheiden, für den Angeklagten gegen dessen ausdrücklichen Willen Verteidiger einzusetzen. Anders als ihr Kollege Branislav Tapušković akzeptieren die Amici Curiae Steven Kay und Gillian Higgins als Zwangsverteidiger zu fungieren.
7. September 2004	Beginn der Zeugenbefragung der Verteidigung durch die von Milošević nicht anerkannten Zwangsverteidiger. Die erste Zeugin der Verteidigung ist Prof. Smilja Avramov aus Belgrad.

15. September 2004	Nach der Befragung einiger Zeugen boykottieren über 100 Zeugen ihre Aussage, solange Miloševićs Recht auf Selbstverteidigung beschnitten ist. Der Prozess muss deshalb bis zum 12. Oktober ausgesetzt werden.
1. November 2004	Ausgehend vom internationalen Zeugen-Boykott entscheidet die Berufungskammer des ICTY Slobodan Milošević sein Recht auf Selbstverteidigung mit Einschränkungen zurückgeben. Er kann seine Zeugen bis auf weiteres selbst befragen, die Pflichtverteidiger können jedoch ggf. im krankheitsbedingten Ausfall von Milošević die Verteidigung sogar in seiner Abwesenheit übernehmen.
16.-17. November 2004	Slobodan Milošević präsentiert mit Mihailo Marković den ersten Zeugen seiner Verteidigung unter eigener Regie.
22. November 2004	Nikolai Ryschkow sagt aus, dass der russischen Regierung schon 1998 Informationen über einen geplanten Angriff der NATO auf Jugoslawien vorlagen.
23.-24. November 2004	Der russische General Leonid Iwaschow belastet William Walker, der Informationen an die OSZE selektiert und Kontakte zur UÇK gepflegt habe. Er berichtet von einem abgehörten Telefongespräch, in dem Madeleine Albright Hashim Taqi 1998 ein Referendum über die Unabhängigkeit des Kosovos zusagte, wenn die NATO im Kosovo Truppen stationieren könne.
30. November 2004	Der ehemalige russische Ministerpräsident Jewgenij Primakow bezeugt, dass Milošević niemals den Plan eines „Groß-Serbien" verfolgte.

1.-2. Dezember 2004	Der ehemalige Präsident des Kosovo-Parlaments, Vukašin Jokanović, widerspricht der Aussage Rugovas, die Abstimmung über die Verfassungsänderung 1989 sei unter Gewaltandrohung erfolgt.
9./15.-16. Dezember 2004	Prof. Čedomir Popov, Mitglied der serbischen Akademie der Wissenschaft und Künste, sagt aus, dass es für Slobodan Milošević unmöglich gewesen wäre, den Cutileiro-Plan zu unterstützen, wenn er ein Großserbien angestrebt hätte.
11. Januar 2005	Die Franzosen Eve Crépin, Mitarbeiterin einer Hilfsorganisation, und Patrick Barriot, militärischer Beobachter im Kriegsgebiet, sagen aus, dass die USA an der Vertreibung der serbischen Bevölkerung in Kroatien im Rahmen der Operationen „Sturm“ und „Blitz“ beteiligt waren.
25. Januar/ 8.-9. Februar 2005	Während der Aussage von Mitar Balević, in den 80er Jahren Amtsträger des Bundes der Kommunisten im Kosovo, zeigt Milošević die Aufnahme seiner berühmten „Rede auf dem Amselfeld“. Im Westen als nationalistische Hetzrede gebrandmarkt, ruft sie tatsächlich zur gegenseitigen Toleranz der jugoslawischen Völker auf.
26. Januar 2005	Die Aussage von Bo Adam, der als Journalist für die deutsche *Berliner Zeitung* eine umfangreiche Vor-Ort-Recherche zum „Massaker von Račak“ durchgeführt hat, lässt erhebliche Zweifel an der Version von William Walker aufkommen, wonach es sich bei den Opfern um unschuldige Zivilisten gehandelt hätte.
1. März 2005	Die Mazedonier Dobre Aleksovski und Goran Stojičić, die während des NATO-Angriffs in mazedonischen Flüchtlingslagern für einen

	Rettungsdienst gearbeitet haben, sagen übereinstimmend aus, dass die albanischen Flüchtlinge aus dem Kosovo anfangs erklärt hätten, vor den NATO-Angriffen geflohen zu seien und erst später behaupteten, von den Serben vertrieben worden zu sein.
2./8. März 2005	Der Zeuge Dietmar Hartwig aus Deutschland, ehemals Chef der EU-Beobachtermission im Kosovo, sagt aus, während seiner Mission keinen einzigen Bericht erhalten zu haben, in dem serbische Sicherheitskräfte der Vertreibung von Kosovo-Albanern beschuldigt wurden. Auch von Misshandlungen an Kosovo-Albanern durch Sicherheitskräfte hat er nichts gehört.
9.-10./14. März 2005	Barry Lituchy aus den USA gibt Zeugnis über Interviews ab, die er mit Flüchtlingen aus dem Kosovo geführt hat, darunter Kosovo-Albaner, die, bedroht von der UÇK, nach Serbien flohen.
15.-16./22. März 2005	General Radomir Gojović, 1999 oberster Militärankläger der Jugoslawischen Armee, sagt aus, dass Verstöße jugoslawischer Soldaten gegen das Kriegsrecht geahndet und in vielen Fällen schwer bestraft wurden.
23.-24. März/ 6.-7. April 2005	Danica Marinković, die als Ermittlungsrichterin die Vorgänge in Račak untersuchte, berichtet, dass die UÇK sie durch Beschuss drei Tage lang daran hinderte, das Dorf zu betreten, während die OSZE-Ermittler freien Zugang hatten. Der stellvertretende Chef der OSZE-Mission, General Drewienkiewicz, habe ihr unter Androhung einer Anklage durch das ICTY untersagen wollen, eigenständig Ermittlungen durchzuführen.
8./12.-13. April 2005	Der Gerichtsmediziner Prof. Slaviša Dobriča-

	nin, der die Autopsie der Leichen von Račak leitete, berichtet, dass fast alle Leichen Schmauchspuren an den Händen aufwiesen und es sich folglich nicht um unbewaffnete Zivilisten gehandelt haben kann.
20. April 2005	Kosta Bulatović verweigert die Aussage in Abwesenheit des erkrankten Slobodan Milošević. Der Zeuge wird daraufhin vom ICTY selbst wegen Missachtung des Gerichts angeklagt.
4./9.-10. Mai 2005	Col. Radovan Paponjak, der ehemalige Polizeichef von Peć, bezeugt, dass die Häftlinge des Gefängnisses von Dubrava, die laut Anklage vom Wachpersonal erschossen worden seien, in Wirklichkeit Opfer eines NATO-Bombenangriffs wurden.
6. Mai 2005	Der die Aussage in Abwesenheit des erkrankten Milošević am 20.4. verweigernde Kosta Bulatović steht vor Gericht. Am 15. Mai wird er wegen Missachtung des Gerichts zu einer mehrmonatigen Gefängnisstrafe verurteilt, die nur wegen seines Gesundheitszustandes zur Bewährung ausgesetzt wird.
11./17.-19./25.-27./31. Mai/1.-2./6.-8./15. Juni 2005	Während des Kreuzverhörs von Gen. Obrad Stevanović präsentiert Ankläger Nice unter Missachtung der Verfahrensregeln das berühmte Video, auf dem angeblich die Erschießung sechs bosnischer Moslems aus Srebrenica durch serbische Paramilitärs in der Nähe des 160 km von Srebrenica entfernten Dorfes Trnovo zu sehen ist. Nice behauptet, dass diese Paramilitärs eine Einheit der Jugoslawischen Armee gewesen seien, was Stevanović anhand des Videos widerlegen kann.
21.-22. Juni/5.-7./11.-14./18.-20.	Der serbische General Božidar Delić berichtet ausführlich über die Lage im Kosovo, wo er

Juli/20.-21./28.-29. September 2005	selbst auch während des NATO-Angriffs stationiert war. Außerdem legt er an Hand einer topographischen Karte den Verdacht nahe, dass der Zeuge der Anklage, Paddy Ashdown, eine Falschaussage abgegeben hat, als er behauptete, Angriffe auf kosovo-albanische Dörfer gesehen zu haben. Gegen Ende von Delićs Befragung lässt Milošević ein Video abspielen, das Ashdown im freundschaftlichen Umgang mit UÇK-Kämpfern sowie bei der Inspektion von Waffen für die Terroristen zeigt.
17.-18. August 2005	Die Kosovo-Albaner Muharem Ibraj und Šaban Fazliu berichten über das Leben im Kosovo unter der Gewaltherrschaft der UÇK. Sie selbst wurden von der UÇK wegen ihrer Loyalität zum jugoslawischen Staat verfolgt.
19./23-25./30.-31. August/1./5.-7./14.-16./20. September 2005	Vojislav Šešelj, Vorsitzender der Serbischen Radikalen Partei und selbst vor dem Tribunal angeklagt, sagt aus, dass er der einzige serbische Politiker war, der die Idee eines Groß-Serbien verfochten hat. Selbst die Richter zeigen sich irritiert, als Ankläger Nice daraufhin erklärt, dass die Anklage Milošević niemals unterstellt habe, ein Groß-Serbien errichten zu wollen. Später befreit sich der Ankläger aus dem Dilemma, in dem er Milošević nachsagte, ein dem Modell Groß-Serbien „ähnliches" Projekt verfolgt zu haben.
19./25.-26./31. Oktober 2005	General Miloš Djošan, der während des NATO-Angriffes eine Luftabwehrdivision der Jugoslawischen Armee kommandierte, berichtet über die taktische Zusammenarbeit von NATO und UÇK. Er zeigt auch auf, dass alle in der Kosovo-Anklageschrift aufgeführten Orte, in denen Deportationen stattgefunden haben sollen, Ziele schwerer NATO-Luftangriffe waren.

4. November 2005 — Slobodan Milošević wird von einem internationalen Medizinerteam untersucht. Es kommt zum Ergebnis, dass sein Gesundheitszustand so instabil ist, dass eine sechswöchige Ruhepause dringend notwendig ist. Die Richter nehmen anfangs keine Notiz von dieser Empfehlung und setzen den Prozess trotz krankheitsbedingter Unterbrechung bis zur Weihnachtspause fort.

15. November 2005 — Bei einer Konferenz des Internationalen Komitees für die Verteidigung von Slobodan Milošević (ICDSM) in Belgrad geben drei Spitzenpersonen des ICDSM, Ramsey Clark, Sergej Baburin, eine gemeinsame Erklärung ab, in der sie das ICTY auffordern, den Empfehlungen der drei internationalen Ärzte zu folgen, die Slobodan Milošević am 4. November untersucht hatten, um ihm sofort eine sechswöchige Ruhepause zu gewähren, sowie seinen schlechten Gesundheitszustand nicht zu missbrauchen, um seine Rechte zu beschneiden und den Prozeß in Miloševićs Abwesenheit weiterzuführen.

29. November 2005 — Anhörung zu Fragen der Fortsetzung des Prozesses. Anklage und Verteidigung lehnen eine Trennung der Anklagen und somit eine verfrühte Urteilsfindung in Sachen Kosovo ab. Die Zwangsverteidiger enthalten sich in dieser Frage, der Amicus Curiae argumentiert dafür. Milošević beantragt erneut mehr Zeit für die Präsentation seiner Verteidigung und eine angemessene Behandlung seiner angeschlagenen Gesundheit. Er betont zum Missfallen der Richter erneut den Einfluss der NATO-Staaten auf die Arbeit des Tribunals.

14. Dezember 2005 — Die Richter entscheiden sich gegen eine Trennung des Prozesses in separate Anklageschriften. Miloševićs Antrag auf Verlängerung der

Zeit seiner Beweisführung wird erneut abgelehnt. Der Forderung von Ärzten nach Haftverschonung wird nicht nachgekommen. Um Milošević eine Ruhezeit zu gewähren, wird die Weihnachtspause, die von Milošević eigentlich genutzt werden muss, um weitere Zeugen zu treffen und vorzubereiten, um einige Tage verlängert.

18. Januar 2006

Das russische Außenministerium gibt dem Tribunal die geforderte Garantie für die Rückkehr von Milošević, falls er zur medizinischen Behandlung nach Moskau entlassen werden sollte.

23.-25. Januar 2006

Colonel Milan Kontur, Verbindungsoffizier der Jugoslawischen Armee zur OSZE-Beobachtermission im Kosovo, weist auf die Tatsache hin, dass die OSZE-Beobachter umfassend über alle Aktivitäten der jugoslawischen Sicherheitskräfte informiert wurden. Milošević befragt ihn über einen OSZE-Bericht vom 12. Januar 1999 aus dem Bezirk, in dem Račak liegt, worin von einem Plan der UÇK, ein „serbisches Massaker" zu inszenieren, die Rede ist. Dieses Dokument belegt auch, daß der Chef der OSZE Beobachtermission, William Walker, versuchte, Gewalttaten der UÇK an jugoslawischen Sicherheitskräften im Gebiet Račak zu verheimlichen.

25. Januar, 1.-2., 6.-8., 13.-15. Februar 2006

Der Zeuge Dr. Branko Kostić war Anfang der 1990er Jahre Vorsitzender des Staatspräsidiums von Montenegro und später das Oberhaupt der montenegrinischen Delegation in der Versammlung der SBRJ. Kostić beleuchtet in seiner umfangreichen Aussage den Beginn des jugoslawischen Bürgerkriegs in Slowenien, Kroatien und Bosnien-Herzegowina und benennt als treibende Kräfte der Sezession innerhalb Jugoslawiens u.a. Franjo Tudj-

	man, Stepjan Mesić, Alija Izetbegović und Ante Marković.
3. Februar 2006	Die britische Journalistin Eve-Ann Prentice sagt aus, dass sie während ihrer Zeit als Kriegsberichterstatterin im Kosovo kein Fehlverhalten der jugoslawischen Sicherheitskräfte beobachtet hat. Sie widerlegt zwei Aussagen der Anklage über Massaker und Zerstörungen der VJ in Meja und Gnjilane. Sie hat mit Bewohnern von Meja gesprochen, die angaben, Opfer eines NATO-Bombenangriffs gewesen zu sein. Als Frau Prentice aussagt, dass sie im November 1994 gemeinsam mit ihrer Kollegin vom Spiegel, Renate Flottau, beobachtete, wie Osama bin Laden in Alija Izetbegovićs Büro geführt wurde, wechselt Richter Robinson das Thema.
15., 22. und 23. Februar 2006	Prof. Dr. Marko Atlagiv, Abgeordneter des kroatischen Parlaments Sabor von 1990-`92, berichtete über den ersten Parteikongress von Franjo Tudjmans HDZ, wo ein größerer kroatischer Staat in den Grenzen des Unabhängigen Staates Kroatien aus dem 2. Weltkrieg gefordert wurde. Milošević muss die Vernehmung von Prof. Dr. Atlagiv wegen gesundheitlicher Probleme abbrechen.
23. Februar 2006	Das Tribunal lehnt eine zeitweilige Freilassung Miloševićs für eine medizinische Behandlung in einer Spezialklinik in Moskau ab.

23. – 24. Februar 2006	James Bisset, kanadischer Botschafter in Jugoslawien von 1990-`92, sagt im Zeugenstand, dass der jugoslawische Bürgerkrieg durch die frühzeitige diplomatische Anerkennung von Slowenien und Kroatien durch Deutschland verursacht wurde. Die Politik der USA habe den Konflikt dann auf Bosnien-Herzegowina überspringen lassen. Er verwies auf die beständige Friedenspolitik Miloševićs, der sich auch gegen den Widerstand in den eigenen Reihen für alle Friedenspläne einsetzte. Der Cutilheiro-Plan sei gescheitert, weil der amerikanischen Botschafter Warren Zimmermann Izetbegović zum Rückzug seiner Unterschrift überredete.
8. März 2006	In einem Brief an die russische Botschaft in den Niederlanden äußert Milošević sein Misstrauen gegenüber seiner ärztlichen Behandlung im UN-Gefängnis und bittet die russische Regierung um Schutz.
	Führende Persönlichkeiten des Internationalen Komitees für die Verteidigung von Slobodan Milošević (ICDSM) wenden sich mit einem Brief an den UN-Sicherheitsrat, in dem sie die Entscheidung der Verhandlungskammer, Milošević keine Behandlung in Moskau zu gewähren, als juristisch unhaltbar und eine Verletzung der Fürsorgepflicht des Tribunals verurteilen. Sie fordern das Eingreifen des Sicherheitsrats.
10. März 2006	Milošević äußert gegenüber Rechtsberater Zdenko Tomanović und dem Zeugen Momir Bulatović, Ex-Präsident Montenegros, die Befürchtung, im Gefängnis vergiftet und mit falschen Medikamenten behandelt zu werden.
11. März 2006	Slobodan Milošević wird tot in seiner Zelle aufgefunden.

16.-17. März 2006	Der Leichnam Miloševićs wird im Museum der Revolution in Belgrad aufgebahrt. Unzählige Menschen erweisen ihm die letzte Ehre.
18. März 2006	Trauerfeier für Slobodan Milošević vor ca. 500.000 Menschen vor dem Belgrader Parlament mit internationaler Beteiligung. Slobodan Milošević wird auf dem Anwesen seiner Familie in Požarevac beigesetzt.
30. Mai 2006	Ein interner Untersuchungsbericht des ICTY unter der Federführung von Richter Kevin Parker über Miloševićs Todesumstände erscheint. Der Bericht versucht offensichtlich die Schlussfolgerung nahe zu legen, dass Milošević seinen tödlichen Herzinfarkt durch die Einnahme nicht verschriebener Medikamente selbst herbeigeführt habe, ohne für diese Behauptungen Beweise vorzulegen. Eine mögliche Verletzung der Fürsorgepflicht des Tribunals gegenüber Milošević sowie ärztliche Behandlungsfehler werden in dem Bericht nicht untersucht.

Ausgewählte Literatur zum Den Haager Tribunal und zum Milošević-Prozess

Bücher

Clark, Ramsey (Hg.): Hidden Agenda. U.S: NATO Takeover of Yugoslavia, International Action Center, New York 2002 (ISBN 0-9656916-7-5)

Crépin, Eve/Barriot, Patrick: Le Procès Milošević, L'Age d'Homme, Lausanne 2005 (ISBN 2-8251-3620-4)

Elsässer, Jürgen: Kriegslügen, Vom Kosovokonflikt zum Milošević-Prozess, Verlag Kai Homilius, Berlin 2004 (ISBN 3-89706-884-2)

Hartmann, Ralph: Der Fall Milošević, Dietz Verlag, Berlin 2002 (ISBN: 332002034X)

Johnstone, Diana: Fools' Crusade: Yugoslavia, NATO and Western Delusions, Monthly Review Press, New York, N.Y, 2002 (ISBN 1-58367-084-X)

Köchler, Hans: Global Justice or Global Revenge? International Criminal Justice at the Crossroads, Springer-Verlag, Wien 2003 (ISBN 3-211-00795-4)

Mandel, Michael: How America Gets Away With Murder, Illegal Wars, Collateral Damage and Crimes Against Humanity, Pluto Press, London and Ann Arbor, 2004 (ISBN: HB 0 7453 1369 8 und PB 0 7453 1364 7)

Schütz, Cathrin: Die NATO-Intervention in Jugoslawien: Hintergründe, Nebenwirkungen und Folgen, Wilhelm Braumüller Universitätsbuchverlag, Wien 2003 (ISBN 3-7003-1440-X)

Aufsätze, Monographen

Bernardini, Aldo/Clark, Ramsey u.a.: The Hague Proceedings against Slobodan Milošević: Emerging Issues in International Law, Konferenzbeiträge,
http://www.icdsm.org/COH1.htm

Black, Christopher: An Impartial Tribunal? On the Milošević Trial, Z Magazine Online, 10. Oktober 2001,
http://www.zmag.org/content/ForeignPolicy/black_tribunal.cfm

British Helsinki Human Rights Group: Confusing rules and exceptions: Or, why the ICTY should not be judge, jury and lawmaker, BHHRG, Oxford/GB, 20 February 2005,
http://www.bhhrg.org/LatestNews.asp?ArticleID=60

British Helsinki Human Rights Group: International Tribunal or Star Chamber? The ICTY's decision to impose counsel on Slobodan Milošević, BHHRG, Oxford/GB, 13. September 2004,
http://www.bhhrg.org/LatestNews.asp?ArticleID=47

Dickson, Tiphaine: Beyond the Star Chamber - Shutting Down the Milošević Defense in The Hague, Centre for Research on Globalization, Quebec/Kanada, 20. Februar 2005,
http://globalresearch.ca/articles/DIC502A.html

Dickson, Tiphaine/Jokic, Aleksandar: „That Is The Nature Of The Beast": Why The Hague ICTY Cannot Afford Slobodan Milošević's Right to Self-Representation, Centre for Research on Globalisation, Quebec/Kanada, 24. Oktober 2004,
http://globalresearch.ca/articles/DIC410A.html

Dickson, Tiphaine: Vernehmung ohne Öffentlichkeit – Wesley-Clarks Zeugenaussage im Milošević-Prozess. 15. Dezember 2003,
http: //www.free-slobo.de/notes/03121501.pdf

Handke, Peter: Die Tablas von Daimiel, Ein Umwegzeugenbericht zum Prozeß gegen Slobodan Milošević, Literaturen, Juli/August 2005

Herman, Edward S.: The Imposition of Counsel on Milošević - Marlise Simons continues her exemplary propaganda service, Z Magazine Online, November 2004 Volume 17 Number 11, http://zmagsite.zmag.org/Nov2004/hermanpr1104.html

Herman, Edward S./Peterson, David: The New York Times on the Yugoslavia Tribunal: A Study in Total Propaganda Service, 2004, http://www.coldtype.net/Assets.04/Essays.04/YugoTrib.pdf

Laughland, John: Lasst Milošević sich selbst verteidigen. Das Verfahren vor dem Internationalen Kriegsverbrechertribunal in Den Haag ist eine Farce, Die Welt, 14. Juli 2004

Schütz, Cathrin: Das falsche Tribunal. Der »Fall Milošević« in Den Haag. Imperialismus kontra Völkerrecht, junge Welt, 7. November 2003,
http://www.jungewelt.de/2003/11-07/003.php

Srebrenica Research Group: Srebrenica and the Politics of War Crimes, 2005, http://www.srebrenica-report.com/

Prozessberichterstattung

Im deutschsprachigen Raum findet sich eine objektive Berichterstattung vor allem durch Germinal Civikov und Ralph Hartmann. Hartmann schreibt regelmäßig über den Milošević-Prozess in der Monatszeitschrift *Ossietzky*, während die Artikel von Civikov vor allem in *Freitag*, *Konkret* und *Novo* erscheinen. Darüber hinaus berichtet die Tageszeitung *junge Welt* häufig über Aktuelles im Prozess. Hier nur eine kleine Auswahl von Artikeln:

Civikov, Germinal: Panther, Kaimane, Skorpione. Das Srebrenica-Video und der Milošević-Prozess, Freitag 26, 1. Juli 2005, http://www.freitag.de/2005/26/05260801.php

Civikov, Germinal: Hamlet in Den Haag, Freitag 53, 24. Dezember 2004, http://www.freitag.de/2004/53/04531101.php

Civikov, Germinal: Bar jeden Zweifels, Freitag 28, 2. Juli 2004, http://www.freitag.de/2004/28/04280701.php

Civikov, Germinal, Gericht und Gerechtigkeit, Novo Magazin, Nr. 66, Frankfurt am Main, September/Oktober 2003, http://www.novo-magazin.de/66/novo6631.htm

Göbel, Rüdiger/Gutenberg, Anna: UCK auf der Anklagebank - Ehemaliger Kommandeur Haradinaj stellt sich UN-Tribunal in Den Haag. Früherer EU-Beobachter wirft »Kosovo-Befreiungsarmee« gezielte Gewalteskalation vor, junge Welt, 10. März 2005, http://www.jungewelt.de/2005/03-10/001.php

Hartmann, Klaus: Omertà in Den Haag - Angeklagter wird zum Ankläger: Jugoslawiens Expräsident Slobodan Milošević präsentiert vor dem UN-Tribunal prominente Entlastungszeugen – doch die Westmedien schweigen, junge Welt, 15. Dezember 2004, http://www.jungewelt.de/2004/12-15/005.php

Hartmann, Klaus: Das Kriegsfemegericht tagt, Zum Prozess gegen Slobodan Milošević in Den Haag, junge Welt, 13. Dezember 2001, http://www.jungewelt.de/2001/12-13/003.php

Hartmann, Ralph: Der lange Atem und der lange Arm der NATO, Ossietzky 16/2005, http.//www.sopos.org/aufsaetze/433057270860e/1.phtml

Hartmann, Ralph: Der Racak-Schwindel, Ossietzky 10/2005, http://www.sopos.org/aufsaetze/429a2a7e6e1e4/1.phtml

Pirker, Werner: Der einsame Held von Den Haag, Der schwarze Kanal: Der Meutejournalismus und die Macht des Schweigens, junge Welt, 9. November 2002, http://www.jungewelt.de/2002/11-09/005.php

Schütz, Cathrin: Beweisnot in Den Haag - UN-Tribunal will dubiose Dokumente nutzen, um Vorwürfe gegen Milošević aufrechtzuerhalten, junge Welt, 19. August 2003, http://www.jungewelt.de /2003 /08-19/005.php

Eine breitere Auswahl an Texten zum Thema findet sich auch auf der Homepage der Deutschen Sektion des Internationalen Komitees zur Verteidigung von Slobodan Milošević:

www.free-slobo.de

sowie auf der Homepage des Internationalen Komitees zur Verteidigung von Slobodan Milošević:

www.icdsm.org

Die Verfahren vor dem Tribunal in Den Haag können über Internet live verfolgt werden. Außerdem werden oft zeitlich verzögert die Mitschriften in Englischer Sprache veröffentlicht.
Live-Übertragungen über die Homepage des ICTY:

www.un.org/icty/

Archiv der Audio- und Video-Übertragungen:

hague.bard.edu/video.html

Die Gerichtsprotokolle finden sich für die jeweiligen Fälle auf der Seite „ICTY Cases & Judgements“ des ICTY (unter „Transcripts“):

www.un.org/icty/cases-e/index-e.htm

Frankfurt am Main, 23.02.2008
Protestkundgebung an der Paulskirche

Die Abspaltung des Kosovo ist nichtig – genau wie das Münchner Abkommen

Von Klaus Hartmann

Bürgerinnen und Bürger, liebe Freundinnen und Freunde,
liebe Genossinnen und Genossen!

Frei denken heißt insbesondere der Volksverdummung und Gehirnwäsche zu widerstehen und entgegenzutreten.

Dies ist selten so aktuell wie angesichts der antiserbischen Volksverhetzung, die seit über einem Jahrzehnt wieder verstärkt durch Politiker und Medien betrieben wird. Wir erleben einen antislawischen Rassismus, die Dämonisierung des serbischen Volkes und seiner gewählten Führer. In den letzten Tagen erleben wir eine große Aufregung – über eine brennende US-Botschaft in Belgrad. Dabei handelte es sich doch sicher um ein Versehen, ein bedauerliches Versehen, es war mindestens so ein Versehen wie die Bomben auf die chinesische Botschaft in Belgrad, die die NATO 1999 geworfen hat.

Wer erinnert sich – an den 24. März 1999? An die Worte „Wir führen keinen Krieg" von Bundeskanzler Schröder in den Abendnachrichten des deutschen Fernsehens? In dieser Woche erscheint die „Zeit" mit der Titelzeile „Unser erster Krieg" (Zeitrechnung ab 1945) – und schreibt über den NATO-Angriff auf Jugoslawien. Zehn Jahre danach scheint unbestritten zu sein, dass es doch ein Krieg war.

Wir erinnern uns: Wir hatten bereits damals zu Kriegsbeginn davor gewarnt, dass die NATO-Aggression nur der Auftakt sei für weitere Kriege - völkerrechtswidrige Angriffskriege. Heute sind Bundeswehrsoldaten weltweit in einem Dutzend Länder im Einsatz – aktiv führen sie Krieg in Afghanistan und stehen Schmiere für den schmutzigen US-Krieg gegen den Irak. Über die brennende Botschaft in Belgrad empörte sich besonders der US-Botschafter bei den Vereinten Nationen, Zalmay Khalilzad.

Wer erinnert sich, dass dieser Khalilzad zwei Jahre lang, von 2005 bis 2007, dem US-Mordregime im Irak vorstand? Und von 2003 bis 2005 den Angriffskrieg gegen Afghanistan organisierte?

Wer erinnert sich nicht an das legendäre Wort des Ex-Agenten, Ex-Innenministers und dann Außenministers Kinkel, man müsse „Serbien in die Knie zwingen"? Gerade die Ereignisse der letzten Tage rufen diese Worte in Erinnerung, und sie provozieren die Frage: Wo steht Serbien heute? Ist es in die Knie gezwungen, oder will es aufrecht gehen? Es stellt sich die Frage: Im Abkommen von Kumanovo war die Präsenz serbischer Sicherheitskräfte in Kosovo und Metohija vorgesehen: Ich frage: wo sind sie? Die UN-Resolution 1244, die die Zugehörigkeit der Provinz zu Serbien bestätigt, wurde von der UNMIK und ihren Gouverneuren systematisch ausgehöhlt, umgefälscht, um letztlich den Ganovenakt vom letzten Sonntag vorzubereiten. Wir weisen entschieden das Wort „Unabhängigkeit" im Zusammenhang mit diesem

Ganovenakt zurück. Dies war eine gewaltsame Abtrennung, gegen alle Normen des Völkerrechts.

Wer erinnert sich – auch diese Aktion hat ein historisches Vorbild: Das Vorbild ist das Münchner Abkommen von 1938, als Hitler mit dem Segen der Westmächte die Tschechoslowakei zerschlug. Nach seinem Erfolg sprach Hitler höhnisch über die „Rest-Tschechei", und genau den Begriff haben die Zerstörer Jugoslawiens über ein halbes Jahrhundert später wiederbelebt, als sie „Rest-Jugoslawien" kreierten. Erst 1974 hat die deutsche Bundesregierung verbindlich anerkannt, dass das Münchner Abkommen nichtig ist. Genauso nichtig, weil genauso völkerrechtswidrig, wie die Abtrennung des Kosovo von Serbien!

Die deutsche und die EU-Politik mit dem Raub des Kosovo stehen in der Tradition Hitlers: Nur zur Zeit der Besatzung durch die deutschen und italienischen Faschisten war die Provinz gewaltsam von Serbien getrennt. Auch 1938 hatten viele Staaten die Abtrennung der deutschen Siedlungsgebiete von der Tschechoslowakei als „rechtmäßig" anerkannt. Sie brauchten lange, um den Irrtum zu korrigieren, Westdeutschland viele Jahrzehnte.

Wir werden deshalb unablässig unsere Stimme erheben: Die Abspaltung der Provinz Kosovo und Metohija ist nichtig, ungültig von Anfang an!

Seit die UN die Aufsicht über Kosovo ausübt, wurden Hunderttausende Serben, Sinti und Roma und Angehörige anderer Ethnien vertrieben. Wir erinnern an die Mord-Pogrome 2004, die Brandschatzung und Zerstörung von mehr als einhundert orthodoxen Klöstern und Kirchen. Nach dem Willen der EU und der USA soll es als Belohnung dieser Gewalt einen „eigenen Staat" geben.

Ich habe den Eindruck, dass die Diskussion der Serben über Europa manchmal irrationale Züge trägt. Dass Serbien ebenso wie Deutschland mitten in Europa liegt, wer will das bestreiten? Spätestens ein Blick auf die Landkarte beseitigt jeden Zweifel. Aber Europa und die EU sollten wir nicht verwechseln. Die EU betätigt sich in jüngster Zeit immer stärker als der „politische Arm" der NATO. Noch vor dem Ganovenstück in Pristina vom vergangenen Sonntag, als ein Operettenstaat aus der Taufe gehoben wurde, war die EU aktiv. Einen Tag vorher hatte sie bereits in Brüssel ein Bürokratenheer von 1800 Mann in Marsch gesetzt, um ein Funktionieren des Gebildes zu garantieren. Nach exakt abgestimmtem Drehbuch hatten sie das Ganovenstück in Pristina vorbereitet, die Infrastruktur dafür bereitgestellt.

„Unabhängig" ist das so geschaffene Gebilde schon deshalb nicht, weil es vollkommen abhängig von der EU und den USA ist. Es wird auch nicht „demokratisch regiert", da alle Macht ausdrücklich nicht beim Volk, sondern bei den Protektoratsbürokraten liegen soll. Das Einzige, was in dem Protektorat souverän ist, das ist die Mafia, die Drogenbarone, Mädchenhändler und Geldwäscher, die hier ihre Europa-Zentrale errichtet haben, und die mit ihren Paten der EU- und US-Bürokratie inniglich verbunden sind. Serbien – in die Knie gezwungen, oder lernt es, wieder aufrecht zu gehen? Nach diesem koordinierten Akt von USA, EU und ihren Terroristenfreunden um Hashim Taci stellen wir fest: alles Entgegenkommen, alles Wohlverhalten und alle Unterwerfungsakte haben nichts gebracht. Sie haben die Zerstörung des Völkerrechts nicht aufgehalten, auf dem Balkan nicht, und international auch nicht.

Kriege gegen Irak, Afghanistan, Sudan, Kriegsdrohungen gegen den Iran – immer ist die EU, ist Deutschland mit dabei. Sie beteiligten sich an der Abriegelung des Libanon nach dem israelischen Überfall 2007, sie haben teil an der Aushungerung der Bevölkerung von Gaza, und zur Belohnung verspricht Bundeskanzlerin Merkel der israelischen Regierung zwei U-Boote, die israelische Atomraketen tragen können.

Für die fortgesetzte Zerstörung des Völkerrechts gibt es noch ein besonderes Symbol: Das Sondertribunal in Den Haag gegen Jugoslawien, unter Verstoß gegen die UNO-Charta geschaffen, nicht von den UN, sondern von Großkonzernen und NATO-Ländern bezahlt, ist es keine Einrichtung des Rechts, sondern Symbol der Zerstörung des Rechts. Und was fordern die EU und die NATO von Serbien: Anerkennung, Zusammenarbeit mit diesem falschen Gericht, gegen die eigenen Interessen. Das Sondertribunal ist eine Behörde der NATO, zur Legitimierung der NATO-Aggression, zur Beglaubigung der Geschichtsschreibung der Aggressoren, zur permanenten politischen Erpressung, zur Zerstörung Jugoslawiens.

Auch hier stellt sich wieder die Frage: In die Knie gezwungen oder aufrechter Gang? Historische Daten haben oft symbolische Aussagekraft. Wir erinnern uns, als in Deutschland ein Historiker Helmut Kohl Kanzler war. Was dachte sich der Historiker bei dem Datum 6. April? Dachte er an Hitlers „Aktion Strafgericht“ 1941 mit der Bombardierung Belgrads? Warum hat der Historiker Kohl ausgerechnet das Datum 06. April 1992 ausgesucht, um die einseitige Sezession Bosnien-Herzegovinas anzuerkennen?

Ich weiß nicht, wie viele Historiker in Belgrad an der Regierungsarbeit beteiligt sind, zumindest wurde auch hier ein historisches Datum auf makabre Weise gewürdigt: Ausgerechnet am höchsten serbischen Feiertag, dem Vidovdan 2001, wurde der ehemalige Präsident Slobodan Milošević an die Kriegsgegner in Den Haag ausgeliefert. Aufrechter Gang statt in die Knie gehen – das ist eine bittere Lehre, nicht zuletzt angesichts des jüngsten Völkerrechtsbruchs um das Kosovo, und es ist höchste Zeit. Den unverschämten Forderungen der internationalen Völkerrechtsverächter muss endlich energisch entgegen getreten werden. Statt „Zusammenarbeit“ fordern wir:

- **Auflösung des Haager Schandtribunals!**
- **Rückhaltlose Aufklärung des Justizmordes an Slobodan Milošević und Strafverfolgung der Verantwortlichen!**
- **Hände weg von Radovan Karadžic und Ratko Mladić!**
- **Freilassung von Momćilo Krajišnik, Vojislav Šešelj und allen anderen politischen Gefangenen aus dem Gefängnis in Scheveningen, in dem schon die deutschen Faschisten ihre Gegner eingesperrt haben!**
- **Wir fordern stattdessen Strafverfolgung für die Aggressoren und Zerstörer Jugoslawiens: Clinton und Blair, Schröder und Albright, Wesley Clark und Xavier Solana, und ihre treue schöne Helferin del Ponte!**
- **Die Abtrennung von Kosovo und Metohija ist nichtig, ungültig von Anfang an! Kosovo ist und bleibt Serbien!**
- **Solidarität mit Serbien! Živela Srbija!**

ISBN 3-88975-081-8

13,80 Euro

Ich will nach Lektüre der Vorgeschichte und wiederholter Lektüre der Gespräche mit Mira Markovic, Ihnen zukommen lassen, **wie wesentlich (ein so oft missbrauchtes Wort) dieses Buch mir erscheint,** in dem es alle die (vielleicht auch da und dort berechtigten) Vorurteile in Fragen, Zögern, Sachlichkeiten verwandelt. Vor allem ist die Arbeit des Journalisten Giuseppe Zaccaria erstaunlich, indem es nämlich schlicht eine unvoreingenommene, sozusagen normale ist, was heute im Journalismus ganz und gar nicht mehr der Fall ist. Ein Buch mit solcher Sachkenntnis, solchem Tiefblick, solchem Wirkenlassen der Probleme ohne viel persönliche Besserwisserei, ist in Deutschland, vor allem was die „seriösen Medien" (die sich selber so bezeichnen) betrifft, undenkbar geworden. Solche Bücher können in der Tat die Augen öffnen, auch wenn man danach, was Serbien und Jugoslawien angeht, umso ratloser ist. Aber das wäre schon und den Lesern in Germany zu wünschen, ein Vorhangaufgehen.

Peter Handke, Paris im Juni 2005

Mira Marković, die sowohl als **rote Hexe**, als Mutter Teresa der Reichen, als auch als Lady Macbeth vom Balkan bezeichnet wird, war für ungefähr zwanzig Jahre eine der einflussreichsten und umstrittensten Frauen der Welt. Außerdem ist sie ohne Zweifel eine der Hauptfiguren der jüngsten Geschichte Ex-Jugoslawiens. Bevor sie von der politischen Bühne trat, hatte sie dem Autor innerhalb mehrerer Wochen ein ausführliches Interview gegeben. In diesen Tagen erzählte sie über ihr Leben, angefangen von der Kindheit bis zur Jugend, die sie bei ihrem Großvater mütterlicherseits, einem aufgeklärten Bürger, verlebte, bis hin zur Freundschaft mit **Slobodan Milošević**, sowie den gemeinsamen Jahren, die sie in einer Vereinigung von Macht und Zusammenhalt mit ihm verbrachte. Nach dem Mord an Kanzler Zoran Djindjic hat sie Belgrad verlassen. Die „Rote Hexe" ist ein wertvolles Dokument, für alle, die sich vorurteilslos ein Bild der Geschichte des Balkans machen wollen. Hier sind familiäre Strukturen und politische Ereignisse ineinander verflochten. Es werden Tatsachen an Licht gebracht, über ein Gebiet, das durch massivste Bombardierungen seit dem Zweiten Weltkrieg traumatisiert wurde.

ISBN 3-88975-079-6

19,80 Euro

Der nordamerikanische Soziologe **James Petras**, ehemaliger Professor für Soziologie an der Binghamton Universität, New York, ist nicht irgendwer, sondern erfreut sich nicht nur in der lateinamerikanischen Linken großer Wertschätzung. Er wurde am 17. Januar 1937 in Boston als Sohn griechischer Einwanderer geboren. Seine Forschungsfelder sind soziale Bewegungen in Lateinamerika, Klassenkonflikte und Wirtschaftspolitik.

Er ist aber nicht nur Wissenschaftler, sondern auch politischer Aktivist. Er arbeitet zur Zeit z.B. als **Berater der brasilianischen Landlosenbewegung** (MST). Auf dem Weltsozialforum von Porto Alegre 2005 rief er zur Bildung einer weltweiten antiimperialistischen Bewegung auf.
James Petras ist Autor von mehr als sechzig Büchern zur politischen Ökonomie. Sie erscheinen in vielen Sprachen. Eines davon legen wir hier in Deutsch vor: „Weltherrschaft durch Imperialismus. Die trügerische Macht der USA".

Petras argumentiert **gegen** die unter anderem von **Antonio Negri** verfochtene These von der zunehmenden Ohnmacht der Nationalstaaten gegenüber den Konzernen und bekräftigt die zentrale Rolle des Staates. Die Welt hat sich von einem bipolaren Zustand weg zu einem entwickelt in der viele Bürger durch große Widersprüche und Veränderungen in ihren Staaten betroffen sind. Dies sind reale Veränderungen, die in Verbindungen mit den materiellen Bedingungen stehen, in denen die verschiedenen internationalen Akteure agieren, wobei deren gegensätzliche und erheblich ungleiche Kräfteverhältnisse eine entscheidende Rolle spielen. Petras und seine Kollegen liefern eine umfassende Analyse der neuen Entwicklungen.
Im aktuellen Szenario sind die USA unzweifelhaft der Hauptdarsteller. Aber es wird deutlich, dass sie wirtschaftlich im Vergleich zu ihren Konkurrenten, insbesondere der EU, an Boden verlieren. Ein neuer europäischer Pol als große Weltmacht entsteht, vergleichbar mit den USA, wenn auch mit vielen Schwierigkeiten und Widersprüchen. Europa ist nicht der einzige potenzielle Kandidat, der ein Mitspieler im globalen Wettbewerb werden könnte. Auch China hat alle subjektiven und objektiven Voraussetzungen, um diese Rolle zu spielen. Russland hat, auch wenn es weder wirtschaftlich noch militärisch ein gleichwertiger Gegner der USA ist, ein nukleares Arsenal, das es von der UdSSR geerbt hat. Deshalb bleibt es weiterhin ein wichtiger Faktor in den internationalen Beziehungen. Russland kann dank seinem großen Reservoir an natürlichen Ressourcen seine Rolle beibehalten. Das Buch zeigt uns die zukünftigen Optionen der politischen, wirtschaftlichen und sozialen Kräfteverteilung auf unserem Globus.

ISBN 3-88975-078-5

19,80 Euro

Der 11. September 2001

Der Reichstag des George W. Bush

Robin de Ruiter

"Wir befinden uns vor einer nahe stehenden Verwandlung der Welt. Alles, was wir brauchen, ist genau eine Krise, die alle so erschüttert, dass sich die Nationen der neuen Weltordnung fügen." (David Rockefeller im Forum von Regen am 21. Oktober 2001)

Obwohl die Überzeugung, dass Bush besser auf das Sofa eines Psychiaters gehöre als der starke Mann der mächtigsten Nation der Welt sein zu dürfen, hilft diese Feststellung natürlich nicht weiter, die wirkliche Natur des Problems zu verstehen und zu lösen, Hinter dem Gesicht des „Kampfes gegen das Böse" stehen die Mächte und die Interessen, deren Ziel es ist, die „Beherrschung des Globus" zu erreichen. Insofern ist der mentale Zustand des „Führers" der mächtigsten Nation der Welt nicht der entscheidende Punkt. De Ruiter beschreibt, dass zur Erreichung der globalen Herrschaft jedes schmutzige Mittel recht ist. Doktor Martin Luther King sagte kurz bevor er ermordet wurde: „Der größte Anstifter zur Gewalt ist meine Regierung." Die Vereinigten Staaten von Amerika führen seit Jahrzehnten eine aggressive und arrogante Politik durch, die auf Beherrschung und Usurpation ausgerichtet ist. Dafür wird heute der 11. September instrumentalisiert. De Ruiter legt dar, wie die USA den Anschlag „Gewinn bringend" anlegen,

Der frühere französische Geheimagent Jean Brisard und der Journalist Guillaume schrieben: Die Gespräche zwischen der Bushadministration und den Taliban begannen im Februar 2001, kurz nach dem Beginn des Mandats von Bush. Aber die Verhandlungen über einen Vertrag zur Gewährung des Rechtes auf den Durchgang einer Ölpipeline der Nordamerikaner durch das afghanische Gebiet wurden am 21. Juli 2001 definitiv abgebrochen. Die Autoren schrieben infolge dessen: „Während der Gespräche bedrohte der Repräsentant der Vereinigten Staaten Tom Simmons die Taliban auf folgende Weise: sie haben die Möglichkeit zu wählen zwischen einem Goldteppich oder einem von Bomben." Es fehlten gerade noch sieben Wochen bis zum 11. September...Zufall oder Notwendigkeit?